하인리히 불링거의

# 교회론

『50편 설교집』의 41-45편 설교

하인리히 불링거의
# 교회론 「50편 설교집」의 41-45편 설교

초판 1쇄  2019년 5월 20일
발 행 인  정창균
지 은 이  하인리히 불링거
옮 긴 이  박상봉, 강승완
펴 낸 곳  합동신학대학원출판부
주    소  16517 수원시 영통구 광교중앙로 50 (원천동)
전    화  (031)217-0629
팩    스  (031)212-6204
홈페이지  www.hapdong.ac.kr
출판등록번호  제22-1-2호
인 쇄 처  예원프린팅 (031)902-6550
총    판  (주)기독교출판유통 (031)906-9191


ISBN  978-89-97244-67-6  93230
값은 뒷표지에 있습니다.


「이 도서의 국립중앙도서관 출판예정도서목록(CIP)은 서지정보유통지원시스템
홈페이지(http://seoji.nl.go.kr)와 국가자료종합목록시스템(http://www.nl.go.kr/
kolisnet)에서 이용하실 수 있습니다. (CIP제어번호 : CIP2019017242)」

하인리히 불링거의

# 교회론

박상봉 | 강승완 옮김

합신대학원출판부

# 발간사

이 책은 합동신학대학원대학교가 진행하는 불링거 프로젝트의 일환으로 발간되었습니다.

불링거는 쯔빙글리의 후계자로 스위스의 그로스뮌스터 교회를 목회하면서 7천 편 이상의 설교, 스위스 제2 신앙고백서, 1만 2천 통 이상의 주고받은 서신을 남기는 등 명실공히 종교개혁 2세대의 선두주자로 인정받는 인물입니다.

합신은 불링거 프로젝트를 통하여 하인리히 불링거의 신학과 사상 및 그의 설교와 스위스 제2 신앙 고백서를 본격적으로 한국교회에 소개하고 적용하는 일에 앞장서고자 합니다. 한국교회 개혁신학 연구의 관심을 종교개혁 2세대로 확장함으로써 한국교회 개혁신학 연구의 새로운 장을 열어가는 견인차 역할을 감당하고자 합니다.

합신은 『하인리히 불링거가 말하는 교회와 신앙고백』이라는 주제로 제1차 불링거 대강좌를 개최하여 '하인리히 불링거가 말하는 목사직', '하인리히 불링거의 스위스 제2 신앙고백서', '하인리히 불링거가 말하는 교회', '하인리히 불링거는 누구인가?', '불링거와 깔뱅의 교회 일치를 위한 문서 - 취리히 합의서 (1549)'라는 주제로 불링거를 소개한 바 있습니다.

프로젝트 디렉터인 박상봉 교수는 취리히 대학교에서 스위스의 국가프로젝트에 참여하여 학위를 받은 유일한 한국인 불링거 전공 학자입니다. 그리고 취리히 대학교를 은퇴한 에미디오 캄피 교수는 세계적인 개혁신학자로서 합신의 불링거 프로젝트 해외 전문위원입니다.

이 책 『하인리히 불링거의 교회론』은 불링거의 '50편 설교집' 중 제5권 교회론 설교집 10편 설교 가운데 다섯 편(41-45편)을 한국 최초로 400여 페이지에 달하는 분량의 책으로 번역하여 출간한 것입니다. 불링거 프로젝트의 중요한 결실 가운데 하나라고 할 수 있습니다. 곧 이어 나머지 다섯 편을 『하인리히 불링거의 성례론』이라는 제목으로 출간할 계획입니다. 그리고 연차적으로 그의 50편 설교집 전체를 차례로 번역출간 할 것입니다. 『하인리히 불링거의 교회론』이 한국교회가 참된 교회란 어떤 교회인가를 더욱 분명히 이해하고, 한국교회를 이 시대의 참된 교회로 세워가는 데 도움과 지침이 되기를 기대합니다.

2019년 5월
총장 정 창 균

# 역자 서문

한국 교회에 처음 소개되는 불링거의 『교회론』의 번역·출판에는 공교회에 대한 선명한 이해를 모든 목회자들과 신자들에게 알리고 싶은 열망이 담겨 있다. 한국 교회에 펼쳐지고 있는 심각한 위기를 떠올리며 이에 대한 한 해결책으로서 취리히 종교개혁자인 하인리히 불링거의 보편 교회의 개념을 주목하게 하려는 것이다. 불링거가 하나님의 거룩한 교회를 대하는 자세와 우리가 대하는 자세가 얼마나 큰 차이가 있는가를 깊이 인식하게 될 것이다. 한국 교회의 위기가 어디에서부터 시작되고 있는가를 깨닫게 할 것이다.

16세기 종교개혁을 대표하고 있는 루터, 쯔빙글리 그리고 칼빈에 대한 연구와 함께 19세기 중반 이래로 집중되고 있는 새로운 연구를 통해서 부처, 외콜람파디, 멜랑히톤, 불링거, 버미글리 등의 다른 종교개혁자들에 대한 확대된 지평 속에서 종교개혁의 이해가 훨씬 풍성해지고 깊어진 것이 사실이다. 새로운 연구의 학문적인 결과들은 기존 세 사람 중심의 인물적이고, 지역적이며, 신학적인 구도를 넘어서 전 유럽의 시각 속에서 종교개혁을 더욱 통전적이고 균형적으로 보게 할 뿐만 아니라, 또한 인물과 인물, 지역과 지역, 신학과 신학을 서로 연결하여 상호적인 관계로 볼 수 있도록 하기 때문이다. 종교개혁이 어느 특정한 몇몇 도시들의 관심사가 아니라, 오히려 전 유럽의 관심사였음을 알게 한다.

특별히, 하인리히 불링거는 긴 시간 동안 개신교의 개혁파 교회의 지류를 형성했던 스위스 종교개혁의 선구자인 쯔빙글리와 제네바 동료인 칼빈의 그늘 아래서 빛을 보지 못했다. 불링거는 개혁파 교회의 아버지로 간주되며, 당대에 교회정치적으로 가장 큰 영향력을 발휘한 인물이었으며, 그의 많은 신학적인 저술들이 17세기까지 유럽 전역에서 출판되었고, 그에 의해서 작성된 『스위스 제2 신앙고백서』(Confessio Helvetica Posterior)는 오늘날까지 하나의 중요한 개혁파 교회의 신앙문서로 인정되고 있음에도 불구하고 사람들의 기억 속에서 오랫동안 잊혀져 왔다. 하지만 쯔빙글리 사후로 가장 힘들었던 시기에 취리히 교회의 의장(Antistes)으로 선출되어 열정적이었던 전임자가 이루려고 했었던 종교개혁을 완성하고, 개혁파 교회 공동체를 취리히 성벽과 스위스 국경을 넘어서 전 유럽에 소개하고 각인시킨 불링거에 대한 지식 없이 1530년대 이후의 종교개혁을 이해하는 것은 매우 단편적일 수 밖에 없다는 것을 기억해야 한다.

불링거는 공교회적인 전제 속에서 자신의 눈과 귀를 취리히와 스위스를 넘어 온 유럽을 향하고서 신학적인 발전, 신앙의 유익, 종교개혁 유산 아래 있는 교회들의 안정, 고난받는 성도들의 위로 그리고 신학적인 갈등으로부터 민감해져 있는 정치적인 안정을 위해 가능한 한 많은 사람들과 소통하길 원했다. 한 직접적인 실례로, 불링거가 16세기 종교개혁사에서 차지하고 있었던 영향력은 다양한 언어로 출판된 그의 124권의 저술들과 함께 유럽 전역과 연결된 그의 서신교환을 통해서 이해될 수 있다. 무엇보다도 불링거의 서신교환은 집중적으로 스위스와 독일 중남부와 라인강 상류의 개혁주의 도시들과 연결되어 있었지만, 동시에 독일, 영국 그리고 폴란드를 중심으로 한 거의 모든 유럽의 도시들과 교류하였다는 것을 잊지 않아야 한다. 불링거의 서신교환은 스위스가 포함된 17개 국가에 속한 438개 도시와 1,174명의 인물과 이루어졌다. 지금까지 보존하고 있는 불링거의 서신은 모두 12,000통이다. 이 서신 중에서 10,000통의 서신은 불링거에게 온 것이고, 나머지 2,000통은 그에 의해서 보내진 것이다.

스위스 종교개혁의 건축가이자 혁신가였던 불링거의 종교개혁의 내용과 신학적인 입장이 쯔빙글리의 신학적 사상의 토대 위에 기본적으로 서있다는 것을 부인할 수 없다. 그럼에도 불구하고 불링거의 신학적인 사고는 종합적으로 볼 때 쯔빙글리와 함께, 그러나 동시에 그를 넘어서 있다는 것 역시도 잊지 않아야 한다. 불링거는 한편으로 쯔빙글리의 신학을 존중하면서도, 다른 한편으로 그 자신만의 고유한 신학을 추구한 것이다. 이러한 전제 아래서 종교개혁 2세대인 불링거는 쯔빙글리 사후로 취리히 교회를 44년 동안 섬기면서 스위스와 유럽 전역에 주도적인 영향력을 끼친 개혁파 교회의 목회자, 신학자 그리고 고난받은 자들의 위로자로 인식되었다. 의심의 여지 없이, 불링거는 취리히 교회만을 위한 사역자가 아니라, 오히려 보편 교회를 위한 사역자였다.

불링거는 1549-1551년 사이에 네 가지 개별적인 서문과 함께 네 부분(1-12편[1549년 3월], 13-32편[1550년 3월], 33-40편[1550년 8월], 41-50편[1551년 3월])으로 구별되어 인쇄되었던 설교들을 종합해서 1552년에 방대한 목록이 첨부된 『50편 설교집』을 출판했다. 취리히 교회 안에서 실제로 선포되었던 50편 설교가 신학적인 주제들에 따라서 정리되어 묶여진 것이다. 물론, 설교를 듣는 대상은 일반 신자들이 아니라, 오히려 목회자들과 목회자가 되기 위해서 신학교육을 받는 신학생들로 간주된다. 그들에게 로마 카톨릭 교회의 전통과 구별된 성경적이고 사도적인 정통 신앙을 제시하기 위한 목적 속에서 이루어진 것이다. 그리고 설교 방식을 교육하고 또 설교 내용을 제시하기 위해서 시도되었다. 츠빙글리에 의해서 세워진 '예언회'(Prophezei)로 인식되었던 취리히 라틴어 학교의 상급과정(Lectorium)에서 교육을 받는 목회자들과 신학생들에게 라틴어로 설교한 것으로 간주된다. 특별히, 이 『50편 설교집』의 내용이 매우 길고 또 처음부터 교리적인 주제가 논리적으로 쓰여진 것처럼 보이는 이유는 우리에게 불링거가 처음부터 완전히 정리된 원고로 설교를 했다는 것을 말해주지 않는다. 오히려, 그의 설교가 어떤 사람에 의해서 받아 쓰인 이후에, 그가 출판을 위해서 성경 구절과 초대교회 교부들의 글들을 정확히 인용하여 다시 정리했거나, 혹은 그의 요약적인 설교문으로 선포된 이후에, 그가 완전한 문장으로 확장시킨 것으로 추측된다. 불링거의 『50편 설교집』은 기독교 신앙의 종합일 뿐만 아니라, 또한 잘못된 가르침과 이단을 방어하고 또 정통신앙의 확신을 위해서 출판된 것이다. 조직신학적인 저술은 아니지만 개혁주의 신앙의 중심적인 주제들을 논리적이고 분명하게 설명한 내용이다. 당연히, 교리설교의 한 장르(Genre)로서도 한 중요한 위치를 차지하고 있다. 이 설교집을 통해서 불링거는 목회자, 주석가, 교사, 논쟁자 그리고 변증가로서 면모가 그려진다. 이 『50편 설교집』은 처음 라틴어로 출판되어서 독일어, 화란어, 프랑스어, 영어로 출판되었다. 독일어 번역은 '가정 도서'(Hausbuch)라는 표지제목으로 지상에 공개되었다. 이 설교집은 개혁파 교회의 영역 안에서 모든 목회자들에게 교리 설교의 모범이 되는 필독서로서 읽혀졌던 불링거의 가장 대표적인 저술에 속한 것이다. 한 실례로, 영국 사람들의 평가에 의하면 16세기에 불링거의 이 설교집 보다도 영국의 목회자들을 잘 무장시켰던 책은 없었다고 한다: "그는 칼빈의 난해함의 자리 곁에 탁월한 명료함을, 무스쿨루스(Musculus)의 사변적인 섬세함의 자리 곁에 대중적인 평이함을 두었다."

불링거의 『50편 설교집』의 한국어 번역은 1852년에 영국 켐브리지에서 편역된 영어판을 토대로 최종 검수되었다: Henry Bullinger, The Decades, Tran. by H. I., Ed. Thomas Harding, Cambridge : Printed at the University Press, M.DCCC.LII. 그리고 문장을 이해할 때 모호한 부분을 좀더 정확히 번역하기 위해

서 비교된 것은 라틴어 원문과 현대 독일어 편집본이다: Sermonum Descades quinque, de potissimis christianae religionis capitibus, in tres tomos digestae, authore Heinrycho Bullingero, ecclesiae Tigurinae ministro, Zürich, Christoph Froschauer 1552 & Heinrich Bullinger, Dekaden, in Heinrich Bullinger Schriften, hg. von Emidio Campi, Detlef Roth & Peter Stotz, Bd. III-VI, (Zürich: TVZ, 2004). 이 자료들은 더 깊은 이해를 필요로 하는 독자들에게 도움이 될 것이다. 쉽게 이해되지 않는 문장들은 불링거가 말하려는 의미를 가장 잘 살려내는데 초점을 두었다. 한국인의 의식 속에서 표현되기 힘든 문장은 역자의 의도에 따라서 가능한 한 본래의 의미를 존중하면서 의역을 시도했다. 이름, 지명, 참고를 위한 원문단어, 성경구절 등도 영어 표기를 기본으로 하되 문장의 특성에 따라서 역자의 의도 속에서 임의적으로 표기된 것들이 있다.

불링거의 『50편 설교집』 번역은 2014년에 처음 계획되었다. 이 시도는 종교개혁 2세대에 대한 한국 교회의 관심을 이끌기 위해서 기획된 '합동신학대학원대학교 불링거 프로젝트'를 계기로 본격화되었다. 그리고 이 프로젝트의 한 구체적 실행인 '2019년 하인리히 불링거 대강좌'의 한 일환으로서 금번 번역서인 『교회론』이 지상에 나오게된 것이다. 물론, 이 번역서는 불링거의 『50편 설교집』 전체가 번역·출판된 것은 아니다. 불링거 대강좌의 주제와 관련된 41-50편 교회론 설교(41-44편 보편 교회, 45편 주기도문 해설, 46-49편 성례 그리고 50편 교회의 실천적인 활동)의 직접적인 부분에 중점(41-45편 설교)을 두었다: 처음 기획 당시에는 이미 번역되어 있는 교회론 설교 전체를 출판하는 것을 목표로 했었다. 하지만 1,000장 정도 되는 방대한 분량 때문에 독자들에게 쉽게 다가갈 수 있는 효과적인 접근을 고려해야만 했다. 서재에 꽂혀 있는 소장용 책이 아니라 직접 읽어야 할 책을 목표로 했기 때문이다. 즉, 의도적으로 두 부분으로 나누어 출판하는 것을 최종 결정한 것이다. 2019년 5월 20-23일에 개최되는 불링거 대강좌와 연관이 있는 부분(41-45편 설교)을 먼저 출판하고, 가을에 있을 종교개혁 기념일에 맞추어서 나머지 부분(46-50편 설교)을 출판 하려는 것이다. 이렇게 기획된 것과 관련하여 약간의 아쉬움이 있음에도 불구하고, 이 번역서를 통하여 불링거의 보편 교회에 대한 이해를 구체적으로 확인할 수 있을 것이다. 한국 교회의 위기는 공교회적인 개념의 부재와 맞물려 있는 측면이 있는데, 이 주제에 대한 깊은 통찰을 제시해 줄 것이다. 우리가 깊이 생각하지 않았던 보편 교회를 불링거의 시각 속에서 그려볼 수 있으며, 이를 통해서 한국 교회의 문제를 직시할 수 있을 것이다. 한국 교회가 어디로 가야 하는가에 대한 한 분명한 좌표도 인식할 수 있을 것이다.

스위스 취리히에서 한국으로 돌아오는 순간부터 필자가 전공했던 하인리히 불링거의 신학적인 사상이 집약되어 있는 그의 『50편 설교집』의 번역·출판은 큰 과제로 주어져 있었다. 이 소박한 번역서를 통해서 그 과제를 푸는 첫 걸음을 뗄 수 있게 되어서 하나님께 진심으로 감사드린다. 이 귀중한 열매가 나오는데 여러 사람들의 도움이 있었다. 종교개혁 2세대를 한국 교회에 소개하기 위해서 '합동신학대학원대학교 불링거 프로젝트'를 기획하여 이 번역서를 직접적으로 출판할 수 있도록 해주신 정창균 총장님께 감사드린다. 당연히 처음 2014년에 불링거의 『50편 설교집』에 대한 번역·출판의 계획 때부터 언어에 대한 탁월한 은사를 가지고 함께 수고를 해주고 계시는 강승완 목사님을 향한 진심어린 감사도 결코 빠뜨릴 수 없다. 20년이 넘는 시간 동안 스승으로, 동료로, 협력자로 함께 해 오면서 이 번역서가 나오는데 가장 큰 기여를 하셨기 때문이다. 출판을 위해서 긴 원고를 바쁜 시간 속에서도 단어와 문장의 수정을 위해서 꼼꼼히 읽는 수고를 마다하지 않은 이명섭 전도사님과 김솔 전도사님에게도 깊은 감사를 드린다. 이렇게 멋진 책이 나올 수 있도록 편집과 디자인을 위해 헌신적으로 수고해 주신 김민정 선생님께도 감사의 마음을 표한다. 2018년 가을부터 지금까지 오직 책상 앞에서만 시간을 보낼 때 큰 수고와 함께 인내해 준 아내와 세 자녀들에게도 미안한 마음과 함께 사랑스러운 감사를 보낸다.

만물이 생동하는 계절에
박상봉

# 목차

잉글랜드의 왕위에 오른지 9일만에 폐위되어 죽은 제인 그레이의 아버지인
헨리 그레이(1517-1554)의 초상화

하인리히 불링거의
# 헌정사

고귀한 제후와 군주이시며, 도어셋(Dorset)의 후작이시며, 그로비(Groby), 헤링턴(Harrington), 본빌(Bonville) 그리고 에슬리(Astley)의 페러스 남작(Baron Ferrers)이시며 그리고 국왕 폐하와 명예로운 왕국 잉글랜드(England)의 고문이신 헨리 그레이(Henry Gray) 전하께 하인리히 불링거는 우리 주님 예수 그리스도 안에서 하나님 아버지의 은혜와 평강을 기원합니다.

고귀한 제후이시여! 당신과 관련하여 나는 잉글랜드 교회의 안녕과 전적으로 명예로운 왕국 잉글랜드의 번영 이외에 다른 합당한 주제를 말할 수 없다는 것을 확신합니다. 자비롭고 탁월하신 하나님의 섭리에 따라서 당신은 고귀한 국왕 폐하와 명예로운 왕국 잉글랜드를 위한 고문으로 선택되었습니다. 이러한 사실에 근거하여 볼 때 왕국 안에서 공익을 도모하는 일들의 지식을 갖는 것과 그것을 촉진시키는 책임이 당신의 임무가 되었습니다. 의심의 여지없이, 왕국의 안녕을 위한 가장 중요한 조건을 아는 사람은 재앙과 멸망이 어디로부터 왕국에 임하는지 잘 깨달을 수 있습니다. 진심으로 하나님을 경외하는 일을 파괴하는 것보다 더 위험한 전염병은 없습니다. 참된 믿음으로부터 기인한 것보다 더 훌륭한 유산도 없는데, 그러나 만약 새로운 순수함으로 창출된 믿음에 의해 세워진 유산이 파괴될 수 있는 상황이라면 심각한 위기에 놓여 있는 것입니다. 이 유산은 명예로운 왕국 잉글랜드에서 향유되고 있습니다. 점진적으로 현재 교회를 개혁하고 있으며, 이미 믿음의 순수성을 갱신하거나 새롭게 창출하며 몇 세기 전부터 뿌리내리고 있었던 엄청난 오용들, 과오들 그리고 미신적인 관습들을 청산시키고 있기 때문입니다. 이렇게 준비된 인물들이 어디에서나 발견되고 있는 것처럼, 이 믿음이 당신 안에서도 발견될 수 있을 것입니다. 지금 진행되고 있는 로마 카톨릭 교회의 종교회의 소집과 교회개혁에 대한 시도는 당신의 안녕과 번영을 훼방하거나 성공적으로 시작한 계획을 연기시키거나 방해요소로 작용할 수 있습니다. 그러므로 거룩한 그리스도의 교회와 가장 중요한 왕국이 이러한 방해요소 때문에 손상을 입지 않도록 세심하고 또 철저히 깨어서 살펴야 하는 것이 고귀한 제후님과 왕국의 다른 모든 존경하는 귀족들에게 주어진 과제입니다. 설득력 있고 분명한 근거들을 가지고 볼 때, 교황에 의한 교회개혁의 시도는 전혀 열매가 없을 것입니다. 로마 카톨릭 교회의 종교회의를 통해서 교황은 오히려, 오래된 허물들과 미신들을 강화시킬 것으로 보입니다. 독일, 영국, 덴마크 그리고 기독교 세계의 다른 민족들 안에서 시작된 종교개혁을 매장시키고, 더 나아가서 개신교의 진리에 근거한 순수하고 진정한 믿음을 짓밟는 일들 외에 다른 목적도 드러낼 것입니다. 이러한 실상이 폭로된다면, 그리스도의 교회 안에 있는 모든 신자들은 이미 시작된 종교개혁과 하나님을 향한 의무적이고 정당한 행동의 다른 모든 과제들이 지속되어야 한다는 것을 인식할 것입니다. 모든 하나님을 경외하는 사람들은 의미가 없거나 정당하지 않다고 인식되는 갱신에 대해서는 어떤 기대도 하지 않을 것입니다. 실제로, 교황주의자들은 보편적이고 자유로운 공의회를 선포하지 않았습니다. 지금 진행되고 있는 종교회의는 4년 전 트렌트(Trent)에서 시작되었으며, 그곳에서 지금까지도 여전히 지속되고 있습니다. 좀더 정확하게 이 종교회의는 교황 바울 3세(Paul III.)의 생존 시기에 처음 개최된 것입니다. 이 종교회의의 진행과정 속에서 공포된 모든 결정들과 명령들은 이미 확인되었습니다.

### 트렌트 종교회의가 소집된 목적

바울 3세 치하에서 공포되었던 문서들에는 (종교개혁을 반대하여) "거짓 교리들을 제거하기 위해 이 종교회의가 소집되었다"는 것이 여러 차례 자세히 기록되어 있었습니다. 우리에게 이단죄를 적용하여 유죄를 선고한 것입니다. 우리가 복음을 따르며 또 하나님의 말씀에 따라서 교회개혁을 요구했기 때문입니다. 그리고 교황이 아닌 오직 그리스도만이 보편 교회(ecclesia catholica)의 머리이시고, 최고의 인도자이시며 또 대제사장이심을 가르쳤기 때문입니다. 이 종교회의는 (종교개혁과 관련된) 이단을 근절시키려고 소집된 것입니다. 즉, 하나님의 말씀에 따라서 교회를 개혁하려는 인물들을 이단자로 규정한 것입니다. 그래서 이 종교회의는 교회를 개혁하기 위해 소집되지 않았습니다. 이미 시작된 개혁들을 짓밟기 위해 소집되었다는 것을 모두가 간파할 수 있습니다. 더욱이, 매우 주목할 만한 사실은 이 종교회의에 소집된 인물들은 우리의 하늘 아래 있는 백성들 가운데 학식이 있고, 하나님을 경외하며, 지혜롭고 신실한 사람들이 아니라는 사실입니다. 단지 교황에게 충성을 맹세한 사제들뿐입니다. 이와 관련된 선포의 내용은 다음과 같습니다: "우리는 모든 지역에 있는 우리의 고귀한 형제들을 보편적인 공의회에 참석하고 또 그곳에서 자신들의 판단을 제시하도록 소집한다. 즉, 총주교(patriarcha), 대주교(archiepiscopus), 주교(episcopus) 그리고 다른 형제들처럼 동일한 법과 특권을 가진 우리의 사랑하는 아들들(사제들)과 수도원장들이 소집대상이다. 이 거룩한 보좌에 복종하는 서약에 근거하여 또 거룩한 복종의 의무에 따라서 우리는 그들이 개별적으로 참여할 것을 요구한다."

## 고위 성직자들이 교황에게 복종을 약속하는 서약

이러한 사실과 관련하여 명백하게 된 것은 무엇일까요? 누가 이 종교회의에 소집되었으며 그리고 어떤 사람들이 이 종교회의의 주관자들이고, 참관인들이며 또 재판관들인가에 대한 실체입니다. 교황의 뜻에 복종하거나 교황의 권력유지를 위해 온 힘을 쏟는 것 외에 다른 어떤 것도 행해서는 안 된다는 맹세 속에서 교황과 로마 교회에 고용된 사람들로부터 무엇을 기대할 수 있겠습니까? 로마 교회의 주교들과 고위성직자들은 다음과 같은 서약과 함께 고용되었습니다: "로마 교회의 교황권과 거룩한 베드로의 유산을 방어하고 보존하기 위해 나는 협력자로서 이 자리에 있으며 그리고 어느 사람들로부터든지 그 유산을 지켜낼 것이다. 나는 우리 주님, 교황 그리고 그에 앞서 언급된 후계자들이 속해 있는 로마 교회의 법, 존엄, 권위 그리고 품격을 지키고, 보호하고, 증가시키고 그리고 촉진시키는 일을 위해 노력할 것이다. 나는 우리 주님뿐만 아니라, 또한 로마 교회에 대해 어떤 형태로든 불합리하거나 무익한 일들이 시행될 경우에 그것들이 사람에 관한 것이든, 법에 관한 것이든, 존엄에 관한 것이든, 신분이나 권세에 관한 것이든 상관하지 않고 대화, 실행 또 협정에 관한 일들에 결코 참여하지 않을 것이다. 그리고 어떤 사람들에 의해서 이러한 종류의 일들이 시행되는 것을 경험할 때에는 나는 최선을 다해서 그 일들을 저지할 것이다. 나는 모든 힘을 다해 거룩한 교부들의 규칙, 결의사항, 규정, 판결, 치리, 제한사항, 직분수여 그리고 사도적인 계명을 지킬 것이며, 동시에 그것들이 다른 사람들에 의해서도 엄수될 수 있도록 노력할 것이다. 우리 주님을 대적하는 이단자들, 교회분리주의자들, 혼란을 일으키는 자들에 대해서 나는 최선을 다해 추적하고 싸울 것이다." 이렇게 교황주의자들은 서약했습니다. 이러한 종류의 서약에 대한 의무 속에서 종교회의에 참석하는 사람들에게 논쟁이 되는 신앙의 문제에 대해 과연 우리는 어떤 답변을 기대할 수 있겠습니까? 만약, 우리가 그리스도의 피를 통하여 구원받은 교회(벧전 1:18)를 이 사람들의 권한에 맡기고 체념해 버린다면, 우리도 의심의 여지없이 어리석은 무신론자들과 다르지 않습니다. 우리는 교황주의자들이 선포한 내용이 무엇인지 알고 있습니다. 우리의 손에 쥐어져 있는 것처럼, 그 내용은 한편으로 교황주의의 진흥, 권리와 보존에 기여하는 것과 관련되어 있고, 다른 한편으로 하나님의 아들이신 그리스도의 말씀에 근거하고 있는 우리의 믿음을 파괴하는 것과 관련되어 있습니다.

## 트렌트 종교회의 안에서 결정된 교황의 교령

교황 바울 3세의 모든 결정들, 즉 그가 이 종교회의와 관련하여 결정한 사항들이 지금 유효하다면, 당연히 이 일곱 회기 종교회의와 그 안에서 결정되어 이미 공포된 교령(敎令)들도 여전히 유효할 것입니다. 물론, 이 교령들은 우리에게 (이 회의가 개최된 목적에 대해) 많은 증거들을 제시하고 있습니다. 이 종교회의는 성경의 진리를 연구하거나 그 진리를 분명히 하기 위해 소집되지 않았습니다. 그렇다고 합법적인 교회개혁을 관철시키려고 소집된 것도 아닙니다. 오히려, 로마 교회의 오류, 남용 그리고 미신을 확증할 뿐만 아니라, 또한 하나님의 뜻에 합당한 개혁을 방해할 목적으로 소집된 것이 명백합니다. 나는 수많은 내용들 중 몇 가지를 언급할 것입니다. 네 번째 회의의 첫 번째 결정문은 다음과 같습니다: "가장 거룩하고 보편적이며 포괄적인 트렌트 회의는 성령 안에서 합법적으로 소집되었으며 그리고 정통신앙을 추구했던 교부들의 모범을 따르고 있다. 이 회의는 구약 성경과 신약 성경의 모든 책들과 함께 문자적으로 확정되지 않는 전승(전통)들을 경외심으로 가득 찬 호의와 경건한 마음으로 존중하고 인정했다. 이 전승들은 신앙과 삶의 태도에 관련된 것인데, 즉 그리스도의 입으로부터 기원한 것이거나 혹은 성령으로부터 쓰여진 것이며 그리고 그 이후로부터 지금까지 지속적인 계승을 통하여 보편 교회 안에서 보존된 것이다." 이와 동시에, 교황주의자들은 이러한 언급들 안에 정경적인 책들의 목록을 추가했습니다. 하지만 그것들은 정경 문서들이 아닌 교회 문서들을 혼합한 것입니다. 이 뿐만 아니라, 그들은 이러한 전승들을 경멸하고 제기한 글들에 대해 그리고 이 모든 것들을 정경으로 인정하지 않는 사람들에 대해 저주했습니다. 그밖에도 그들은 이 종교회의가 신앙의 기초를 확립하고 또 교회 안에 있는 관습을 새롭게 하기 위해 이미 제시되었던 증거들과 기초들로 사용되었다고 밝히고 있습니다. 이 동일한 회의 안에서 그들은 보편적으로 수용된 라틴어 성경만을 참되고 무오한 문서로서 받아들일 것을 강요했으며 그리고 다른 모든 번역된 성경들은 배척했습니다. 성경의 의미와 관련하여, 그들은 거룩한 어머니 교회가 인정하지 않거나 혹은 교부들과 완전히 일치되지 않는 견해에 근거한 모든 해석을 공적으로 저주하였습니다. 즉, 그들은 성경의 참된 의미와 해석에 관하여 판단하는 일은 오직 교회에 속해 있다고 주장했습니다.

앞서 언급된 내용들에 대해 나는 우선 다음 네 가지 사항으로 주의를 환기시키고자 합니다. 첫째로, 그들은 진리 혹은 신앙의 오류를 찾아낼 수 있는 정경 문서들을 인정할 뿐만 아니라, 또한 그 문서들 이외에 '기록되지 않는 것들'(ἄ-γράφα) 혹은 '기록되지 않았지만 교회 안에서 지속적인 구두전승을 통하여 보존된 전통들'도 추가시켰습니다. 둘째로, 그들은 정경 문서들을 비정경적인 문서들과 혼합시켰으며 또한 이 혼합된 문서들을 경전으로 인정하지 않는 사람들을 저주합니다. 셋째로, 그들은 우리에게 신뢰할 수 있는 성경과 관련하여 교회 안에서 보편적으로 인정받고 있는 라틴어 역본만 강요합니다. 끝으로, 그들은 성경에 대한 해석과 관련하여 오직 거룩한 어머니 교회의 입장만 인정합니다. 이러한 내용들을 통해서 이 트렌트 종교회의가 소집된 의도를 분명히 알 수 있습니다.

### 문서화되지 않은 전승들

초대교회 교부들은 신앙의 논쟁적인 질문들이 오직 성경에 근거하여 합법적으로 결정되어야 한다고 주장했습니다. 그럼 왜 기록조차 없는 전승들이 첨가되어야 할까요? 마치 기록으로 남아있지 않는 전승들 없이 오직 성경만으로 완전한 개혁을 충분히 감당할 수 없는 것처럼 생각되게 말입니다! 물론, 교황주의자들은 교황제도가 제시하는 대부분의 내용이 특정한 저술들의 구절들을 제시하는 것도 아니고, 성경으로부터 인용된 증거들 위에 근거하고 있지도 않다는 것을 잘 알고 있습니다. 이 때문에 그들은 '기록되지 않는 것들' 혹은 기록이 없는 전승들을 고안해 낸 것입니다. 그것들을 가지고 나태한 방식으로 자신들의 관점에서 성경에 빠져있는 부분들이나 혹은 제시되지 않는 부분들을 채우는 것입니다. 그리고 이러한 전승들이 침해될 수 없다는 사실은, 그것들의 가장 불합리한 내용들에 대해서도 손을 댈 수 없다는 것을 말해 줍니다. 그들은 성경의 증거능력을 의도적으로 무시하면서까지 날조된 '전승' 안에서 피난처를 찾고 있습니다. 이 전승에는 죽은 자를 위한 기도, 교회사역자의 독신주의, 미사, 교회 안에서 그림(image) 사용 등이 포함되어 있습니다. 짧게 설명하면, 전체 로마 교회가 오늘날까지 협심하여 보존해 왔던 것들은, 즉 정경문서에서 발견되지도 않았고, 묘사되지도 않았으며 그리고 기록되지도 않았을 뿐만 아니라, 심지어 그것들 안에서 성경에 위배된 내용이 발견되었다고 해도, 전승으로서 유효합니다. 그들이 원하는 것은 무엇이든 전승이 될 수 있습니다.

### 유대인들의 전승들

사실, 유대인들도 과거에 자신들의 전승들을 자랑했습니다. 그것들을 '족장들의 전승들'로 칭했습니다. 하지만 우리는 우리의 구세주로부터 들어야 합니다(마 15:3): "너희는 어찌하여 너희 유전으로 하나님의 계명을 범하느뇨?" 주님은 유대인들의 전승들로부터 한 실례를 들어서 하나님의 말씀과 비교했습니다. 그리고 그들의 전승들이 하나님의 말씀과 충돌한다는 것을 드러내시면서 다음과 같이 밝히셨습니다(마 15:6-9): "너희 유전으로 하나님의 말씀을 폐하는도다 외식하는

자들아 이사야가 너희에게 대하여 잘 예언하였도다 일렀으되 이 백성
이 입술로는 나를 존경하되 마음은 내게서 멀도다 사람의 계명으로 교
훈을 삼아 가르치니 나를 헛되이 경배하는도다." 만약, 그들이 "생명
력 있는" 것으로 칭하고 있는 자신들의 전승들이 기록된 하나님의 말
씀과 일치하지 않는다면, 유대인의 전승들을 포함하여 교황주의자들
의 전승들 전부가 그리스도로부터 책망과 심판을 받게 될 것이라는 것
을 과연 누가 부인할 수 있겠습니까? 그들은 아마도 자신들의 전승들
이 성경과 동일한 존경을 받아야 한다는 소리를 듣고 싶어 할 것입니
다. 사도들에게서 유래된 것과 사도들의 것으로 위조된 것은 유사성과
모순을 통하여 어렵지 않게 구별될 것입니다. 분명하게, 하나님의 사
도들이 후대에 남긴 자신들의 말들과 자신들의 글들은 논쟁이 될 수
있는 전승으로 남아 있는 것이 전혀 없습니다. 당연히, 사도들의 문서
들과 모순된 것들은 절대로 사도들로부터 근거된 것이 아닙니다.

### 사도들의 전승들

문서로 남지 않은 전승들을 변호하는 교황주의자들은 사도들 스스
로도 그들의 글들 안에서 기록되지 않는 전승들을 언급하고 있다고 반
박합니다. 그러나 사도들이 전승들에 대해 언급한 것은 그들이 의도한
것들이 아닙니다. 거룩한 누가의 증언을 매우 주의 깊게 살펴볼 필요

가 있습니다. 즉, 그가 자신의 복음서 안에 기록하고 있는 전승들은 단순히 사람들 사이에서 근거 없이 떠돌고 있는 내용들이 아닙니다. 오히려, 어떤 사람들이 직접 자신들의 눈으로 목격했던 사건들에 대해 증언한 내용들을 기록으로 남긴 것입니다. 어느 특정한 시간 동안 아직 기록되지 않는 사도들의 구두전승이 남아있었지만, 곧바로 누가에 의해 문자로 분명하게 기록되었다는 것을 알게 합니다. 그리고 거룩한 바울이 기독교 교리의 핵심을 요약적으로 정리하면서 다음과 같은 사실을 언급하였습니다(고전 15:3): "내가 받은 것을 먼저 너희에게 전하였노니 이는 성경대로 그리스도께서 우리 죄를 위하여 죽으시고 ..." 참고로, 그 사도는 구두전승을 이 문서(고린도전서)와 연결시키고 있으며, 그 밖에도 이 문서는 이전에 기록되지 않았던 그의 전승을 포함하고 있습니다. 바울이 성만찬의 전승을 고린도 교회에 보내는 첫 번째 서신에서 인용했을 때, 그는 곧바로 이 전승이 어떤 것인가에 대해서도 설명해 주었습니다(고전 11:23 이하). 비록 그가 고린도전서 11장 34절에서 "그 밖에 일들은 내가 언제든지 갈 때에 바로 잡으리라"는 내용을 덧붙이고 있지만, 그럼에도 불구하고 그는 예배 안에서 지켜져야 하는 질서와 형식에 대해 밝힌 것입니다. 바울은 이미 그 자신이 직접 성만찬에 관하여 전승하였던 것 말고는 다른 어떤 것도 전승할 수 없었을 것인데, 그렇지 않으면 그는 스스로 모순에 빠질 수밖에 없기 때문입니다. 그래서 바울은 데살로니가 신자들에게 이렇게 편지를 쓴 것입니다(살후 2:15): "그러므로 형제들아 굳건하게 서서 말로나 우리의 편지로 가르침을 받은 전통을 지키라." 바울의 전승은 이미 자신이 했던 말과 서신에 포함된 것이었습니다. 그의 말은 구전으로 선포된 것이고, 그 내용이 서신 안에 기록으로 반복되어 다시금 언급된 것입니다. 이 뿐만 아니라, 바울의 복음은 다른 사도들의 글들에서도 분명하게 다시 읽을 수 있습니다. 즉, 바울은 다른 사도들과 다른 복음을 설교하지 않았다는 사실입니다. 여기에 덧붙여, 바울은 자신 스스로 이렇게 확신했는데, 즉 그는 그리스도의 복음을 설교하였으며 그리고 율법과 선지자들이 가르친 것들(행 2:22) 외에 다른 어떤 것들도 전승하지 않았다는 것입니다. 모세와 선지자들의 문서들이 완전하다는 사실에 대해 어떤 사람들이 반론을 제기할 수 있겠습니까? 이 때문에 정경 문서들은 우리를 만족하게 합니다. 그 문서들은 하나님의 경외를 위해 반드시 필요한 대화형식의 전승들을 포함하고 있을 뿐만 아니라, 또한 "가르치고, 책망하며, 바르게 하기 위해" 혹은 개혁을 위해, "하나님의 사람으로 온전하게 하며 또 모든 선한 일을 행할 능력을 갖추게 하는 교육을 위해"(딤후 3:16-17) 실천해야 할 내용들을 온전히 담고 있습니다. 내가 언급한 것들은 바울 스스로도 확증하고 있습니다. 믿음에 관한 모든 것들은 신뢰하게 만들고 또 다른 거짓된 것들을 경계시키기 위해서 오직 정경 문서들에만 주목하도록 하는 것에 대해 트렌트 종교회의의 사제들은 거부했습니다. 더욱이, 그들은 초유의 오만방자함으로 더 많은 전승들을 정경 문서들과 혼합시켰습니다. 성경에 대한 모독, 즉 사람의 것을 하나님의 것과 동일한 것으로 여기게 만든 것입니다. 이를 통해서 분명해진 사실은 무엇일까요? 그들은 이 소집된 종교회의를 통하여 정경 문서들을 유일한 진리로 소개하고 확증한 것을 거부하고, 오히려 그들 스스로 만들어낸 전승들을 놀라운 방식으로 사용하기 위해 대단히 오래된 오류들을 변호하고 입증한 것입니다.

### 교부들의 전승들

앞서 논의된 내용을 통해서 진리를 바르게 인식하려는 사람들을 위해 전승들에 관하여 언급한 것은 충분할 것 같습니다. 다른 면에서 어떤 사람들은 너무 지나치게 전승들에 대한 모든 것들을 폐기하거나 반대합니다. 하지만 교부들의 전승들이 총체적으로 배척되는 것은 지극히 불의한 일입니다. 우리는 개별적인 것들 중에서 교부들의 오래된 전승들을 분별하는 것이 필요합니다. 먼저, 나는 이단자들에 대해 논박했던 이레네우스(Irenaeus, 130-202)와 터툴리안(Tertullian, 155-240)을 살피려고 합니다. 사도적인 가르침의 기초와 원리도 확인할 것입니다. 그리고 우리가 오늘날 사도의 고백으로 표명하고 있으며, 물론 직접적으로 사도들이 한 말들은 아니지만, 그러나 그들의 견해와 동일하다는 전제 아래서 '사도들의 전승'으로 명칭되는 신앙고백(사도신조)도 주목할 것입니다. 이러한 전승들이 모두 성경으로부터 기원했으며, 그리고 이 사실이 헤아릴 수 없이 많이 증거문헌들과 함께 더욱 강력하게 증명될 수 있다는 것을 모르는 사람들은 없을 것입니다. 이 공적인 전승들은 모든 이단들과 이단자들을 대항하여 유효한 것들로 간주되었습니다. 이 전승들은 우리로 하여금 성경의 합법성을 아주 분명하고 상세하게 믿도록 만들기 때문에 어느 누구도 문제를 제기하지 않습니다. 우리들 중에 어느 누구도 이 전승들에 대해 비난하지 않습니다. 다음으로, 초대교회 신자들이 가끔 (성경에 기록되지 않은) 사건적인 전승들을 언급했다는 것을 알 수 있습니다. 한 실례로, 이러한 전승들 중에는 (영지주의적인 사상을 가진) 이단이었던 케린투스(Cerinthus, 50-100)가 들어온 것 때문에 급히 목욕탕에서 도망쳤던 사도 요한에 대해 언급된 것도 있습니다. 이 내용과 비슷한 것들은 하나님의 경외를 가로막는 것을 반대하거나 어떤 잘못된 미신이 확산되지 않도록 도움을 주는 면이 있기 때문에, 경건한 사람들은 이러한 종류의 전승들을 거절하지 않은 것입니다. 그럼에도 불구하고 이 전승들은 어떤 경우에도 복음과 동일한 권위로 간주되지 않았습니다.

하지만 이러한 보편적인 믿음의 보편적인 원리들과 관계없고 혹은 믿음에 속한 다른 주변의 주제에도 해당되지 않는 전승들이 있습니다. 그것들은 역사적이지도 않고, 오히려 특정한 집단의 교리들과 예배형식과 관련되어 있는 것입니다. 이러한 종류의 전승들 중에는 죽은 자들을 위한 기도, 젊은 처녀들을 베일로 가리는 것이나 혹은 그녀들이 수도원에 있는 동안 지속적으로 처녀성을 유지해야 하는 내용 등이 들어있습니다. 그러나 이러한 전승들은 사도들의 문서들과 비교하여 내용적으로 거의 일치하지 않는다는 사실을 이미 다른 곳에서 자세히 설명을 드렸습니다.

그리고 나는 다른 몇몇 전승들에 대해서도 언급하고 싶습니다. 이 전승들은 고대의 작가들에게 높이 평가되었으며 또 교회에 간곡히 권유된 것들이지만, 그러나 기독교 신앙의 내용으로 수용된다면 위험스러운 것들임을 분명히 밝히기 위함입니다. 이레네우스는 발렌티누스 주의자들(Valentinians)을 반대하여 쓴 자신의 두 번째 저서 40장에서 우리의 주님과 관련된 내용을 소개했습니다: "그가 50세가 가까이 되었을 때, 그들은 그에게 질문했다(요 8:57): '당신은 아직 50살도 되지 않았는데 아브라함을 보았습니까?'" 그는 이 견해를 사도의 전승으로 간주하면서 이렇게 설명했습니다: "사람은 사십이나 오십 살 정도가 되어야 우리 주님이 가르쳤던 것에 관심을 갖는 나이가 되는 것이다. 복음과 주님의 제자인 아시아에 사는 요한과 함께 있었던 장로들은 요한이 자신들에게 이 내용을 전승했다고 증언했다. 요한은 그 장로들과 트라얀(Trajan, 53-117) 황제 때까지 함께 있었다. 그들 가운데 일부는 요한을 보았을 뿐만 아니라, 또한 다른 사도들도 보았으며, 그 사도들부터 동일한 내용을 들었다고 증언하고 있다." 이러한 전승에 대해 이레네우스는 많은 고대 문서들이 수용하고 있다는 것을 문자적으로 상세하게 밝혔습니다. 하지만 만약 우리가 이 전승을 수용하게 된다면, 다른 사람들이 침묵하고 있었던 시간문제가 심각한 혼란을 발생시킬 것입니다. 즉, 우리 주님이 거의 50세 동안 사셨다고 하면, 혹은 48세로 상정하든지, 결과적으로 분명한 사실은 그리스도가 거의 18년 동안 가르치셨다는 것입니다. 우리 주님이 30세가 되는 때부터, 대략 티베리우스(Tiberius, BC 42-AD 37) 황제 치세 15년 때부터 설교하기 시작했다는 것을 알려줍니다. 그리스도의 생애가 어느 정도였는지 알 수 없으며, 다른 계산방법도 소개되지 않았습니다. 특별히, 이레네우스가 강하게 주장하는 사도의 구두전승에 따르면, 그리스도께서 죽으시고, 죽은자 가운데서 부활하시고, 승천하시고 또 제자들에게 성령이 부어졌던 사건은 클라우디우스(Claudius, BC 13-AD 34) 황제 재임 7년 혹은 8년째라고 상정하고 있습니다. 하지만 이 계산법은 복음서에서 증언된 역사와 사도행전에 기록된 역사의 순서와 모순을 일으키고 있습니다. 사도 바울의 기록에서 인용된 클라디우스 황제는 엄청나고 경악을 금치 못할 기근이 세상을 휩쓸었을 때 살았던 인물이라는 것입니다 (행 11:28). 이렇게 볼 때, 구체적으로 주님의 사도에게로 소급하여 설명한 거룩한 이레네우스의 전승은 굴욕적인 기만임을 부인할 수 없습니다. 비록, 이 전승이 가장 오래된 기독교 문서 작가들에 의해 증언되었다고 해도, 이 추악한 오류의 폭로 이후에 과연 어떤 사람들이 이러한 종류의 구두전승들에 대해 신뢰를 둘 수 있었겠습니까? 아마도 이레네우스는 사도들의 한 제자였던 히에라폴리스의 파피아스(Papias of Hieropolis)로부터 이 전승을 수용했을 것입니다. 왜냐하면 파피아스는 구두전승을 아주 가치 있게 여겼는데, 이 구두전승들을 통하여 최상의 위로를 얻었기 때문입니다. 이레네우스, 아포리나리우스(Apollinarius), 락탄츠(Laktanz) 그리고 다른 교부들도 사도들과 가까이 있었던 파피아스를 경외감을 가지고 뒤따랐습니다. 그들은 파피아스가 기초를 놓은 천년설의 오류(error of the millenarians)와 관계를 가지고 있는 인물들입니다. 당시 최고의 학자였던 가이사랴(Caesarea) 교회의 감독 유세비우스(Eusebius)도 파피아스에 대해 심각하게 비판하지 않았습니다. 그는 자신의 교회사 3권 39장에서 파피아스가 다양한 비현실적인 이야기를 지어낸 것으로만 자세히 기록하였습니다. 결국, 우리가 구두전승을 탐탁지 않게 취급하거나 결코 수용하지 않았기 때문에, 그것들이 우리에게 오류를 가진 문서들로 해석된 것일까요?

여기에 추가적으로 언급되어야 할 것은, 즉 동방 교회와 서방 교회 사이에 부활절 축제일에 대한 논쟁이 이러한 구두전승 안에서 불붙게 되었다는 점입니다. 이렇게 볼 때, 우리가 아무런 이유 없이 구두전승에 대해 의혹을 제기하고 있는 것이 결코 아니라는 사실입니다. 서방 교회의 설교자들은 부활절 축제일에 대한 사도 베드로와 바울의 전승이 필수적으로 존중되어야 한다고 강조했습니다. 하지만 동방 교회의 설교자들은 이와 반대로 오직 사도 요한의 전승만을 따라야 한다고 주장했습니다. 당연히, 동방 교회와 서방 교회 사이에 격렬한 논쟁이 일어나게 되었고, 결과적으로 당시 로마 교회의 감독이었던 빅토르(Victor)는 동방 교회의 설교자들을 죄인으로 정죄하는 일을 주저하지 않았습니다. 이 때문에 이 감독은 자신의 편에 서 있는 거룩한 순교자 이레네우스로부터 심한 책망을 받았습니다. 그 밖에 당시 탁월한 교회역사 저술가였던 소크라테스(Socrates Scholasticus)는 양 쪽의 전승들에 대해 솔직한 자세로 서방 교회의 전승뿐만 아니라, 또한 동방 교회의 전승에 대해서도 비판했습니다. 그는 성경의 몇몇 구절들을 인용하면서 사도들이 부활절에 대해 아무 것도 전승하지 않았을 것이라고 추론하였습니다. 그리고 정확한 표현에 관심이 있는 사람들을 위해 자신의 주장을 제시했습니다: "한 사도나 복음서들은 스스로 설교하고자 하는 자들에 대하여 어떠한 경우에라도 종의 멍에를 메게 하지 않는다. 모든 사람들은 비참으로부터 자유함을 얻은 자신들의 거주지에서 그리스도의 대속적인 고난을 기념하여 자신들에게 익숙한 관습에 따라서 부활절과 다른 절기들을 지켰다. 주님이든 그의 제자들이든 우리에게 그 어떤 율법을 가지고 그것에 대해 주목하도록 만들지 않았다. 그리고 복음이든 사도들이든 우리에게 모세의 율법이 유대인들에게 요구했던 방식으로 형벌이나 배상을 강요하지 않는다." 그리고 다음과 같은 기록도 확인시켜 줍니다: "내가 보기에는 다른 많은 절기들처럼 부활절 역시도 각 지역들의 관습이었다. 왜냐하면 어떤 사도도 이 절기에 대해 분명하게 언급하지 않았기 때문이다." 이 내용은 소크라테스의 교회사 5권 22장에서 기록되어 있습니다.

소크라테스는 솔직하게 구두전승에 대해 이의를 제기했습니다. 그럼에도 불구하고 신성모독이나 이단의 혐의를 받지 않았습니다. 이 전승들이 성경과 일치하지 않을 때, 우리가 그 사실에 대해 이의를 제기하는 것과 관련하여 가장 어려운 점들은 무엇일까요? 지금 우리의 대적자들도 부인하지 않는 여러 위협적인 일들이 일어나고 있습니다. 하지만 우리는 어떤 경우에도 의문을 갖게 하는 전승들에 대해 관심을 갖지 못하도록 하고 또 출처가 불분명한 전승들에게 마음을 빼앗기도록 하는 모든 시도들을 결코 용납하지 않을 것입니다. 만약 트렌트 종교회의가 진리를 드러내고, 교회를 돕기 위해 정의롭고 모든 열심을 동원하여 진행되었다면, 교황주의자들은 보편타당하고 탁월하신 하나님과 참된 진리를 담고 있는 그분의 말씀을 그 진리와 그것이 요구하는 행위들 위에서 판단하는 일을 기꺼이 감내했을 것입니다. 그들이 이러한 판단을 회피하고 출처가 불분명한 전승들을 구실로 삼아서 거짓을 조성하고 있는 것과 관련하여, 그들 스스로 온 세상에 명백하게 드러낸 사실이 있습니다. 즉, 그들도 자신들의 주장들을 지지받기 위해서 성경에 근거한 효력을 열망하고 있다는 점입니다.

## 정경 문서와 교회 문서

교황주의자들은 성경과 전승들을 동일한 가치로 인정한다는 의도 속에서 정경 문서들을 이 기준에 포함될 수 없는 문서들과 혼합시켰습니다. 한 실례로, 마카비서, 토빗서 그리고 다른 문서들을 떠올릴 수 있는데, 즉 이것들은 교회적이거나 혹은 정경적이지 않은 문서들로 규정된 것들입니다. 그들은 이 문서들을 통해서 참된 경전 문서들에서 찾아낸 빈 공간을 메울 수 있기를 기대하고 있습니다.

## 마카비 2서의 유효성

여기에서 (외경의) 다른 문서들은 차치하고, 교황주의자들은 죽은 자들이 죄악들로부터 자유로울 수 있도록(마카비 2서 12:43 이하) 그들을 위해 기도하고 또 그들을 위해 헌물을 바치는 것이 효과가 있다는 것을 마카비 2서를 통해서 증명할 수 있다고 기대합니다. 이와 동시에, 그들은 하늘에 있는 거룩한 신자들이 지상에 있는 사람들을 위해 하늘에서 하나님께 기도하는 것도 알려줄 수 있다고 기대합니다. 그럼에도 불구하고 초대 교회에서 가장 충성스럽고 또 가장 거룩한 사역자들은 마카비 2서와 다른 문서들을 단 한 번도 정경 문서들에 포함시키지 않았습니다. 내가 아는 사실은, 교황주의자들은 이러한 상황과 관련하여 거룩한 어거스틴에게서 피난처를 찾았다는 것입니다. 왜냐하면 그는 자신의 저술 『기독교 교리』 2권 8장에서 마카비 2서를 성경 문서들에 포함시켰기 때문입니다. 우리가 교회사 저술들과 고대의 다른 역사 기록들을 확인할 때 분명해 지는 것이 있습니다. 어거스틴이 살았던 당시에, 그리고 집정관 케사리우스(Caesarius)와 아티쿠스(Atticus) 그리고 황제 호노리우스(Honorius)와 아르카디우스(Arcadius) 시대에 개최되었던 카르타고(Carthage) 공의회의 세 번째 회합 때, 즉 대략 주후 400년 혹은 399년에 정경 문서들의 수에 혹은 더욱더 교회 문서들의 수에 마카비 2서가 수용되어 있었다는 것입니다. 어거스틴은 이러한 사실을 숨기지 않았습니다. 하지만 그는 자신의 저술 『하나님의 도성』 18권 36장에서 또 가우텐디우스(Gaudentius) 편지에 대응하여 쓴 두 번째 저술 23장에서 고대 시대에 마카비 책들이 정경에 포함되어 있지 않았다는 것도 분명하게 확인시켜 주었습니다. 물론, 어거스틴은 그 책들이 오직 "객관적인 이해와 함께" 읽혀졌다는 전제 속에서 아무런 유익도 없이 수용되지는 않았을 것이라고 덧붙였습니다. 그래서 다른 장에서 이렇게 밝혔습니다: "교회는 이 책들을 순교자들에 대한 대단하고 놀라운 수난의 역사 때문에 정경으로 여긴 것이다." 이 모든 내용들은 이미 위에서 언급되었던 나의 생각을 증명합니다. 즉, 어거스틴에 의해 덧붙여진 진술은 마카비 2서에 제시된 모든 것이 아닌 일부가 근본적인 검증이나 다른 문서들과 비교 없이 수용되었을 수 있다는 사실입니다. 이 뿐만 아니라, 다른 장에서 어거스틴은 이 책들이 모든 교회로부터 인정받은 경우도 있었고, 그 교회들 보다 앞서서, 일부의 교회 안에서는 수용되지 않은 경우도 있었다는 것을 고려했습니다. 이 사실과 함께 우리는 마카비 책들이 가장 오래되고 또 가장 유명한 동방 교회들로부터 단 한 번도 정경 문서로서 인정받지 못했다는 것을 증명할 수 있습니다.

사도들의 사후인 주후 173년경에 살았던 사르데이스(Sardis) 감독 멜리토(Melito)는, 로마 제국의 황제 안토니우스 베루스(Antony Verus)의 치세 동안에, 이 황제에게 우리의 신앙을 위한 변증서를 제출했습니다. 그는 이 글에서 히에로니무스(Hieronymus)가 『투구를 쓴 서언』에서 구약 성경의 문서들로 간주한 것들 외에 어떤 다른 문서들로 정경으로 인정하지 않았습니다. 그래서 교회의 문서들로 불리어진 모든 것들이 누락되었습니다. 또한, 멜리토는 동방 지역까지 여행을 했습니다. 이 지역은 우리의 선포가 처음 시작된 곳이며 우리가 성경에서 읽은 모든 사건들이 기록된 곳입니다. 그는 여기에서 정경 책들의 진리와 확신에 속해 있는 모든 문서들을 매우 신중하게 살폈습니다. 그리고 그는 신뢰할 수 있는 문제들을 다수 발견하기도 했습니다. 멜리토 이후에 오리겐네스(Origenes, 184-253)도 구약 성경의 문서들을 22권 보다 많이 규정하지 않았습니다. 거룩한 히에로니무스도 이와 동일하게 구약 성경의 문서들을 22권으로 인정하였는데, 즉 그는 『투구를 쓴 서언』에서 뿐만 아니라, 또한 파울리누스(Paulinus)에게 쓴 서신 안에서도 구약 성경의 모든 문서들에 대해 언급했습니다. 이 문서들 외에 다른 것들은 정경과 관련하여 고려의 여지가 없음을 밝혔습니다. 그리고 히에로니무스는 솔로몬(Salomon)의 저술로 간주되고 있는 지혜에 관한 책을 언급한 이후에 시락(Sirach)이 예수에 관하여 쓴 책도 소개했습니다: "현재 교회가 유딧, 토빗 그리고 마카비의 책들을 읽지만, 그것들이 정경의 목록에 들어있지 않은 것처럼, 교회도 이 두 권의 책들을 신자들의 경건을 위해 읽을 수 있지만, 그러나 교회적인 가르침에 유효한 내용으로 간주하지는 않는다." 이와 동일한 시각 속에서, 거룩한 어거스틴이 마카비 2서를 거의 정경인 것처럼 간주한 사실에 대한 나의 생각은, 그 책이 참되고 오래된 성경의 책들과 동일한 권위를 가질 수는 없지만, 그러나 한 교회적인 문서로 인정될 수 있다고 고려된 것입니다.

거룩한 히에로니무스는 카르타고 공의회의 결정문을 매우 잘 알고 있었습니다. 많은 사람들에게 알려져 있는 것처럼, 그는 422년경에 사망했습니다. 이러한 사안에 관하여 아크빌레이아의 루핀누스(Ruffinus of Aquileia)이 자신의 사도신조 진술에서 밝힌 것은, 내가 앞서 언급한 것처럼, 구약 성경의 문서들은 더 많거나 다르지 않다는 사실입니다. 그는 이렇게 말했습니다: "우리가 믿는 구약 성경의 문서들은 성령으로부터 영감 된 오래된 전승들이며 그리고 그리스도의 교회에 주어진 것들이다." 그리고 조금 더 지나서 루핀은 이렇게 기록했습니다: "고대에는 정경은 아니지만 교회의 문서로 간주된 다른 책들도 있었다. 솔로몬의 지혜서, 시락의 예수전, 유딧, 토빗 그리고 마카비의 책들을 떠올릴 수 있다. 이 문서들은 교회 안에서 지속적으로 읽혀져 왔지만, 그러나 이것들이 신앙의 효력을 강화시키기 위한 목적으로 수용되지는 않았다." 매우 흥미로운 표현입니다.

이러한 이해에 근거하여 초대 교회와 그 시대의 모든 저술가들이 우리 편에 서 있다는 것을 알 수 있습니다. 그들은 우리에 대해 저주했던 트렌트 종교회의에 참여한 사제들을 정죄한 것입니다. 우리는 교회의 문서들을 거절하지는 않습니다. 하지만 초대 교회가 추구했던 것처럼 오직 정경의 책들로부터만 우리는 우리의 신앙의 진리를 증거합니다. 그리고 성경에 비추어 거짓 진리를 방어하는 노력을 결코 쉬지 않습니다. 우리의 대적자들은 자신들의 모든 가르침을 정경의 책들에 복종시키는 일을 거절하였습니다. 그들은 시시때때로 자신들의 시선을 다른 안락한 보조적인 도구들에만 두기 때문에, 그들의 의도를 쉽게 파악할 수 있으며 또 이러한 전제 속에서 소집된 종교회의를 통해서 추구하려는 것도 무엇인지 분명히 알 수 있습니다.

### 반박할 수 없는 성경의 역본

그밖에 보편적으로 확산되어진 성경의 라틴어 번역본과 관련하여서 이성적인 사람이라면 어느 누구도 그 역본에 대해 솔직하게 정죄하거나 비난하지 않습니다. 그러나 우리는 의심의 여지가 있고, 논쟁의 여지가 있으며 또 불분명한 번역 혹은 조작된 부분들에 대해서는 헬라어나 히브리어 원문으로 돌아가서 살피도록 요구하고 있습니다. 우리가 신뢰할 수 있는 것은 헬라어나 히브리어로 작성된 본문들입니다. 모든 구약의 선지서들과 신약의 서신서들은 라틴어로 기록되어 있지 않습니다. 오히려, 구약의 선지서들은 히브리어로 또 신약의 서신서들은 헬라어로 기록되어 있습니다. 우리는 부적절한 문서들이나 교황주의자들이 과거에 스스로 허용할 수 없다고 생각했던 문서들 역시도 기대하지 않습니다. 그라티안(Gratian) 결정문의 차별조항인 9장에서 다음과 같은 내용을 읽을 수 있습니다: "구약 성경의 신뢰감 넘치는 문서들은 히브리어 본문에 근거하여 시험되어야 하고 또 신약 성경의 신뢰감 넘치는 문서들은 헬라어 본문에 근거하여 시험되어야 한다." 그 밖에 거룩한 어거스틴의 서신으로부터 인용되어 거룩한 히에로니무스에게 수용된 주장들이 있습니다. 어거스틴은 마니교도 파우스투스(Faustus)에 대응하여 쓴 자신의 저술 11권 2장에서 이렇게 밝히고 있습니다: "개별적인 필사본의 신뢰성과 관련하여 문제를 제기한다면 – 도대체 어떻게 본문의 몇 곳에서 차이들이 발생하게 되었는지, 더욱이 이러한 문제를 가진 문장들은 매우 흔치 않은 것으로 오직 성경 연구에 몰두하는 사람에게만 알려질 수 있는 것인데 – 우리의 의심은 우리의 가르침이 유래된 문서들의 사본들을 통하여 해결될 수 있다. 혹은, 필사본들이 서로 구분되는 것을 통해서 극복할 수도 있는데, 즉 매우 빈번히 전승되어진 것들과 가끔 전승되어진 것들을 구분하며 그리고 더 오래된 것들을 최근의 것들 앞에 놓은 방식으로 구분하는 것이다. 그럼에도 불구하고 여전히 본문에 차이점이 발견된다면 그 본문이 번역된 오래된 언어가 검토되어야 한다.” 이와 동일하게, 어거스틴은 자신의 저술 『기독교 교리』 2권 11장에서도 다음과 같이 표명했습니다: “라틴어로 말하는 사람들은 성경을 이해하기 위해 다른 두 언어가 필요하다. 즉, 그것은 히브리어와 헬라어로, 만약 라틴어 역본에 어떤 의혹이 발생될 경우에, 더 오래된 본문으로 소급하여 살펴볼 수 있기 때문이다.” 덧붙여서, “히브리어 본문에서 헬라어 본문으로 번역된 성경은 개별적으로 열거될 수 있지만, 라틴어로 번역된 본문은 그렇게 될 수 없다. 왜냐하면, 기독교 초기에 어떤 사람이 헬라어 필사본을 손에 넣고 생각했을 때, 그는 앞서 언급된 두 언어에 대한 재능이 부족해서 한 라틴어 역본을 제작하는 것을 시도했을 수 있기 때문이다.” 끝으로, 어거스틴은 이 동일한 저술의 2권 12장에서 성경번역의 다양성에 대해 논의했는데, 이렇게 서술하고 있습니다: “독자들의 요구가 있었기 때문에, 성경번역은 그 이해가 저지되기 보다는 더욱 장려되어야 했다. 왜냐하면 다양한 필사본들에 대한 시험적인 검열과 함께 많은 경우에 빛을 보지 못하고 방치되었던 것들이 규명될 수 있기 때문이다.”

트렌트 종교회의의 참석자들이 이 모든 역본들을 한 가지 규정을 통해서 부정하고 있습니다. 그리고 우리에게 모든 이성에 반하여 역본들의 연대와 교부들의 의도를 고려하지 않는 채 일방적으로 라틴어 역본만을 신뢰할 수 있는 문서로 강요하고 있습니다. 이 사실은 그들에게서 기대할 수 있는 것이 아무 것도 없다는 우리의 선견지명이 옳았다는 것을 분명하게 확인시켜 주었습니다.

### 성경의 해석

이미 교황주의자들이 공개했던 성경의 해석에 관한 네 번째 규정은 – 앞서 언급한 내용 가운데 아무런 해결책도 찾을 수 없었기 때문에 – 그들 스스로 종교회의의 회합 이전에 극도의 부정한 방식으로 확실한 승리와 분명한 확신을 강구했다는 사실을 분명하게 증명해 줍니다. 그들은 자신들의 입장이 한번이라도 변경되었거나 아주 조금이라도 자신들의 목표에서 벗어났다는 인상을 주지 않으려고 했습니다. "거룩한 어머니 교회가 가졌었고 또 가지고 있는" 판단과 일치하지 않으며 또 "교부들의 일치된 의미"에 반대되는 모든 해석을 비판하고 있기 때문입니다. 이러한 규정은 잘못된 것이 아니기 때문에, 성경에 근거하여 (모든) 교황주의적인 교리들과 미신적인 의식들에 대해 비판하는 입장을 명백하게 표명하는 것은 결코 쉽지 않습니다. 교황주의자들은 교회가 이러한 판단을 내릴 수 없다고 말하지만, 성경이 밝히고 있는 사실을 그들의 언어로 좌초시킬 수는 없습니다. 물론, 그들은 스스로 개선될 수 없는 뻔뻔스러운 방식으로 성경 구절을 왜곡하거나 위조하지는 않을 것입니다. 왜냐하면 그들은 이러한 입장에 서 있는 교회를 비판했으며 또 몇몇 교부들이 이러한 잘못된 방식으로 해석했다는 것을 밝히고 있기 때문입니다. 오히려, 이러한 의도를 통해서 교황주의자들은 교황의 유일통치의 근거를 내세우고 있습니다: "너는 베드로라 내가 이 반석 위에 내 교회를 세우리니"(마 16:18), 혹은 "너는 장차 게바라 하리라"(요 1:42), 덧붙여 "내 양을 먹이라!"(요 21:15). 만약 어떤 사람이 이러한 구절들을 다른 구절들과 객관적인 비교를 통하여 합법적인 방식으로 설명하고 또 그 구절들의 본래적인 의미를 연구한다면, 그들의 주장은 지체 없이 반론이 제기될 것입니다. 즉, 성경 해석의 권한이 교회와 교부들로부터 교황에게 위임되었고, 그리고 이것이, 그들이 이미 주장한 것처럼, 교황의 수위권과 관련되어 있다고 주장한 것은 결코 옳지 않다는 사실입니다. 나는 필요하다고 하면 이 문제와 관련하여 여전히 수많은 증거를 제시할 수 있습니다.

내가 트렌트 종교회의 결정을 소개함으로써 확실하게 드러낸 것은 "교황이 어떤 목적을 위해 이 종교회의를 소집했는가?"에 대한 의도입니다. 이 종교회의는 성경으로부터 진리를 탐구하거나 드러내기 위해서가 아니라, 오히려 성경을 통제할 목적으로 소집한 것입니다. 즉,

성경을 사제들의 권위, 사제들의 명예와 부요 그리고 미신의 유지와 강화에 도움이 되도록 하기 위해 사용하는 것입니다. 그들은 교회를 새롭게 하려는 마음을 전혀 가지고 있지 않습니다. 이전의 타락한 상태로 되돌려서 그들 스스로 높아지려고 하는 것입니다.

지금 그리스도의 빛이 하나님의 특별한 은혜를 통하여 명예스러운 왕국 잉글랜드를 비추고 있습니다. 당신들은 이 빛을 외면해서는 안 됩니다. 그분을 따르는 사람은 어둠에 다니지 않고 생명의 빛을 소유하고 있습니다(요 8:12). 새롭게 되어야 하는 것을 새롭게 하기 위해 전진해야 합니다. 그리스도를 따라야 합니다. 당신들은 스스로 개혁하길 기대하는 로마 교회와 화해하는 일이 결코 없을지라도 죄를 지어서는 안 됩니다. 나는 악한 열정에 굴복하지 않고 나의 다섯 번째 설교집 서문에서 분명하게 표명한 것처럼 결코 로마 교회에 시선을 주지 않을 것입니다. 오직 그리스도와 그분의 참된 교회에 헌신하는 것이 우리의 긴급한 일임을 간곡히 말씀드립니다.

나는 이 설교집을 참되고 경건한 믿음을 굳건히 유지하고 있는 수호자이며 또 경건하고 명예스러운 제후이신 당신에게 헌정합니다. 그리고 당신이 나의 과업을 당신의 신실한 보호 아래 둘 것이라는 사실도 의심하지 않습니다. 특별히, 당신이 이 설교집을 정성스럽게 읽고 살핀다면, 여기에 기록된 내용들은 참된 믿음과 반대되지 않으며 하나님의 말씀으로부터 유래되었다는 사실을 알게 될 것입니다. 참된 믿음을 수호하는데 유익을 준다는 것도 인정하게 될 것입니다. 경건한 제후이신 당신은 최고의 지성을 가지고 있으며 경건한 사람들에게 – 그들 중에서 로버트 스킨너(Robert Skinner)와 앤드류 윌록(Andrew Wullock)은 매우 탁월한 사람들입니다 – 둘러싸여 있기 때문에 나의 가르침이 불필요할 수도 있습니다. 그럼에도 불구하고 나는 당신이 나의 설교집을 친절하게 받아주시고 또 분명한 의지로 표명한 나의 헌정사를 인정해 주실 것을 소망합니다. 나는 공적인 유익을 위한 것 외에 그 어떤 것도 기대하지 않습니다. 왜냐하면 하나님 아들의 나라가 우리 시대에 다시 번성하기 시작했으며 – 하나님 아들의 무서운 심판이 임박하여 이미 우리의 문을 두드리고 있는데 – 이 나라가 명예스러운 왕국 잉글랜드뿐만 아니라 세계 도처로 확장되고 있기 때문입니다.

다른 사람들도 자신들의 저술들을 당신에게 헌정하다는 것을 밝힌 헌정문들 안에서 당신의 헌신을 찬양할 것입니다. 그럼에도 나는 당신에게 이러한 격려가 아무런 의미가 없으며 또 당신에게 이러한 칭찬이 필요치 않다는 것도 잘 알고 있습니다. 왜냐하면 당신의 덕망은 이러한 것이 없어도 충분하기 때문입니다. 또한, 당신은 겸손과 성실을 통하여 덕성을 성장시키는 노력을 매일 기울이고 있음을 알기 때문입니다. 나의 서신을 통해서 나는 경건한 제후이신 당신에게 가능한 한 힘

껏 격려하는 것을 의도했습니다. 나는 당신의 덕성이 영광스러운 실천과 확산 안에서 어떤 위기도 극복할 뿐만 아니라, 또한 진전되기를 기대하기 때문입니다. 인간에게 칭찬할 만한 가치가 있는 모든 것들은 하나님의 선물입니다. 주님께서 주신 이성과 함께 당신이 인식하게 된 것은 무엇입니까? 당신은 엄청난 특권 속에서 왕의 가문에서 태어난 것입니다. 그러나 이 사실보다도 당신을 더 위대하게 만들어 주는 것은 하나님의 자녀로 부르심을 받았다는 것입니다. 당신은 하나님의 자녀이며 또 예수 그리스도와 동일한 상속자입니다(롬 8:17). 당신이 하나님의 은혜를 통하여 이렇게 존귀한 귀족의 신분에 이를 수 있었기 때문에, 당신은 끊임없이 하나님을 경외하는 노력 속에서 끝까지 이 고귀한 신분을 유지하기 위해 노력해야 할 것입니다. 당신이 구세주이신 그리스도께 견고하게 접붙여 있도록 또 그분의 영예를 증진시키기 위해 최선을 다해야 합니다. 당신은 영원한 영광의 왕께 드리는 신실함 속에서 당신의 고위한 왕과 사랑하는 조국이자 명예스러운 왕국 잉글랜드를 위해 모든 충성을 바쳐야 합니다. 특별히, 당신은 우리에게 진심을 다하여 신뢰하는 나그네들에게 든든한 피난처가 되어 주어야 할 것입니다. 그리고 당신은 지식에 대한 호기심이 많고 학식이 풍부한 사람들을 보호하고 격려하는 분이 되어야 합니다. 이러한 헌신 속에서 당신은 이 땅에서 뿐만 아니라, 또한 천상에서도 헛되지 않는 영원한 명예를 얻을 것입니다.

나는 당신에게 아주 용기 있는 귀족이자 워익(Warwick)의 백작 존 더들리(John Dudley)를 추천 드립니다. 이 귀족은 모든 면에서 탁월한 사람인데, 나는 그에게 모든 축복이 임하기를 소원하고 있습니다. 그리고 나의 모든 임무를 그에게 위탁시키고 있습니다.

이 세상의 유일하시고 존귀하신 통치자, 왕 중의 왕 그리고 주인 중에 주인이신 예수 그리스도께서(행 17:14) 고귀한 왕, 명예스러운 왕국 잉글랜드, 모든 신실하고 최고의 지성을 가진 왕국의 고문들, 당신과 가장 은혜로운 제후를 보호해 주시기를 소망합니다.


스위스 연방의 취리히, 1551년 3월에.

종교개혁의 의미를 표현한 동판화 그림 '종교개혁의 빛'(1650)

# 보편 교회 1

거룩한 보편 교회란 무엇인가? 교회는 얼마나 넓게 분포되어 있으며, 어떤 표지로 인식할 수 있는가? 교회는 어디로부터 유래되었으며, 어떻게 보존되는가? 교회도 잘못을 할 수 있는가? 교회의 권세 그리고 교회의 의무.

나는 지속적으로 하나님에 관하여, 창조주에 관하여 그리고 모든 것들의 원작자에 관하여 차례대로 설명하고 있습니다. 지금은 모든 주제와 관련된 하나님의 탁월한 사역, 즉 교회에 관하여 설명할 것입니다. 어떤 것과 비교할 수 없이 가장 사랑이 충만하신 아버지이신 하나님의 긍휼은 매우 크십니다. 그분은 홀로 즐겁고 복된 삶을 사시는 것을 원치 않으시고 우리 인생들에게, 즉 그분이 사랑하시는 피조물들에게 모든 축복과 긍휼을 부어주시기를 계획하셨습니다. 우리는 이러한 신적인 지혜 안에서 그분의 은혜를 기뻐합니다. 이 때문에 하나님은 이 세상에 살고 있는 인류 가운데서 장차 자신의 백성으로 삼길 원하시는 사람들을 선택하셨습니다.

이 택자들은 모든 시공간 속에서 실존하고 살아가게 될 사람들입니다. 하나님은 이 택자들을 자신의 모든 긍휼을 통하여 부요하게 만들기를 원하셨습니다. 하나님은 이 택자들을 통치하시며, 또한 그들은 하나님의 이름에 근거하여 살아계신 하나님의 백성, 집, 나라, 유산, 소유, 모임 그리고 교회로 일컬어지고 있습니다.

모든 신자들의 기도를 통해서 격려를 받고 있는 나는 이 교회에 관하여 교회의 주인이 나에게 선포하도록 깨닫게 하신 것을 제시할 것입니다.

## 교회

'에클레시아'($\dot{\epsilon}\kappa\kappa\lambda\eta\sigma\iota\alpha$)는 헬라어의 단어지만, 그러나 이 단어는 라틴사람들에게도 받아들여졌습니다. 먼저 이 '교회'라는 단어의 의미는 '모임', '공동체' 혹은 '회합' – 독일어로 '시민의 회집'(Gemeinde)입니다. 즉, 지역 공동체의 관심사를 경청하기 위해 모인 시민의 회집을 말합니다. 왜냐하면 누가가 처음 사도행전 19장에서 이러한 의미로 교회라는 단어를 사용했기 때문입니다. 다음으로, 이 '교회'라는 단어는 영적인 필요를 위해서 사용되었습니다. 주님의 이름을 부르는 사람들의 모임과 공동체가 '교회'로 불러진 것입니다. 바울은 이러한 사실을 고린도전서 15장 9절에서 밝히고 있습니다: "나는 하나님의 교회를 박해하였음으로 …" 그는 다른 본문에서도 이렇게 언급했습니다(행 9:14): "주의 이름을 부르는 모든 사람을 결박할 권한을 대제사장들에게 받았나이다." 이 기록에서 바울은 자신이 박해한 사람들을 교회로 불렀는데, 그들은 그리스도를 부르는 사람들 혹은 그리스도인들로 이해되었습니다. 이 뿐만 아니라, 이 '교회'라는 단어는 '불러냄'의 개념과 연관되어 있다는 사실도 알 수 있습니다. 헬라어로 '불러내다'($\dot{\epsilon}\kappa\kappa\alpha\lambda\dot{\epsilon}\omega$)에서 유래되었기 때문입니다. 결과적으로, 하나님은 세상의 모든 신자들을 이 땅에서 태어난 모든 인류의 집합체로부터 불러내십니다. 그들은 하나님의 고유한 백성이 되고, 그분은 그들의 하나님이 되십니다. 하나님의 부르심을 받은 모든 백성이 살아계신 하나님의 교회입니다.

## 회당

    오랜 과거에서부터 유대인의 모임 혹은 회집은 하나님의 소유인 '회당'으로 명칭 되었습니다. 이 때문에 '회당'은 처음 '교회'와 동일한 의미로 이해되었습니다. 하지만 유대인의 완고함과 그리스도의 믿음에 대한 화해의 여지가 없는 증오 때문에 '회당'은 경멸적으로 인식되었고, 결국 기독교인들은 이 단어의 사용을 멀리했습니다. 물론, 나는 여기에서 공정한 가르침의 원리에 따라서 유대, 터키 혹은 다른 이방인들의 교회에 관하여 언급하지는 않을 것입니다. 나는 독일어로 '교회'(Kirche)라고 명칭되는 신자들의 기독교적인 모임에 대해서만 논의하길 원합니다. 이 교회라는 독일어 단어는 아마도 헬라어 단어인 퀴리케(χυρίκη)를 넌지시 암시합니다. 왜냐하면 주님의 백성과 동의어인 집을 '퀴리아켄(χυριαχὴν)'이라고 명칭 하는데, 즉 독일인들은 '하나님의 백성'뿐만 아니라, 또한 '예배를 드리기 위해 모이는 장소'를 '교회'라고 부르기 때문입니다. 가장 먼저 나는 매우 핵심적으로 교회에 관하여 설명할 것입니다.

## 교회란 무엇인가?

    교회는 부분적으로는 하늘에 있고, 부분적으로는 땅에 머물고 있는 신자들의 보편적인 공동체나 집합체입니다. 이 교회는 명백하게 믿음의 동질성 안에서, 참된 교리 안에서 혹은 성례의 올바른 연합 안에서 일치를 이루고 있으며 그리고 분열됨이 없이, 오히려 한 가정과 한 모임처럼 결속되어 있습니다.

## 보편 교회

교회는 일반적으로 '보편적(catholica)'으로 명칭 되는데, 즉 '우주적(universalis)'이라는 의미를 가지고 있습니다. 왜냐하면 교회는 처음 동쪽으로 가지를 뻗으면서 전 세계로 확장되어 모든 시간을 넘어서 전 세계의 신자를 포괄하기 때문입니다. 그리고 하나님의 교회는 나라, 민족, 가족, 계층, 세대 혹은 성별에 국한되어 있지 않기 때문입니다. 이 땅에 존재하는 모든 신자들이 이 보편 교회의 시민이요 지체인 것입니다. 거룩한 사도 바울은 이와 관련하여 다음과 같이 언급했습니다(갈 3:28): "너희는 유대인이나 헬라인이나 종이나 자유인이나 남자나 여자나 다 그리스도 예수 안에서 하나이니라."

## 승리하는 교회

교회는 한편으로 승리적인 면에서, 다른 한편으로 전투하는 면에서 구별될 수 있습니다. 먼저, 승리하는 교회는 하늘에서 구속을 받은 영혼들의 거대한 공동체입니다. 이 교회는 이미 세상, 죄 그리고 사단을 정복했는데, 지금도 계속 승리하고 있으며 또 모든 기쁨의 환희와 충만함 속에서 하나님을 마주하며 즐거워하고 있습니다. 그래서 천상에 있는 신자들은 영원토록 하나님의 영예를 경배하고 또 그분의 유업을 찬미합니다. 거룩한 사도 요한은 계시록에서 잘 묘사했습니다(계 7:9-10): "이 일 후에 내가 보니 각 나라와 족속과 백성과 방언에서 아무라도 능히 셀 수 없는 큰 무리가 흰 옷을 입고 손에 종려 가지를 들고 보좌 앞과 어린 양 앞에 서서 큰 소리로 외쳐 가로되 구원하심이 보좌에 앉으신 우리 하나님과 어린양에게 있도다 하니"그는 곧이어 이렇게도 기록했습니다(계 7:13-17): "장로 중에 하나가 응답하여 내게 이르되 이 흰 옷 입은 자들이 누구며 또 어디서 왔느뇨 내가 가로되 내 주여 당신이 알리이다 하니 그가 나더러 이르되 이는 큰 환난에서 나오는 자들인데 어린양의 피에 그 옷을 씻어 희게 하였느니라 그러므로 그들이 하나님의 보좌 앞에 있고 또 그의 성전에서 밤낮 하나님을 섬기매 보좌에 앉으신 이가 그들 위에 장막을 치시리니 저희가 다시 주리지도 아니하며 목마르지도 아니하고 해나 아무 뜨거운 기운에 상하지 아니할지니 이는 보좌 가운데 계신 어린양이 저희의 목자가 되사 생명수 샘으로 인도하시고 하나님께서 저희 눈에서 모든 눈물을 씻어 주실 것임이러라."

사랑하는 형제들이여, 당신들에게는 천상에 있는 승리하는 교회의 놀라운 약속이 주어져 있습니다. 예수 그리스도의 피를 통하여 승리한 교회는 그 피를 통하여 이겼으며 또 지금 다스리고 있습니다. 그리스도는 "세상 죄를 지고 가는 양입니다"(요 1:29). 그분을 통하여 모두가 생명을 얻고, 거룩하게 되며 또 현재와 미래에도 거룩하게 될 것입니다. 세상의 시작부터 세상의 마지막까지 이 구원의 역사는 연속될 것입니다. 거룩한 바울은 자신이 쓴 다른 성경에서 교회에 대한 탁월한 묘사를 우리에게 제시했습니다: 이 땅에 살아가는 우리는 아직 전투하는 교회 안에 머물고 있다는 사실입니다. 이 전투하는 교회를 통해서 우리는 승리하는 교회로 인도되며, 하나님의 거룩한 천사들과 동행하며, 족장들의 계보에 참여하며 그리고 구원받은 성도들의 반열에 올려집니다. 이러한 복락은 가장 높으신 하나님이며 또 중보자이신 우리 주님 예수 그리스도를 통해서 제공됩니다. 바울은 이러한 신적인 은혜의 부요에 관하여 교훈했습니다. 이 은혜는 복음을 통하여 우리에게 제공되며 또 참된 믿음 안에서 우리에게 허락됩니다. 바울은 이렇게 기록하고 있습니다(히 12:18, 22-24): "너희가 이른 곳은 시내산, 불, 바람, 폭풍과 흑운이 아니고 너희가 이른 곳은 시온산과 살아계신 하나님의 도성인 하늘의 예루살렘과 천만 천사와 하늘에 기록한 장자들의 총회와 교회와 만민의 심판자이신 하나님과 및 온전케 된 의인의 영들과 새 언약의 중보이신 예수와 및 아벨의 피보다 더 낫게 말하는 뿌린 피니라." 그러므로 하늘에 있는 모든 거룩한 신자들도 우리의 공동체에 속해 있는데, 더 정확하게는 우리가 그들의 공동체에 속해 있다는 것을 알 수 있습니다. 우리는 아담에서부터 시작하여 세상의 끝날까지 모든 성도들의 동반자들이고, 공동상속자들이며 그리고 권속들입니다. 이러한 사실은 인생의 전 삶 속에서 가장 큰 위로가 될 뿐만 아니라, 또한 경건의 훈련에도 가장 큰 자극을 줍니다. 하나님의 권속이 되는 것보다도 더 큰 축복이 어디에 있겠습니까? 그리고 우리가 족장들, 선지자들, 사도들, 순교자들, 모든 천사들 또 이미 구원받은 영혼들의 동반자가 되는 기쁨보다도 더 큰 기쁨이 어디에 있겠습니까? 그리스도가 이러한 놀라운 은혜를 우리에게 부어주신 것입니다. 그분에게 찬양, 영광 그리고 감사를 영원히 드릴지어다. 아멘.

### 전투하는 교회

전투하는 교회는 예수 그리스도의 이름과 믿음을 고백하며 그리고 여전히 이 땅에서 마귀, 죄, 육체와 세상에 대항하여 예수 그리스도의 진영 안에서 또 그분의 깃발 아래서 싸우고 있는 모든 사람들의 공동체입니다. 이 교회는 두 가지 특징 속에서 관찰됩니다.

좁은 의미에서 관찰할 때, 이 전투하는 교회는 '교회'로 명칭 될 뿐만 아니라, 또한 실제로 '교회'라는 사실도 포괄하고 있습니다. 즉, 하나님의 신자들과 선택함을 받은 자들이고, 예수 그리스도와 연합되어 있는 살아있는 지체이며 그리고 구속을 혹은 외적인 표지를 통해서 뿐만 아니라, 또한 영과 믿음을 통해서 부름을 받은 사람들의 모임을 의미합니다. 어떤 경우에는 (예수 그리스도에) 대한 믿음 없이 오직 성령을 통해서 부름을 받기도 합니다. 이 주제는 다른 곳에서 언급될 것입니다. 이 전투하는 교회는 하나님의 내적이고 또 비가시적인 교회인데 – 우리는 이 교회를 선택함을 받은 오직 하나님만이 아시는 '그리스도의 신부'로 칭할 수도 있는데 – 하나님만이 누가 이 교회에 속해 있는가를 아십니다.

이 전투하는 교회에 관하여 우리 스스로 고백하며 또 사도신조에 따라서 고백합니다: "나는 거룩한 성도들의 공동체인 거룩한 보편 교회를 믿는다." 이 짧은 문장을 통하여 우리는 하나의 교회가 있다는 것을 요약했으며 그리고 교회가 무엇이며 또 어떤 특징을 가지고 있는가도 담았습니다. 왜냐하면 처음부터 우리는 하나님의 교회가 존재했고, 지금도 존재하고 있으며 또 항상 존재하게 된다는 사실을 고백했기 때문입니다. 그리고 우리는 이 신앙고백 안에서 교회가 무엇인지도 확인합니다: '거룩한 사람들의 공동체'. 즉, 우리는 모든 거룩한 사람들의 모임 밖에 교회가 존재하지 않다는 것을 믿습니다. 이 교회는 과거에도 있었으며, 지금도 있으며 또 앞으로도 있을 것입니다. 현재처럼 미래에도 존재한다는 것입니다. 그리고 이 교회는 하나님에 의해서 성도들에게 전달되어진 모든 유산들을 공동으로 소유하고 있습니다. 이 뿐만 아니라, 우리는 교회가 어떤 특징을 가지고 있는가도 나타냅니다. 즉, 교회는 거룩합니다. 그래서 나는 교회를 정결하고 또 축복받은 그리스도의 신부라고 말할 수 있습니다. 사도 바울은 성령과 우리 참되신 하나님의 피와 영을 통하여 정결하게 된 사람들을 '거룩하다'고 규정했기 때문입니다(고전 6:11). 경건한 사람들의 일부는 이미 왕관을 받았으며, 아직도 지상에서 전투하고 있는 사람들은 하늘에서 왕관이 씌워지는 것을 기다리고 있습니다. 이 전투하는 교회에 대한 관찰에서 가장 중요한 점은, 우리가 하나님의 은혜를 통하여 예수 그리스도의 몸인 지체가 되고 또 모든 성도들과 함께 천상의 유업을 향유하게 된다는 사실입니다. 우리는 다른 사람들이 우리보다도 훨씬 더 거룩하다고 고백하지 않습니다.

넓은 의미에서 관찰할 때, 이 전투하는 교회는 참된 신자들과 거룩한 사람들뿐만 아니라, 또한 실제적으로 믿지 않고, 생활태도에서 정결하지도 않으며 그리고 거룩하지도 않은 사람들도 포함하고 있습니다. 물론, 그들도 표면적으로 신자들이 가진 참된 믿음을 인정하거나 고백합니다. 이 뿐만 아니라, 그들도 최소한의 덕성을 공적으로 실천하고, 범죄를 책망하며 또 언제나 거룩한 전투하는 교회의 연합에 머물러 있는 것을 거절하지 않습니다. 이러한 관찰에 따르면 처음에는 악한 자들과 위선자들이 아니었던 사람들이 – 그리스도와 사도들의 시간에 그 존재들이 되어버린 것입니다: 유다, 아나니아와 삽비라, 마술사 시몬, 동일하게 데마, 후메네오, 알렉산더 그리고 다른 수많은 사람들이 – 가시적이고 또 외적으로 분명하게 명칭 될 수 있는 교회로부터 배제되었습니다. 하지만 이러한 평가는 그들의 편에서 그들에 대한 어떤 부분에 근거하여 혹은 전체에 근거하여 판단된 것입니다.

### 개별 교회(Ecclesia particularis)

우리는 교회를 개별적인 것으로 혹은 전체로서 간주할 수 있습니다. 한 개별적인 교회는 어떤 특정한 숫자의 신자들을 통하여 확정이 되거나 어떤 특정한 장소로도 인식됩니다. 왜냐하면 장소로부터 이 교회는 자신의 이름을 취하며 그리고 도시의 이름에 따라서 명칭 되기 때문입니다. 한 실례로, 취리히에 있는 교회는 취리히(Zürich) 교회로 혹은 베른(Bern)에 있는 교회는 베른 교회로 불러지고 있습니다. 헬라인들은 개별 교회를 '파로이키아'(παροικία, 어떤 낯선 장소에 세워진 것)라고 명칭 하였습니다. 이것은 일반적으로 '파로치아스'(parochias, 한 장소에 세워진 교회들)로 불러졌는데, 좀더 정확하게 다른 사람들은 '파로에키아스'(proecias, 지역 교회)로 부르기도 했습니다. 이 '파로에키암(paroeciam)'은 거주지, 집 혹은 이웃한 집들을 포함하는 모든 지역을 묘사하는 표현이기 때문입니다.

### 교구와 목사

지금은 각 나라들과 도시들 안에 특정한 숫자의 집들이 있는 각 지역이 구분되어 있는데, 그곳에 한 개별적인 교회가 존재하며 그리고 한 목사가 배정됩니다. 이렇게 교회가 존재하는 모든 지역을 '파로치아'(parochia)로 부릅니다. 독일어로 '교구', '교구 교회' 혹은 '교구 공동체'라고 합니다. 그리고 고대 세계에서 (목사를 지칭하는) '파로코스(πάροχος)'라는 단어는 '제공하는 자'를 의미했습니다. 그는 낯선 사람들에게 생활필수품인 소금과 나무를 공급해 주는 역할을 감당했습니다. 어떤 사람들은 '파로코스'를 식사기부자로 특정했으며,

다른 사람들은 신부를 인도하는 아버지로 규정하기도 했습니다. 즉, 교회의 목사들은 주님의 신부를 인도하는 아버지와 그리스도의 교회를 이끄는 지도자와 동일하기 때문입니다. 그들은 하나님의 백성들에게 가장 필요한 것들과 천상의 양식을 제공하기 때문에, 하나님의 양 떼를 돌보는 목자들은 정당하게 '목사들' 혹은 '목회자들'로 명칭 되고 있습니다. 그리고 주님께서는 복음서에서 개별 교회에 관하여 언급했습니다(마 18:17): "만일 그들의 말도 듣지 않거든 교회에 말하고 교회의 말도 듣지 않거든 이방인과 세리와 같이 여기라." 보편 교회는 불순종하는 자들이 누구인지 알 수 있도록 세상의 모든 영역으로부터 동시에 한 곳으로 결코 모여질 수 없기 때문에, 그래서 완고한 자들에 대한 판단이 개별 교회들에게 주어진 것입니다. 결국, 전 세계에 있는 모든 개별 교회들로부터 또 그 교회들의 모든 가시적인 지체로부터 보편 교회가 형성됩니다. 내가 지금 한 정리는 넓은 의미에서 개별 교회에 관하여 설명한 것입니다.

### 항상 있었으며 항상 있을 하나님의 교회

하나님의 보편 교회는 여러 세기를 통과하여 오늘에 이르기까지 보존되고 있으며, 이미 앞 부분에서 몇 가지를 설명한 것처럼, 그리고 지금도 이 땅의 모든 영역으로 확장되어 가고 있습니다. 덧붙여서 이 교회는 가시적이고 또 비가시적으로 존재합니다. 그리고 주님의 백성과 하나님의 집은 이 땅에서 종말의 때까지 존재할 것입니다. 왜냐하면 하나님은 최소한의 사람들로도 거룩한 사람들을 만들지 않으셨던 때가 없었거나 없을 것이며, 그들 가운데 거하시지 않거나 그들을 소유하지 않는 때가 결코 없었거나 없을 것이기 때문입니다.

옛 선지자들은 교회가 영원토록 존재한다고 증거합니다. 시편 132편에서 확인할 수 있습니다(시 132:13-4): "여호와께서 시온을 택하시고 자기 거처를 삼고자 하여 이르시기를 이는 나의 영원히 쉴 곳이라 내가 여기 거할 것은 이를 원하였음이로라." 그리고 동일한 이해 속에서 다른 시편에서도 읽을 수 있습니다(시 89:3-4): "주께서 이르시되 내가 나의 택한 자와 언약을 맺으며 내 종 다윗에게 맹세하기를 내가 네 자손을 영원히 견고히 하며 네 위를 대대에 세우리라 하였다 하셨나이다." 이 모든 기록들은 다윗의 후손인 그리스도를 겨냥한 것이며, 그분의 왕권과 교회를 의미하는 영적인 시온을 나타낸 것임을 모두가 알 수 있습니다. 주님 자신도 교회의 지속성에 대해 말씀하셨는데, 복음서에 다음과 같이 기록되었습니다(마 28:20): "내가 세상 끝날까지 너희와 함께 있으리라." 이렇게도 말씀하셨습니다(요 14:16): "내가 아버지께 구하겠으니 그가 또 다른 보혜사를 너희에게 주사 영원토록 너희와 함께 있게 하시리니." 복음서에서 인용된 다른 기록도 동일한 의미를 가지고 있습니다(마 16:18): "음부의 권세가 교회에 대하여 이기지 못하리라." 이러한 증언들은 실제적으로 교회를 억압하거나 멸절시키기 위해 현재 진행되고 있는 수많은 또 심각한 핍박들 속에 있는 신자들에게 가장 큰 위로가 됩니다.


## 마귀와 적그리스도의 교회

예수 그리스도께서 이 땅에서 항상 자신의 교회를 가지셨고, 현재도 가지고 계시며 그리고 앞으로도 가지시는 것처럼, 마귀 역시도 세상의 끝까지 그 자신이 지배하는 백성들이 없는 때가 결코 없을 것입니다. 이 마귀의 교회는 창조 직후에 가인에 의해 시작되었고, 마지막 때의 무신론자들에게 이르기까지 지속될 것인데, 즉 세상의 전체 역사 속에서 살아가는 모든 무신론자들을 포함합니다. 지상에 존재하는 마귀의 세력들은 지옥에서 고통을 겪게 될 멸망 받은 사람들과 더불어 교제를 갖습니다. 마치 하나님을 경외하는 모든 사람들이 머리이신 그리스도 아래서 지체를 형성하는 것처럼, 모든 무신론자들도 똑같이 마귀를 머리로 하여 지체를 형성하는 것입니다.

이러한 모임은 악인들의 교회로 명칭 될 수 있는데, 이 교회는 소돔과 고모라, 바벨론, 부패한 고라, 다단과 아비람, "마귀의 회당", "마귀의 학교" 혹은 "창기의 집", "적그리스도의 왕국" 그리고 동일한 의미에 더 많은 것들이 열거될 수 있습니다. 이러한 교회 안에는 모든 무신론자들과 불신자들이 속해 있습니다. 그들은 거룩한 어머니인 교회(Mather the church)로부터 분리되어 있을 뿐만 아니라, 또한 이 참된 교회를 비난합니다. 무엇보다도, 그들은 하나님과 그분의 말씀을 경멸하고, 신성모독을 하며 그리고 교회와 그리스도의 공동체를 핍박합니다. 오늘날에 마귀의 교회 안에는 이교도들, 터키인들, 유대인들, 이단자들, 분리주의자들과 모든 알려진 기독교 신앙의 대적자들이 속해 있습니다.

특별히, 그들 안에는 신앙의 위선자들도 포함되어 있습니다. 왜냐하면 위선은 결코 사소한 범죄가 아닌데, 즉 위선자들은 거룩한 복음서의 기록에서 우리 주님을 심각하게 반대하고 핍박했다는 것을 확인시켜주기 때문입니다. 그들에 대한 많은 언급 속에서 주님은 이렇게 말씀하셨습니다(마 24:50-51): "생각하지 않은 날 알지 못하는 시각에 그 종의 주인이 이르러 엄히 때리고 외식하는 자가 받는 벌에 처하리니 거기서 슬피 울며 이를 갈리라." 주님은 형벌의 가혹함을 통하여 의심할 여지없이 이 위선적인 죄의 심각성을 드러낸 것입니다. 이 교회는 마귀의 의도를 따르고, 사람들의 심령을 속이는 것을 추종하며 그리고 모든 생각될 수 있는 방식으로 하나님을 훼방하는 일들과 무신론적인 사상을 전파합니다. 이러한 악한 면에서 마귀의 교회는 더욱더 교활함을 드러내고 있지만, 결국 최종적으로 지옥으로 떨어지게 될 것입니다. 하지만 분명히 드러나 있는 사실은, 마귀의 교회는 그 머리로부터 결코 분리됨이 없이, 즉 마귀에게 충성스럽고 끈질기게 붙어 있다는 것입니다.

### 마귀 교회에 속해 있는 위선자들의 기원

아마도 지금 당신들은 한 가지 의문을 품을 것입니다. 내가 처음에는 위선자들을 전투하는 교회의 외적인 공동체에 속한 것으로 간주했는데, 그러나 이제는 마귀 교회의 공동체에 속한 것으로 간주하고 있기 때문입니다. 당신들은 한 명의 동일한 인물이 서로 상이한 교회 공동체와 동시적으로 교제하는 것이 불가능하다고 생각합니다. 주님이 이렇게 말씀하셨기 때문입니다(마 12:33): "나무도 좋고 실과도 좋다 하든지 나무도 좋지 않고 실과도 좋지 않다 하든지 하라 그 실과로 나무를 아느니라." 바울도 우리에게 교훈하기를 "그리스도와 베리알 사이에, 빛과 어둠 사이에 또 진리와 거짓 사이에 교통이 있을 수 없다"고 했습니다(고후 6:14, 16). 당연히, 위선은 거짓이요 죄악입니다.

그러므로 나는 여기에서 가장 먼저 왜 혹은 어떤 이유로 위선자들을 교회 공동체의 일원으로 간주했는가를 설명하려고 합니다. 다음으로, 나는 위선자들 사이에 존재하는 한 구별성에 대해서도 밝히고 싶습니다. 왜냐하면 위선자들 가운데는 자신들의 인간적인 의에 대한 확신을 가지고 있는 자들이 있기 때문입니다. 그들은 다른 사람들로부터 인정받기 위해 자신들의 직무를 온전히 행하려고 합니다. 즉, 그들은 인간적인 규범 위에 견고하게 서 있는 것입니다. 이러한 이유 속에서 그들은 그리스도의 의를 교훈하는 교회를 거절할 뿐만 아니라, 또한 교회를 조롱하고 때로 잔인하게 핍박하기도 합니다. 이 부류로는 유대인들과 유대 바리새인들이 있습니다. 예수 그리스도는 그들과 더불어 논쟁하였고, 교회는 지금까지도 이런 비슷한 성향을 가진 사람들과 늘 싸워야 하는 형편에 처해있습니다. 그들은 명백하게 마귀 교회의 지체이고, 한 번도 외적인 교회의 일원으로 인정되지 않았으며 그리고 어떤 경우에도 그리스도의 교회에 소속되는 것이 허용되지 않았습니다.

다른 부류의 위선자들에 대해 설명하면, 그들은 자신들의 자발적인 의에 대해서 어떤 신뢰도 가지고 있지 않으며 또 인간적인 규범에 대해서도 별다른 관심을 가지고 있지 않은 자들입니다. 그들은 교회를 증오하거나 회피하지 않습니다. 핍박하지도 않을 뿐만 아니라, 오히려 외적으로 동일한 신앙을 고백하며 또 동일한 성례에 참여하기도 합니다. 물론, 그들은 영혼의 가장 깊은 내면에 참된 신앙을 소유한 것도 아니며 그리고 도덕적으로 흠이 없이 살아가는 것도 아닙니다. 그들 가운데 일부는 일정한 시간 동안 교회 공동체에 속해 신앙생활을 합니다. 하지만 그들은 어떤 기회가 주어지면 금방 돌이켜서, 예를 들면, 이단들로, 교회분리주의자들로 혹은 친구들에서 대적자들로 활동합니다. 다른 나머지 사람들도 자신들이 살아있는 동안에 원래의 자리로 돌아가는 일 없이 외적으로 경건의 모양을 가지고 그럴싸하게 가장하지만, 그러나 내적으로 오류, 악습 그리고 죄악에 전념하면서 여전히 교회 공동체 안에 머물러 있습니다. 이러한 외적인 공동체는 의심의 여지없이 그곳에 속해 있는 사람들에게 아무런 유익도 주지 못합니다. 만약 어떤 사람이 영원한 생명을 가지고 천상의 유업을 나누는 일에 참여하려면, 하나님의 교회와 교제해야 합니다. 이 교제는 외적인 정결함을 추구하는 가시적인 교제일 뿐만 아니라, 또한 생명과 구원으로부터 연유된 내적인 교제라야 합니다. 이 문제에 대해서는 적당한 시기에 언급할 것입니다. 이러한 부류의 위선자들이 지속적으로 교회의 몸에 붙어있으면 교회의 지체로 불러지며 또 교회에 속한 것으로 믿어지는 것입니다. 이와 관련하여 당신들에게 분명하게 알려져야 할 것이 있는데, 나는 몇 가지 실례들을 통해서 이 사안들을 설명할 것입니다.

나는 행악자들이나 위선자들도 동일하게 교회에 속해 있다는 것을 말씀드렸습니다. 그들은 실제로 알곡과 전혀 다른 종류인 가라지인데, 마치 알곡처럼 교회에 속해 있는 것입니다. 이렇게 때로 인간의 몸에도 삐쩍 마르고, 상하거나 병든 신체들이 매달려 있는 경우가 있는데, 생명의 교류가 온 몸에서 온전히 이루어지지 않기 때문입니다. 그래서 사람들은 가끔 몸의 병든 부분을 잘라냅니다. 그곳을 잘라내어 몸의 다른 부분이 감염되지 않도록 하는 것입니다. 몸 전체가 생명의 위협에 빠지지 않도록 하기 위해서 기꺼이 감내합니다. 이러한 근거 속에서 우리는 위선자들이 그리스도의 교회에 속해 있다고 말할 수 있습니다. 그들은 교회와 성령, 믿음 혹은 몸으로 연합되어 있지 않고 또 살아있는 지체로 인정되지 않지만 자신들의 고유한 특성을 가지고 교회에 속해 있는 것입니다. 물론, 그들이 교회의 몸을 더 나쁘게 만들지 못하도록 하기 위해서 때로 그 교회로부터 잘려지기도 합니다. 교회의 몸이 건강을 잃지 않고, 오히려 촉진되기 위해 허용되는 것입니다. 이러한 내용에 관하여 우리는 복음서와 사도들로부터 분명한 증거들을 들을 수 있습니다. 먼저, 주님이 복음서에서 자세히 밝힌 사실은 주님의 밭에 잡초가 자라는 것은 악한 자들이 와서 파종을 했기 때문이라는 것입니다(마 13:24-30). 하지만 주님은 곧바로 잡초를 제거하는 것을 금지하셨는데, 그 잡초를 제거할 때 알곡이 뽑히는 것을 주의하도록 한 것입니다. 악한 자들에 의해서, 즉 마귀에 의해서 파종되어진 잡초는 알곡이 아니지만, 그럼에도 불구하고 그 잡초는 주님의 밭에서 자라고 존재합니다. 주님은 이렇게도 말씀하셨습니다(마 13:47-8): "또 천국은 마치 바다에 치고 각종 물고기를 모는 그물과 같으니 그물에 가득하매 물가로 끌어내고 앉아서 좋은 것은 그릇에 담고 못된 것은 내어 버리느니라." 당신들이 잘 알고 있듯이, 같은 그물에 좋은 물고기와 나쁜 물고기가 함께 잡히는 것처럼, 동일한 왕국에도 선한 사람들과 악한 사람들이 함께 공존하는 현상이 발생한다는 것입니다. 주님의 다른 비유에서는 한 사람이 결혼식 잔치에 왔지만 그 격식에 맞는 복장을 착용하지 않았습니다(마 22:1-14). 그는 일정 시간 동안은 용납되었으나, 그 이후에 주인으로부터 내쫓김을 당했습니다. 다른 기록에서 주님은 손에 키를 들고 자신의 타작마당을 정리하며 알곡은 모아서 곳간에 들이고, 쭉정이는 꺼지지 않는 불에 태울 것을 명령하셨습니다(마 3:12).

특별히, 바울은 고린도전서에서 두 그룹의 차이점을 분명하게 밝혔습니다. 그리스도 교회의 원수로 표명된 자들과 불경건하지만 그럼에도 교회와 그리스도의 이름을 버리지 않는 자들 사이를 구별하여 언급한 것입니다. 바울을 이렇게 말했습니다(고전 5:11-13): "이 제 내가 너희에게 쓴 것은 만일 어떤 형제라 일컫는 자가 음행하거 나 탐욕을 부리거나 우상 숭배를 하거나 모욕하거나 술 취하거나 속 여 빼앗거든 사귀지도 말고 그런 자와는 함께 먹지도 말라 함이라. 밖에 있는 사람들을 판단하는 것이야 내게 무슨 상관이 있으리요마 는 교회 안에 있는 사람들이야 너희가 판단하지 아니하랴. 밖에 있 는 사람들은 하나님이 심판하시려니와 이 악한 사람은 너희 중에서 내쫓으라." 이 본문에서 '밖에'라는 표현은 '교회 밖을' 의미하는데, 즉 바울은 그리스도의 이름 혹은 교회의 이름을 알지 못하는 교회 밖에 있는 사람은 형제로 칭함을 받지 않는다는 것을 알려주고 있습 니다. 하지만 바울은 그리스도의 이름을 인정하며 그리고, 비록 그 가 나쁜 짓을 저질렀다고 해도, 아직 교회의 징계가 이루어지지 않은 사람들은 교회 공동체 안에 있는 것으로 간주했습니다.

이러한 사실에 대해 사도 요한도 분명하게 기록하고 있습니다(요 일 2:19): "그들이 우리에게서 나갔으나 우리에게 속하지 아니하였나 니 만일 우리에게 속하였더라면 우리와 함께 거하였으려니와 그들 이 나간 것은 다 우리에게 속하지 아니함을 나타내려 함이니라." 이 사람들은 이미 교회에 소속되지 않은 부류로서 간주된 것입니다. 그 럼 교회 밖에 있는 사람들은 교회 공동체에 속한 적이 없는데, 어떻 게 그들은 교회를 나간 것일까요? 어느 곳에 도착하거나 혹은 어디 에 머물러 본 것이 없는 사람은 과연 어디에서 나갔을까요? 위선자 들과 악한 자들이 교회로부터 이탈되었다면, 그들은 확실하게 한번 은 교회 안에 존재했다는 것인데, 즉 그때는 그들이 교회의 중심에 아직 들어서지 않았으며 또 자신들의 참된 신념을 아직 표명하지 않 았던 것입니다. 결과적으로, 그들이 교회로부터 추방되었을 때, 비록 그들이 일정 시간 동안에 교회의 지체로 간주되었다고 해도, 그들은 진리 안에서 살지 않았으며 또 교회와 그리스도의 참된 지체가 된 적도 없었다는 사실이 완전히 드러난 것입니다. 사도 요한이 이렇게 밝힌 것과 같습니다. "그리스도의 참된 지체된 사람들은 결코 그리스도와 교회를 떠나지 않으며, 오히려 항상 교회에 머물며 또 매일 성장해 가는 것입니다." 분명히, 거룩한 백성들은 실족할 수 있지만, 그러나 절대로 그리스도를 떠나지는 않습니다. 다윗이 간통죄와 살인죄에 빠졌을 때 이렇게 외쳤습니다(시 51:12-14): "주의 구원의 즐거움을 내게 회복시켜 주시고 자원하는 심령을 주사 나를 붙드소서. 그리하면 내가 범죄자에게 주의 도를 가르치리니 죄인들이 주께 돌아오리이다. 하나님이여 나의 구원의 하나님이여 피 흘린 죄에서 나를 건지소서. 내 혀가 주의 의를 높이 노래하리이다." 베드로도 주님을 부인한 적이 있었습니다. 의심의 여지없이, 육신의 연약함은 바른 정신(a good spirit)을 타락시키기도 합니다. 하지만 동시에 - 바른 정신이 그의 마음을 자극할 때 - 다시 각성하는 것도 사실입니다. 베드로는 악한 공동체를 떠났으며 또 주님의 바른 공동체와 다시 연결되었는데, 이미 주님이 살아계실 때 그를 향해서 이렇게 권면하셨습니다(눅 22:32): "그러나 내가 너를 위하여 네 믿음이 떨어지지 않기를 기도하였노니 너는 돌이킨 후에 네 형제를 굳게 하라." 이 때문에 다른 복음서 기록에서 많은 사람들이 그리스도를 떠나갔을 때, 그분이 제자들에게 "너희도 가려느냐?"라는 질문을 했는데, 베드로는 이렇게 대답했습니다(요 6:69-70): "주여 영생의 말씀이 주께 있사오니 우리가 누구에게로 가오리이까? 우리가 주는 하나님의 거룩하신 자이신 줄 믿고 알았사옵나이다." 이미 살핀 것처럼, 거룩한 사도 요한이 바르게 고백했습니다(요일 2:19): "그들이 우리에게서 나갔으나 우리에게 속하지 아니하였기 때문이다." 그리고 곧바로 그 원인에 대해서도 덧붙였습니다: "만일 우리에게 속하였더라면 우리와 함께 거하였을 것이다." 즉, 위선자들과 악한 자들은 우리와 함께 그리스도와 교회의 공동체에 속한 사람들이 아니기 때문에, 그들은 우리로부터 이탈하여 그들의 본질적인 모습을 분명하게 드러낸 것입니다. 우리는 그들을 교회의 지체로 여겼지만, 그러나 그들이 스스로 교회를 이탈하여 주님의 알곡 속에 숨어있는 쭉정이임을 나타낸 것입니다. 마치 아직 바닥에 쏟아 부어져서 충분히 바람에 까불려지지 않는 쭉정이처럼, 처음에는 알곡처럼 보이지만, 그러나 바람에 날려본 이후에는 알맹이가 없다는 것을 알 수 있는데, 결국 위선자들도 이와 마찬가지입니다. 그들이 교회부터 분리되는 것을 통하여 한 번도 하나님의 말씀의 씨앗을 가져본 적이 없었으며, 그래서 그들이 그리스도의 참된 알곡이 아니었다는 것을 알 수 있습니다.

## 교회를 세우는 사람들

앞서 살핀 것처럼, 보편적이고 바른 가르침은 교회로 표시되고 또 교회라는 이름으로 장식되는 모든 사람들이 교회를 세우지 않는다는 것을 알게 합니다. 사도 요한이 이 사실에 대해서 자세히 언급했습니다(요일 2:19): "그들이 나간 것은 다 우리에게 속하지 아니함을 나타내려 함이니라." 사도 바울도 이렇게 밝혔습니다(롬 9:6-7): "그러나 하나님의 말씀이 폐하여진 것 같지 않도다. 이스라엘에게서 난 그들이 다 이스라엘이 아니요, 또한 아브라함의 씨가 다 그의 자녀가 아니라 오직 이삭으로부터 난 자라야 네 씨라 불리리라 하셨으니." 그러므로 신자들만이 그리스도와 구원받은 자들의 참되고 살아있는 지체입니다. 모든 사람들의 심령을 감찰하실 수 있는 하나님이 위선자들과 악한 자들을 심판하심에도 불구하고, 그들이 교회의 지체로 간주될 수 있는 이유는, 그들의 가식이 드러나지 않는 동안에 우리는 그들의 본질을 알 수 없기 때문입니다. 그들의 말과 행위를 통해서 드러나지 않으면, 그들이 그리스도의 진영을 자신들의 의지적인 결정 속에서 자유롭게 떠나지 않으면 그리고 그들이 적그리스도의 장막이나 마귀에서 피난처를 찾지 않으면, 결코 그들이 교회로부터 제거되는 일은 있을 수 없습니다. 나는 이 문제에 대해 다른 실례를 들어 언급하고 싶습니다. 유다는 그리스도의 배신자이고, 그분을 죽인자이며 그리고 그분에 대해 음모를 꾸민 자입니다. 하지만 그는 공개적인 행동과 공개적인 말로 자신의 감추어진 악한 본성을 드러내지 않았습니다. 그리스도와 늘 함께 동행 했을 뿐만 아니라, 또한 사도들과 늘 함께 모임을 가졌습니다. 그리스도를 증거했으며, 그분의 살림을 맡은 자로도 활동했습니다. 그래서 그는 어떤 의심도 받지 않고 그리스도의 제자이자 살림을 맡은 자요, 사도적인 교회의 지체로 간주되었습니다(요 13:18-30). 그럼에도 불구하고 주님은 유다를 마귀로 지목했으며, 유다가 선택되고 참되며 또 살아있는 지체로는 인정하지 않았습니다. 그래서 우리는 유다가 하나님의 내적이고 거룩한 교회의 지체가 아니었다는 것을 의심하지 않으며, 그가 외적인 교회의 지체가 아니었고 또 성도들의 수에 포함되지 않았다는 것도 의심하지 않습니다. 이 때문에 우리는 정당한 근거 없이 어떤 사람에 관하여 교회로서 가시적이거나 외적이라고 말하지 않아야 하며, 어떤 다른 사람에 대해서도 교회로서 비가시적이거나 내적이라고 말하지 않아야 합니다.

## 가시적이거나 비가시적이며, 외적이거나 내적인 교회

외형적인 면에서 사람들이 교회로 간주되는 한 보편 교회는 가시적이고 외적인데, 왜냐하면 이 교회는 하나님의 말씀을 듣고, 성례에 참여하며 그리고 공적으로 믿음을 고백하기 때문입니다. 그리고 한 보편 교회가 비가시적이고 내적으로 규정되는 것은 이 교회로 모인 사람들이 비가시적이기 때문이 아니라, 오히려 사람들의 눈에는 감추어져 있고, 오직 하나님의 눈에만 열려있기 때문입니다. 즉, 어떤 사람이 참된 믿음을 가졌으며 또 누가 그 믿음에 따라서 행하는지를 하나님만이 알 수 있다는 것을 말합니다. 참되게 믿는 사람들은, 내가 앞서 밝힌 것처럼, 좁은 의미에서 전투하는 교회로 묘사되는 이러한 내적인 교회의 참되고 살아있는 지체입니다. 하지만 다른 면에서 나는 선한 것과 거짓된 것을 포함하고 있는 가시적인 교회도 넓은 의미에서 교회로 지칭했습니다.

## 교회의 외적인 표지

이 세상에 세워진 전투하는 교회는 하나님으로부터 우리의 시대 속에서 인식될 수 있는 표지를 부여받았는데, 나는 지금부터 하나님 교회의 이러한 외적인 표지에 대해 설명할 것입니다. 주목되어야 하고 또 중요한 것은 크게 두 가지입니다: 하나님의 말씀에 대한 확실한 선포와 그리스도의 성례에 대한 합법적인 시행입니다. 이 외적인 표지에 추가될 수 있는 다른 것들은 하나님을 경배하는 예배, 교회의 일치, 십자가의 고통을 인내하는 것, 그리스도를 통하여 하나님의 이름을 부르는 간구 등이지만, 여기에서 나는 앞서 표명된 두 가지 표지에만 집중할 것입니다. 바울은 에베소서에서 다음과 같이 기록했습니다(엡 5:25-6): "남편들아 아내 사랑하기를 그리스도께서 교회를 사랑하시고 그 교회를 위하여 자신을 주심 같이 하라. 이는 곧 물로 씻어 말씀으로 깨끗하게 하사 거룩하게 하시고." 당신들은 사도의 이 증언에서 교회의 표지, 즉 말씀과 성례의 표지를 확인할 수 있는데, 이 표지를 통하여 그리스도는 교회를 세우십니다. 하나님은 이 교회를 자신의 은혜를 통하여 부르시고 또 그리스도의 피를 통하여 정결케 하시기 때문입니다. 하나님은 언어로 선포된 복음을 믿음으로 받아들이게 하시고 또 그 믿음을 성례를 통하여 확증토록 하셔서 신자들이 그리스도를 통하여 성취된 구원에서 흔들리지 않도록 하십니다. 그리고 성례는 본질적으로 신자들과 거룩한 지체를 위해 제정된 것입니다. 위선자들이 정결하게 되지 않는 것은 그들의 고유한 죄과(fault)이며 또 하나님과 거룩한 직무의 실행과 관련이 없기 때문입니다. 물론, 그들은 확실하게 가시적으로 거룩한 것처럼 보일 수 있는데, 그들이 사람들에 의하여 거룩하다고 여겨지기 때문입니다. 하지만 그들에게 이러한 일은 오직 비본질적인 의미에서 그렇게 보일 뿐입니다.

베드로는 바울과 일치된 주장을 했습니다. 그가 예루살렘에 거주하는 사람들에게 하나님의 말씀을 선포했을 때, 그들이 그에게 '우리가 무엇을 해야 하느냐?'라고 물었는데, 그는 이렇게 답변했습니다(행 3:38): "너희가 회개하여 각각 예수 그리스도의 이름으로 세례를 받고 죄 사함을 받으라." 베드로는 세례를 교훈과 연결하였는데, 즉 성례를 하나님의 말씀과 연결한 것입니다. 그는 이러한 이해를 마태복음에 기록된 대로 주님으로부터 직접 배웠습니다. 이 복음서에 다음과 같이 기록되어 있습니다(마 28:19-20): "그러므로 너희는 가서 모든 민족을 제자로 삼아 아버지와 아들과 성령의 이름으로 세례를 베풀고, 내가 너희에게 분부한 모든 것을 가르쳐 지키게 하라. 볼지어다. 내가 세상 끝날까지 너희와 항상 함께 있으리라 하시니라." 이 때문에 사도행전에서 말씀과 성례 외에 다른 것들이 교회의 표지로 수용되지 않은 것입니다. 사도행전의 기록을 보겠습니다(행 2:42): "그들이 사도의 가르침을 받아 서로 교제하고 떡을 떼며 오로지 기도하기를 힘쓰니라." 당신들이 이 기록에서 살필 수 있는 것은 주님의 만찬이 두 번째 성례로서 세례의 성례에 첨가되었다는 사실입니다. 이와 함께 교회의 일치와 사랑을 위한 노력과 그리고 동시에 하나님의 이름을 부르는 기도가 첨가되었다는 것도 확인할 수 있습니다.

이러한 분명한 증거들에 근거하여 나는 계속해서 교회의 표지에 대해 좀더 언급하고 싶습니다. 먼저, 하나님의 말씀에 대한 표지 혹은 복음 선포에 관하여 하나님은 이사야를 통해서 이렇게 계시하셨습니다(사 59:21): "여호와께서 이르시되 내가 그들과 세운 나의 언약이 이러하니 곧 네 위에 있는 나의 영과 네 입에 둔 나의 말이 이제부터 영원하도록 네 입에서와 네 후손의 입에서와 네 후손의 후손의 입에서 떠나지 아니하리라 하시니라 여호와의 말씀이니라." 그리고 예수님께서도 요한복음에서 말씀하셨습니다(요 8:47): "하나님께 속한 자는 하나님의 말씀을 듣나니 너희가 듣지 아니함은 하나님께 속하지 아니하였음이로다." 이러한 가르침은 다른 본문에서도 확인됩니다(요 10:27-8): "내 양은 내 음성을 들으며 나는 그들을 알며 그들은 나를 따르느니라. 내가 그들에게 영생을 주노니 영원히 멸망하지 아니할 것이요 또 그들을 내 손에서 빼앗을 자가 없느니라." 덧붙여 이렇게도 말씀하셨습니다(요 14:23-4): "사람이 나를 사랑하면 내 말을 지키리니 … 나를 사랑하지 아니하는 자는 내 말을 지키지 아니하나니." 다음의 말씀도 동일합니다(요 18:37): "무릇 진리에 속한 자는 내 음성을 듣느니라." 다음으로, 이 성례의 표지와 관련하여 사도 바울은 거룩한 세례에 관하여 이렇게 언급했습니다(고전 12:13): "우리가 다 한 성령으로 세례를 받아 한 몸이 되었고." 같은 책에서 바울은 성만찬에 대해서도 기록했습니다(고전 10:16-7): "우리가 떼는 떡은 그리스도의 몸에 참여함이 아니냐. 떡이 하나요 많은 우리가 한 몸이니 이는 우리가 다 한 떡에 참여함이라." 이렇게 볼 때, 교회의 외적인 표지가 말씀과 성례라는 사실은 신적인 증언을 통하여 전승되고 확정된 것입니다. 이 표지는 교회의 공동체 안에서 우리를 한 몸으로 연합되게 하며 그리고 그 안에서 우리를 보존시킵니다.

### 외적인 표지가 제정된 목적

이미 언급한 바대로, 교회의 외적인 표지는 본질적 의미에서 하나님의 선택된 지체를 위해 제정된 것입니다. 그들은 믿음과 바른 순종으로 자신들의 본질을 드러냅니다. 하지만 믿음과 바른 순종에 대해 아무런 관심이 없는 위선자들에게 교회의 표지는 단순히 비본질적인 의미에서만 적용됩니다. 그들은 밖에서도 목자의 음성을 듣고, 경건을 위해 노력하며, 외적으로 하나님의 선택된 자들과 함께 성례의 참여를 통하여 또 그리스도의 참된 몸과 연합한 믿음을 통하여 그들 스스로가 이탈하지 않은 동안에는 이러한 외적인 표지를 인하여 교회에 속한 사람들로 간주되기 때문입니다. 나는 여기에서 이미 언급된 교회의 표지에 관하여 분명하게 추가해야 할 것이 있는데, 즉 교회의 표지는 일반적으로 교회의 지체를 나타내는 것입니다. 물론, 어떤 개별적인 지체들은 이러한 표지를 내보일만한 것이 없음에도 불구하고 그리스도의 참된 교회의 공동체로부터 제명되지 않는다는 사실도 잊지 않아야 합니다. 왜냐하면 이 세상에 있는 많은 사람들 중에는 정상적으로 하나님의 말씀을 듣지 못하고, 참되게 예배하는 하나님의 교회에 오지 못하며 그리고 성례에 참여하지 못하는 경우도 있기 때문입니다. 그들이 하나님의 말씀과 성례를 경멸하기 때문이 아니고, 혹은 그렇게 하는 것이 기쁨이 되기 때문도 아닙니다. 오히려, 특별히 위급한 상황으로 인하여, 즉 박해, 질병 혹은 다른 어려운 일들로 인하여 하나님의 교회에 갈 수 없는 것입니다. 그들이 교회에 가는 것을 소망한다고 해도 이룰 수 없습니다. 이러한 이해 속에서 그들도 당연히 그리스도와 보편 교회의 참되고 살아 있는 지체입니다.

처음에 주님은 이스라엘 백성들 가운데 가시적인 교회를 세우셨는데, 그 교회는 규정된 질서에 따라서 모이고 그리고 가시적인 표지를 가지고 있었습니다. 그래서 만약 어떤 사람이 이 가시적인 교회를 경멸한다면, 비록 그가 교회의 가르침을 들었고, 거룩한 공동체에 참여했으며 그리고 헌상을 했을지라도, 이 교회를 은밀하게 이탈한다면, 혹은 그가 교회를 훼방하거나 하나님께서 계시하셔서 제정되지 않은 다른 예배의 규례를 강요한다면, 그는 실제로 하나님 백성의 자리와 하나님 백성의 수에 결코 받아들여진 것이 아닙니다. 하지만 세상의 역사가 진행되는 동안에 이방지역으로 수많은 이스라엘 사람들이 포로로 잡혀서 흩어졌습니다. 그들은 하나님의 백성들의 모임인 이러한 가시적인 교회와 교류하거나 혹은 공동체를 이룰 수 없었습니다. 그럼에도 불구하고 그들은 이러한 거룩한 공동체와 전능하신 하나님의 친구들이었습니다. 그 실례로, 느부갓네살에게 포로로 잡혀 수많은 하나님의 자녀들이 여호야긴 왕과 더불어 바벨론으로 끌려갔습니다. 이때 그들은 예루살렘에서 시드기야 왕의 통치 아래서 성전에서 가시적인 예배를 드리고 있는 하나님의 백성들과 분리되었지만 아무런 문제가 되지 않았습니다. 이와 동일하게, 수많은 사람들이 주님의 성전에서 하나님의 백성들과 가시적인 회집을 이루었지만 어떤 유익도 없었습니다. 그 이유는 그들의 마음이 정결하지 않았기 때문입니다. 그리고 오늘날 바다 위에 흩뿌려지고, 참된 믿음을 고백하는 것 때문에 갤리선들(Galleys)의 노를 젓는 노예로 잡혀 있는 수많은 신자들도 발견할 수 있습니다. 이 뿐만 아니라, 수많은 신자들이 적그리스도의 감옥에 갇혀서 고난을 받고 있다는 것도 확인할 수 있습니다. 이러한 내용은 다음 설교 때 언급할 것입니다. 그리스(Graecia), 아나톨리아(Anatolia), 페르시아(Persia), 아라비아(Arabia) 혹은 아프리카(Africa)에서 예수 그리스도의 수많은 일꾼들과 그리스도의 보편 교회의 탁월한 지체를 발견할 수 있습니다. 그들은 무슬림들의 불신앙과 잔인함 때문에 신자들의 예배로부터 단절되었지만, 그럼에도 불구하고 동일한 성령과 동일한 믿음을 통하여 가시적인 표지와 함께 특징지어진 교회의 모든 지체와 매우 밀접하게 관계를 맺고 있습니다. 말씀과 성례가 교회의 표지이지만, 그러나 특정한 위기를 통해서 가시적인 신자들의 교회로부터 멀리 떨어지게 된 사람들도 이처럼 신자들의 공동체로부터 단절되지는 않습니다.

## 교회의 표지로서 하나님 말씀의 바른 선포

무엇보다도 우리가 믿음의 교리들과 일치하는 본질적인 의미를 파악하고, 유지하며 그리고 보존하지 못하면서, 단순히 반복적으로 하나님의 말씀이나 성경을 증거로 제시하는 것은 교회의 표지에 대한 온전한 이해가 아닙니다. 만약 당신들이 성경의 의미를 거짓으로 바꿔서 교회 안에서 선포한다면, 당신들은 순수한 성경을 가르치지 않는 것이 되는데, 즉 그것은 당신들의 판단에 따라서 생각되어진 사적인 의견이자 상상이기 때문입니다. 아리우스 교회(The church of the Arians)는 주님의 말씀을 배척하지 않았지만, 오히려 그들은 신성모독적인 거짓된 가르침을 문서적인 증언으로 치장하거나 보호하는데 열심을 두었습니다. 그들은 우리의 주님이신 예수 그리스도가 성부 하나님과 동일한 본질을 가진 존재임을 부인했습니다. 하지만 성경과 바른 믿음의 교리는 첫 번째 신앙고백서(사도신조)에서 이러한 내용을 분명히 제시했고, 밝혔으며 그리고 관철시켰습니다. 아리우스 교회는 실제로 그들 스스로 언제나 내세웠던 바른 하나님의 말씀을 전파하지 않고, 오히려 거짓으로 꾸민 말씀과 자신들의 고유한 이단적인 사상을 신적인 성경의 참된 의미에 이식시켜 방어했습니다. 이러한 사실 속에서 아리우스 교회는 교회의 참된 표지를 소유한 적이 없었으며 또 참된 교회도 아니었습니다. 이러한 희귀한 나쁜 실례에 근거하여 우리는 모든 다른 이단들의 교회들을 판단할 수 있습니다. 이단들은 겉으로 볼 때 하나님 말씀의 증거로부터 벗어나 있지 않는 것처럼 보일지라도, 그러나 하나님의 참된 말씀에 대한 진리에는 온전히 머물러 있지 않는 것입니다.

### 교회의 표지로서 성례의 바른 시행

내가 하나님의 말씀에 관하여 언급한 것처럼, 성례의 시행에 대해서도 알아야 합니다. 만약 주님께서 친히 제정하신 의도에 따라서 성례가 정당하게 시행되지 않는다면, 그 성례는 하나님의 교회의 표지가 될 수 없기 때문입니다. 여로보암이 희생제사를 드릴 때 분명히 하나님께만 드렸음에도 불구하고 율법에 따라서 드리지 않았음으로, 그는 하나님의 교회에 대해서 이방인이자 변절자로 간주되었습니다(왕상 12:26-33). 다윗은 여호와의 법궤를 최상의 경건과 기쁨으로 운반했습니다. 하지만 법궤가 율법의 가르침과 다르게 제사장들의 어깨 위에서 운반되어 큰 즐거움 대신에 엄청난 고통이 발생되었습니다(삼하 6:5-7). 이 사건의 교훈은 명백한 것인데, 즉 사람이 율법대로 행하지 않으면 성례를 수행하는 것만으로 혹은 하나님의 규례를 지키는 것 자체로 충분하지 않다는 사실입니다. 하나님이 제정하신 대로 바르게 시행될 때, 하나님은 성례를 그분 자신을 위한 것으로 여기십니다.

### 반복될 수 없는 세례

어떤 이단에게 세례를 받았던 초대 교회의 바른 신자는 다시 세례를 받지 않았습니다. 그 이단이 어떤 사람의 이름으로 혹은 자신들의 무지이나 이단사상을 따르는 공동체의 이름으로 세례를 주지 않고, 오히려 성부, 성자 그리고 성령의 이름으로 주었기 때문입니다. 그리고 그들은 자신들의 이름이나 그 자신들 중에 있는 한 사람의 이름을 부르지 않고, 오히려 예수 그리스도의 이름을 불렀기 때문입니다. 초대 교회는 이러한 세례를 배척하지 않았습니다. 세례가 삼위일체 하나님의 이름으로 베풀어졌다면, 이단이 아닌 교회로부터 베풀어졌다고 믿었기 때문입니다. 물론, 표면적으로 이단에 의해 베풀어진 것이 사실이지만, 삼위일체 하나님의 이름으로 베풀어졌기 때문에 이단 교회로 인식하지 않은 것입니다. 참된 표지에 근거하여 이러한 세례를 참된 교회의 선언으로 간주했습니다. 초대 교회는 참된 교회의 유산으로 계승하고 있는 것들을 사용하는 이단도 있었다고 알려 주고 있습니다. 그래서 나쁜 사람이 이 유산을 경영했음에도 불구하고, 이러한 선한 의식은 결코 거부하지 않은 것입니다. 오늘날 우리는 교황의 새로운 로마 교회가 – 나는 지금 고대 사도직분에 대해 거론하지 않을 것이다 – 그리스도의 참된 교회라고 인정하지 않습니다. 그럼에도 불구하고 우리는 로마의 부패에 감염된 사제들에게 세례를 받은 사람들에 대해서 다시 세례를 시행하지 않습니다. 우리는 그들이 삼위일체 하나님의 이름으로 교황의 세례가 아닌 그리스도의 교회의 세례를 통하여 그리고 교황의 오류와 비열함이 아닌 보편적인 신앙의 교리에 근거하여 세례를 받았다고 이해하기 때문입니다. 최종적으로 우리가 고백하는 것은 한 종교인의 무가치함이 하나님의 일을 결코 중단시킬 수 없다는 사실입니다. 이 때문에 우리는 주기도문, 사도의 신앙고백 혹은 정경 문서가 로마 교회 안에서 사용되어진다고 해서 그것들을 거부하지 않습니다. 그것들은 로마 교회가 처음부터 만들어서 소유하고 있는 것이 아니라, 오히려 하나님의 참된 교회로부터 수용한 것들이기 때문입니다. 우리가 이러한 것들을 로마 교회와 공유하고 있는 것과 관련하여, 우리는 그것들이 로마 교회로부터 유래되었기 때문에 필요로 하는 것이 아닙니다. 우리는 그것들이 참된 교회로부터 유래되었기 때문에,

그것들을 필요로 하는 것입니다.

## 교회의 내적인 표지

실제로 신자들이 위선자들과 함께 공유하고 있는 교회의 외적인 표지 외에 오직 신자들에게만 속해 있는 것도 있습니다. 그것은 특별한 조직 혹은 특별한 은사로 불려질 수 있는 분명한 내적인 표지입니다. 이 내적인 표지는, 비록 외적인 표지가 어떤 위급한 상황으로 인하여 확인할 수 없는 상태가 된다고 해도, 이 외적인 표지를 풍성하게 만들고 또 하나님 앞에서 사람들을 만족스럽고 기쁘게 만듭니다. 그래서 내적인 표지 없이는 어느 누구도 하나님을 기쁘게 할 수 없습니다. 이 표지 안에 하나님 자녀의 참된 형상이 놓여있습니다. 그것에 주님의 영과 함께 하는 교제, 참된 믿음 그리고 하나님을 향한 사랑과 이웃사랑이 속해 있습니다. 왜냐하면 내적인 표지를 통해서 그리스도의 참되고 살아있는 지체인 신자들은 가장 먼저 머리이신 그리스도와 함께, 그 다음에 교회의 몸을 이루고 있는 모든 지체와 함께 연합되기 때문입니다.

이러한 통찰은 무엇보다도 하나님의 참된 교회에 대한 인식에 유익을 줍니다. 하나님의 교회는 매우 불결한 지체들에 대해서 인내하지만, 그러나 그들과 함께 하는 외적인 교류를 통하여 더럽혀지지는 않습니다. 지속적인 연단을 통하여 교회는 하나님을 온전히 경외하는 것을 추구하는 것입니다. 복음적이며 사도적인 가르침은 우리에게 가장 먼저 그리스도가 그분의 영을 통하여 우리와 하나가 되는 것이고 또 우리가 마음과 영혼 안에 있는 믿음을 통하여 그분과 연합되는 것이라고 말합니다. 이렇게 그리스도는 우리 안에서 살며, 우리는 그분 안에서 사는 것입니다. 왜냐하면 복음서에서 주님이 말씀하셨기 때문입니다(요 7:37-8): "누구든지 목마르거든 내게로 와서 마시라. 나를 믿는 자는 성경에 이름과 같이 그 배에서 생수의 강이 흘러나오리라." 이러한 주님의 말씀에 대해 복음서 기자는 이렇게 해석했습니다(요 7:39): "이는 그를 믿는 자들이 받을 성령을 가리켜 말씀하신 것이라." 주님은 이 복음서의 다른 기록에서 자신의 제자들과 모든 신자들에게 항상 그들과 함께 계시는 자신의 영을 약속하셨습니다(요 14:20): "그 날에는 내가 아버지 안에, 너희가 내 안에, 내가 너희 안에 있는 것을 너희가 알리라." 주님이 성령을 통하여 우리와 함께 하신다는 것을 밝히셨습니다. 사도 요한은 자신의 다른 책에서 이렇게 설명했습니다(요일 3:24): "그의 계명을 지키는 자는 주 안에 거하고 주는 그의 안에 거하시나니 우리에게 주신 성령으로 말미암아 그가 우리 안에 거하시는 줄을 우리가 아느니라." 다른 장에서 이렇게도 언급했습니다(요일 4:13): "그의 성령을 우리에게 주시므로 우리가 그 안에 거하고 그가 우리 안에 거하시는 줄을 아느니라." 하나님이 선택한 그릇인 바울은 로마의 성도들에게 거룩한 요한과 일치된 내용을 썼습니다(롬 8:9, 14): "누구든지 그리스도의 영이 없으면 그리스도의 사람이 아니라. 무릇 하나님의 영으로 인도함을 받는 사람은 곧 하나님의 아들이라." 그리고 우리를 주님과 연합시키는 믿음에 관하여 바울은 다음과 같이 묘사했습니다(갈 2:20): "이제는 내가 사는 것이 아니요 오직 내 안에 그리스도께서 사시는 것이라 이제 내가 육체 가운데 사는 것은 나를 사랑하사 나를 위하여 자기 자신을 버리신 하나님의 아들을 믿는 믿음 안에서 사는 것이라." 바울은 이렇게도 말했습니다(엡 3:17): "믿음으로 말미암아 그리스도께서 너희 마음에 계시게 하시옵고." 이러한 구절들과 일치된 내용 속에서 요한도 기록했습니다(요일 4:15): "누구든지 예수를 하나님의 아들이라 시인하면 하나님이 그의 안에 거하시고 그도 하나님 안에 거하느니라." 주님은 이미 복음서에서 스스로 말씀하셨습니다(요 6:56): "내 살을 먹고 내 피를 마시는 자는 내 안에 거하고 나도 그의 안에 거하나니." 그리스도의 살을 먹고, 그리스도의 피를 마시는 사람이 믿음의 사람입니다. 그러므로 그리스도는 성령으로 우리와 연합되어 있고, 우리는 마음과 믿음 안에서 마치 몸과 머리가 연결되어 있듯이 그리스도와 연합되어 있습니다. 이러한 연합이 없는 사람은, 즉 그리스도의 영과 그분 안에서 참된 믿음을 소유하지 않는 사람은 그리스도의 참되고 살아있는 지체가 아닙니다. 이 연합에 관하여 주님은 이렇게 증거하셨습니다(요 15:6): "사람이 내 안에 거하지 아니하면 가지처럼 밖에 버려져 마르나니 사람들이 그것을 모아다가 불에 던져 사르느니라." 내가 앞서 언급했던 것처럼, 주님의 이 말씀을 사도 바울이 다시 인용했습니다(롬 8:9): "누구든지 그리스도의 영이 없으면 그리스도의 사람이 아니라." 성령으로부터 떠나지 않는 사람은 하나님의 사랑 안에서 빛나고 있습니다. 왜냐하면 우리는 요한이 가르쳐 준대로 사랑을 믿음으로부터 분리시키지 못하기 때문입니다(요일 4:16): "하나님은 사랑이시라 사랑 안에 거하는 자는 하나님 안에 거하고 하나님도 그의 안에 거하시느니라." 이 주님의 교훈은 요한이 기록한 복음서에서 다시 확인됩니다(요 14:23): "사람이 나를 사랑하면 내 말을 지키리니 내 아버지께서 그를 사랑하실 것이요 우리가 그에게 가서 거처를 그와 함께 하리라."

본질적인 의미에서 믿음이 우리를 머리이신 그리스도와 연합시키지만, 그러나 그분 역시도 우리를 이 땅에 있는 그리스도의 모든 지체와 연합시킵니다. 이 믿음은 모든 사람들이 공동으로 소유하고 있으며, 이 때문에 성령도 동일합니다. 그래서 모든 신자들이 동일한 고백, 동일한 성령 그리고 동일한 생각을 가지고 있지 않다는 사실은 결코 인정될 수 없습니다. 왜냐하면 지금 표현된 '믿음'은 예수 그리스도를 통하여 주어진 하나님의 긍휼에 대한 신뢰를 요구할 뿐만 아니라, 또한 믿음의 외적인 고백도 요구하기 때문입니다. 우리 모두가 한 성령과 한 입으로 동일한 믿음과 우리의 머리이신 그리스도를 고백하면서, 우리도 동일하게 우리 모두가 하나이며 동일한 몸의 지체임을 고백합니다. 이 세상에서 믿음의 다양성보다도 더 인간의 마음을 화해시키지 못하고 분리시키는 것은 없습니다. 그러므로 믿음의 일치보다도 우리를 더 밀접하게 연합시키는 것은 없습니다.

나는 지금 이미 앞서 언급했던 '사랑'에 대해서도 설명할 것입니다. 이 사랑은 교회의 모든 지체를 서로 연결시킵니다. 주님은 복음서에서 이렇게 말씀하셨습니다(요 13:34-5): "새 계명을 너희에게 주노니 서로 사랑하라 내가 너희를 사랑한 것 같이 너희도 서로 사랑하라. 너희가 서로 사랑하면 이로써 모든 사람이 너희가 내 제자인 줄 알리라." 그래서 의심의 여지없이 사랑은 믿음에 근거한 교회의 유일한 특징이며, 교회의 지체를 가장 밀접하게 연결시키는 끈이기도 합니다. 사랑은 그 자체로 그리스도와 함께 하는 교제로부터 또 성령의 교통으로부터 발생한 것입니다. 그리스도는 왕, 머리 그리고 보편 교회의 대제사장으로서 우리에게 그분 자신의 영과 함께 모든 것들을 선물로 주셨습니다. 또한, 우리 모두를 하나님의 자녀, 형제 그리고 공동상속자로 만드셨습니다. 그분이 우리를 사랑하시기 때문입니다. 당연히 신자들도 최고의 사랑으로 자신들의 왕과 대제사장의 지체들과 공동상속자들로서 다른 사람들을 품는 것보다도 더 중요한 것은 없습니다. 사도 요한이 이렇게 기록했습니다(요일 5:1: 4:20): "하나님을 사랑하는 자마다 그에게서 난 자를 사랑하느니라." "누구든지 하나님을 사랑하노라 하고 그 형제를 미워하면 이는 거짓 말하는 자니 보는 바 그 형제를 사랑하지 아니하는 자는 보지 못하 는 바 하나님을 사랑할 수 없느니라." 바울이 그리스도께서 사람의 육체를 취하셨다는 설명을 했을 때, 그 이유는 그리스도의 지체로 서 모든 신자들의 연합과 일치를 효과적으로 강조하고 그리고 우리 로 하여금 그 지체의 연합을 눈으로 확인하도록 하기 위함이었습니 다. 그래서 바울은 이렇게 말했습니다(롬 12:4-5): "우리가 한 몸에 많 은 지체를 가졌으나 모든 지체가 같은 기능을 가진 것이 아니니, 이 와 같이 우리 많은 사람이 그리스도 안에서 한 몸이 되어 서로 지체 가 되었느니라." 바울은 고린도전서 12장에서 머리와 지체의 관계 에 대해서 더욱 자세하고 분명하게 기록했습니다(고전 12:12-31). 그 관계를 매우 미적인 감각이 넘치게 장식하여 묘사한 것입니다. 바울 은 교회의 상위 지체와 하위 지체 사이에 최상의 연합이 지배하고 있으며, 그 밖에 부지런한 돌봄과 확고하고 충성스러운 도움이 지배 하고 있다는 것도 증언했습니다. 이러한 모든 사실로부터 그리스도 의 참되고 살아있는 교회의 표지는 그리스도의 영과 함께 한 교제, 참된 믿음 그리고 기독교적인 사랑이라는 것이 입증됩니다. 이 내적 인 표지 없이 어느 누구도 영적인 몸과 교제를 할 수 없습니다. 그럼 으로 어떤 사람이 교회의 공동체에 속했는지 혹은 속하지 않았는지 를 판단하는 일은 어렵지 않습니다.

# 교회의 근원

내가 지금까지 교회의 표지에 대하여 제시한 것으로부터 우리는 교회의 근원이 무엇이며, 어떻게 교회가 뿌리내리는지, 확산되는지 그리고 보존되는지를 이해할 수 있습니다. 교회의 근원은 천상에 있습니다. 바울은 교회에 대해 이렇게 말했습니다(갈 4:26): "오직 위에 있는 예루살렘은 자유자니 곧 우리 어머니라." 바울이 교회를 천상적인 것으로 규정한 이유는 교회가 전체로서 천상에 존재하기 때문이 아니라, 오히려, 비록 교회가 지금까지 땅 위에서 활동하고 있음에도 불구하고, 교회가 하늘에 근원을 두고 있기 때문임을 밝힌 것입니다. 하나님의 자녀는 육체와 피로 태어나는 것이 아닙니다. 천상으로부터 하나님의 말씀의 선포 안에서 우리의 마음에 믿음을 심으시는 성령의 새롭게 하심을 통하여 태어납니다. 그리고 우리는 이 믿음을 통하여 그리스도와 교회의 참된 지체가 됩니다. 그래서 베드로는 다음과 같이 기록했습니다(벧전 1:23): "너희가 거듭난 것은 썩어질 씨로 된 것이 아니요 썩지 아니할 씨로 된 것이니 살아 있고 항상 있는 하나님의 말씀으로 되었느니라." 바울의 언급도 주목해야 합니다(고전 4:15): "그리스도 예수 안에서 복음으로써 내가 너희를 낳았음이라." 그리고 이 사도는 다른 곳에서 이렇게 밝혔습니다(롬 10:17): "믿음은 들음에서 나며 들음은 하나님의 말씀으로 말미암았느니라."

**인간의 교훈으로 세워지지 않는 교회**

믿음은 들음에서 발생하고, 들음은 하나님의 말씀으로부터 발생하는데(롬 10:17), 이렇게 볼 때 교회는 명확히 하나님의 말씀으로부터 기원하거나 세워지며, 실제로 인간의 제도와 교훈으로부터 기원하거나 세워지지 않았습니다. 그러므로 나는 오직 교회의 세움을 위해서 오직 하나님의 말씀만이 유용하다고 주장합니다. 인간적인 교훈은 인간적인 교회를 깨우고, 그리스도의 말씀은 그리스도적인 교회를 세웁니다. 왜냐하면 인간적인 교훈은 인간의 본성에서 연유되기 때문입니다. 그러나 참된 신앙으로부터 그리스도를 고백했던 또 교회의 기초로서 그리스도를 의지했던 베드로는 그리스도께서 친히 말씀하신 것을 들었습니다(마 16:17): "이를 네게 알게 한 이는 혈육이 아니요 하늘에 계신 내 아버지시니라." 바울은 이렇게도 말했습니다(갈 1:15-6): "그러나 내 어머니의 태로부터 나를 택정하시고 그의 은혜로 나를 부르신 이가, 그의 아들을 이방에 전하기 위하여 그를 내 속에 나타내시기를 기뻐하셨을 때에 내가 곧 혈육과 의논하지 아니하고." 바울은 인간적인 교훈을 명확하게 믿음과 교회의 세움으로부터 멀리 떼어놓았으며 그리고 믿음과 교회의 세움과 관련하여 오직 하나님의 말씀만을 찬양했습니다. 고린도 교인들에게 이렇게 증거했습니다(고전 2:4-5): "내 설교가 지혜의 권하는 말로 하지 아니하고 다만 성령의 나타남과 능력으로 하여 너희 믿음이 사람의 지혜에 있지 아니하고 다만 하나님의 능력에 있게 하려 하였노라."

이와 관련하여 그리스도의 증거는 그 뜻을 분명히 밝혀주고 있습니다(요 8:47): "하나님께 속한 자는 하나님의 말씀을 듣나니." 주님은 이렇게도 말씀하셨습니다(요 18:37): "진리에 속한 자는 내 소리를 듣느니라." 그리고 더욱 분명하게 교훈하신 내용도 있습니다(요 10:4-5): "양들이 목자의 음성을 아는 고로 그를 따른다. 타인의 음성은 알지 못하는 고로 타인을 따르지 아니하고 도리어 도망하느니라." 여기에 기록된 '타인의 음성' 아래서 나는 인간의 모든 규범과 교훈을 언급할 수 있습니다. 즉, 그것들은 사도 바울이 지혜의 겉모습을 가졌다고 지적한 것처럼 그리스도의 가르침에 역행되고, 진리를 박탈하며 또 미신적인 것들을 조장하는 것들입니다(골 2:3-9; 딛 1:10-16). 우리의 주님은 복음서 안에서 이사야 선지자의 반박할 수 없는 선포를 인용했습니다(마 15:9): "사람의 계명으로 교훈을 삼아 가르치니 나를 헛되이 경배하는도다." 우리는 참된 교회가 인간적인 요소들로 세워지지 않으며, 오히려 유일하게 그리스도의 말씀을 통하여 기초되며, 심어지며, 모아지며 그리고 세워진다는 것을 확고히 붙잡아야 합니다.

## 하나님의 말씀을 통하여 보존되는 교회

그리고 나는 덧붙여 하나님의 교회가 의심의 여지없이 하나님의 말씀을 통하여 보존된다는 것도 확신합니다. 하나님의 말씀을 통하여 교회는 유혹의 길로 빠지지 않으며, 붕괴되지 않으며, 파멸에 이르지 않으며 또 절대로 전혀 다른 성격으로 유지되지 않습니다. 사울을 분명하게 확증했습니다(엡 4:11-16): "그가 어떤 사람은 사도로, 어떤 사람은 선지자로, 어떤 사람은 복음 전하는 자로, 어떤 사람은 목사와 교사로 삼으셨으니, 이는 성도를 온전하게 하여 봉사의 일을 하게 하며 그리스도의 몸을 세우려 하심이라." - 이 직분들은 하나님의 말씀을 가르치며 전파하는 것과 관련이 있습니다 -, "우리가 다 하나님의 아들을 믿는 것과 아는 일에 하나가 되어 온전한 사람을 이루어 그리스도의 장성한 분량이 충만한 데까지 이르리니, 이는 우리가 이제부터 어린 아이가 되지 아니하여 사람의 속임수와 간사한 유혹에 빠져 온갖 교훈의 풍조에 밀려 요동하지 않게 하려 함이라." - 당신들은 어떻게 인간의 교훈이 진실하고 영원불변한 권세를 통하여 다시금 정죄되는지를 봐야 합니다 -, "오직 사랑 안에서 참된 것을 하여 범사에 그에게까지 자랄지라. 그에게서 온 몸이 각 마디를 통하여 도움을 받음으로 연결되고 결합되어 각 지체의 분량대로 역사하여 그 몸을 자라게 하며 사랑 안에서 스스로 세우느니라." 바울의 이러한 언급은 좀더 자세한 해석이 요구된다는 사실을 분명히 합니다. 하지만 지금 주목하고 싶은 것은, 교회 섬김의 기능은 하나님의 계시에 근거하여 말씀과 교회를 섬기는 직무와 관련되어 있다는 것을 알 수 있습니다.

나는 하나님이 원하신다는 사실 속에서 이 주제를 세 번째 설교(43번 설교)에서 살필 것입니다. 여기에서는 우리의 하나님이신 주님께서 교사들로 하여금 자신의 교회를 보존하실 때 오직 자신의 말씀을 통하여 기초를 닦으며, 세우며, 보존하며 그리고 확장시킨다는 사실을 확실히 붙잡는 것으로 충분합니다.

### 선지자적이고 사도적인 교회 – 정통신앙적인 교회

하나님의 말씀을 통하여 교회가 보존되는 것과 관련하여 두 가지 점을 주목하려고 합니다.

첫째로, 하나님의 교회는 그분의 말씀에 근거하여 확고하고 지속적인 사명을 감당하기 때문에 선지자적, 사도적 그리고 정통신앙적이라고 명칭될 수 있습니다. 선지자적이며 사도적으로 명칭되는 것은, 교회가 처음부터 선지자들과 사도들의 사역으로서 세워졌고, 그들의 가르침을 통하여 오늘날까지 보존되었으며 그리고 세상 끝날까지 확장될 것이기 때문입니다. 그리고 교회가 정통신앙적이라고 명칭되는 것은 교회가 참된 가르침과 바른 신앙을 소유하고 있기 때문입니다. 교회 밖에는 결코 참된 경건과 축복에 대한 참된 믿음과 온전한 가르침이 없습니다. 왜냐하면 교회 밖에는 결코 참된 신앙과 참된 덕에 의한 온전한 가르침 그리고 축복이 없기 때문입니다. 교회, 믿음 그리고 진리는 천상으로부터 하나님이 친히 아담과 족장들, 모세와 선지자들, 그리스도와 사도들을 통하여 계시하신 것입니다. 그래서 다른 곳에서 교회는 어머니로 명칭되기도 했습니다(갈 4:26). 이 주제도 이후의 설교에서 좀더 구체적으로 살펴보겠습니다.

### 감독들의 중단 없는 직분승계

둘째로, 교회의 목사들과 교사들의 직분승계는 하나님의 말씀 없이 아무 것도 이루어질 수 없다는 사실이 밝혀져 있습니다. 교황의 교회를 옹호하는 사람들은 그들 자신들이 사도적인 교회의 완전히 분명한 표지를 가지고 있다고 자부합니다. 즉, 거룩한 베드로에서부터 클레멘스 1세(Clement I.)에서 클레멘스 7세(Clement VII.), 얼마 전에 사망한 바울 3세(Paul III.) 그리고 최근에 선출된 율리우스 3세(Julius III.)까지 감독(교황)들의 계속적인 직분승계가 이루어졌다고 말합니다. 그들은 모든 분리된 지체(교파)들은 유일하게 사도들의 직분승계가 확인되고 있는 자신들의 교회로부터 벗어나 있는 것으로 덧붙였습니다. 우리는 초대 교회 안에서 목회자들의 확실한 직분승계가 큰 의미를 가지고 있었다는 것을 부인하지 않습니다. 왜냐하면 당시에 소명을 받은 사람들은 목회자들이었고 또 목회직무를 감당했기 때문입니다. 하지만 로마 카톨릭 교회 안에 지난 수백 년 동안 어떤 종류의 목자들이 활동했는가를 살피면, 모두가 알고 있듯이 그들은 추기경, 주교, 관리사제 그리고 설교(궤변)사제로 명칭할 수 있습니다.

구약의 선지자 스가랴는 하나님이 그에게 경고하신 것을 들었습니다(슥 11:15-7): "여호와께서 내게 이르시되 너는 또 어리석은 목자의 기구들을 빼앗을지니라. 보라 내가 한 목자를 이 땅에 일으키리니 그가 없어진 자를 마음에 두지 아니하며 흩어진 자를 찾지 아니하며 상한 자를 고치지 아니하며 강건한 자를 먹이지 아니하고 오히려 살진 자의 고기를 먹으며 또 그 굽을 찢으리라. 화 있을진저 양떼를 버린 못된 목자여 칼이 그의 팔과 오른쪽 눈에 내리리니 그의 팔이 아주 마르고 그의 오른쪽 눈이 아주 멀어 버릴 것이라 하시니라." 이 말씀에 근거하여 볼 때, 감독 직분의 중단 없는 연속성을 주장하는 로마 카톨릭 교회의 감독들은 하나님의 말씀을 순수하게 선포하지 않았으며 또 목회자의 직분으로 이 세상에서 큰 우상을 세운 것 외에 다른 어떤 것도 하지 않았습니다. 스가랴 선지자가 묘사한 대로 그레고리 1세(Gregory I.) 이후에 로마 교황들의 대부분은 이러한 거짓 신들, 늑대들 그리고 거짓된 목자들이었는데, 어느 누가 그들을 인정할 수 있을까요? 무엇으로 이 거짓된 목자들의 중단 없는 직분승계를 입증할 수 있을까요? 로마 카톨릭 교회가 인간의 전통으로 채워졌으며 그리고 하나님의 말씀을 한편으로 제안시키고 또 다른 한편으로 왜곡시키는 이러한 현실을 어떻게 증명할 수 있을까요?

구약 시대의 이스라엘 공동체 안에서 아론에서부터 아하스 치세 때 살았던 우리아까지 중단 없이 승계된 제사장 반열이 있었으며

(왕하 16:10-16) 그리고 하나님의 말씀에서 벗어나서 인간의 교훈으로 하나님을 섬기며 거의 우상숭배까지 했던 거짓된 제사장 반열도 있었습니다. 구약 성경에 소개된 이러한 제사장 직분의 승계는 우상을 숭배했던 제사장들이 하나님의 참된 제사장들이며 그리고 그들에게 속해 있는 공동체가 하나님의 참된 교회라는 것을 증거하지 않습니다. 실제로 참된 하나님의 선지자들이 있었는데, 그들은 정통신앙적이고 또 보편적인 신자들이었습니다. 그들은 인간적인 교훈을 거절하고, 즉 인간의 전통에 반하여 하나님의 말씀을 선포했습니다. 그들은 앞서 언급된 지속적으로 이어지는 제사장들의 중단 없는 직분 승계를 제시하지도 않았습니다. 그리고 그들은 공동체의 밝은 빛들이며 또 탁월한 지체들이었습니다. 이러한 선지자들의 가르침을 신뢰하는 사람들은 오늘날에도 교회분리주의자들이나 이단들로 간주되지 않으며, 오히려 그리스도의 참된 교회로 인정받습니다. 하나님의 은혜로우신 아들이시며, 우리의 주님이신 그리스도께서 지상에서 가르치시고 또 교회를 모으셨을 때, 그분의 대적들에게서는 제사장의 직분승계가 지속되었습니다. 그렇다고 해서 그들이 참된 교회를 대표하며 또 그리스도가 이단이 되는 것은 아닙니다. 이 뿐만 아니라, 우리 주님의 사도들이 그들 스스로를 위해서 또 그들의 가르침을 위해서 제사장들의 중단 없는 직분승계를 증거 하지도 않았습니다. 왜냐하면 그들은 주님으로부터 자신들의 직임을 위임받았기 때문입니다. 주님은 스스로 레위의 후손 밖에서 멜기세덱의 새로운 질서에 따라서 영원한 제사장으로 임명된 분입니다. 이렇게 주님의 사도들에 의해서 모아진 교회는 모두로부터 참되고 또 거룩한 기관으로 인정받았습니다. 이러한 사도들이 진정한 제자들과 후계자들을 인정하는 조건은 오직 그리스도의 바른 길을 따라서 걸으며 또

바른 가르침을 따르는 것이었습니다. 바울은 이렇게 증언하고 있습니다(고전 2:1): "내가 그리스도를 본받는 자가 된 것 같이 너희는 나를 본받는 자가 되라." 바울은 이 교훈을 모든 신자들에게 한 것인데, 즉 그들은 하나님 말씀의 봉사자들뿐만 아니라, 무엇보다도 그리스도의 소명에 따라서 살길 원하는 모든 일반적인 신자들입니다.

바울은 소아시아에 위치한 밀레도에서 에베소 장로들에게 다음과 같이 교훈했습니다(행 20:29-30): "내가 떠난 후에 사나운 이리가 여러분에게 들어와서 그 양 떼를 아끼지 아니하며, 또한 여러분 중에서도 제자들을 끌어 자기를 따르게 하려고 어그러진 말을 하는 사람들이 일어날 줄을 내가 아노라." 바울이 늑대들과 교회의 악한 목자들을 언급했을 때, 그들을 단 한 번도 사도적인 교회로부터, 즉 사도적인 감독들과 목자들의 공동체와 계열로부터 끌어오지 않았습니다. 만약 이 거짓 선지자들이 자신들의 교만이나 자신들의 매우 부패한 일들과 상관없이 사도적인 혈통을 내세울 수 있었다고 해도, 그들은 사도적인 목자의 혈통을 잇는 사람들로 인정받을 수 있었을까요? 그들은 믿음에 대해서 또 사도적인 가르침에 대해서 어떤 가책도 없이 벗어났기 때문에, 그들에게 사도적인 기원과 직분승계는 아무런 관련이 없습니다. 이러한 결과로부터 나는 감독들의 지속적인 직분승계는 그들 스스로도 증명할 수 없는 것임을 알리고 싶습니다. 그들이 주장하는 승계는 옳지 않은 것인데, 그들은 복음적이며 또 사도적인 가르침의 순수성을 따르지 않기 때문입니다.

### 목자들의 중단 없는 직분승계에 관한 터툴리안의 주장

이 때문에 터툴리안은 목자들의 중단 없는 직분승계를 높게 평가하면서도, 그것이 사도적인 교회의 진리를 통하여 지켜져야 한다는 것을 요구했습니다. 그는 교회를 사도적인 적으로 인정했는데, 즉 교회는 순수한 교리로 자신의 속성을 유지해야 하며 그리고 주교들의 직임승계를 주장할 수 없다고 밝혔습니다. 누군가는 알길 원하기 때문에 터툴리안의 기록을 소개하겠습니다: "지금 몇몇 이단들은, 그들이 사도들과 동시대에 살았다고 주장하며, 자신들의 근원을 사도들의 시대에 둘 뿐만 아니라, 또한 사도들의 가르침에 근거하고 있다는 대담성을 가지고 있습니다. 그래서 우리는 이렇게 응수할 수 있습니다: 이단들은 자신들 교회의 기원을 제시해야 합니다. 첫 번째 감독은 한 사도 혹은 사도들에게 인정을 받은 한 사도적인 인물이 대변인이나 대리인의 자격으로 세움을 받았을 것인데, 즉 이렇게 처음부터 승계되었던 자신들 감독들의 계보도 제시해야 합니다. 왜냐하면 이것은 사도적인 교회들이 자신들의 정체를 알리는 방식이기 때문입니다. 서머나 교회는 요한이 폴리캎(Polycarpus)을 세웠다는 폴리캎의 감독 승계를 증언했으며, 이와 마찬가지로 로마 교회가 알려준 사실은, 클레멘스는 베드로에 의해서 세워졌다는 것입니다. 나머지 다른 교회들은 합법적인 방식으로 사도들로부터 감독직분에 임명받은 사람들을 결정했습니다. 이 교회들은 사도적인 가르침을 지속적으로 계승하기를 원했기 때문입니다. 이단들도 나름대로 이러한 방식을 고안해 냈을 것입니다. 무엇이 이단에게 그 자신들의 신성모독을 방치하도록 했을까요? 그들이 아무리 깊은 생각을 했을지라도, 하지만 그들은 자신들의 그릇된 사상을 더 이상 진전시킬 수 없었습니다. 이단들의 가르침을 사도들의 가르침과 비교할 때, 그 거짓된 것은 그들의 모순과 오류를 통해서 분명한 증거를 제시합니다. 즉, 그들은 사도들이거나 혹은 사도들에 의해 세워진 사람들로 간주되지 않는다는 것입니다. 어떻게 사도들은 서로 상이하지 않는 가르침을 제시할 수 있었을까요? 이 사도적인 사람들은 사도들의 가르침과 모순이 없는 가르침을 증거했으며, 사도들로부터 이탈되거나 전혀 다른 가르침을 제공하지 않는 것입니다. 이러한 사실로부터 이단적인 교회들은, 그들의 대변자로서 사도나 사도에 의해서 세워진 사람을 제시할 수 없기 때문에, 훨씬 이후에도 이러한 교회가 세워진다고 해도, 사도적인 교회들로부터 견제를 받게 되는 것입니다. 의심의 여지없이, 사도적인 교회들과 신앙이 일치되고 또 가르침의 동질성 때문에 이 땅에 세워진 교회들은 사도적인 교회들로 인정받는 것입니다."

### 고대 로마 교회의 교리

터툴리안은 고대 로마 교회와 교리도 다음과 같이 핵심적으로 기록했습니다: "오! 로마 교회는 얼마나 행복합니까? 이 교회의 사도들은 자신들의 피와 더불어 진리의 충만함을 넘치게 하였습니다. 이곳에서 바울은 끓는 기름에 잠기게 되었으나 전혀 해를 입지 않고 한 섬으로 추방되었던 요한의 죽음과 더불어 영광을 얻었습니다. 이 교회가 아프리카의 교회들과 교류를 했을 때, 그들로부터 무엇을 배웠으며 또 그들에게 무엇을 가르쳤는가를 주목해 보십시오. 이 교회는 오직 온 세상의 주인이신 하나님, 동정녀 마리아에게 나신 하나님의 아들 예수 그리스도, 육체의 부활 등을 믿었습니다. 이 교회는 율법과 선지자들을 복음과 사도들의 편지들과 일치를 시켰습니다. 그래서 이 교회는 성경적인 믿음을 확립했는데, 믿음을 물세례와 함께 확증했으며, 믿음을 거룩한 성령으로 옷 입혔으며, 믿음을 성찬을 통하여 부양했으며, 무모한 순교에 대해 경고했으며 그리고 참된 진리를 거부하는 사람들을 받아들이지 않았습니다." 이 내용은 터툴리안의 『이단논박』에서 확인할 수 있습니다.

## 전쟁이나 더러운 간계를 통해 세워지지 않는 교회

결론적으로 우리는 '교회의 대표'는 과거나 오늘날에도 교사와 목회자들에게 위임되어 있다는 것을 주목해야 합니다. 교회의 지도자들은 우두머리, 군대장수, 영주, 군인, 오늘날에 책략가로 불러지는 거짓된 수단을 사용하는 교활한 사람들이 아닙니다. 왜냐하면 처음부터 그리스도의 사도들인 평범한 사람들에 의해 복음의 설교를 통하여 세워진 보편적이고 거룩한 하나님의 교회는 결코 다른 방식과 수단에 근거하지 않고, 오히려 오직 진리와 하나님을 향한 경건에 대한 참되고 순수한 가르침에 근거하여 세워지고, 견고해지며 또 보존되기 때문입니다. 이와 관련하여 바울은 모든 세상적인 지혜에 대한 경계 속에서 다음과 같이 말했습니다(고전 2:3-5): "내가 너희 가운데 거할 때에 약하고 두려워하고 심히 떨었노라. 내 말과 내 전도함이 설득력 있는 지혜의 말로 하지 아니하고 다만 성령의 나타나심과 능력으로 하여, 너희 믿음이 사람의 지혜에 있지 아니하고 다만 하나님의 능력에 있게 하려 하였노라." 이 사도는 데살로니가 교인들에게 말할 때도 모든 종류의 교활한 조언들과 기만들을 배제했습니다(살전 2:3-6): "우리의 권면은 간사함이나 부정에서 난 것이 아니요 속임수로 하는 것도 아니라, 오직 하나님께 옳게 여기심을 입어 복음을 위탁 받았으니 우리가 이와 같이 말함은 사람을 기쁘게 하려 함이 아니요 오직 우리 마음을 감찰하시는 하나님을 기쁘시게 하려 함이라. 너희도 알거니와 우리가 아무 때에도 아첨하는 말이나 탐심의 탈을 쓰지 아니한 것을 하나님이 증언하시느니라. 또한 우리는 너희에게서든지 다른 이에게서든지 사람에게서는 영광을 구하지 아니하였노라." 그러므로 이미 세워진 교회가 어떤 간계를 통하여, 즉 인간적인 교활한 조언들과 악의들을 통하여 신자들을 모으고 또 유지된다고 믿는 사람들은 매우 어리석습니다. 잠언은 인간의 지혜를 통하여 세워진 것은 그 인간의 지혜 때문에 다시 무너진다고 밝히고 있습니다. 그 밖에도 주님이 친히 제자들에게 칼의 사용을 금지하셨습니다. 교회의 세움을 위해 폭력과 무기를 배제해야 한다는 것을 분명히 교훈했는데, 급박한 순간에 칼을 들었던 베드로에게 단호하게 외쳤습니다(마 26:52): "네 검을 도로 집에 꽂으라." 우리는 어느 기록에서도 주님이 무장한 전사를 파송했거나 무기를 동원해서 세상을 정복했다는 것을 읽을 수 없습니다. 성경은 독특한 것을 증언하는데, 하나님의 원수나 강력한 적그리스도가 하나님의 입에서 나오는 한 번의 숨으로 소멸된다는 사실입니다(살후 2:8). 이 때문에 선지자들의 책들에서 그리고 특별히 스가랴 12장에서 확인되는 전쟁과 관련된 기록이나, 혹은 이미 사도들과 사도적인 인물들로부터 모든 신자들에게 제시된 전쟁과 관련된 내용은 당연히 교훈적으로 해석되어야 합니다. 사도들은 전쟁 때 사용하는 육신의 방식인 창, 칼 그리고 방패로 싸우지 않고, 오히려 자신들의 고유한 방식으로 싸웠습니다. 영적인 방식 안에서 사도적인 검인 하나님의 말씀으로 싸운 것입니다.

물론, 부인할 수 없는 사실은, 세상의 군사적인 무기가 가끔 사도적인 사람들과 교회에 의해서 사용되었으며 그리고 여전히 오늘날도 사용되고 있다는 점입니다. 즉, 하나님께서 무신론자들과 폭군에 대항하여 교회를 지키도록 군인들과 위정자들의 활동을 독려하신다는 것은 어느 누구에게서도 부인되지 않습니다. 더욱이, 선하고 경건한 세속 지도자가 교회에 유익이 된다는 것도 모든 사람들이 인정하고 있습니다. 매우 탁월한 선지자였던 이사야가 근거 없이 왕들을 교회의 '관리자' 또 왕비들을 '교회의 유모'로 칭하지 않았다는 것을 알아야 합니다(사 49:23). 그리고 바울도 이방인들에게 복음을 전한 것 때문에 예루살렘 회당에서 유대인들의 공격을 받았을 때 로마 군대의 수장인 글라우디오 루시아(Claudius Lysia)가 지휘하는 무장한 군대에 의해 구출되고 또 신변의 안전을 보장받았습니다(행 21:31-40). 그리고 바울은 온전한 몸으로 안드바드리를 거쳐 당시 유대의 총독이었던 베릭스가 통치하는 가이사랴로 보내졌는데, 그곳에서도 이 동일한 장수가 한 기마부대와 수백 명의 보병으로 구성된 군대를 동행시켰습니다(행 23:23-35). 사도행전에서 누가가 이러한 기사를 매우 정성스럽고 또 상세하게 기록한 데에는 그럴만한 이유가 있었을 것입니다. 교회의 역사 속에서 하나님의 교회를 수호하고 헌신했던 수많은 거룩한 군주들을 확인할 수 있습니다. 나는 이미 이러한 내용을, 내가 틀리지 않았다면, 이 『50편 설교집』의 17번과 18번 설교들(Decade II, 17-18)에서 매우 소박한 방식으로 기록했습니다. 여기까지 나는 하나님 교회의 기원, 확장 그리고 보존에 관하여 충분히 언급했습니다.


## 교회는 잘못할 수 있는가?

여기에서 "교회는 잘못할 수 있는가?"에 대한 주제를 다루는 것은 매우 적절하다고 생각합니다. 이 주제는 이미 자주 거론되었던 것으로 매우 핵심적으로 설명할 것입니다. 나는 여러분들에게 보편 교회는 가장 먼저 천상에 있는 구원받은 영혼들을 포함하고 있으며, 다음으로 이 땅 위에 있는 모든 신자들을 포함하고 있다고 가르쳤습니다. 그리고 이 땅 위에 있는 신자들 안에는, 이미 언급했던 것처럼, 악한 자들과 위선자들도 속해 있습니다. 그들은 일정 시간 동안 믿음을 위장해서 진짜처럼 가장하고 있다는 것을 밝혔습니다. 우리가 지금 오직 구원받은 영혼들의 교회를 생각한다면, 그 교회는 결코 잘못을 하지 않습니다. 하지만 우리가 선한 사람들 안에 숨어있는 악한 자들과 위선자들을 생각한다면, 혹은 실제로 오직 악한 자들과 위선자들만을 생각한다면, 그들은 죄를 짓는 것 외에 다른 어떤 것도 행할 수 없습니다. 그리고 그들이 선한 사람들과 신자들과 함께 연합되어 있으며 또 이 믿음의 사람들을 따르는 경우에, 그들은 잘못을 하기도 하고 혹은 잘못을 하지 않기도 합니다. 왜냐하면 이 땅 위에 있는 선한 사람들과 신자들의 교회도 죄를 짓기도 하고 혹은 짓지 않기도 하기 때문입니다.

나는 지금 오류에 있는 자들을 구별하는 것과 그들의 전체 숫자를 헤아리는 것에 대해서도 설명할 것입니다. 그들의 잘못은 한편에서 교리와 믿음에 대한 오류와 관련이 있고, 다른 한편에서 삶의 태도와 관습(manner)에 대한 오류와 관련이 있습니다. 이 두 가지 범주와 관련하여 여러분들은 이미 내가 생각하는 것을 알 수 있습니다.

우리는 이 땅 위에 있는 신앙적인 교회가 잘못을 할 수 있는지 혹은 잘못을 할 수 없는지에 관한 것인데, 즉 이 교회가 잘못을 할 수 있다면, 어떻게 혹은 어떤 방식으로 잘못을 하는지 살피려고 합니다. 교회의 관습과 생활을 규정할 때, 우리는 교회가 실수로부터 온전하지 않으며, 또한 당연히 죄로부터 자유롭지 못하다는 사실을 인정해야 합니다. 이 때문에 이 땅에 존재하고 있는 교회는 끊임없이 전심으로 기도하는 것입니다(마 6:12): "우리가 우리에게 죄 지은 자를 사하여 준 것 같이 우리 죄를 사하여 주옵시고." 그러면 하나님은 자신의 긍휼 안에서 성도들을 항상 여전히 남아있는 죄성과 연약함으로부터 깨끗하게 하십니다. 하지만 이러한 죄악은 언제나 반복적으로 일어나서 선택된 자들을 더럽히는데, 그들이 이 땅 위에서 사는 동안 결코 피할 수 없는 현실이기도 합니다(요 13:1-11; 15:1-8; 롬 7:7-24).

## 교회의 온전함

사랑하는 청중들이여! 나는 당신들을 방해하는 것이 무엇인지 알고 있습니다. 당신들을 이렇게 질문할 수 있습니다: "만약 교회가 거룩하지도 정결하지도 않다면, 왜 사도들은 교회를 흠과 주름이 없이 거룩하다고 묘사했습니까?"(엡 5:27) 나의 답변은 이렇습니다: 만약 당신들이 이 땅 위에 있는 교회 중에 모든 흠결로부터 완전히 자유로운 교회 외에 다른 교회를 인정하길 원치 않는다면, 당신들은 어떤 교회도 인정하지 말아야 한다는 것을 강요받고 있습니다. 왜냐하면 이 땅 위에는 이런 완전한 교회가 결코 존재할 수 없는데, 성경이 증언하는 것처럼, 의로우신 하나님이 모든 사람들에게 긍휼을 베푸시기 위해서 모든 것을 죄 아래 가두셨기 때문입니다. 바울이 교회를 흠과 주름이 없이 정결하다고 말한 것은 그리스도의 은혜와 거룩에 근거하고 있습니다. 이 교회가 육체로 사는 동안에 흠이 없기 때문이 아니라, 오히려 교회에 흠이 엉겨 붙어 있음에도 불구하고,

그리스도께서 믿음 안에서 교회를 감싸고 있기 때문입니다. 즉, 그리스도께서 흠이 없으심으로 인하여 교회도 흠이 없다고 인정되며, 또한 최종적으로 오는 세상에서도 교회는 흠과 주름이 없게 되는 것입니다. 교회는 육체와 비참한 것들을 벗어버린 후에 마침내 온전하게 되며 그리고 어떤 결핍도 없는 상태에 이르게 되는 것입니다. 덧붙여, 교회는 가능한대로 작은 흠만을 가지기 위해서 언제나 수고하기 때문에, 투쟁하기 때문에 그리고 노력하기 때문에 흠이 없다고 인정되는 것입니다. 이러한 이유에 근거하여, 특별히 그리스도의 의가 우리에게 전가되는 은혜를 통하여 교회는 오류를 범하지 않으며, 죄로부터 자유하며 그리고 깨끗한 것입니다. 다음으로, 그리스도의 교회는 교리와 믿음에 대해 흠이 없습니다. 왜냐하면 교회는 오직 목자의 음성을 듣기 때문이며 그리고 낯선 소리는 듣지 않기 때문입니다. 신자들은 유일한 목자이신 그리스도를 따르기 때문인데, 그분은 스스로 이렇게 말씀하셨습니다(요 8:12): "나는 세상의 빛이니 나를 따르는 자는 어둠에 다니지 아니하고 생명의 빛을 얻으리라." 바울도 디모데에게 이렇게 교훈했습니다(딤전 3:15): "만일 내가 지체하면 너로 하여금 하나님의 집에서 어떻게 행하여야 할지를 알게 하려 함이니 이 집은 살아 계신 하나님의 교회요 진리의 기둥과 터니라."

## 진리의 기둥과 터로서 교회

교회는 진리의 기둥과 터입니다. 왜냐하면 교회는 선지자와 사도의 기초(가르침) 위에 근거하고 있으며 그리고 하나님의 영원한 진리이자 교회의 유일한 권세이신 그리스도 위에 서 있기 때문입니다.

이러한 특성을 통해서 교회는 그리스도와 연합해 있는 진리의 기둥과 터가 되는 것입니다. 하나님의 진리는 교회 안에 있으며 또 교회의 사역을 통하여 전파됩니다. 비록 교회가 대적들로부터 공격 받거나 위협을 받을지라도, 교회는 견고하게 서 있으며 그리고 패배하지 않습니다. 물론, 이때 교회는 그리스도와 함께 또 그분과 교제 안에서 머물러 있어야 합니다. 이러한 연합이 없으면 교회는 아무 것도 할 수 없습니다. 이와 반대로 교회가 그리스도로부터 또 그분의 말씀으로부터 돌아서거나 인위적인 생각들, 세속적인 조언들 그리고 인간적인 교훈들을 따를 때, 이러한 교회는 교리와 믿음 안에서 오류를 범하게 됩니다. 왜냐하면 지금까지 오류를 범하는 일을 막고 있었던 하나님의 말씀과 그리스도를 떠나는 것이 되기 때문입니다. 나는 광야에서 하나님이 언약을 맺으시고 또 성례와 규례들로 결속되게 하신 이스라엘 백성들의 큰 공동체가 하나님의 탁월한 교회였다는 사실을 어느 누구도 부인할 수 없다는 것을 믿습니다. 그러나 모든 사람들이 아는 것처럼, 이스라엘 백성들은 송아지 우상을 만들고 또 이 우상을 숭배함으로써 하나님의 말씀을 위반했습니다. 이때 대제사장인 아론도 열심과 성실함으로 이 범죄를 막지 않았습니다 (출 32).

여기에서 주목해야 할 것은, 교회는 '전체'(whole number)로서 주의 깊게 연구되고 또 판단되어야 한다는 점입니다. 왜냐하면, 많은 사람들이 교회 안에서 많은 오류를 범함에도 불구하고, 모든 사람들이 오류를 범한다고 귀결되지 않기 때문입니다. 왜냐하면 하나님께서 이스라엘 공동체 안에 송아지 우상을 경배하지 않은 일부 사람들을 보존해 두셨는데, 즉 모세, 여호수아 그리고 의심의 여지없이 이스라엘 공동체 안에 있을 뿐만 아니라, 또한 다른 민족들에 속한 일부 다른 사람들을 남겨두신 것입니다. 비록 많은 사람들이 교회 안에서 오류를 범하지만, 그럼에도 불구하고 하나님은 그분의 은혜 안에서 특정한 수의 사람들을 보존하셨는데, 그들은 바르게 생각하고, 바른 믿음과 양심을 통해서 오류를 이겨내며 그리고 주님의 말씀을 거역하는 무리들을 거룩한 집으로 되돌아오도록 합니다.

만약 교회의 일부가 죄를 지었을 때, 그것 자체가 하나님의 말씀으로부터 벗어난 것이기 때문에, 교회가 잘못을 했다고 말할 수 있습니다. 하지만 교회가 하나님의 은혜를 통하여 나머지 부분이 보존됨으로, 그것으로부터 진리가 다시 꽃을 피고, 새로워지며 또 넓게 전파될 수 있는데, 즉 교회는 자신의 '전체'와 관련하여 모든 것 안에 죄를 지은 것은 아닙니다. 그래서 거룩한 바울은 (많은 문제를 가진) 고린도 교회와 갈라디아 교회를 하나님의 거룩한 교회라고 부른 것입니다. 분명히, 이 교회들은 교리, 믿음 그리고 관습에 있어서 심각한 오류를 가지고 있었습니다. 하지만 바울에 의해 알려진 것처럼, 그들 가운데 많은 사람들이 순수한 교리를 바르게 추구했다는 것도 어느 누가 의심할 수 있겠습니까? 이 거룩한 교회들이 진리 가운데 온전히 머물러 있지 않았다는 점에서는 죄를 지은 것이지만, 그러나 이 교회들이 사도들로부터 전승된 진리로부터 완전히 벗어나지 않았다는 면에서는 (극복할 수 없는) 죄를 지은 것은 아닙니다.

이러한 사실로부터 온 세상에 분명히 드러난 것이 있습니다. 즉, 사도들의 기초 위에 세워져 있지도 않고, 오히려 인간적인 규례 위에 세워져 있음에도 불구하고, 우리와 반대되는 교회들을 좋아하는 매우 교만하고 거짓된 사람들이 있다는 것입니다. 우리에게 아무런 부끄러움도 없이, 그들은 스스로 오류를 행할 수 없는 참된 교회들이라고 소개합니다. 다윗이 말했습니다(시 33:4): "오직 하나님만 정

직하시고, 그러나 모든 인생은 거짓되다." 그리고 예레미야도 소리
쳤습니다(렘 8:9): "그들이 하나님의 말씀을 버렸으니 그들에게 무
슨 지혜가 있으랴?" 그러므로 이러한 교회들은 오류를 범하고 있으
며, (그 사실을 깨닫지 못하기 때문에) 하나님의 참된 교회들로 볼 수 없습
니다. 참된 교회는 예수 그리스도를 의지하며 그리고 그분의 말씀을
통하여 다스려집니다.

## 교회의 권세

모든 교회적인 질문들 속에서 교회의 유일한 기초는 이 땅 위에
서 하나님의 교회가 가지고 있는 권세와 교회의 직무들에 대한 논
의와 관련이 있습니다. 이러한 권세와 직무들은 하나님의 말씀 안에
제시된 규정으로 안내됩니다. 나는 성경에 기록된 입장을 제시하기
전에 이 주제에 대해 교황주의자들이 제시하는 주장과 의심의 여지
없이 정통교리로서 보존되어야 할 것에 관하여 짧게 가장 중요한 내
용만 소개하길 원합니다.

요한 게르손(Ioan Gerson, 1363-1423)은 교회의 권세가 부당하게 악
의적으로 제시되지 않았다면 부적절하게 규정하지 않았을 것입니
다. 교회의 권세는 하나님으로부터 초자연적이고 또 영적인 방식으
로 제자들과 그리고 그들의 합법적인 후계자들에게 세상의 끝날까
지 주어지는 것인데, 즉 영원한 구원의 완전한 성취 때까지 복음의
원리에 따라서 전투하는 교회의 건덕을 위해서 허락된 것입니다. 피
터 드 알리아코(Peter de Aliaco, 1351-1420) 추기경은 이러한 (로마 카톨릭
교회의) 권세에 관하여 여섯 가지 종류를 주장했습니다. 즉, 서품의

권세, 열쇠의 권세, 직분의 권세, 설교의 권세, 재판의 권세 그리고 생계부양의 권세입니다.

## 서품의 권세

서품이 권세로 명칭되는 것은 로마 카톨릭 교회 안에서 합법적으로 임명된 사제만 그리스도의 몸과 피를 제단 위에 봉헌할 수 있는 자격을 가지고 있기 때문입니다. 교황주의자들에 의하면 이 권세는 주님이 제자들에게 다음과 같은 말씀과 함께 주신 것이라고 주장합니다(눅 22:19): "이를 행하여 나를 기념하라." 하지만 오늘날에 그들은 이 권세가 주교로부터 사제들에게 주어졌다고 생각합니다. 왜냐하면 주교가 사제들에게 빵과 잔을 건네며 또 이렇게 말하기 때문입니다: "살아있는 자와 죽은 자를 위해서 그리스도의 몸을 바치고 제공하는 능력을 취하라." 그 밖에 그들은 서품의 권세를 축성의 권세와 함께 지울 수 없는 표지로 부르기도 합니다.

## 열쇠의 권세

성례를 베푸는 권세로 특별히 열쇠의 권세로 불리는 고해성사입니다. 이 권세는 두 가지 열쇠권을 포함하고 있습니다. 첫 번째 열쇠권은 죄를 고백하는 죄인에 대한 판단의 권세인 지식의 열쇠를 의미합니다. 두 번째 열쇠권은 죄인의 죄를 면제하거나 혹은 심판하는, 즉 하늘을 열거나 혹은 닫는 심판의 열쇠입니다. 이 권세는 마태복음에서 베드로에게 약속된 것인데 주님께서 이렇게 말씀하셨습니다(마 16:19): "내가 천국 열쇠를 네게 주리니." 그리고 요한복음에서 그리스도가 언급한 것과 관련하여 이 권세는 모든 제자들에게 주어진 것으로 볼 수 있습니다(요 20:23): "너희가 뉘 죄든지 사하면 사하여질 것이요."

오늘날 로마 카톨릭 교회의 서품식에서 주교로부터 이 권세가 사제들에게 부여될 때, 주교는 서품을 받는 사제들의 머리 위에 손을 얹고 다음과 같이 선언합니다(요 20:22-3): "성령을 받으라 너희가 뉘 죄든지 사하면 사하여질 것이라."

### 직분의 권세

로마 카톨릭 교회의 사역자들에게 수여된 권세는 교회의 권한 (Jurisdiction)으로 간주됩니다. 이 권한은 특정한 높은 계급적인 지위와 관련이 있는데, 즉 모든 교회를 지배할 수 있는 힘을 가진 교황에게 온전히 주어져 있습니다. 그래서 교황주의자들은 교회적인 계급 체계 안에서 사제들과 고위 성직자들을 임명하는 업무는 교황에게만 유일하게 주어졌다고 주장합니다.

그들은 "내 양을 먹이라"(요 21:15)는 주님의 명령을 오직 교황에게만 적용합니다. 그리고 그들은 모든 교회의 권한은 교황으로부터 주어졌으며 그리고 임명된 하위 성직자들에게 제공되기도 하고 혹은 제공되지 않기도 한다고 덧붙입니다. 이 하위 성직자들에게는 모든 권세를 가지고 있는 교황의 뜻을 따르는 제안된 권세가 주어져 있는 것입니다. 그러므로 한 명의 주교는 이 권세를 오직 자신의 교구 안에서만 행사할 수 있으며, 한 명의 사제도 자신의 관할 지역 안에서만 행사할 수 있습니다.

### 설교의 권세

교황주의자들은 사도적인 직무 혹은 하나님 말씀의 선포에 대한 권한은 주님이 제자들에게 위임하신 설교할 수 있는 권세라고 말합니다(막 16:15): "너희는 온 천하에 다니며 만민에게 복음을 전파하라." 그들은 오늘날에는 교사들이 오직 베드로로부터, 즉 그의 후계자(교황)들로부터 직접적로든 혹은 간접적으로든 설교를 위해 부르심을 받게 된다고 주장합니다.

### 재판의 권세

이미 잘 알려져 있는 것처럼, 주님이 베드로에게 "네 형제가 죄를 범하거든 가서 너와 그 사람과만 상대하여 권고하라"(마 18:15)고 말씀하신 것에 근거하여, 교황주의자들은 주님이 베드로에게 재판의 권세를 위임하셨다고 밝힙니다. 그러므로 그들은 주님이 사제들에게 파문할 수 있을 뿐만 아니라, 또한 규정, 법 그리고 제도를 확립하고, 결정하며 또 선포할 수 있는 권세가 주셨다고 말합니다. 마태복음 16장 19절에 기록된 주님의 말씀을 강조합니다: "네가 땅에서 매면 하늘에서도 매일 것이요."

### 생계부양의 권세

교황주의자들은 영적인 사역을 위해 합당한 생계부양에 관한 규범이 주님의 말씀을 통해서 주어졌다고 강조합니다(눅 10:8): "어느 동네에 들어가든지 너희를 영접하거든 너희 앞에 차려놓는 것을 먹고." 하지만 교황주의자들이 사제들의 생계부양을 교회적인 권세라고 가르치지만 부당하며 옳지 않습니다. 서품의 권세가 얼마나 무가치하고 공허한 것인가에 대해서도 나는 이미 다른 곳에서 밝혔습니다. 하나님께서 나의 생명을 지속시키신다면, 나는 적합한 때에 이 주제에 관하여 좀더 자세히 언급하고 싶습니다. 나는 열쇠의 권세를 하나님의 뜻을 따라서 계속되는 설교의 마지막 부분에서 언급할 것입니다. 나는 참회와 비밀고해에 대해 설명하면서 이 주제에 관련된 몇몇 사안들을 이미 제시했습니다. 분명히, 교황주의자들이 교회의 직분과 고위 주교의 막강한 권한에 관하여 지껄이는 것은 게으르고 또 부끄러움을 모르는 수다일 뿐입니다. 나는 로마 카톨릭 교회의 여섯 가지 권세들은 이미 오래전부터 알려진 것으로 믿고 있습니다. 나는 나의 설교들 안에서 이러한 관점들의 반박을 위해 몇몇 논증들을 추가할 것입니다. 그들은 가르치는 직무를 찬탈했을 뿐만 아니라, 또한 자신들이 임명한 사람들만 합법적으로 설교할 수 있다고 주장했습니다. 그리고 그들은 하나님의 말씀을 왜곡시키고 또 자신들의 오류를 보호하거나 어떤 잘못도 인정하지 않았습니다. 이러한 문제도 합당한 자리에서 다루게 될 것입니다. 교황주의자들은 교회의 파문을 너무도 파렴치하고 부끄러움도 없이 남용하였습니다. 그들의 무관심과 신뢰할 수 없는 파렴치함 때문에 교회는 참된 징계를 잃어버렸을 뿐만 아니라, 또한 재판권도 교황들의 손에서 수백 년 동안 참되게 그리스도를 고백하는 사람을 박해하고 그리고 그리스도의 죄 없는 신자들을 핍박하는 불과 칼로 이용된 것 외에 다르게 사용되지 않았습니다. 하지만 주님이 교회의 사역자들에게 새로운 법을 선포하는 권한을 주시지 않았다는 사실을 이 주제와 관련된 설교에서 언급할 것입니다.

그들은 합당한 생계부양에 대한 법을 부지런히 요구하였지만, 그러나 그들은 영적인 것을 파종하는 일에 게을렀으며 또 잠에 취해 대적자들이 주님의 밭에 잡초를 심도록 방심해 버렸습니다. 이러한 문제는 낯선 직무를 통해서가 아니라 자신들의 익숙한 직무를 통해서 발생했습니다. 교황주의자들은 자신들의 생활에 반드시 필요한 것에 만족하지 못하고, 오히려 교활하게 왕국에 침입했으며 그리고 자신들의 직분을 파렴치하고 또 거칠게 취급했다는 사실을 스스로 드러낸 것입니다. 이 교황주의자들에게서 논의되고 또 그들이 필요로 하는 교회의 권세는 아무 것도 알지 못하는 불쌍한 영혼들을 억압하는 참된 폭정임을 깨달아야 합니다.

## 참된 권세

지금 나는 교회의 권세에 대한 참되며, 정결하며, 단순하며 그리고 명백한 교훈을 추가적으로 설명할 것입니다. 권세는 법적으로 규정하면 어떤 것을 행할 수 있는 권리를 말합니다. 이 권세는 헬라어로 '에조시아'(ἐξουσία)와 '두나미스'(δύναμις)으로 표시됩니다: 첫 번째 단어는 '권한과 권세'의 의미를 지니고 있으며, 두 번째 단어는 '능력, 권한 그리고 권세를 실행하는 것'으로 해석할 수 있습니다. 어떤 사람이 무엇을 행할 수 있는 권한을 가지고 있지만, 그러나 그에게 능력이 결핍되어 있는 경우가 종종 발생합니다. 주님은 이 두 가지를 동시에 행하실 수 있으신데, 그래서 그분은 귀신들과 싸우는 제자들에게도 이 두 가지를 수여하셨습니다. 누가복음에 이 사실이 언급되어 있습니다(눅 9:1): "그들에게 귀신을 제어할 능력과 권세를 주시고"(ἔδωκεν αὐτοῖς δύναμιν καὶ ἐξουσίαν).

### 이중적 권세

이러한 전제 속에서 한 권세는 자유롭고 무제한적인 것입니다. 하지만 다른 권세는 섬기는 권세로 불려지며 제한적인 것입니다. 무제한적인 권세는 절대적으로 자유롭고, 다른 사람의 뜻에 의해서 혹은 법에 의해서 지배를 받거나 제한을 받지 않습니다. 이러한 권세는 그리스도의 권세인데, 마태복음에 기록되어 있습니다(마 28:18-9): "하늘과 땅의 모든 권세를 내게 주셨으니, 그러므로 너희는 가서 모든 민족을 제자로 삼아 아버지와 아들과 성령의 이름으로 세례를 베풀고 ..."이 권세는 요한계시록에서도 확인할 수 있습니다(계 1:17-8): "두려워 말라 나는 처음이요 나중이라 곧 산자라 내가 전에 죽었었노라 볼지어다 이제 세세토록 살아 있어 사망과 음부의 열쇠를 가졌노니." 그리고 다른 장에는 이렇게 표현되어 있습니다(계 3:7): "거룩하고 진실하사 다윗의 열쇠를 가지신 이 곧 열면 닫을 사람이 없고 닫으면 열 사람이 없는 그가 이르시되." 그리고 제한적인 권세는 자유롭지 못하고, 오히려 다른 무제한적인 권세 혹은 더 강한 권세에 종속되어 있습니다. 이 권세는 모든 것을 행할 수 있는 것이 아니며, 오히려 결과적으로 무제한적 권세 혹은 더 강한 권세가 허용하는 것을 행할 수 있는 권세이며, 즉 어느 특정한 조건들 아래서 행할 수 있는 권세를 말합니다. 이러한 권세는 공적으로 교회의 권한으로 명칭되는 교회의 권세입니다. 왜냐하면 하나님의 교회는 자신의 사역자들을 통하여 하나님이 부여해 주신 자신의 권세를 수행하기 때문입니다. 어거스틴은 두 권세의 차이를 이해하고 있었으며 또

요한의 세례 관한 자신의 논문 5장에서 밝혔습니다: "바울은 권세자가 아닌 사역자로서 세례를 베풀었습니다. 그러나 주님께서는 권세자로서 세례를 베풀었습니다. 주목해야 할 것은, 주님은 이 권세를 사역자들에게 줄 수 있었지만, 그러나 그분은 그것을 원치 않으셨습니다. 왜냐하면, 만약 이 권세가 사역자들에게 위임되었다면, 주님의 것은 그들의 것이 되어서 결과적으로 사역자들의 숫자만큼 수많은 세례가 존재할 수 있기 때문입니다." 교회 안에서 오직 그리스도만 무제한적인 권세를 소유하고 있습니다. 그분은 영원히 교회의 머리이시고, 왕이시며 또 대제사장으로 존재하고 계시며 그리고 생명을 베푸시는 머리로서 그분의 몸과 결코 떨어질 수 없기 때문입니다. 당연히, 그리스도께서는 교회에 제한적인 권세도 부여하셨습니다. 특정한 규범들을 통하여 분명한 한계를 가지고 있는 교회의 권세도 하나님으로부터 기원되었다는 것을 알아야 합니다. 그리고 이러한 근거로부터 교회의 권세가 언제나 유효하다는 것도 인식해야 합니다. 이 뿐만 아니라, 교회의 권세는 모든 것에서 우선적으로 하나님을 의식하도록 한다는 것도 잊지 않아야 합니다. 주님이 교회에 권세를 부여한 것은, 교회는 오직 구원을 위해서 활동하는 기관이기 때문입니다. 그래서 바울은 이렇게 언급했습니다(고후 13:10): "주께서 너희를 넘어뜨리려 하지 않고 세우려 하여 내게 주신 그 권한을 따라 엄하지 않게 하려 함이라." 주님의 교회를 위협하거나 무너뜨리는 일을 도모하는 것은 하나님으로부터 온 교회의 권세가 아니라, 오히려 마귀적인 폭군의 권세입니다. 이러한 교회적인 권세의 적법성을 정확히 아는 것은 매우 중요합니다.

# 권세의 기능

교회의 제한적인 권세가 포함하고 있는 것들은, 즉 개별(지역)교회 안에서 사역자들을 세우는 것, 가르치는 것, 성례를 시행하는 것, 교리를 판단하는 것, 총회를 소집하는 것 그리고 마지막으로 교회 직무들을 수행하는 것과 관련이 있습니다. 나는 다음의 개별적인 주제들에 대해 순서대로 짧게 설명할 것입니다: "교회의 권세는 어떻게 수행되는가?", "교회의 권세는 개별적인 관점에서 어떤 방식으로 제한되는가?" 등.

### 교회의 사역자들을 세우는 것

주님은 사도들을 교회의 첫 교사들로 세우셨습니다. 그리고 이 사실을 통하여 교회의 사역이 하나님으로부터 친히 주어진 신적인 직무이며 그리고 결코 사람에 의해서 고안된 규정이 아님을 모든 사람들로 하여금 주목하도록 하셨습니다. 주님이 승천하신 이후에 거룩한 베드로는 회집된 교회 앞에서 배반자 유다를 대신하여 다른 한 명의 사도를 세우는 일에 대해 언급했습니다. 이때 그는 하나님으로부터 교회에 사역자나 교사를 뽑을 수 있는 권세가 주어졌다는 것을 표현하였습니다(행 1:14-26). 그리고 이후에 이 동일한 교회는 베드로가 다른 사도들을 권면하여 성령의 감동을 입은 일곱 집사들도 선출했습니다(행 6:1-7). 안디옥 교회는 선명하게 성령의 인도하심을 받고 바울과 바나바를 선택하고 파송했습니다. 그들은 이미 오래 전에 복음사역을 위해 부르심을 받은 사람들이었습니다(행 13:1-3). 이 뿐만 아니라, 사도들의 부름 위에서 이 두 사람과 함께 다른 사람들도 거룩한 사역을 위한 교사로 세움을 받았다는 것을 읽을 수 있습니다. 하지만 사도들은 아무 사람이나 임명하지 않았습니다. 교회의 사역을 위해 합당한 사람들을 세웠습니다. 즉, 사도가 밝히고 있는 구체적인 규정들을 통해서 어떤 사역자들이 뽑혔는지 알 수 있습니다(딤전 3:2): "책망할 것이 없으며 한 아내의 남편이 되며 절제하며 신중하며 단정하며 나그네를 대접하며 가르치기를 잘하며 ..." 이러한 사도의 기준은 이미 잘 알려져 있는 것입니다. 그럼에도 불구하고 하나님의 뜻에 따라서 나는 이 『교회론』의 3번째 설교(43번)에서 사역자의 임명에 관하여 언급할 것입니다. 교회는 개별교회를 섬기는 사역자를 임명할 수 있는 권세를 가지고 있습니다. 그래서 어느 누구도 교회가 품위가 없고 또 신뢰할 수 없는 거짓 사역자들을 제명하며 또 교회의 질서에 벗어나 있지만 반드시 있어야 할 (문제를 가진) 사역자들을 개선시키는 권한을 가지고 있다는 것을 부인할 수 없습니다.

### 가르치는 것 – 열쇠의 권세

교회의 사역자들은 무엇보다도 가르치는 일을 위해 선택되었기 때문에, 교회는 자신의 합법적인 사역자들을 통하여 가르치고, 경고하며 또 책망하는 권세를 가지고 있습니다. 하지만 사역자들이 이러한 권세를 가졌다고 해도 아무 것이나 가르칠 수 없습니다. 주님으로부터 받은 선지자들과 사도들의 교훈을 가르쳐야 합니다. 주님이 말씀하셨습니다(마 28:20): "내가 너희에게 분부한 모든 것을 가르쳐 지키게 하라." 이렇게도 언급하셨습니다(막 16:15): "너희는 온 천하에 다니며 만민에게 복음을 전파하라." 바울도 증언하고 있습니다

(롬 1:1-2): "예수 그리스도의 종 바울은 사도로 부르심을 받아 하나님의 복음을 위하여 택정함을 입었으니, 이 복음은 하나님이 선지자들을 통하여 그의 아들에 관하여 성경에 미리 약속하신 것이라."

이러한 교회 사역자들의 가르치는 직무는 교회가 받은 열쇠의 권세와 직접적으로 관련이 있습니다. 즉, 하나님의 말씀을 통해서 하늘의 문을 매거나 풀며 또 열거나 닫는 직무입니다. 다른 기록에서도 사도들은 주님으로부터 모든 것에 관한 권세를 받았지만(마 10:1), 그러나 전적으로 모든 것이 아닌, 오히려 모든 귀신에 관한 것이며, 모든 천사와 사람에 관한 것은 아닙니다. 당연히, 사도들이 귀신을 대적하기 위해 부여받은 권세는 무제한적인 것이 아닙니다. 오직 "귀신을 쫓아내기 위해서" 부여되었다고 덧붙여 있기 때문입니다. 그래서 제자들은 자신들이 원하는 대로 고유한 판단에 따라서 마귀를 대적할 수 없고, 오히려 귀신을 제어할 수 있는 완벽한 힘을 가지고 있는 권세자의 의지와 방식에 절대적으로 근거하고 있습니다. 비록 그들이 간절히 원했음에도 불구하고, 그들은 어느 때에 사람에게서 귀신을 쫓아낼 수 없었습니다. 그들은 어느 때에 자신들이 간절히 원했음에도 불구하고 병자들에게 아무런 도움도 줄 수 없었습니다. 다른 실례로, 바울도 자신의 사역에 있어서 매우 도움이 되었던 인물인 드로비모가 병들었을 때 밀레도에 그냥 남겨두어야 했습니다(딤후 4:20). 그리고 사마리아에서 두 제자들이 그리스도께서 거처하실 곳을 허락하지 않은 비인간적인 사마리아 사람들을 향해 하늘로부터 불이 내려서 심판하는 것을 시도하려고 했을 때, 그리스도께서는 급히 막으셨습니다. 그들은 주님의 뜻과 상관없이 자신들이 생각한 대로 모든 것을 행할 수 있다고 경솔하게 판단한 것입니다(눅 9:51-6). 이러한 이해 속에서 사도들은 하늘을 묶고 풀며 또 열고 닫으며, 죄인들을 용서하거나 용서하지 않는 권세를 받았지만, 그러나 이 권세는 오직 제한된 기준 안에서 사용될 수 있었습니다. 왜냐하면 그들은 지옥에 묶여 있는 사람을 자유롭게 할 수 없었으며, 천상에 있는 사람을 땅으로 내려오게 할 수도 없었습니다. 주님은 "네가 하늘에서 매면"이라고 말씀하지 않으셨고, 오히려 "네가 땅에서 매면"이라고 말씀하셨기 때문입니다. 이 뿐만 아니라, 주님은 "네가 지옥에서 풀면"이라고 말씀하지 않으셨고, 오히려 "네가 땅에서 풀면"이라고 말씀하셨기 때문입니다. 즉, 사도들은 믿음으로부터 이탈한 사람들 중에 어느 누구도 천상으로 인도할 수 없었는데, 그들은 이러한 죄인을 향해 죄로부터 자유롭게 되었다고 선언할 수 없었습니다. 당연히, 그들은 믿음으로 빛나고 또 진정으로 회개한 사람을 구원받지 못하도록 매어서 결코 지옥으로 떨어뜨리지도 못했습니다. 교황주의자들이 열쇠의 권세에 관하여 사람들에게 전혀 다르게 가르치는 것은 전 세계를 기만하는 것입니다. 이 문제는 이와 관련된 주제에서 상세하게 다루게 될 것입니다.

### 성례를 시행하는 것

이러한 유사한 방식 안에서 교회는 그리스도로부터 사역자들을 통하여 성례를 시행하는 권세를 받았습니다. 물론, 이 경우에도 그들은 자신들의 판단이 아니라, 오직 하나님의 뜻에 따라서 또 주님으로부터 직접 전승받은 방식에 근거하여 시행할 수 있습니다. 그래서 교회는 성례를 자의적으로 제정할 수 없으며, 여전히 성례의 목적과 방식도 변경할 수 없습니다.

### 교리를 판단하는 것

교회가 사람들의 가르침에 대해 판단할 수 있는 것은, 특별히 사도 바울의 이 언급으로부터 분명하게 확인됩니다(고전 14:29): "예언하는 자는 둘이나 셋이나 말하고 다른 이들은 분별할 것이요." 다른 곳에서는 이렇게 밝혔습니다(살전 5:21): "범사에 헤아려 좋은 것을 취하고." 거룩한 요한도 다음과 같이 기록하고 있습니다(요일 4:1): "사랑하는 자들아 영을 다 믿지 말고 오직 영들이 하나님께 속하였나 분별하라 많은 거짓 선지자가 세상에 나왔음이라." 물론, 이러한 판단의 기준은 분명한 방식으로 확립되었습니다. 왜냐하면 교회는 그 자체의 고유한 입장에 따라서 판단하지 않고, 오히려 성령의 판단에 근거하여 성경의 규칙과 규범에 따라서 판단하기 때문입니다. 여기에는 원칙, 기준 그리고 사랑이 포함되어 있습니다.

### 총회를 소집하는 것

사도행전에서 주님의 사도들이 총회를 소집했다는 사실을 확인할 수 있는 것처럼, 하나님의 교회는 어느 때든지 하나님으로부터 부여받은 권세에 근거하여 심각한 사안들을 다룰 수 있는 총회를 소집할 수 있습니다(행 15:1-34). 물론, 교회는 총회를 인간적인 성향으로 이끌 수 없고, 모든 것들을 오직 성령의 인도하심에 근거하여 판단하며, 성경의 규범과 충만한 사랑에 따라서 검토할 수 있습니다. 이러한 사실은 총회가 결코 새로운 법을 공포할 수 없다는 점을 분명히 가르쳐줍니다. 그래서 예루살렘의 사도적인 교회는 성령과 교회의 만족 속에서 그리스도의 신자들에게 매우 긴급하게 해결해야 할 몇몇 사안들을 제외하고 성경에 반대되거나 없는 어떤 것도 짐 지우지 않았습니다.

### 교회의 직무들을 수행하는 것

교회의 직무들은 매우 다양합니다. 교회는 모든 신자들의 유익을 위해 질서를 세우거나 분배하는 일을 잘 감당해야 합니다. 여기에는 공간과 시간 속에서 드려지는 외적인 예배, 말씀의 선포 혹은 성경의 번역 그리고 (신앙)교육이 포함되어 있습니다. 이와 동시에, 교회는 결혼과 관련된 사안들에 대해 판단하는 직무도 가지고 있습니다. 무엇보다도 교회는 예절교육, 권면, 권징 그리고 교회적인 몸으로부터 출교나 차단 등을 감당해야 하는 직무도 가지고 있습니다. 사도 바울은 이 권세에 대해 교회를 무너뜨리기 위해서가 아니라 세우기 위해서 주어졌다고 밝혔습니다(고후 13:10). 왜냐하면 내가 앞서 언급했던 모든 것과 이와 동일한 것은 말씀의 법과 사랑을 통하여 분명한 제한 속에서 이루어지는 것들인데, 즉 성경에 기록된 거룩한 모범들과 근거들을 통하여 이루어져야 하기 때문입니다. 이것에 관하여서도 나는 적합한 자리에서 상세하게 논의할 것입니다.

나는 지금까지 교회의 권세에 관하여 설명했습니다. 그리고 나는 대적자들이 갖은 쓸데없는 말들로 교회의 권세에 대해 반대하는 입장도 소개했습니다. 이와 관련하여 어린 아이들에게도 분명해 지고 있는 점은, 교황주의자들은 바른 교회의 권세가 아니라, 오히려 자신들의 숨겨진 호기심, 욕망 그리고 전제주의적인 폭정을 구하거나 지키길 원하고 있다는 사실입니다. 성경의 진리는 교회 안에서 그리스도가 완벽한 권세를 소유하고 있으며 또 실행하고 있다고 가르칩니다. 그리고 주님이 교회에게 통상적으로 사역자들을 통하여 또 양심적으로 하나님의 말씀의 규범에 따라서 수행되는 권세를 부여하셨다는 것도 알려줍니다.

## 교회의 의무

교회의 권세를 논의한 이후에 거룩한 하나님의 교회의 의무들을 인식하는 것은 매우 쉽습니다. 이미 언급된 것처럼, 교회는 주님으로부터 부여받은 권세를 가장 양심적이며 그리고 가장 신실한 방식으로 수행해야 합니다. 이렇게 할 때, 교회는 하나님을 바르게 섬기고, 거룩해지며 그리고 그분에게 기쁨을 드릴 수 있습니다. 특별히, 추가로 교회의 의무들에 대해 최소한 몇 가지를 더 언급한다면, 교회는 무엇보다도 삼위일체 하나님을 경외하고, 그분께 간구하며 그리고 그분을 경배해야 합니다. 물론, 이러한 의무들을 참된 하나님의 말씀 없이 논의하는 것은 교회가 결코 할 수 없습니다. 왜냐하면 교회가 행하는 모든 것들은 하나님의 말씀의 규범에 따라야 하고 또 하나님의 말씀에 근거하여 판단되어야 하기 때문입니다. 그리고 교회는 하나님의 말씀과 함께 주님의 몸으로 지어져야 하고, 교회가 세워진 이후에는 유지되어야 하며 또 교회가 무너졌다면 다시 세워져야 하기 때문입니다.

교회는 커다란 열망으로 이 땅 위에 존재하는 성도들의 공동체와 모임을 장려하고 사랑합니다. 이러한 모임 안에서 교회는 열심히 하나님의 말씀에 대한 선포에 귀를 기울이고, 경건한 마음으로 천상을 향한 기쁨과 강렬한 기대와 함께 성례에 참여합니다. 교회는 확고한 믿음과 함께, 커다란 열망 속에서 그리고 유일한 중보자이신 그리스도 안에서 큰 경외감을 가지고 지속적으로 하나님께 간구합니다. 교회는 하나님의 긍휼과 영광을 끊임없이 찬송하며 또 하나님의 선하심을 큰 기쁨과 함께 감사합니다. 교회는 모든 그리스도의 가르침들을 높이 평가하며 또 절대로 소홀히 여기지 않습니다. 그리고 교회는 무엇보다도 생명, 구원, 칭의 그리고 행복을 하나님의 독생자이신 예수 그리스도를 통해서 온전히 가질 수 있게 되었다는 것을 인정합니다. 그분께서 홀로 교회를 선택하셨고, 그 이후에 자신의 영과 피를 통하여 거룩하게 하셨으며 그리고 교회로, 즉 자신이 사랑하는 백성으로 만드셨습니다. 그분 밖에는 전혀 구원이 없는데, 그분만이 유일한 왕, 구세주, 대제사장 그리고 수호자가 되십니다. 그러므로 교회는 오직 하나님 안에서 유일하게 우리 주님이신 예수 그리스도를 통하여 평안을 얻으며, 유일하신 그분만을 열망하고 또 사랑합니다. 그분만을 위해서 교회는 이 세상의 모든 기쁨을 버리며 또 몸과 피를 드립니다.

교회는 믿음을 통하여 그리스도와 분리됨이 없이 연합되어 있으며 그리고 그분으로부터 분리되는 것과 그분을 신뢰하지 않는 것을 가장 싫어합니다. 왜냐하면 그리스도 없이 교회는 모든 삶 속에서 아무런 평안도 누릴 수 없기 때문입니다. 교회는 결코 화해할 수 없는 대적인 마귀를 철천지원수(徹天之怨讐)로 여깁니다. 교회는 이단과 우상숭배에 대해 단호하게 거절하며 또 주의를 기울입니다. 교회는 기독교 신앙의 일치성과 사도적인 가르침의 순수성을 매우 정성스럽게 보존합니다. 교회는 최선을 다해서 모든 세상적인, 육적인, 세속적인 또 영적인 더러움을 억제합니다. 그러므로 교회는 불법적인 모임들과 파렴치한 사람들과 함께 하는 불경건한 예배를 거절하며 그리고 모든 면에서 경건한 것을 싫어하는 현실 속에서도 또 생명의 위협 안에서도 자유롭고 분명하게 말과 행위를 통하여 그리스도를 고백합니다.

고난을 통하여 교회는 연단을 받지만, 그러나 결코 꺾이지는 않습니다. 교회는 열심히 일치를 추구합니다. 교회는 지체인 개별 회원들을 가장 고귀한 사랑으로 인도합니다. 교회는 힘과 능력이 허락되는 한 모든 선한 것들을 행합니다. 교회는 어느 누구에게도 해를 가하지 않습니다. 교회는 기꺼이 잘못한 것에 대해 용서를 구합니다. 교회는 연약한 지체에 대해 형제애를 가지고 그가 더 온전해지기까지 기다립니다. 교회는 교만하지 않고, 오히려 순종 안에서, 겸손 안에서 또 긍휼함에 근거한 모든 사역들 안에서 경건한 마음을 유지합니다. 단순히 기본적인 나열이 아니라 상세하고 개별적인 이해 속에서 거룩한 교회의 의무들을 나열한다면, 어느 누구도 그것들을 다 셀 수 없을 것입니다. 이렇게 볼 때, 신적이고, 온전하며 그리고 천상적인 공동체의 한 지체가 되는 것을 어느 누가 소원하지 않겠습니까?

나는 아직 여기에서 아직 언급하지 않는 것을 덧붙이고 싶습니다. 당신들이 듣는 것을 힘들어 하지 않고 또 이 주제의 설교를 계속 듣고 싶어 한다면, 보편 교회의 단일성, 여전히 교회가 숙고해야 할 교회의 분리와 다른 사안들에 대해서도 언급하고 싶습니다. 이 주제들에 대해 나는 내일 설명할 것입니다. 우리가 우리의 마음을 천상으로 높인 후에, 우리는 우리의 주님이신 우리의 하나님께 감사드리기 원합니다. 즉, 하나님이 우리를 자신의 사랑하는 아들을 통하여 정결케 하셨고, 우리를 한 선택받은 백성으로 삼아주셨으며 그리고 모든 천상적인 유업의 상속자로 불러주신 것을 감사합니다. 오직 하나님께 찬송과 영광이 영원히 있을지어다. 아멘.

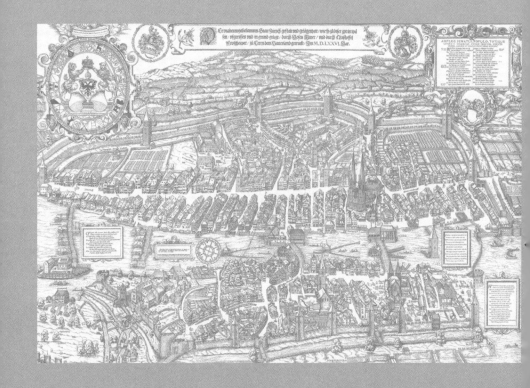

불링거가 살았던 1567년 취리히 그림지도

설교 2

·

# 보편 교회 2

◇◇◇◇◇

오직 하나인 보편 교회가 있을 뿐이다. 교회 밖에는 빛도 구원도 없
다. 분리주의자들을 반대한다. 왜 로마의 새로운 교회로부터 분리되
어야 하는가? 하나님의 교회는 하나님의 집, 포도원 또 하나님의 나
라이다. 그리스도의 몸, 양의 우리, 신부, 어머니 또 처녀이기도 하다.

◇◇◇◇◇

## 오직 하나인 거룩한 하나님의 교회

나의 형제들이여! 나는 성경의 거룩한 말씀 속에서 하나님의 보편 교회에 관하여 아직 남아 있는 문제들을 명백하게 설명할 것입니다. 당신들의 세심한 집중이 요구됩니다.

하나님의 보편 교회는 단일하며 분리되지 않습니다. 솔로몬은 아가서에서 이렇게 언급했습니다(아 6:9): "내 비둘기, 내 완전한 자는 하나뿐이로구나." 사도 바울도 이렇게 증언했습니다(엡 4:4-6): "몸이 하나요 성령도 한 분이시니 이와 같이 너희가 부르심의 한 소망 안에서 부르심을 받았느니라. 주도 한 분이시요 믿음도 하나요 세례도 하나요 하나님도 한 분이시니 곧 만유의 아버지시라 만유 위에 계시고 만유를 통일하시고 만유 가운데 계시도다." 이러한 신적인 증거들과 교부들의 증거들 역시도 서로 일치합니다. 감독이며 순교자였던 키프리안(Cyprian)은 자신의 글에서 영적인 교회의 단일성에 대해 이렇게 밝혔습니다: "오직 한 교회가 있을 뿐이다. 이 교회는 홀로 풍성한 성장을 통하여 항상 지속적으로 다양하게 펼쳐진다. 마치 태양이 많은 광선을 가지고 있으나 오직 한 빛인 것처럼 또 나무가 많은 가지를 가지고 있으나 오직 굳건한 한 뿌리와 연결된 줄기를 가지고 있는 것과 같다. 그리고 한 샘의 근원으로부터 많은 시내들이 만들어지는 것처럼, 그 근원의 단일성은 유지되면서도 수많은 하천들이 물이 넘치는 가득한 원천에서 흘러나오는 것과 같다. 태양의 광체로부터 한 광선을 분리해 보라! 빛의 단일성은 분리를 허락하지 않는다. 나무로부터 한 가지를 잘라내 보라! 그 가지가 한번 잘려나가면 그곳에서 더 이상 싹이 나오지 않는다. 작은 시내가 그 근원에서 멀어지면, 그것은 금방 말라버릴 것이다. 이러한 특성과 마찬가지로, 빛으로 관통된 주님의 교회는 온 세상에 자신의 빛을 발한다. 그럼에도 불구하고 이 빛은 오직 한 빛인데 몸의 단일성이 훼손되지 않는 상태에서 온 사방에 가득할 것이다. 이 교회는 자신의 가지들이 온 땅 위에 충만하게 퍼지게 하며 또 강력하게 흘러넘치는 시내들이 항상 지속적으로 물을 쏟아내게 할 것이다. 그럼에도 불구하고 오직 하나의 샘, 하나의 근원, 축복이 넘치는 열매들과 함께 은혜를 누리고 있는 하나의 모체만 있다."

그러므로 성경에서 교회가 다양한 이름으로 묘사되어 있다고 해도, 세상에 다양한 교회들이 존재한다고 생각해서는 안 됩니다. 이 교회의 몸은 결코 분리되지 않는데 하나님이 분리를 허용하거나 허락한 적이 없기 때문입니다. 성경의 저자들은 의심의 여지 없이 교회를 '보편적인' 교회 혹은 '우주적인' 교회라고 지칭했습니다. 교회는 오직 하나이며, 결코 다수가 될 수 없기 때문입니다. 즉, 승리하는 교회와 전투하는 교회 사이를, 족장들의 교회와 새로운 백성의 공동체 사이를 구분했음에도 불구하고, 여기에 속한 모든 지체들은 영원히 한 몸으로 또 한 머리이신 그리스도 안에서 연합되어 있기 때문입니다. 그리고 종들과 자유자들의 다양한 신분제 안에서도 한 왕국 혹은 국가가 분열되지 않는 것처럼, 천상에서 승리를 쟁취한 구원받은 영혼들의 안식과 복락이 있으며 또 우리에게 여전히 이 세상에서 그리스도의 깃발 아래서 전투해야 하는 수고와 고난이 남아 있지만, 그러나 이러한 상태가 결코 두 교회를 만들지 않습니다. 천상에서 천사들이 거룩한 요한에게 이렇게 말했습니다(계 22:9): "나는 너와 네 형제 선지자들과 함께 된 종이니 ..." 즉, 천사가 선지자들과 사도들이 하나님의 한 자녀요 지체임을 증명한 것입니다. 이 뿐만 아니라, 우리는 복음서에서, 비록 농부는 처음 한 명에서, 그 이후에 다른 농부들, 즉 두 명도 아니고 혹은 여러 농부들이 있었음에도 불구하고, 오직 포도원은 하나였다는 것을 확인할 수 있습니다(마 21:33-46). 그러므로 그리스도의 오심에 앞서 존재했던 옛 교회와 우리의 교회 혹은 그리스도의 오심 이후에 이방인에게서 세워진 새로운 백성의 교회는 오직 한 유일한 교회입니다.

나는 이미 세 번째 설교집의 8번 설교에서 우리 교회와 옛 교회 사이에 어떤 차이가 있는가에 대해 언급했습니다. 거룩한 교회 안에 악한 자들과 위선자들이 섞여 있지만, 그러나 이 교회는 악한 자들로 인하여 분리되지 않습니다. 국민들 가운데 거하고 있지만 아직 발각되지 않는 배신자들이 다른 국가를 건설하지 않는 것처럼, 이러한 거짓된 사람들이 선한 사람들과 함께 공존하며 한 유일한 교회 안에 연합되어 있습니다. 그리고 만약 그들이 교회의 단일성으로부터 분리된다면, 교회는 여러 조각으로 나누어지는 것이 아니라, 오히려 더 순수하게 되는 것입니다. 거룩한 어거스틴은 악한 자들이나 위선자들이 교회에 함께 공존하고 있는 것은 알곡 안에 섞여 있는 겨와 같고, 이삭 안에 섞여 있는 가라지와 같으며, 한 공동체 안에 배신자가 있거나 군인들 안에 탈영병들 있는 것과 같다고 매우 적절하게 말했습니다. 만약 각 고유한 영역에서 탈영병, 배신자, 잡초 그리고 가라지가 분리되어 진다면, 곡식은 더 순수해지고, 싹은 더 풍성해지며, 시민들은 더 견고해지며 그리고 군인들은 더 용감해지는 것이 명백합니다. 때로 교회를 이루고 있는 몸의 썩은 지체가 잘려나가지 않는다면, 교회는 온전한 상태로 보존되지 못합니다. 덧붙여, 한 국가 안에 있는 몇몇 문제가 있는 도시들이 이탈하는 것처럼, 한 교회 안에 문제가 있는 일부 구성원이나 문제가 있는 개별 교회도 여기에 해당됩니다. 그러나 이러한 도시들이 국가를 해체시킬 수 없듯이, 이러한 구성원이나 개별 교회도 한 보편 교회를 해체시킬 수 없습니다.

결론적으로, 온 세계에 흩어져 있는 모든 지역 교회들로부터 한 보편적인 혹은 우주적인 교회가 수많은 지체로 구성된 한 몸처럼 모이며 연합합니다. 이와 관련하여 분명하게 확인되는 사실은 오직 하나님의 한 교회가 존재하며 그리고 여러 교회들이 존재하지 않는다는 것입니다. 한 유일한 교회는 한 유일한 주권자이신 예수 그리스도에 의해서 통치됩니다. 그분에게 영광이 있을지어다!


## 교회 밖에는 빛도 없고, 구원도 없다

하나님의 보편 교회의 단일성과 일치된 공동체성은 교회 밖에 하나님이 기뻐하시는 백성도 없고, 참된 구원과 평안도 없으며 또 빛과 진리도 없음을 명백하게 합니다. 교회의 담장 밖에는 건강한 목초가 발견되지 않으며, 모든 곳이 오염되어 있기 때문입니다. 하나님은 교회 밖에서 드려지는 모든 예배를 기뻐하지 않습니다. 어떤 사람이 성막 혹은 산 위에 있는 성전 밖에서 하나님께 제사를 드렸다고 하면, 이 제사는 마귀에게 드리는 것이며 또 무죄한 사람의 피를 쏟는 것과 같습니다. 이러한 사안에 관하여 축복의 순교자인 카르타고의 키프리안은 매우 적합하게 지적했습니다: "교회와 분리되고 또 음행하는 여인과 결합하는 사람은 교회의 언약으로부터 배제되어 있으며, 그리고 그리스도의 교회에서 떠난 사람은 그리스도의 유산을 받지 못한다. 그는 낯선 사람이고, 불경건한 자이며 또 대적자이다. 그는 더 이상 하나님을 아버지로, 교회를 어머니로 소유하지 못한다. 노아의 방주 밖에 있었던 어떤 사람들이 심판의 위험에서 벗어날 수 있었다면, 교회 밖에 있는 사람들 역시도 그럴 수 있을 것이다." 분명히, 자신의 고향과 훌륭한 신자들의 공동체를 떠난 자는 매우 방자한 사람임에 틀림이 없습니다. 락탄츠(Laktanz)도 매우 옳게 묘사했습니다: "참된 예배를 보존하고 있는 교회가 오직 보편교회이다. 이 교회가 진리의 원천이고, 믿음의 거주지이며, 하나님의 성전이다. 이 교회 안에 들어오지 않거나 떠나는 사람은 영원한 생명과 구원의 소망에서 배제된다." 우리의 유일하신 구원자께서 우리 밖에는 생명이 없다(요 10:16)고 가장 먼저 언급하셨기 때문입니다.


## 분리주의자들을 반대함

이러한 전제 속에서 나는 어떤 사소한 이유 때문에 구원과 기쁨을 제공하는 거룩한 교회의 공동체나 회집에서 분리되는 파멸적이고 또 교회분리주의적인 의도에 관하여 전혀 놀라지 않습니다. 오늘날에도 이미 오랫동안 교회와 교제하지 않고 또 지금도 이러한 상태에 있는 적지 않은 사람들이 있기 때문입니다. 그들은 고집불통이며 광기에 사로잡힌 사람들임을 알 수 있습니다. 그들은 신앙생활과 관련된 모든 것들을 그리워하면서도 자신들의 잘못된 생각이나 행동에 대해서는 아무 것도 책망하지 않습니다. 그들은 교회의 이상적인 형태를 상상하면서 어느 곳에서도 이러한 교회를 찾을 수 없다고 체념하며 이렇게 주장합니다: "오! 매우 유감스럽지 않는가. 이 세상에서는 참된 교회를 찾아볼 수 없기 때문이다."

이러한 사람들은 망상 속에서 자신들만의 건축기술을 적용하며 또 그곳에서 자신들에게만 가치 있는 건물을 짓는 것이 진정으로 의미가 있다고 생각하는 것입니다. 그들은 분리해도 문제가 되지 않는 정당한 근거를 가지고 있다고 생각합니다. 그들은 우리의 교회와 교류하는 것을 원치 않기 때문입니다. 그들은 교회의 사역자들의 가르침을 여전히 근본적으로 또 영적으로 덜 성숙하고, 흠이 많으며 그리고 깊지 않다고 말합니다. 그들이 설정한 높은 기준에 충족되지 않는다는 것입니다. 그들은 우리의 교회 안에서 실행되고 있는 다양한 예전(禮典)들에 대해서도 지속적으로 불평을 제기합니다. 그 밖에 이 분리주의자들은 교회의 치리에 대한 엄밀함과 엄중함을 요구할 뿐만 아니라, 또한 결과적으로 생활태도에 있어서 완전한 순결을 주장합니다. 그들은 불결함을 가진 공동체 안에 있으면 자신들도 불결하게 될 수 있다는 두려움을 가지고 있기 때문입니다. 오늘날 재세례파들이 행하는 것처럼, 많은 사람들이 몇몇 사역자들의 연약함과 부덕 때문에 교회의 공동체를 떠나거나 거부합니다. 하지만 그들은 지금까지 왜 우리와 연합할 수 없으며 혹은 우리로부터 분리되어야 하는가에 대해 납득할 만한 근거를 제시하지 않고 있습니다. 물론,

우리는 신자들이 교회로부터 분리되거나 분리되어야만 하는 합당한 이유가 있다는 것을 인정합니다. 즉, 신자들은 무신론적인 공동체를 떠날 수 있거나 떠나야 합니다. 성례가 정당하게 시행되지 않을 때 떠날 수 있거나 떠나야 합니다. 우상숭배를 조장하고 순수한 교리를 철저히 거짓된 것으로 바꿀 때 떠날 수 있거나 떠나야 합니다. 교사들과 목자들이 하나님의 진리를 훼손하고 또 신자들에게 양식 대신에 독을 줄 때, 그들을 떠날 수 있거나 떠나야 합니다. 그들은 더 이상 선지자들이 아니라 거짓 선지자들이기 때문입니다. 하지만 우리가 하나님께 감사드리는 것은, 오늘날의 분리주의자들은 이러한 이유로 우리를 비난할 수 없기 때문입니다.

## 성경 해석의 차이 때문에 분리될 수 없는 교회

교리에 관하여 말하면, 그것은 한편으로 정확히 숫자를 세는 것과 같이 분명하고, 확고하며 또 변함없는 명제에 근거하고 있습니다. 어떤 것도 첨가하거나 변형시키지 않고, 바르고 또 진실하게 이해할 때, 이러한 교리에 가장 부합되는 것이 '사도신조'입니다. 그리고 다른 실례로 다음과 같이 고백할 수 있습니다: 모든 사람들은 죄가운데서 잉태되어 출생한 죄인들입니다. 거듭나지 못한 사람들은 하나님의 나라에 절대로 들어갈 수 없습니다. 사람들은 자신들의 공로를 통하여 의롭다함을 받을 수 없으며, 오히려 하나님의 은혜로부터 오직 예수 그리스도의 공로를 통하여 의롭다함을 받습니다. 그리스도께서 죄인들을 위해 단 한 번에 자신을 희생제물로 드리셨기 때문에, 우리는 더 이상 제사를 드릴 필요가 없습니다. 그래서 그리스도는 우리의 유일하며 또 영원한 대제사장이 되셨습니다. 선행은 이미 의롭다함을 받은 사람들에 의해서 준행되는 것인데, 즉 이 선행은 실제로 우리를 거룩하게 만드시기 위해서 주님이 우리를 위해 준비하신 것입니다(엡 2:10): "우리는 그가 만드신 바라 그리스도 예수 안에서 선한 일을 위하여 지으심을 받은 자니 이 일은 하나님이 전에 예비하사 우리로 그 가운데서 행하게 하려 하심이니라." 하나님과 교회의 성례에 참여해야 하며, 그리고 이 성례를 경홀히 여겨서는 안 됩니다. 우리는 지속적으로 기도해야 하며, 그리고 기도할 때에 주님이 우리에게 가르쳐주신 방식(주기도문)에 따라서 혹은 이와 비슷한 모범들에 따라서 기도해야 합니다. 이러한 가르침과 이와 동일한 교훈들이 성경에 근거하여 교회 안에서 일치되고, 순수하며 그리고 이해하기 쉽게 선포되고 있다면, 또한 신앙고백에서 이탈하지 않는 내용들이나 검증된 표현들이 들려지고 있다면, 그것 자체로 충분합니다.

　　구원받은 순교자 이레네우스는 이단에 관한 자신의 저술에서 신앙의 규범에 대해 설명한 이후에 다음의 내용을 덧붙였습니다: "오직 한 유일한 믿음만 있기 때문에, 이 믿음에 대해 보다 많은 것을 언급한 사람은 이 믿음에 관하여 타당하게 말한 것이 아니며 그리고 이 믿음에 대해 보다 적은 것을 언급한 사람은 신앙의 가치를 떨어뜨린 것이다." 그러므로 교회 안에서 사역자들이 가르칠 때, 그들은 참되고 본질적인 믿음의 내용을 듣도록 해야 하며 그리고 결코 변질된 것을 가르쳐서는 안 됩니다. 무엇보다도, 교회의 사역자들에게 더 탁월한 웅변술과 더 깊은 지식을 기대할 수 있음에도 불구하고, 이러한 말 많은 수다쟁이들과 거짓 선생들이 교회와 교제하길 원치 않을 때, 과연 그들은 어떤 의도를 가지고 있는 것일까요? 모든 선지자들과 사도들의 교훈들은 단순하거나 이상한 생트집으로 이루어진 것일까요? 이미 잘 알려진 사실은 그들의 교훈은 순수하고 분명하다는 것입니다.

다른 한편으로, 교리는 우리의 시대, 장소 그리고 필요에 대한 요구 속에서 성경의 보편적인 해석에 기초하고 있습니다. 그럼에도 불구하고 이 성경의 해석에는 언제나 커다란 다양성과 차이점이 상존하고 있는데, 물론 이러한 사실 때문에 분별력 없는 사람들이 교회의 공동체에 대해 결별을 선언할 수 있는 여지가 늘 남아있습니다. 성경 해석의 차이는 어떤 동일한 본문들이 매우 자주 한두 번이 아닌 여러 번씩 같은 방법이 아닌, 오히려 매우 다양한 방법으로 해석되고 있기 때문입니다. 한 사람은 어떤 본문을 매우 불분명하게 드러내고, 다른 사람은 이 동일한 본문을 매우 선명하게 드러냅니다. 한 사람은 의미에 집중하고, 다른 사람은 전혀 관심을 갖지 않습니다. 한 사람은 자신이 다루고 있는 본문을 아주 정확하게 분석하고, 다른 사람은 이렇게 할 수 있는 재능을 가지고 있지 않습니다. 그럼에도 불구하고 많은 사람들이 신앙의 진리와 하나님에 대한 사랑과 이웃사랑은 모순된다고 말하지 않고, 오히려 모든 것이 협력적인 선을 이룬다고 말합니다. 그래서 내가 생각하기에, 어느 누구도 이러한 성경 해석의 차이를 교회를 저버리기 위한 수단으로 삼지 않는다는 사실입니다. 왜냐하면 신자들은 모든 내용을 신중히 점검하면서 좋은 것만을 취하여 수용하기 때문입니다. 그리고 신자들은 하나님의 말씀에 관한 모든 설교와 들음에서 최선을 다해 교회의 건덕을 지향하기 때문입니다. 마땅히 교사들은 상호간에 아름다운 일치를 이루며, 자신들과 마찬가지로 청중들을 변화시키기 위해서 모든 노력을 다해야 합니다. 어떤 특별한 가르침을 제시하거나 어느 누구도 말하지 않는 것을 가르쳐서는 안 됩니다. 배움이 많은 청중들은 자신들보다도 배움이 적은 설교자들을 업신여기지 않아야 합니다. 이 설교자들이 배움이 많은 청중들의 수준에 온전히 도달하지 못한다고 생각될 수 있음에도 불구하고, 물론 그들은 적절한 기회에 이러한 면에 대해서 친절히 권면을 받을 필요가 있겠지만, 그들이 신앙의 유익들을 말한다면 칭송을 받아야 하고 정죄를 받아서는 안 됩니다. 아직 경험이 많지 않은 설교자들은 자신들의 은사와 관련하여 경험이 풍부한 설교자들을 시샘하지 않고, 더 완벽하게 배우는 것을 거부하지 않아야 합니다. 매우 노련하게 잘 준비된 설교들을 물리치거나 거부하지 않고, 오히려 이러한 설교를 통하여 하나님을 경배해야 합니다. 그들은 자신들의 부족함에 대해 권면을 들은 후에도, 더 완벽한 실력을 갖추기 위해 최선을 다해야 합니다.

거룩한 어거스틴은 자신이 쓴 『기독교 교육』 36장에서 이렇게 기술하고 있습니다: "성경 전체 혹은 어느 한 부분을 이해했다고 해도, 그러나 이러한 이해와 함께 이중적인 사랑, 즉 하나님에 대한 사랑과 이웃사랑을 실천하지 못한다면, 그는 성경을 아직 온전히 이해한 것이 아니다. 그러나 이러한 사랑을 실천하는데 기여하는 가르침을 주는 사람은, 그가 읽은 성경 본문을 저자의 의도대로 명백하게 표현하지 못했다고 해도, 그는 중대한 방식으로 속인 것이 아니고 또 결코 거짓말을 한 것도 아니다." 그리고 여기에 짧게 추가한 설명이 있습니다: "그럼에도 불구하고 강제적으로 탈선의 익숙함을 통하여 바른 길에서 이탈하거나 또 잘못된 길을 가지 않도록 함으로써, 그 사람이 길을 벗어나지 않도록 개선시켜줘야 하며, 얼마나 많은 유익한 길들이 있는가도 가르쳐 주어야 한다." 이러한 어거스틴의 언급에 근거하여 볼 때, 교회 안에서 어떤 사람이 성경 해석에 있어서 오류를 범할 경우에 항상 바른 성경적인 지식을 가진 사람이 형제애를 가지고 권면하는 것이 옳습니다.

우리는 교회의 분리가 발생하지 않도록 최선을 다해야 합니다. 교회 분리를 일으키는 사람들은 일반적으로 교만하고, 무례하며, 시샘으로 병들어 있어서 사랑과 겸손함을 전혀 드러내지 못할 뿐만 아니라, 또한 자신과 다른 생각을 절대로 인정하지 않습니다. 그들은 스스로 터득한 어떤 것도 다른 사람들과 공유하지도 않습니다. 그들은 어떤 사안에 대해서 항상 특별하게 생각하고, 보편적이거나 바르게 생각하지 않습니다. 사도 바울은 이미 이러한 사람들과 관련하여 이렇게 말했습니다(고전 8:1): "지식은 교만하게 하지만, 사랑은 덕을 세우느니라." 불변적인 중요한 가르침으로 인하여 하나님을 경외하고 또 경건하게 된다면, 하나님을 경외하는 교사들과 학생들은 교회의 공동체를 떠나지 않고, 다투거나 싸우지도 않을 것이며, 오히려 모든 사람들을 향해 사랑을 실천할 것입니다.

### 사역자들의 악습관 때문에 분열될 수 없는 교회

만약 교회의 사역자들이 나쁜 습관이나 질병에 빠져있음에도, 그러나 가르치는 것에서, 경고하는 것에서, 책망하는 것에서 혹은 위로하는 것에서 신실하다면 그리고 그들이 합법적인 성례를 바르게 시행한다면, 어느 누구도 교회를 떠날 수 없습니다. 주님께서 상세하게 언급하셨습니다(마 23:2-3): "서기관들과 바리새인들이 모세의 자리에 앉았으니, 그러므로 무엇이든지 그들이 말하는 바는 행하고 지키되 그들이 하는 행위는 본받지 말라 그들은 말만 하고 행하지 아니하느니라." 주님은 "보라! 그들은 말만하고 행하지 않는다"고 지적하시면서 가르치는 사람의 삶이 자신의 가르치는 내용에 상응하지 못할 수 있다는 것을 제시하신 것입니다. 물론, 사람의 잘못을 옹호하신 것이 아닙니다. 주님은 "그들이 모세의 자리에 앉아있다"는 것을 강조하시면서, 즉 그들이 하나님의 말씀을 바르고 진실하게 선포한 것과 관련하여, 그들의 참된 가르침은 받아들이고, 이 가르침에 상응하지 못하는 삶은 거절할 것을 명령하신 것입니다. 이러한 이해와 함께 주님은 한 교사의 어떤 잘못 때문에 교회가 분열되는 것을 금지하신 것입니다. 주님은 거짓 선지자들을 피할 것을 명령하셨습니다. 그럼에도 불구하고 나쁜 생활이 잘못된 선지자들을 만들지 않고, 오히려 거짓 가르침이 잘못된 선지자들을 만든다는 것을 주목하신 것입니다. 이러한 문제와 관련하여 거룩한 교부인 어거스틴과 도나투스주의자들 사이에 큰 논쟁이 있었습니다. 도나투스주의자들이 당시 사역자들의 부도덕성 때문에 교회의 권위가 훼손된다고 주장했기 때문입니다. 이 문제는 다른 곳에서 논의될 것입니다.

### 예전의 차이 때문에 분열될 수 없는 교회

예전의 다양성과 상이성 때문에 교회로부터 돌아서거나 떠나는 것이 허용될 수 있을까요? 분리주의자들은 이렇게 말합니다: "유아세례는 동일한 형식으로 시행될 필요가 없으며, 그리고 성찬식 역시도 마찬가지이다. 일부 사람들은 앉아서 손으로 주님의 빵을 취할 수 있고, 다른 일부 사람들은 걸어 나와서 집례자의 손으로부터 빵을 받을 수 있는데, 즉 집례자가 빵을 성찬참여자의 입에 넣어준다. 어떤 사람들은 성찬을 자주 시행할 수 있고, 다른 사람들은 오직 정해진 날에만 가끔 시행할 수도 있다. 우리 모두가 똑같이 기도할 필요도 없다. 우리의 모임은 모두가 동일한 형식을 가질 필요가 없으며, 항상 동일한 시간에 모일 필요도 없다." 만약 그들에게서 이렇게 큰 다양성이 발견된다면, 어떻게 우리는 그들 안에 일치와 평화의 영이 다스리고 있다는 것을 믿을 수 있을까요? 결과적으로, 우리는 정당한 이유로 그들과 교제할 수 없습니다. 특별히, 이러한 예전의 문제는 다른 적당한 곳에서 언급하게 될 것입니다. 하지만 한 가지 이상한 점은, 완전히 지식이 없는 것도 아니며 또 교회의 실천들에 대해 아무런 경험이 없는 것도 아닌 사람들이 말도 안 되는 소리로 분리를 정당화하면서도, 그러나 다른 합당한 근거들은 제시하지 않는다는 사실입니다. 그리고 이 비참한 사람들은 교회의 역사 속에서 예전의 다양성이 항상 존재해 왔음에도 불구하고, 그러나 그리스도의 보편 교회의 일치는 언제나 훼손됨이 없이 유지되어 왔다는 것을 어떻게 모를 수 있을까요?

이러한 문제에 관하여 유명한 교회사 저술가인 소크라테스는 자신의 책 5장 22항 '하나님의 교회 안에서 예전의 다양성'이라는 부분에서 자세히 설명했습니다. 다음과 같은 기록을 읽을 수 있습니다: "비록 한 종교가 예전에 관하여 동일한 가르침을 받아들인다고 해도, 이 종교 안에서 동일한 예전만 관찰되지 않는다. 왜냐하면 동일한 믿음을 고백하는 사람들도 예전에 있어서 서로 차이점을 가지고 있기 때문이다." 계속해서 언급했습니다: "도시들과 다른 많은 지역들 안에 존재하는 모든 교회들의 예전들을 묘사하는 것은 쉽지 않고 어려운 일이다." 거룩한 순교자 이레네우스도 로마의 감독 빅토르(Victor)에게 쓴 편지에서 금식일과 부활절 축제와 관련하여 교회들 사이에 얼마나 큰 다양성이 존재했는가를 확인시켜줍니다: "모든 교회들은 예배에 있어서 서로 상이한 상태를 유지하고 있었다. 그럼에도 불구하고 이 교회들은 상호간에 또 우리 교회와도 평화롭게 공존했을 뿐만 아니라, 또한 이러한 상태를 계속적으로 유지했다. 그리고 사순절의 불일치가 믿음의 일치성을 깨트리지도 않았다."지속적으로 이렇게 덧붙였습니다: "복된 폴리캎이 로마 교회의 장로였던 아니체투스(Anicetus)의 통치 때 몇 가지 사안으로 미미하게 서로 분쟁했지만, 그들은 서로 금방 화해했다. 그리고 그들은 이러한 사안으로 더 이상 다투지 않았다. 아니체투스는 주님의 제자인 요한과 다른 제자들과 지속적으로 교제했었으며 또 그 교제를 지속적으로 유지했었던 폴리캎에게 그의 입장을 포기하도록 설득하지 못했기 때문이다. 물론, 폴리캎도 사순절을 지키도록 아니체투스를 설득할 수 없었다. 아니체투스도 폴리캎이 존중했던 사역자들의 전통을 유지해야 한다고 말했기 때문이다. 이 사안들은 각자의 입장에 따라서 고수되었지만, 그들은 서로 교제하는 일을 멈추지 않았다."이렇게 볼 때, 초대 교회는 일치의 끈을 자르지 않기 위해 예전의 적용에 있어서 큰 자유를 허용했다는 것을 알 수 있습니다. 이 뿐만 아니라, 거룩한 어거스틴이 야누아리우스(Januarius)에게 예전의 다양성 안에서 어떤 방향성을 지향해야 하며 또 무엇을 해야 하는가를 제시했을 때, 분리를 시행하는 것을 명령하지 않았고, 오히려 온건하고 또 조심스럽게 자신의 입장을 표명했습니다: "진실되고 사려 깊은 그리스도는 어떤 한 예전만이 훌륭하다고 여기지 않았다. 그분은 자신이 방금 도착한 어떤 공동체 안에서 마주친 예전을 인정했다. 왜냐하면 믿음에 반하거나 혹은 선한 관습들에 위반되지 않는 예전을 차별하거나 비판하지 않고, 오히려 그들이 소속되어 있는 공동체의 고려 속에서 이행되도록 했기 때문이다." 그러므로 어느 누구도 성경적으로 잘못된 것이 아니면 어떤 규칙이나 조언이라는 핑계 아래서 결코 다른 사람에게 어떤 특정한 예전을 강요할 수 없습니다. 어거스틴은 이렇게 덧붙였습니다: "많은 쭉정이와 잡초 아래 놓여 있는 하나님의 교회는 많은 것을 인내한다. 하지만 신앙에 반대되거나 의로운 생활태도에 역행하는 예전이라면, 교회는 그것을 용납하지 않고, 침묵하지 않으며 그리고 시행하지 않아야 한다."

### 신자들의 성결치 못한 생활태도 때문에 분열될 수 없는 교회

교회 안에 있는 사람들에게서 여전히 나쁜 습관이 눈에 띨 정도로 드러나는 것 때문에 참된 교회가 없다고 믿는다면, 또한 그들과 교제를 통해서 더럽혀질 수 있다고 믿는다면, 즉 이러한 이유 때문에 어떤 사람들이 교회에 들어오지 않거나 지체 없이 교회를 떠난다면, 그들은 (중세의 순결주의자들이었던) 카타리나파(Catharoi)의 광기에 빠져 있는 것입니다. 이러한 사람들은 완벽한 의로움에 대한 거짓된 사상을 통하여 스스로 속고 있는 것이고, 교회를 너무도 엄밀하게 표명한 것이며 그리고 복음의 가르침에 대한 열매가 아직 선명하게 드러나지 않은 교회를 거절한 것입니다. 우리는 그들의 잘못된 생각에 맞서서 선지자적이고 사도적인 교회, 즉 가장 거룩한 교회를 제시해야 합니다. 거짓 선지자들이 성경적인 예전을 공격했을 때 이사야와 예레미야는 진리와 예전의 타락에 대해서 격렬하게 저항했기 때문입니다. 두 선지자들은 거짓 선지자들의 잘못을 연약하거나 일반적인 죄로 간주하지 않았고, 오히려 사망의 죄로 비판했습니다. 이사야는 머리부터 발끝까지 성한 곳이 한 군데도 없다(사 1:6)고 소리쳤음에도 불구하고, 그는 이 교회에서 떨어져 나가지 않았습니다. 오히려, 교회를 새롭게 하고, 모든 무신론과 타락에 대해 극도로 경계시켰습니다. 얼마나 많은 악습들과 허물들이 그리스도의 제자들에게서도 발견되었습니까? 하지만 이 때문에 주님이 그들로부터 떨어져 나갔습니까? 고린도 교회는 예전의 부패뿐만 아니라, 또한 교리의 부패도 가지고 있었습니다. 이 교회 안에 분쟁, 분파 그리고 다툼도 있었습니다. 간음과 음란이 일상적으로 일어나고 있었습니다. 많은 사람들이 우상숭배에 참가하는 것도 숨기고 있었습니다. 그리고 한 가지 실제적으로 중대한 잘못은 사람에게 세례의 원인을 돌린 것입니다. 주님의 성찬은 자의적이고 또 너무도 무절제한 향연으로 더럽혀졌으며, 또한 죽은 자의 부활에 대해서도 올바른 가르침을 가지고 있지 않았습니다. 그럼 사도 바울은 이러한 현실 속에서 고린도 교회로부터 떨어져 나가거나 혹은 다른 사람들에게도 이 교회로부터 떨어져 나갈 것을 명령하였습니까? 오히려, 그는 고린도 교회도 거룩하다고 설교하였고, 모든 사람들에게 교회로부터 떨어져 나가는 것을 강력하게 경고하였으며 그리고 참된 진리 안에서 교회의 일치를 이루도록 권면했습니다. 이렇게 볼 때, 우리의 보편적인 교회의 교제에 '참여하는 사람들도' 중대한 죄를 범하고 있다는 것은 의심의 여지가 없습니다. 만약 교회 안에서 혹은 신앙생활에 있어서 특별한 허물이 발견되었다고 해도, 성경의 가르침이 왜곡되지 않고 또 성례가 바르게 시행되고 있다면, 여전히 이 교회도 보편 교회의 일원임을 잊지 않아야 합니다.

**성찬식에 무자격자가 참가하는 일 때문에 분열될 수 없는 교회**

분리주의자들은 성찬식과 관련하여서도 우리를 비판합니다. 우리가 어떤 분별력도 없이 모든 사람들을 성찬에 참여시키고 있다고 지적합니다. 즉, 간음한 자들, 술 취한 자들, 인색한 자들, 전쟁광들 그리고 이러한 부류에 속한 다른 사람들은 하나님께서 세우신 사도 들에 의하여 일상적인 빵을 나누는 것조차도 금지된 대상들이었는 데, 우리가 이러한 사람들을 성찬식에 참여시키고 있다고 비난하는 것입니다. 만약 어떤 사람이 잘못한 사람들과 교제를 통하여 더러워 지는 것을 원치 않는다면, 이러한 교회에 참여하지 않거나 혹은 즉 시 떠나는 것이 필요할 것입니다. 주님의 성찬과 그 성찬의 참여에 관하여 나는 다음 기회에 설명할 것입니다.

여기에서는 단지 예수 그리스도의 신실한 종인 바울이 자신의 주인보다 훨씬 엄격했다는 주장에 대한 한 가지 반대적인 입장을 제 시할 것입니다. 이미 잘 알고 있는 것처럼, 주님은 유다가 성찬에 참 여하는 것을 허락하셨습니다. 그분은 자신을 판 제자를 정확히 알고 있었음에도 불구하고 내쫓지 않은 것입니다. 예수님은 자신의 다른 제자들이 유다와 교제를 통해서 더럽혀질 수 있다는 것을 알고 있었 지만 거절하지 않으셨습니다. 물론, 유다는 스스로 더럽게 되었는 데, 즉 그의 생각과 양심이 부패했기 때문입니다. 하지만 참된 믿음 을 통하여 순수한 심령을 소유하고 있었던 다른 사도들의 경우에는 낯선 불신앙에 감염되지 않았습니다. 바울 사도는 이렇게 기록하고 있습니다(고전 11:28): "사람이 자기를 살피고 그 후에야 이 떡을 먹고 잔을 마셔야 한다." 바울은 주인을 통해서 서기도 하고 넘어지기도 하는 각 신자들에게 스스로를 성찰하며 성찬에 참여해야 함을 지적 한 것입니다(롬 11:4). 그들은 주님의 가르침과 상관없는 낯선 종들이 아닙니다. 만약 여러분들이 믿음으로 무장되어 있고 또 합당한 방식 으로 주님의 성찬에 참여 한다면, 결코 낯선 죄악 때문에 더럽혀지 지 않을 것입니다. 그러므로 여러분들은 교회 안에서 악한 사람들과 선한 사람들이 함께 성찬에 참여하는 것을 보게 된다고 해도, 이러한 문제를 해결하기 위해 교회를 떠나지는 않을 것입니다. 만약 여러분들이 교회를 떠난다면, 그것은 분명하게 교회를 깨뜨리는 일입니다.

거룩한 어거스틴은 파르메니아누스(Parmenianus)의 주장을 비판한 세 번째 책에서 많은 사람들이 자신들의 교만 때문에 교회를 분열시킨다고 분명하게 밝혔습니다: "이 사람들은 나쁜 부류이다. 그들은 낯선 죄악에 대한 증오가 아닌, 오히려 자신의 고유한 호기심 속에서 자신을 높이기 위해 교회를 완전히 사로잡아서 자기편으로 끌어당기거나, 아니면 분열시키기 때문이다. 그들은 이 일을 위해서 열심히 싸우고 노력한다. 그들은 교만으로 가득 차 있다. 물질적인 소유를 위해 날뛰고, 악한 중상모략을 하며 그리고 내부의 갈등을 통해서 불만을 야기한다. 그들은 자신들이 진리의 빛을 소유하고 있지 않다는 것을 드러내지 않기 위해서 철통같은 무기로 방어한다. 이 뿐만 아니라, 그들은 성경에 제시된 올바른 사랑과 화평의 보존 아래서 형제들의 악습을 제거하기 위해 필요한 조심스러운 치유책을 교회를 강탈하기 위한 분리와 단절의 수단으로 이용한다." 어거스틴은 다른 장에서 하나님의 뜻에 합당한 방식에 대해 설명하면서 선한 마음을 가진 사람들에게 권면했습니다. 즉, 그들이 개선할 수 있는 것은 적합하게 개선하지만, 그러나 개선할 수 없는 것은 인내를 가지고 참아낼 수 있어야 한다고 밝혔습니다. 교회 안에 문제가 있을 때 사랑 안에서 안타까움을 품는 것은 당연합니다. 하지만 결코 해결할 수 없는 문제에 대해 하나님께서 해결하실 때까지 참아내고 그리고 심판의 날에 쭉정이를 날려버릴 때까지 인내할 수 있어야 합니다.

## 교회의 일치를 보존하고, 교회의 분리는 피해야 한다

나는 교회분리에 대한 주제를 마무리하기 위해 여러분들에게 복된 순교자 키프리안의 기록을 소개할 것입니다. 그는 자신의 서신들 중에 세 번째 서신에서 다음과 같은 기록을 남겼습니다: "설령 교회 안에 의심할 수 없을 정도로 많은 쭉정이들이 존재하고 있다고 해도, 우리가 교회 안에서 이러한 쭉정이들을 알아본 것 때문에 우리의 믿음과 사랑이 상처를 받아서 교회를 떠나서는 안 된다. 주님이 자신의 창고에 추수한 열매들을 거두어 모을 때, 우리는 우리의 수고와 헌신에 대한 열매를 맺고 알곡이 될 수 있도록 훨씬 더 애써야 한다. 사도는 자신의 서신에서 다음과 같이 기록했다(딤후 2:20): "큰 집에는 금과 은의 그릇이 있을 뿐만 아니라 나무와 질그릇도 있어 귀히 쓰는 것도 있고 천히 쓰는 것도 있다." 그러므로 우리는 최선을 다해서 금그릇과 은그릇이 되기 위해 힘써야 한다. 하지만 질그릇을 부수거나 그것을 철장으로 깨뜨리는 일은 오직 주님께만 허락되어 있다(시 2:9, 계 2:27). 종은 자기의 주인보다 더 크게 될 수 없다. 아버지가 오직 아들에게 맡기신 것을 어느 누구도 찬탈할 수 없기 때문이다. 그리고 타작마당을 청소하여 정결하게 하는 일과 관련하여 쭉정이를 제거하거나 자신의 인간적인 판단을 통하여 모든 잡초를 알곡으로부터 제거할 수 있다고 그릇되게 자부하는 일을 해서는 안 된다. 오직 무모한 완고함은 무신론적인 방자함인데, 즉 사악한 행동으로부터 연유된 것이다. 많은 사람들이 더 많은 권세를 필요로 하는 것은 합법적인 정의에 대한 실현 때문이 아니라 교회를 타락시키기 위해서이다. 그리고 그들은 스스로 무모한 경솔함을 드러내며 자신들의 고유한 교만을 통해서 사람들을 현혹시키고 또 진리의 빛을 잃게 할 것이다." 우리 주님께서 길을 잃은 양들을 보편 교회의 교제 안으로 되돌아오게 하시고(벧전 2:25), 그들이 이 공동체 안에서 살 수 있도록 지키시고 보호하실 것입니다. 아멘.

## 로마 교회로부터의 분리

우리가 이 분리주의적인 대적자들을 극복했지만, 그러나 이후에 더 새롭고 강력한 대적자들이 등장했습니다. 그들은 스스로 고대 교회로 지칭하는데, 즉 로마 교회의 독재적인 권력과 사도적인 승계의 옹호자들입니다. 목소리가 쉴 때까지 이 교황주의자들은 우리가, 앞서 언급된, 교회분리의 죄를 저질렀음에도 불구하고, 이것을 통하여 우리가 재세례파와 수많은 광신자들을 비판하고 있다고 외치고 있습니다. 왜냐하면 우리가 불법적인 교회분리를 통하여 위급한 상황이 아님에도 불구하고 옛 로마 교회를 떠나는 것을 시도했으며 또 새로운 이단적인 예배공동체를 건설했다고 믿기 때문입니다. 그리고 그들은 로마 교회 안에서 오늘날까지 성경이 존중되고 있으며 또 모든 교회 안에서 읽혀지고 있다고 주장합니다. 성경이 모든 학교에서 가르쳐지고 있으며 또 성례의 시행도 각 교회에서 바르게 시행되고 있다고 말합니다. 이러한 이유에 근거하여 교황주의자들은 우리를 비판하는 것입니다. 우리는 불필요한 분리를 통하여 보편 교회로부터 이탈한 무신론적인 분리주의자들이며, 무엇보다도 우리가 성직자들과 감독들의 특정한 죄악 때문에 교회분리를 감행했다고 지적합니다.

나는 여기에서 본래 주제에서 조금 벗어나서 교황주의적인 교회의 변호자들과 논쟁할 수밖에 없으며, 그리고 우리는 단 한 번도 그리스도의 보편 교회로부터 벗어나지 않았다는 사실을 설명하고 싶습니다.

### 누가 이단이며, 누가 분리주의자들인가?

실제로 "누가 이단이며 혹은 누가 분리주의자로 간주되어야 하는가?"라는 질문은 교회분리에 대한 사안과 관련하여 특별히 중요한 주제로 인식되기 때문에, 나는 여기에서 핵심적으로 이 주제를 언급할 것입니다. 거룩한 어거스틴은 이단과 분리주의자 사이에 분명한 차이가 있다는 사실을 확인시켜 주었습니다. 먼저, 이단은 왜곡된 교리로 신앙과 사도적인 가르침의 진리를 교묘히 변질시킵니다. 이에 반하여 분리주의자는 어떤 근거 없이 교회로부터 분리하는 사람인데, 즉 그는 순수한 교리와 참된 신앙의 관점에서는 아무런 책임도 돌릴 수 없지만, 그러나 그는 교회의 일치를 저해하는 문제를 가지고 있습니다. 이단은 근본적인 의미에서 하나님의 말씀인 성경을 대적하는 것이고, 신앙의 조항들을 대적하거나 혹은 하나님의 말씀이 가르치는 구원의 교리를 대적하는 것입니다. 이러한 이단에 속한 자들은 자신들의 고유한 의도와 이방인들과 같은 인간적인 희열에 근거하여 어떤 육신적인 이익의 욕망 속에서 하나님의 말씀을 거스르는 거짓된 가르침을 선택하고, 받아들이고, 가르치고, 따르고, 또한 그 거짓된 가르침을 고집스럽게 붙잡으며, 지키며 그리고 확산시킵니다.

그라티아누스(Gratianus), 발렌티아누스(Valentianus) 그리고 테오도시우스(Theodosius) 황제들의 근엄한 칙령들 이후에 모든 신자들은 카톨릭교도들 혹은 그리스도인들로 칭함을 받았습니다. 그들은 거룩한 베드로가 로마 교회에서 가르치고 또 거룩한 다마수스(Damasus)와 알렉산드리아(Alexandria)의 거룩한 감독인 베드로가 가르친 신앙을 고수했던 사람들입니다. 즉, 그들은 "사도의 가르침과 복음의 교훈에 따라서 성부, 성자 그리고 성령이 한 하나님으로 동일한 영광과 기쁨이 충만한 삼위일체로 존재한다"는 것을 고백했습니다. 하지만 이단으로 간주된 사람들은 성경이 교훈하지 않는 정반대되는 것을 가르쳤습니다. 그들은 미친 자들이고, 방종 하는 자들이며 또 사형에 해당되는 자들입니다. 그리고 분리주의자는, 비록 교리 면에서는 크게 잘못되지 않았지만, 하나님의 참된 교회의 일치로부터 이탈한 사람입니다. 그는 자신 스스로 새롭게 공동체를 세우거나 혹은 다른 분리주의자들에 의해 세워진 공동체에 참여합니다.

나는 이러한 설명과 관련하여 어떤 사람이 무엇을 더 덧붙이거나 혹은 이러한 입장에 반대하여 다른 것을 제시할 것이라고 생각하지 않습니다. 무엇보다도, 이렇게 볼 때 교황적인 독재주의의 선구자들은 우리에 대하여 중대한 죄를 짓고 있습니다. 그들은 틈만 있으면 이단의 혐오스러운 신성모독과 교회분리를 조잡스러운 말로 우리에게 덮어씌웁니다. 하지만 우리는 성경의 사실과 진리에 반하여, 신앙의 조항에 반하여, 구원에 반하여 그리고 보편 교회의 성경에 근거한 교리에 반하여 어떤 것도 가르치지 않았습니다. 만약 우리가 세상적인 이익을 추구했다면, 우리는 모든 면에서 이익을 얻을 수 있는 교황의 가르침에 머물렀을 것입니다. 그러나 우리는 그리스도의 가르침을 받아들였는데, 이 때문에 우리는 모든 수단들을 통하여 궁지에 몰리고 있습니다. 우리가 로마 교회의 가르침으로부터 벗어났을 때, 우리는 이러한 모든 사실을 정확히 알 수 있었습니다. 그 밖에 우리는 세상적인 유익에 대한 욕망 안에서 그리스도의 가르침을 따르지 않았습니다. 우리는 성경이 말하지 않는 어떤 것도 고집스럽게 주장한 적이 없습니다. 만약 어떤 사람이 우리에게 하나님의 말씀으로부터 나온 더 나은 가르침을 제시한다면, 우리는 이 가르침을 받아들이는 것을 결코 거절하지 않을 것입니다. 당연히, 우리는 자유로운 목소리와 참된 마음으로부터 고대 교회가 공의회 안에서 혹은 공의회 밖에서 하나님의 말씀의 검으로 처벌하였던 모든 이단들과 이단자들도 정죄합니다. 그리고 우리는 교황의 가르침, 하나님의 말씀과 모순된 교황의 새로운 교령 그리고 교회 가운데 오랫동안 확산된 파렴치한 오용과 부패와 싸우고 있습니다. 로마의 주교들과 그들의 공모자들은 교회 안에서 독재정치를 부당하게 행사했으며 또 하나님의 성전에서 참된 적그리스도주의를 경배했습니다. 그러므로 우리는 독재정치와 적그리스도주의를 거절하고 또 이러한 사안을 분명하게 반박하는 것뿐이지, 우리는 그리스도와 그분의 멍에 (마 11:29-30)를 결코 거절하지 않습니다. 우리가 교회 안에 머물며 또 그리스도의 참된 지체이자 성도들이 되기 위해서 우리는 성도들의 공동체를 거절하지 않습니다. 지금 우리는 교황의 교회로부터 벗어나서 거룩한 보편 교회와 사도적인 교회로 모이고 있습니다. 우리는 이 교회가 참된 하나님의 집이며 그리고 우리의 구세주, 주인 또 목자이신 그리스도의 본질적인 양의 우리임을 인정하기 때문입니다.

### 분리에 관한 공적인 고백

우리는 스스로 로마 교회로부터 분리되었으며 또 여전히 오늘날에도 이 교회를 경계하고 있다는 사실을 공개적으로 고백하고 선언합니다. 이러한 사실과 관련하여 우리는 하나님께 큰 기쁨과 함께 감사를 드립니다. 당연히, 우리는 가장 먼저 옛 로마 교회와 새 로마 교회를 구별합니다. 한때 로마에는 거룩하고 신앙이 견고한 교회가 있었습니다. 이 교회는 하나님의 말씀을 통하여 사도들의 시대에 살았던 신자들과 그리스도의 사도들에 의해서 세워졌고 보존되었습니다. 이 교회 안에는 오늘날에 받아들여져서 시행되고 있는 교황주의자들의 전통들이 존재하지 않았는데, 만약 이러한 전통들이 발견되었다면, 이 교회는 이러한 전통들을 저주했을 것입니다. 여기에는 오늘날의 로마 교회를 보호하고 있는 교령도 없었습니다. 이 교회는 교황의 독재와 교황의 사치스러운 궁정생활도 알지 못했습니다. 그러므로 우리는 옛 로마의 사도적인 교회로부터 결별하지 않았지만, 그러나 새 로마 교회로부터 여전히 결별할 것입니다. 그 밖에 우리는 오늘날에도 로마에서 그리스도를 경배하고 또 모든 교황주의적인 더러움들로부터 보호되고 있는 모든 사람들을 부정하지 않습니다. 의심의 여지없이 로마 교회는 우리의 사랑하는 형제들과 비교할 때 많은 부패와 흠결을 가지고 있습니다. 그래서 우리는 교황을 이 세상의 그리스도의 대리자로 인정하고, 경배하며 그리고 그의 교령들을 순종하는 새 로마 교회를 참된 그리스도의 교회로 인정하지 않습니다. 이렇게 볼 때, 우리는 분리주의자들이 아닙니다. 우리는 분리주의자들이 될 수도 없습니다. 우리가 로마 교회를 떠났지만, 그러나 하나님의 참된 교회로부터 분리되지 않았기 때문입니다.

## 새 로마 교회는 참된 교회가 아니다

거룩한 보편 교회는 유일하신 목자로서 그리스도께 매여 있고, 그분의 말씀을 신뢰하며 그리고 하나님께 합당한 삶의 모습을 추구합니다. 하지만 이와 정반대인 것들을 로마 교회 안에서 직접적으로 발견할 수 있는데, 이 교회는 외적이고 가시적인 교회에도 혹은 내적이고 비가시적인 교회에도 포함되어 있지 않습니다. 신자들은 이 교회 안에서, 즉 이 교회의 지체들과 사역자들에게서, 내가 분리주의자들을 반대하여 언급할 때 표명했던 것처럼, 많은 인내를 해야 합니다. 왜냐하면 그들은 새 로마 교회 안에서 어떤 단순한 진리도 발견할 수 없지만, 그러나 이 교회가 주장하는 교리와 생활방식 안에서 참을 수 없는 오류들과 거짓 가르침들을 발견할 수 있을 뿐만 아니라, 또한 모든 오류들이 엄청나게 크고, 개선의 여지가 없으며 또 혐오스럽다는 것을 발견할 수 있기 때문입니다. 어떤 사랑이 매우 완강하며 또 한탄스러운 상황에 직면하여 보다 나은 것을 희망할 수 있을까요? 분명히, 하나님의 외적인 교회 안에는 악인들과 위선자들도 포함되어 있으며 또 인내되어야 합니다. 물론, 이러한 교황주의자들은 단순히 악하거나 위선적인 것이 아니라, 오히려 실제적으로 그리스도의 진리에 대해서 가장 악하고 혐오스러운 대적들과 같습니다. 그들은 복음을 공개적으로 비방하며, 그리스도를 믿는 신자들을 핍박하기 때문입니다.

### 교회의 내적인 표지를 소유하고 있지 않은 로마 교회

그러므로 로마 교회는 하나님의 교회의 내적인 표지도 외적인 표지도 소유하고 있지 않습니다. 주님의 영은 하나님의 말씀 앞에서 두려움을 가진 사람들과 함께 하십니다. 하지만 교황주의자들은 어느 누가 진심으로 하나님의 말씀 앞에서 경외감을 갖는다면 화를 낼 것입니다. 참된 믿음은 생명에 기여하는 모든 것들을 그리스도에게 소급시킵니다. 신자들이 생명에 기여하는 모든 것들을 그리스도에게 소급시키고 또 구원을 교황의 거짓과 나누지 않기 때문에, 교황주의자들은 이 신자들을 핍박합니다. 그들은 사랑을 대신하여 자신들의 형제들과 이웃들에게 잔혹함을 행하는 것입니다. 그리고 교황주의자들이 교회의 공적인 재산을 자신들의 사적인 욕망을 위해서 남용하는 것은 과연 무엇을 의미할까요? 당연히, 신자들은 사랑 안에서 교회의 유익을 위해서 또 가난한 사람들을 돕기 위해서 헌금을 한 것입니다. 하지만 로마 교회는 심히 무절제하고 또 방탕하게 살기 위해서 이 헌금을 허비합니다. 이러한 악한 일에 대해서 이미 주님의 선택받은 제자들인 베드로와 다대오가 하나님의 교회 안에서 언급했습니다.

### 교회의 외적인 표지도 소유하고 있지 않은 로마 교회

그리고 나는 로마 교회의 외적인 표지에 관하여 무엇을 말해야 할까요? 교황주의자들은 로마 교회 안에서 성경이 분명한 권위를 가지고 있다고 말합니다. 즉, 성경이 교회와 학교에서 가르쳐지고 있으며 그리고 성례가 성경 안에서 자신의 자리를 가지고 있고 또 효력을 발휘한다고 믿기 때문입니다. 하지만 나는 정반대의 것들을 증거 할 것입니다. 먼저, 교황주의자들은 성경해석을 자신들의 보좌 아래 복종시키고 또 자신들의 우상인 교황에게 모든 것을 판단할 수 있는 권리를 부여했습니다. 다음의 규범은 이미 모든 곳에서 잘 알려진 것입니다: "모든 사람들은 언제든지 그리고 중단 없이 교황이 결정하고 또 명령한 것을 항상 지켜야 한다." 이러한 내용도 확인됩니다: "이 땅의 모든 교회는 거룩한 로마 교회가 모든 것을 판단할 수 있는 권리를 가지고 있다는 것을 알아야 하며 또 로마 교회의 판단에 관하여 판단할 수 있는 권리는 어느 누구에게도 주어지지 않았다는 것을 알아야 한다." 이렇게 볼 때, 로마 교회는 성경을 판단하고, 해석하며 그리고 자신들의 의도에 따라서 조작하고 있는 것입니다. 물론, 나는 여기에서 교황주의자들이 유창한 언어로 떠들고 있는 "정경이 자신의 권위를 이 교회로부터 부여받았다"는 괴변을 자세히 대응하고 싶은 생각은 없습니다. 한 가지 분명한 사실은, 그들은 "만약 거룩한 교회의 권위가 나를 변화시키지 못했다면, 나는 복음을 믿지 못했을 것이다"라는 어거스틴의 표현을 오용했다는 점입니다. 나는 분명하게 밝힙니다. 즉, 로마 교회 혹은 이 교회의 지도자들은 성경의 본질적인 의미를 지워버리고, 그 대신에 거룩한 어머니 교회의 의미를 삽입하여 의도적으로 조작한 것입니다. 만약 여러분들이 이러한 잘못된 것을 반대한다면, 그들은 여러분들을 파렴치한 이단으로 몰아붙일 것입니다. 그들은 미리부터 준비하여 자신들의 권위를 교묘하게 성경보다도 앞세웠습니다. 짧게 덧붙이면, 만약 여러분들이 전체 성경을 당신들의 이해와 유익에 따라서 조작했다면, 그 내용은 당신들의 규칙과 당신들의 독소가 함께 혼합되어 산출된 것입니다. 즉, 여러분들은 성경 자체를 제시한 것이 아니라, 오히려 이단적인 교훈을 가르친 것입니다. 몇 가지 실례들이 이 사실을 명확히 해주고 있습니다. 성경은 예수 그리스도가 교회의 유일한 머리이심을 가르칩니다. 만약 여러분들이 교황이 이 땅 위에서 전투하는 교회의 머리임을 여전히 인정하지 않는다면, 여러분들은 이단으로 간주됩니다. 성경은 예수 그리스도가 신자들의 유일한 보증인 혹은 중보자, 대제사장이며 또 희생제물임을 가르칩니다. 로마 교회 안에서 그리스도가 구원의 중보자이지만, 그러나 성도들도 그리스도와 함께 구원계약의 중보자들로 인정됩니다. 이와 관련하여 그리스도 옆에서 동일하게 성도들이 하늘에서 변호자로 간주되듯이, 사제들도 매일 자신들의 피 흘리지 않는 희생제물을 드리는데, 즉 그들은 이 세상에서 시행되는 미사 안에서 매일 살아있는 자들과 죽은 자들을 위해 희생제사를 드리는 것입니다. 만약 여러분들이 이러한 내용들을 받아들이지 않는다면, 여러분들은 이단들로 간주됩니다. 성경은 예수 그리스도만이 신자들의 의가 되고, 우리는 우리의 믿음을 통하여 그 의를 획득할 수 있다고 가르칩니다. 만약 여러분들이 그 의가 인간의 업적과 공로를 통해서 분배되지 않는다고 주장하면, 여러분들은 이단으로 간주됩니다. 성경은 그리스도께서 하늘로 올라가셨고, 자신을 대변하는 권세로서 성령을 보내셨으며 그리고 심판의 날을 제외하고 결코 육체적으로 이 땅에 오시지 않는다는 것을 가르칩니다(행 1:4-11). 만약 여러분들이 이 동일한 그리스도가 육체적으로 성찬의 빵에 임재했다는 사실을 인정하지 않는다면 그리고 여러분들이 이렇게 임재해 있는 그리스도를 경배하지 않는다면, 여러분들은 이단으로 간주됩니다. 우리의 주님이신 그리스도는 자신의 마지막 만찬에서 제자들에게 잔을 건네며 이렇게 말씀하셨습니다(마 26:27): "너희가 다 이것을 마시라." 만약 여러분들이 성찬의 빵과 잔이 모든 신자들에게 주어져야 한다고 주장한다면, 여러분들은 이단으로 간주됩니다. 주님은 자신의 율법(십계명)에서 다음과 같이 말씀하셨습니다(출 20:4-5): "너를 위하여 새긴 우상을 만들지 말고

... 그것들에게 절하지 말며 그것들을 섬기지 말라." 만약 여러분들이 성상(聖像)과 관련하여 사툰(Saturn)이나 머큐리(Mercury) 같은 이방인들의 우상을 그린 그림이 아닌 참된 하나님과 어떤 성인들을 그린 그림을 인정하지 않는다면, 여러분들은 이단으로 간주됩니다.

나는 이러한 주장을 하는 어리석은 사람들과 논쟁한다면, 이러한 다른 내용들을 수없이 제시할 수 있습니다. 나는 "로마 교회 안에서 하나님의 말씀은 어떤 권위와 어떤 가치를 가지고 있는가?"라는 질문을 하고 싶습니다. 이렇게 나쁜 무리들이 가장 거룩한 하나님의 말씀을 붙들어서 발로 짓밟은 것과 하나님의 율법을 수용하여 자신들의 크나큰 오만의 도구로 사용하고 있는 것을 어느 누가 알지 못할까요? 이렇게 볼 때, 로마 교회 안에 하나님의 말씀이 없다는 것은 너무도 명백합니다. 나는 이 『교회론』의 첫 번째 설교(41번 설교)에서 성경이 그 본래적인 의미로 오용됨이 없이 보존되지 않는다면, 성경의 말씀을 증거하는 것만으로는 별다른 가치가 없다는 것을 밝혔습니다. 로마 교회는 성경의 본래적인 의미를 부패시켰으며 그리고 배움이 많지 않은 사람들에게 성경에 위배되는 가르침을 강요했습니다. 그러므로 로마 교회는 참된 교회가 될 수 없습니다.

비록 세례의 성례가 로마 교회의 사제들에 의해서 시행되었다고 해도, 우리는 이 세례를 다시 베풀지는 않습니다. 왜냐하면 이 세례는, 이미 이 『교회론』의 첫 번째 설교(41번 설교)에서 밝힌 것처럼, 아버지, 아들 그리고 성령의 이름으로 시행되었기 때문입니다. 이 세례와 반대로 성찬과 관련하여 빵의 나눔은 엄청나게 더럽혀졌으며 그리고 바른 믿음을 왜곡시키는 가르침으로 변질되었습니다. 결국, 주님의 성찬은 파렴치한 흥정거리로 시행되었는데, 어느 누구도 믿음의 손상 없이 그리고 선한 양심으로 로마 교회의 사제들이 베푸는 성찬에 참여할 수 없게 되었습니다. 로마 교회의 파렴치한 생활과 극도로 부패한 전통들에 대해서는 지금 아무 것도 언급하지 않을 것입니다. 왜냐하면 나는 시각장애인들도 로마 교회의 권좌가 참된 하나님의 교회의 외적인 표지를 소유하고 있지 않다는 사실을 볼 수 있다고 믿기 때문입니다. 그리고 로마 교회는 하나님의 참된 말씀, 구원을 제시하는 복음의 선포, 즉 예배, 합법적인 목회자 임명 그리고 성찬의 거룩한 시행이 결여되어 있습니다. 그러므로 로마 교회는 교회분리의 비난에서 결코 자유로울 수 없는 하나님의 참된 교회가 아닙니다.

### 교회의 지도자가 오류를 범할지라도 교회를 보존하시는 하나님

앞서 언급된 관점으로 보면 여러분들은 이 땅 위에 남을 교회가 거의 없다고 말할 수 있습니다. 다음과 같은 질문들을 할 수 있습니다: 교회의 지도자들이 잘못된 길로 인도하고, 하나님의 말씀을 오용하며 그리고 훼손한다면 교회를 위해 어떤 희망이 남아있겠습니까? 그리고 교회의 표지가 전혀 보이지 않는다면, 과연 교회는 어디에 있을까요? 나는 여기에서 하나님의 말씀으로부터 또 참된 하나님의 경배로부터 교회의 지도자들이 멀어지는 교회의 타락 때 전능하신 하나님이 어떻게 교회를 보존시키시는가에 대해 답변할 것입니다. 즉, 성경에서 벗어난 새로운 규범과 예전을 비준하고 교회 안에 받아들임으로, 그래서 교회의 참된 외적인 표지들이 일정 기간 동안 흐려지거나 사라졌을 때, 그럼에도 불구하고 전능하신 하나님이 지상에 있는 교회를 유지시키신다는 사실을 설명하려는 것입니다.

하나님은 참된 지도자들을 보내심으로써 교회를 보호하시고 또 교회를 다시 일으켜 세우십니다. 비록 그들이 교회의 참되고 합법적인 지도자들로서 인정되기를 원하는 교황주의자들로부터 하나님의 교회의 참된 사역자들이나 교사들로서 인정받지 못하고, 오히려 교회의 사악함을 가진 파괴자들과 혐오스러운 이단으로 정죄를 받는다고 해도, 하나님은 참된 지도자들을 통해서 교회를 새롭게 하십니다. 이러한 실상에 대해서 몇몇 성경의 내용도 분명하게 확인시켜주고 있습니다. 유다의 아하스 왕이 통치했을 때 주님의 성전과 거룩한 보좌를 없애려고 했습니다. 대제사장 우리야는 왕의 명령을 따랐으며 그리고 이에 대해 방백들과 제사장들도 저항하지 않았습니다 (왕하 16:10-20; 대하 28:22-25). 즉, 아하스 왕의 명령에 따라서 하나님의 말씀을 선포하는 것과 합법적이고 일상적인 희생제사가 중지되었지만, 그럼에도 불구하고 유다 왕국에는 거룩한 교회가 존재하고 있었다는 사실입니다. 이곳에서 이사야가 많은 사람들과 더불어 왕이 명령한 통속적인 규례들이 아닌 율법적으로 각 사람에게 확정되어 있는 규례들을 가르쳤기 때문입니다. 아하스 왕의 조카인 므낫세 치하에서도 표면적으로 참된 진리와 성례의 참된 시행은 존재하지 않았습니다(왕하 21:1-9; 대하 33:1-9). 물론, 할례의 경우는 예외입니다. 그리고 이러한 타락은 하나님을 경외하는 요시야 왕에 의해서 다시 교회가 세워질 때까지 지속되었습니다(왕하 22장 이하; 대하 34장 이하). 그 시대에도 선지자들은 보내졌으며, 그리고, 백성의 다수가 타락한 지도자들을 따랐고 또 하나님 없이 행동하며 므낫세의 악행에 동조했을지라도, 유다에는 하나님의 교회가 존재하고 있었습니다(왕하 21:16; 대하 33:9).

북이스라엘에서도 여로보암 왕이 하나님의 율법교사들이며 또 순수한 진리의 선포자들인 레위인들을 직임에서 쫓아냈습니다. 백성에게는 하나님을 알지 못하고 배우지 못한 제사장들과 지도자들을 내세웠습니다. 새로운 신전들과 산당들도 건립했습니다. 이방신들과 송아지 우상을 섬기는 새로운 예배, 새로운 제단 그리고 새로운 축제를 도입했습니다. 이러한 방식들을 통하여 여로보암은 참된 예배의 제도를 훼손시켰습니다(왕상 12:26-33; 대하 11:14이하). 당연히, 북이스라엘에서 하나님의 교회의 외적인 표지는 더 이상 드러나지 않았습니다. 그럼에도 불구하고 북이스라엘에는, 비록 거짓 교회와 거짓 선지자들에 의해서 한 번도 참된 선지자들로 인정받지 못했지만, 하나님이 보내신 선지자들이 구원과 회복을 위해 헌신했던 하나님의 중요한 교회가 존재했다는 사실도 의심하지 않아야 합니다.

이스라엘 왕 요아스의 아들 여로보암 치세 때도 드고아에서 양과 소를 길렀던 목자인 아모스가 하나님의 참된 가르침을 선포했습니다(암 1:1; 7:10). 하지만 아모스는 당시 대제사장이었던 아마샤에게서 다음과 같은 말을 들어야 했습니다(암 7:12-13): "선견자야 너는 유다 땅으로 도망하여 가서 거기에서나 떡을 먹으며 거기에서나 예언하고, 다시는 벧엘에서 예언하지 말라 이는 왕의 성소요 나라의 궁궐임이니라." 그리고 이미 잘 알려진 것처럼, 아합은 앞선 모든 왕들보다도 하나님을 모독하는 일에 월등했습니다. 여로보암의 신성모독과 분리주의보다도 더 경멸할만한 바알 숭배를 강요했습니다. 온 이스라엘을 미신, 우상숭배, 점술 그리고 불법적인 것들로 더럽혔습니다. 하나님의 참된 말씀을 가르치는 선지자들을 잔인하게 핍박했습니다. 그럼에도 불구하고 이스라엘 안에는 사람들의 이목을 끄는 교회가 존재했습니다.

위대하고 탁월한 하나님의 선지자 엘리야는 그리스도의 참된 교회의 표지를 찾아볼 수 없는 그 땅에서 하나님에 대한 이러한 치명적인 불순종과 비참한 백성에 대한 싫증 때문에 사막으로 도망쳐서 동굴에 은신하였습니다. 이때 하나님이 나타나셔서 엘리야에게 "네가 어찌하여 여기에 있느냐?"라고 질문하셨는데, 그가 이렇게 대답했습니다(왕상 19:10, 14): "내가 만군의 하나님 여호와께 열심이 유별하오니 이는 이스라엘 자손이 주의 언약을 버리고 주의 제단을 헐며 칼로 주의 선지자들을 죽였음이오며 오직 나만 남았거늘 그들이 내 생명을 찾아 빼앗으려 하나이다." 그러나 주님은 엘리야를 곧바로 다시 도망하여 나왔던 이스라엘 땅으로 돌려보내셨습니다. 그리고 다음과 같이 말씀하셨습니다(왕상 19:18): "내가 이스라엘 가운데에 칠천 명을 남기리니 다 바알에게 무릎을 꿇지 아니하고 다 바알에게 입맞추지 아니한 자니라." 이 훌륭한 선지자는 처음에 이스라엘에서 하나님을 경외하는 신자들 가운데 오직 자신만 남아있다고 믿었지만, 그러나 그는 바알에게 무릎 꿇지 않은, 즉 한 번도 외적인 경배를 하지 않은 칠천 명의 거룩한 사람들이 하나님에 의하여 보존되었다는 것을 들었습니다. 엘리야는 칠천 명의 숫자를 통해서 참되게 하나님을 경외하는 사람들이 많이 존재하고 있다는 것을 믿었을 뿐만 아니라, 또한 그들은 바알과 연합하지 않고 하나님과 맺은 영원한 언약 안에서 참된 할례를 받은 사람들임을 의심하지 않았습니다.

당시에 그들이 추구했던 참된 믿음과 진리가 널리 확산되지 못했고, 그들이 바알의 추종자들에게 정당하고 합법적으로 인정받지 못했다고 해도, 그들에게 믿음과 진리가 결여되어 있지 않았습니다. 의심의 여지없이, 그들은 희생제사를 드릴 수 없었습니다. 그들은 불법적인 제사에 참여할 수 없었으며, 무엇보다도 합법적인 제사가 실행되지 않았기 때문입니다. 하지만 그들에게 교회의 표지 혹은 성례를 통하여 드러나는 것들은 결핍되지 않았습니다. 그들은 믿음을 통하여 하나님이 베푸시는 모든 은택들에 참여하고 있었기 때문입니다.

### 로마 교회가 존재하지 않을지라도,
### 이 지상에서 보편 교회를 보존하시는 하나님

여로보암 왕과 정확하게 동일한 방식으로 교황은 복음의 순수한 선포로부터 이탈했습니다. 성찬의 시행과 하나님의 다른 예전들을 부패하게 만들었고, 자신의 판단에 따라서 마음대로 변경시켰으며 그리고 성전이나 하나님의 교회의 권좌에 앉아서 스스로 지상의 하나님으로 사칭했습니다(살후 2:4). 하나님의 교회는 현재 폭군 아래서 심하게 박해를 받고 있기 때문에, 지금까지도 외적인 표지를 통해서 하나님의 교회를 인식하는 것은 쉽지 않습니다. 왜냐하면 복음의 참된 선포를 대신하여 인간의 전통과 혼합되어 변질된 가르침이 제시되고 있으며(단 9:1-19), 거룩한 성찬을 대신하여 로마 교회의 미사가 실시되고 있기 때문입니다. 그리고 많은 무의미하고 미신적인 예전들이 신적인 예전들의 자리를 대신하고 있습니다. 많은 사람들이 타락한 예전들을 따르고 있으며 또 로마 교회의 권좌에 복종하고 있습니다.

하지만 이 시대에서도 세계에 흩어져 있는 하나님의 교회는 소멸되지 않으며, 이 교회 안에서 하나님의 말씀에 입각한 거룩한 직무와 하나님에 대한 참된 경배가 사라지지 않을 것입니다. 왜냐하면 교회가 의무적으로 감당해야 할 것들과 관련하여 교황과 그의 추종자들이나 그의 타락을 인식하지 못하는 적지 않은 사람들이 온 세계

위에 흩어져 살고 있기 때문입니다. 그들은 구원의 유일한 제공자로 인정되는 주님이신 그리스도를 더 많이 경외하면서, 결코 교황주의적인 타락으로부터 성결을 유지하고 있습니다. 하나님은 교황제도의 처음 시작부터 그리고 모든 시대에 의식적이고, 경건하며 또 지식적으로 잘 준비된 사람들을 보내서 교황의 잘못된 권세와 독재를 신랄하게 비판하셨으며, 즉 구약 시대에 선지자들이 여로보암의 우상을 숭배했던 타락에 대해 비판했던 것처럼, 그리고 끊임없이 교회가 교황주의적인 타락에 물들지 않아야 함을 요구했습니다. 이렇게 하나님으로부터 보냄을 받은 사람들은 참된 구원의 교리와 성례의 바른 시행을 가르쳤습니다. 그리고 적그리스도의 폭정 때문에 완전한 성결이 이루어질 수 없는 곳에서도 거룩함을 향한 지칠 줄 모르는 노력과 성례의 합법적인 시행을 향한 경건한 갈망이 발견된다면, 이와 관련하여 우리는 구약 시대의 핍박 속에서도 존재했던 참된 교회의 선택된 지체들이 존재하고 있다는 것을 말할 수 있습니다. 즉, 여로보암, 아합, 아하스, 므낫세 그리고 바벨론 포로 등의 시대 속에서 참된 교회가 존재했던 것처럼, 지금까지 핍박이 이루어지고 있는 곳에서도 참된 교회가 존재하고 있다는 것입니다. 구약 시대에 하나님의 참된 선지자들이 바알 선지자들에 의해서 거짓된 존재로 인정되었으며 또 분리주의자들과 이단으로 정죄를 받았습니다.

이와 마찬가지로, 수세기 동안 교황들은 자신들의 추종자들과 함께 하나님의 말씀을 설교하고 그리고 교회의 갱신을 요구했던 하나님을 경외하며 바른 진리를 소유했던 사람들을 추방하거나 핍박했습니다. 그들 중에 다수는 교황주의자들의 불과 무기를 통해서 죽임을 당했습니다. 이미 주님은 선지자들과 사도들과 더불어 이러한 일들이 발생할 것을 예언하셨습니다. 그 밖에도 주님은 교황의 통치 아래서도 큰 교회를 유지하실 수 있으시며, 그리고 무슬림의 통치 아래서도 큰 교회를 보존할 수 있으시다는 사실을 의심하지 않습니다. 어느 누가 모든 아시아와 아프리카에 하나님의 교회의 지체들이 더 이상 존재하지 않는다고 믿을 수 있겠습니까? 긍휼하신 하나님이 마지막 재앙의 날이나 교회가 완전히 소멸할 때에도, 과거 짐승을 경배하지 않고 짐승의 표를 받지 않는 칠천 명의 사람들을 남기셨던 것처럼, 참된 교회를 보존하지 않으실까요? 터키(Turkey)에서 과거와 현재에 일어나고 있는 일들은 이러한 사실을 더 정확하고 또 더 온전하게 알도록 확인시켜 줄 것입니다. 지난 세기 동안에 우리에게 일어났던 일들을 어느 누구도 부인할 수 없습니다. 우리는 구약 시대에 타락이 극심할 때에서도 하나님의 백성들에게 하나님과 연합의 표시로서 할례가 주어졌던 것과 마찬가지로, 오늘날에도 하나님의 측량할 수 없는 선하심을 통하여 구약 시대와 동일한 방식으로 적그리스도의 가장 깊은 어두움 속에서도 죄용서의 확신과 하나님의 자녀 됨에 대한 표시로서 거룩한 세례가 시행되고 있음을 목도하고 있습니다. 교리의 순수성은 실제적으로 교황의 추종자들에 의해서 끝이 없이 무의미한 전통들을 통하여 완전히 날조되었습니다. 그럼에도 이 교리의 순수성이 완전히 사라지지는 않았습니다. 왜냐하면 교회의 갱신을 요구했고 또 많은 것들이 모든 하나님의 자녀들에게서 이루어지도록 했던 이러한 하나님으로부터 보냄을 받고, 경건하며 또 진리를 소유했던 사람들이 항상 있어왔기 때문입니다.

십계명 안에 하나님의 모든 명령들의 완전한 요약이 주어져 있다는 것을 보편적인 합의를 통하여 완전히 분명하고 또 의심의 여지 없이 받아들일 수 있습니까? 주기도문 안에 하나님께 대한 기도의 완벽한 형태가 전승되었다고 믿습니까? 사도신경 안에 신앙과 우리가 무엇을 믿어야 하는가에 대한 규범이 포함되어 있다고 의심하지 않습니까? 이 세상으로부터 이별하거나 매번 죽음의 싸움에 놓여 있는 모든 사람들에게 구원을 제공하는 신앙의 완전한 규범으로서 신앙고백을 권유하는 일은 매우 당연한 것입니다. 그리고 우리는 자비하신 하나님과 긍휼의 아버지께서, 십자가에서 삶의 마지막 순간에 놓인 한 편의 강도를 구원하신 것처럼(눅 23:40-43), 적그리스도의 핍박을 통해 고통을 받고 있는 사람들을 긍휼히 여기신다는 것을 의심하지 않습니다.

하나님이 자신의 측량할 수 없는 은혜를 통하여 산 자들과 죽은 자들의 심령을 감동하시고 또 성령을 통하여 가르치는 것은 무엇일까요? 그분이 그들의 모든 죄를 용서하시며 또 그들을 거룩하게 하신다는 사실입니다. 아버지와 모든 만물의 창조주이신 한 분 하나님, 하나님의 아들이시며 고난 받으시고 부활하신 세상의 구세주이신 예수 그리스도, 성령 그리고 최종적으로 거룩한 보편 교회를 고백하도록 하시는 것입니다. 그리고 하나님이 믿음의 근거하여 신자들의 영혼들을 영원한 삶으로 인도하셨던 것처럼, 우리도 믿음에 근거하여 종말의 시간에 우리의 육체가 부활할 때 영원한 생명으로 인도하신다는 것을 믿도록 하시는 것입니다. 그리고 이러한 이해로부터 계시된 복음이 주어지기 전에 죽은 모든 우리의 조상들은 영원한 형벌 아래 처해졌는가에 대한 질문의 답변도 할 수 있습니다. 즉, 살아있는 사람들은 이 조상들이 하나님의 말씀을 경멸했기 때문이거나 하나님의 말씀을 반대하는 싸움 때문이 아니라, 자신들의 조상들로서 (예수 그리스도를 믿지 않는 것과 관련된) 다른 종말에 도달한다는 것을 주목해야 합니다. 비록 우리가 교황의 교회가 참된 교회가 아님을 인정함에도 불구하고, 이러한 사실로부터 지상에 하나님의 교회가 전혀 존재하지 않거나 않았다는 결론을 내리지는 않습니다. 우리는, 이미 언급되었던 것처럼, 그리스도를 믿으며 또 그의 말씀을 떠나지 않는 교회가 하나님의 참된 교회임을 말하기 때문입니다. 이뿐만 아니라, 우리는 현재 그리스도를 믿는 우리 자신도 주님이신 그리스도의 참된 교회임을 인정합니다. 우리가 믿음을 통하여 한 머리이신 그리스도와 함께 그리고 보편 교회의 모든 지체들과 함께 연합되어 있는 것처럼, 우리는 그리스도의 참된 교회의 표지에 대한 결핍이 없기 때문입니다.

하지만 교황주의자들이 유대적인 교회의 대제사장들, 제사장들 그리고 군주들 아래 있는 선지자들, 즉 신자들의 인도자들이나 신자들은 대제사장, 왕 혹은 보편 교회로부터 스스로 떨어져 나갔으며 그리고 오늘날 여러분들 안에서 시행되고 있는 것과 같은 새롭거나 특별한 희생제사를 드렸다고 말하는 것을 우리는 성경에서 읽지 못했습니다. 구약 시대의 바른 신앙을 추구했던 선지자들과 신자들은 스스로 거짓된 종교로부터 이탈한 것이며 또 거짓된 제사를 거절한 것입니다. 분명히, 여러분들은 로마 교황으로부터, 로마 교회를 따르는 왕들과 제후들로부터 그리고 로마 교회로부터 벗어난 이후에 하나님의 말씀의 선포나 성례와 관련하여 로마 교회와 완전히 구별되는 한 교회로 스스로 모인 것입니다. 내가 강조하고 싶은 점은, 그리스도가 오시기 전에 구약 시대의 바른 신자들은 우상숭배를 통하여 성전이 점령되고 또 더럽혀진 이후에 합당한 근거가 있음에도 불구하고 희생제사를 드리기 위해 새로운 장소들을 찾지 않았다는 것입니다. 왜냐하면 성전 밖에서 희생제사를 드리는 것이 불법이었기 때문입니다. 이러한 내용은 레위기 17장과 신명기 12장에서 확인할 수 있습니다(레 17:8 이하; 신 12:2-7). 그리고 이와 다르지 않는 증거로, 이스라엘 백성은 칠십년 동안 바벨론 포로생활을 하는 동안에도 희생제사를 드리지 않았습니다. 그럼에도 불구하고 매우 분명한 사실은, 거룩하고 또 하나님을 진실하게 섬겼던 선지자들이 하나님의 말씀을 거역했을 때, 그들도 예배와 희생제사로부터 배제되었다는 점입니다. 물론, 우리는 모든 선지자들의 선포 안에서 그들의 성경적인 희생제사와 그들의 교회가 정죄 받을 수 있다는 것도 읽을 수 있습니다. 그들은 다시금 대제사장들과 바알의 제사장들로부터 저주받은 이단들과 분리주의자들로 정죄를 받았기 때문입니다.

이러한 현상은 마치 오늘날 우리가 로마 교회가 선언한 파문(출교)의 포탄에 의해서 관통되는 것과 같은 것인데, 우리는 교황의 교회와 그의 희생제사와 어떤 관계도 맺지 않았으며 또 그의 희생제사를 철저히 비난했기 때문입니다. 여기에 덧붙여서, 율법적으로 제정된 예전들이 주님을 통해서 성취되어 폐기되어버린 이후에 사도들은 자신들의 공적인 개종을 통하여 더 이상 대제사장들과 교제하지 않았으며 또 예루살렘 성전으로부터 이탈했습니다. 이 뿐만 아니라, 그들은 복음의 선포와 성례의 표지 안에서 이루어진 연합을 통하여 그리스도를 위한 새로운 교회로 모였습니다. 우리는 이 교회에 관한 묘사를 사도행전에서 확인할 수 있는데, 이 교회는 처음 세워진 형식에 따라서 '사도적인 교회'로 지칭되었습니다. 이 교회는 다른 모든 교회들의 기초가 됩니다. 그렇다면 오늘날 우리가 오래 전에 로마 교회의 권좌와 그의 추종자들로부터 벗어난 교회를 사도적인 교회의 형태에 따라서 회복시킨 것은 불법적인 것일까요? 우리는 성경의 여러 본문에서 그리스도가 육체로 오시기 전에 하나님의 교회가 부패된 인간에 의해서 더럽혀져서 본래의 모습을 잃어버렸지만,

그러나 고대 교회의 모범에 따라서 깨끗하게 되며 또 하나님의 말씀
에 근거하여 새롭게 된다고 예언된 것을 확인할 수 있습니다(렘 33:6-
8). 하지만 오늘 시대에 이러한 동일한 상황이 발생하고 있음에도,
왜 우리는 이와 같은 역사를 기대할 수 없을까요?

## 하나님의 명령으로써
## 로마 교회로부터 분리

분명히, 성경에는 우리의 구세주이신 그리스도, 거룩한 사도들
그리고 선지자들의 예언들이 기록되어 있는데, 즉 마지막 종말의 때
에 사납게 날뛰는 적그리스도의 폭정 아래서 그리스도의 교회가 심
각한 박해를 받는다는 사실이 분명하게 알려져 있습니다. 우리에게
명령된 매우 엄중한 계명은 적그리스도, 우상숭배 그리고 거짓 선지
자들로부터 멀어져야 한다는 것입니다. 주님이 마태복음에서 이렇
게 말씀하셨습니다(마 24:24-6): "거짓 그리스도들과 거짓 선지자들
이 일어나 큰 표적과 기사를 보여 할 수만 있으면 택하신 자들도 미
혹하리라. 보라 내가 너희에게 미리 말하였노라. 그러면 사람들이
너희에게 말하되 보라 그리스도가 광야에 있다 하여도 나가지 말고
보라 골방에 있다 하여도 믿지 말라." 이 말씀도 하셨습니다(마 7:15):
"거짓 선지자들을 삼가라 양의 옷을 입고 너희에게 나아오나 속에는
노략질하는 이리라." 다른 복음서에서 말씀하신 것입니다(눅 6:39):
"소경이 소경을 인도할 수 있느냐 둘이 다 구덩이에 빠지지 아니하
겠느냐?" 그리고 거룩한 베드로도 매우 진지하게 외쳤습니다(행
2:40): "이 패역한 세대에서 구원을 받으라." 이 내용에 대한 구체적

인 설명은 베드로후서 2장과 3장에서 확인할 수 있습니다. 물론, 거룩한 바울은 모든 면에서 거룩한 복음과 베드로가 언급하지 않는 것도 소개하고 있습니다. 즉, 적그리스도, 적그리스도의 마지막 때 그리고 극도로 부패된 사람들을 빛이 아니라, 오히려 교회를 태우는 불러서 나타냈으며, 그래서 성도들에게 악인들로부터 멀리 떨어질 것과 그리스도와 그분의 변함없는 진리를 붙들 것을 명령한 내용들입니다.

이와 관련된 성경의 본문은 데살로니가후서 2장 1-12절, 디모데전서 4장 1-5절, 디모데후서 3장 1-9절과 4장 3-5절 등에서 확인할 수 있습니다. 거룩한 사도 요한처럼 바울도 이렇게 권면했습니다(고전 10:14; 요일 5:21): "너희들은 우상숭배를 피하라!" 고린도후서 6장 14-16절에서 바울은 매우 선명한 비교를 통해서 그리스도와 벨리알, 어둠과 빛 그리고 우상들과 하나님의 성전 사이에 아무런 일치점이 없다는 것도 분명하게 밝혔습니다. 바울은 다음의 언급도 추가시켰습니다(고후 6:17): "그러므로 너희는 저희 중에서 나와서 따로 있고 부정한 것을 만지지 말라 내가 너희를 영접하리라." 이 뿐만 아니라, 거룩한 사도 요한은 우리의 주님이신 그리스도로부터 자신에게 계시된 묵시의 책(계시록)에서 바빌론의 운명을 보았으며, 동시에 하늘로부터 내려온 다음과 같은 목소리도 들었습니다(계 18:4): "내 백성아, 거기서 나와 그의 죄에 참여하지 말고 그가 받을 재앙들을 받지 말라." 요한은 여러 번에 걸쳐서 짐승을 경배하는 사람들이 영원한 멸망에 이르게 될 것이라는 경고를 확인시켜 주며, 이에 반하여 짐승을 경멸하는 사람들은 이 세상의 유일한 구세주이신 예수 그리스도와 연합하여 영원한 멸망을 피하게 될 것이라는 생명과 영광의 약속도 확인시켜 줍니다. 이렇게 볼 때, 로마 교황의 권좌와 로마 교회로부터 분리되는 것은 당연히 허용되었을 뿐만 아니라, 또한 필수적이라는 사실입니다. 왜냐하면 하나님으로부터 거룩한 사도들을 통해서 명령되었기 때문입니다. 만약 우리가 사도들의 가르침을 따르지 않으면, 우리가 구원받지 못할 수 있다는 것을 잊지 않아야 합니다.

## 배교의 종류

우리는 배교가 대단히 혐오스럽고 불신앙적인 일임을 정확히 알고 있습니다. 그럼에도 불구하고 이 배교의 성격이 선명하게 구별하지 않는다면, 우리가 동의해야 할지 혹은 거부해야 할지 그리고 우리가 따라야 할지 혹은 피해야 할지가 분명하게 되지 않을 것입니다. 먼저, 기독교 신앙을 거부하는 배교가 있습니다. 신앙과 하나님의 경외에 대한 증오로부터 연유된 무신론입니다. 신의 존재에 대해 아무런 관심이 없는 무신론과 하나님을 경멸하는 것을 말합니다. 불신앙을 가지고 있었던 루키안(Lucian of Samosata)과 바르고 보편적인 신앙에 관하여 배교했던 율리안(Julian)이 추구했던 것입니다. 바른 신자들의 공동체로부터 이탈하는 것입니다. 기독교 진리를 모독과 욕설로 비방하는 것입니다. 하나님의 교회를 경멸하거나 핍박하는 것입니다. 다음으로, 이단적인 배교가 있습니다. 여기에는 교만하고, 대담하며 또 목이 곧은 신자들이었던 발렌틴누스, 말시온, 아리우스, 마니, 아르테몬 그리고 유사한 괴수 같은 사람들이 속해 있습니다. 그들은 사악함 속에서 성경을 거부하거나 인위적인 조작을 통하여 경멸하고 발로 짓밟았으며 혹은 특정한 신앙고백들과 구원을 제시하는 교리들을 부정하고, 왜곡시키며 또 논쟁을 일삼았습니다. 그리고 참된 진리를 가르치는 교회를 반대하여 이단적인 교회를 설립하거나 참되고, 바르며 또 보편적인 교회로부터 벗어났습니다. 끝으로, 교회를 분리시키는 배교가 있습니다. 도나투스주의자들이 분리주의적인 배교자들입니다. 그들은 완벽한 거룩함에 도달할 수 있다는 구실 속에서 하나님의 참된 교회로부터 분리되어 나갔습니다. 나는 이미 앞에서 이 주제를 자세하게 설명했습니다. 배교와 관련하여 먼저 소개된 두 종류는 마지막 종류와 마찬가지로 어떤 이유로도 변호될 수 없는 동일하게 혐오스럽고 무신론적인 것입니다.

하지만 이러한 세 가지 배교의 형식으로 오늘날 로마 교회로부터 벗어난 우리를 정죄할 수 없습니다. 우리가 시도한 분리는 죄로부터 자유롭게 되는 것입니다. 왜냐하면 로마 교회는 참된 교회가 아니라, 의심의 여지없이 거짓 교회이기 때문입니다. 즉, 우리는 거짓 교회로부터 분리된 것입니다. 이 분리는 하나님의 백성으로부터 벗어난 것을 의미하지 않고, 오히려 하나님의 백성을 핍박하는 사람들에게서 벗어난 것을 의미합니다. 신앙고백들과 교회의 구원을 제공하는 가르침으로부터 분리가 아니라, 오히려 신앙고백들을 흐리게 하고, 교리를 왜곡시키고 그리고 신자들을 조작시키는 오류들로부터 분리된 것입니다. 이러한 분리는 결과적으로 어떤 경솔함으로부터 발생되는 것이 아닙니다. 필연적으로 발생될 수밖에 없는 것입니다. 새로운 것을 위한 노력으로부터 발생되는 것도 아닙니다. 영원한 진리에 근거한 믿음에 다시 도달하기 위해서, 참된 하나님의 경외에 대한 열심으로부터 발생된 것입니다. 우리가 어둠의 공동체를 떠난 이후에 새롭게 참된 빛이신 그리스도와 함께 그리고 그분의 모든 지체들과 함께 모이게 된 것입니다. 그러므로 우리가 오늘날 거짓 교리, 우상숭배 그리고 무죄한 순교자들의 피로 가득 채워진 로마 교회의 권좌를 떠나는 것은 당연합니다. 무엇보다도, 우리는 복음적이며 사도적인 가르침과 그리스도를 믿은 모든 성도들의 공동체인 교회의 유일한 머리이신 그리스도를 소유하고 있습니다. 물론, 이러한 내용은 지금 내가 다루고 있는 주제에서 약간 벗어난 것입니다. 나는 보편 교회에 대한 논의를 마무리하기 위해 다시 본래의 자리로 돌아갈 것입니다.

## 교회의 다양한 특성들

나는 이제부터 성경에 기록된 몇 가지 비유들을 통해서 교회를 살펴보려고 하는데, 아마도 눈앞에 있는 그림처럼 교회를 확인할 수 있을 것입니다. 이를 통해서 각 사람들은 매우 쉽게 내적이고 또 외적인 교회 사이를 구별하거나 인식할 수 있을 것입니다.

### 하나님의 집으로서 교회

먼저, 우리에게 교회는 집의 형태와 그림으로 소개됩니다. 집은 사람이 거주하기 위한 목적으로 지어지고 그리고 건축가들에 의해서 모든 재료들이 사용되어 지어집니다. 즉, 집은 나무, 돌 혹은 대리석으로 지어지는 것입니다. 가장 먼저는 기초가 놓입니다. 그 다음에 이 기초 위에 벽돌들이 겹겹이 쌓여서 담과 벽이 세워집니다. 끝으로, 지붕이 올려지는데, 이 지붕이 없으면 전체 건물은 짧은 시간에 손상되고, 붕괴되며 그리고 무너져 내릴 수 있습니다. 나는 교회가 하나님의 집이며, 이 집의 건축가가 탁월하신 하나님 자신이심을 밝혔습니다. 하나님은 계시를 통해서 모세와 다윗에게, 즉 모세의 성막과 솔로몬의 성막에 관한 성전의 형태를 보여주시며, 그들에게 이 동일한 형태에 따라서 짓도록 하셨습니다. 하나님은 처음부터 사람들이 잘못을 범하지 못하도록 오직 계시된 말씀에 따라서 엄격하게 짓도록 하신 것입니다. 이를 위해서 하나님은 타락하여 죄와 사망에 처해 있는 사람들을 새롭게 하셨습니다. 그리고 하나님은 처음부터 교회를 거룩하게 하셨으며 또 자신의 말씀으로 규정하여 나타내 보이셨습니다. 이러한 교회의 형태는 온전히 보존되어야 하며, 설령 황제, 교황 혹은 어떤 사람으로부터 교회의 새로운 형태가 제시된다고 해도, 결코 다른 교회의 형태는 취해질 수 없습니다.

하나님의 집의 참된 건축가는 복음서에서 이렇게 말씀하셨습니다(마 16:18): "이 반석 위에 내 교회를 세우리라." 하나님의 아들은 우리를 자신의 나라에 걸맞도록 만드시는데, 그분은 우리에게 믿음을 불어넣으시고, 이 믿음을 통하여 우리가 하나님의 교회의 참된 지체가 되게 하시기 때문입니다.

주님이 자신의 교회의 유일하시고 가장 뛰어난 건축가이심에도 불구하고, 그분은 건축 때 사람의 필요를 거부하시지 않으시고, 항상 교회의 건축을 위해서 그분이 친히 세우신 건축가들을 사용하십니다. 바울은 다음과 같이 말했습니다(고전 3:10): "내가 지혜로운 건축가와 같이 터를 닦으리라." 이미 앞서 이렇게도 말했습니다: "아볼로는 무엇이며 바울은 무엇이냐 그들은 주께서 각각 주신 대로 너희로 하여금 믿게 한 사역자들이니라. 나는 심었고 아볼로는 물을 주었으되 오직 하나님께서 자라나게 하셨나니, 그런즉 심는 이나 물 주는 이는 아무 것도 아니로되 오직 자라게 하시는 이는 하나님뿐이니라." 다음 구절에서도 이렇게 말했습니다(고전 3:9): "우리는 하나님의 동역자들이요 너희는 하나님의 밭이요 하나님의 집이니라." 나는 한 가지 실례를 들어서 이 사안을 설명할 것입니다. 하나님께서 이방인들 아래서 교회를 세우길 원하셨을 때, 그분은 첫 번째로 가이사랴에 있는 이탈리아 군대의 백부장인 고넬료에게 자신의 은혜를 부어주셨습니다. 사도 베드로가 그곳에 보냄 받은 이후에, 그는 고넬료의 집을 준비시키셨고 또 교회로 인정했습니다. 왜냐하면 베드로가 복음을 증거하고 또 세례를 베풀 때, 고넬료는 자신의 집안 사람들과 더불어 복음을 들었으며, 믿었으며, 세례를 받았으며 또 성령을 통하여 주님이 거처하시는 참된 교회, 즉 하나님의 집이 되었기 때문입니다(행 10장). 사람이 집에 거주하는 것처럼, 하나님이 교회에 거주하십니다. 바울은 이렇게 말했습니다(고전 3:17): "하나님의 성전은 거룩하니 너희도 그러하니라." 그리고 다음과 같이 교훈했습니다(고전 6:19): "너희 몸은 너희 가운데 계신 성령의 전인 줄을 알지 못하느냐?"

하나님의 집의 기초는 그리스도입니다. 하나님이 이미 이사야에게 말씀하셨습니다(사 28:16): "내가 한 돌을 시온에 두어 기초를 삼았노니 곧 시험한 돌이요 귀하고 견고한 기촛돌이라." 그리스도는 이 예언을 마태복음에서 상기시키셨는데, 즉 그분은 이 예언을 교회의 기초와 연결시키면서 대망하고 있었던 메시아로서 예수가 하나님의 참 아들임을 고백한 베드로에게 밝히셨습니다(마 16:18): "내가 이 반석 위에 내 교회를 세우리니 음부의 권세가 이기지 못하리라." 그리고 이사야 선지자의 이 예언을 인용한 다윗의 고백을 거룩한 베드로는 이렇게 해석했습니다(벧전 2:7): "건축가들의 버린 그 돌이 모퉁이의 머릿돌이 되었느니라." 이러한 이해를 통해서 명백해진 사실은 그리스도가 사람들로부터 버림받았지만, 그분은 하나님으로부터 선택받은 생명의 돌이 되셨고(벧전 2:4), 군건한 기초이시며 그리고 그분 위에 집을 세우는 사람은 결코 멸망하지 않는다는 것입니다.

당연히, 사도 바울도 베드로와 동일하게 다음과 같이 언급했습니다(고전 10:4): "그 반석은 곧 그리스도시라." 그래서 이미 이렇게 밝히기도 했습니다: "이 닦아 둔 것 외에 능히 다른 터를 닦아 둘 자가 없으니 이 터는 곧 예수 그리스도라." 바울이 다른 서신에서 이 터를 "선지자와 사도의 터"로 지칭했을 때(엡 2:20), 이것은 선지자와 사도가 교회의 기초라는 의미로 사용한 것이 아닙니다. 오히려, 예수 그리스도가 교회의 기초이며, 그 기초 위에 모든 건물이 세워진다는 사실을 밝힌 것입니다. 왜냐하면 죽을 수밖에 없는 인간들은 믿음의 대상과 신자들이 보호받을 수 있는 교회의 기초가 될 수 없기 때문입니다. 다윗은 이렇게 호소했습니다(시 18:30-31): "하나님의 도는 완전하고 여호와의 말씀은 순수하니 그는 자기에게 피하는 모든 자의 방패시로다. 여호와 외에 누가 하나님이며 우리 하나님 외에 누가 반석이냐?" 예레미야 선지자도 소리쳤습니다(렘 17:5-7): "여호와께서 이와 같이 말씀하시니라. 무릇 사람을 믿으며 육신으로 그의 힘을 삼고 마음이 여호와에게서 떠난 그 사람은 저주를 받을 것이라. 그러나 무릇 여호와를 의지하며 여호와를 의뢰하는 그 사람은 복을 받을 것이라." 결국, 선지자적이고 사도적인 성경이 우리에게 명확하게 밝히고 있는 것은, 즉 그리스도가 교회의 반석이요 교회의 기초라는 사실입니다.

## 교회의 기초가 될 수 없는 베드로와 로마 교황

그러므로 오직 하나님의 아들에게만 마땅히 돌아가야 할 신적인 찬양, 권세 또 영광을 로마의 교황에게 돌리고 있는 사람들은 파렴치한 죄를 짓고 있는 것입니다. 교황주의자들이 그리스 지역과 라틴 지역의 해석가들 중에 다수가 반석을 베드로로 이해했다는 주장 속에서 우리를 비난하고 있음에도, 우리는 모든 인간적인 권위를 거부하고, 오히려 신적인 것을 우선시하며 또 변호해야 합니다. 마태복음 16장 18절에서 그리스도는 "나는 너 위에 교회를 세우리라"고 하지 않으시고, 오히려 "반석 위에" 세울 것이라고 말씀하셨습니다. 이 반석은 베드로가 고백한 내용(신앙고백)을 지칭합니다. 정말로 베드로 자신은 그리스도가 반석이라는 사실을 이해하지 못했을까요? 이와 관련하여 바울은 이 문제를 분명하게 해결해 주고 있습니다(고전 10:4): "그 반석은 곧 그리스도시라." 이렇게도 강조했습니다(고전 3:11): "이 닦아 둔 것 외에 능히 다른 터를 닦아 둘 자가 없으니 이 터는 곧 예수 그리스도라." 끝으로, 이미 오래 전에 다윗도 언급했습니다(시 18:31): "여호와 외에 누가 하나님이며 우리 하나님 외에 누가 반석이냐?"

나는 이러한 진술을 더 이상 반복하지 않을 것입니다. 왜냐하면 오직 그리스도가 교회의 반석과 기초임을 더욱 확실하게 믿는 사람들에게서 이러한 진술은 고백되고 있기 때문입니다. 의심의 여지없이, 그리스도와 더불어 베드로와 로마의 교회들이 교회의 반석과 기초라고 주장하는 사람들에게서만 이러한 진술이 고백되고 있지 않을 뿐입니다. 지금 나는 하나님의 교회를 반대하는 끔직한 상황이 어떤 것인가를 말하지 않을 수 없습니다. 즉, 교황주의자들은 베드로의 공동체로 간주되는 것은 가치가 없지만, 그러나 (사악한) 시몬의 공동체에 속하는 것은 가치가 있다고 고백하고 있는 것과 같기 때문입니다. 베드로는 그들이 어떤 상태에 처하게 될 것인가를 예언했는데, 베드로후서 2장에는 그들에게 임하게 될 어느 누구도 부인할 수 없는 심판이 묘사되어 있습니다. 이러한 사실에 근거하여 우리는 다시 이미 언급된 비유들의 해석으로 돌아가야 합니다.

### 어떤 것이 하나님의 집인가?

건축재료, 벽 그리고 집의 여타 부분들은 그리스도의 기초 위에 세워진 믿음의 사람들입니다. 베드로와 바울은 이 집의 놀랍고 탁월한 건축가를 증거하고 또 설명하고 있습니다. 베드로는 이렇게 증언합니다(벧전 2:4-5): "사람에게는 버린 바가 되었으나 하나님께는 택하심을 입은 보배로운 산 돌이신 예수께 나아가 너희도 산 돌 같이 신령한 집으로 세워지고 예수 그리스도로 말미암아 하나님이 기쁘게 받으실 신령한 제사를 드릴 거룩한 제사장이 될지니라." 바울도 다음과 같이 언급했습니다(엡 2:19-22): "그러므로 이제부터 너희는 외인도 아니요 나그네도 아니요 오직 성도들과 동일한 시민이요 하나님의 권속이라. 너희는 사도들과 선지자들의 터 위에 세우심을 입은 자라 그리스도 예수께서 친히 모퉁잇돌이 되셨느니라. 그의 안에서 건물마다 서로 연결하여 주 안에서 성전이 되어 가고, 너희도 성령 안에서 하나님이 거하실 처소가 되기 위하여 그리스도 예수 안에서 함께 지어져 가느니라." 이러한 사도적인 가르침을 통하여 우리는 그리스도가 하나님의 집에서 모퉁이 돌이 되신 것을 배웁니다. 이 돌은 벽들이 무너지지 않도록 서로를 결속시켜서 전체 건물을 지탱하는 역할을 합니다. 그리고 그분은 교회의 지붕, 교회의 변호자 또 중보자이신데, 그분 아래서 교회는 안전하고, 행복하며 또 복되게 살아갑니다.

## 비유적으로 교회를 예표하는 성막과 성전

여기에서 모세의 거룩한 시대와 솔로몬의 성전을 살펴볼 것입니다. 왜냐하면 이 건물들은 하나님의 집으로 지칭되었기 때문입니다. 이 성막과 성전은 구조적으로 지성소, 성소 그리고 앞뜰로 구분되어 있습니다. 이 건물들의 부분들이 각기 구별되어 지칭되었음에도 불구하고, 하나님의 한 유일한 집이 묘사된 것입니다. 즉, 이 집은 각기 구별된 공간들을 가지고 있는 한 보편 교회입니다. 성전의 지성소는 하늘에 있는 승리하는 교회를 의미합니다. 그곳에는 하나님의 사역자들과 우리의 형제들인 족장들, 선지자들, 사도들, 순교자들 그리고 모든 구원받은 영혼들이 머물러 있습니다. 그곳에서 우리의 주님이시고, 교회의 보화들이 담겨 있는 우리의 언약궤이며 또 율법의 완성이신 그리스도가 하나님의 보좌에서 항상 언약의 확실함과 우리의 존귀함을 나타내고 있습니다. 그곳에서 우리에게 하나님의 계시가 주어집니다. 성전의 이 부분은 모든 것들이 금과 보석으로 장식되어서 밝게 빛나는데, 하늘에서 온전한 기쁨을 누리게 된다는 것을 알려줍니다. 이 성전 안에는 천사들의 형상들, 종려나무들, 꽃들이 새겨져 있습니다. 천상의 삶에서 선택된 사람들은 하나님의 천사와 같아질 것을 의미합니다. 그곳에서 승리자들은 영원히 살 것입니다. 주님이 이렇게 말씀하셨습니다(계 2:7): "이기는 그에게는 내가 하나님의 낙원에 있는 생명나무의 열매를 주어 먹게 하리라." 그곳에서는 모두가 빛날 것입니다. 우리는 그리스도 안에서 또 영원한 생명 안에서 변화되기 때문입니다.

그리고 하나님의 성소는 우리에게 전투하는 교회를 암시합니다. 즉, 예수 그리스도의 피를 통하여 거룩해지고 또 경건의 모양뿐만 아니라 경건의 능력도 가진 내적인 교회를 말합니다. 교회는 믿음 안에서 하나님께 의존하고, 교회와 하나님은 서로에 대한 사랑 안에서 깊이 연합되어 있으며 그리고 교회는 성령 안에서 하나님의 말씀을 청종하며 또 성례에 참여함으로써 하나님을 섬기기 때문입니다. 하나님의 성소에 솔로몬은 열 개의 촛대를 세웠고, 열 개의 상과 물두멍을 두었습니다. 교회 안에서 성도들의 깨달음, 양육 그리고 회개를 통한 매일의 정결함이 발생되기 때문입니다.

끝으로, 성전의 앞뜰은 백성들의 모든 교제를 수용합니다. 비록 교회 안에 위선자들이 섞여 있다고 해도, 교회는 믿음을 고백하는 신자들의 교제이기 때문입니다. 솔로몬의 성전 안에서 성소와 앞뜰 사이에는 두 개의 기둥이 서 있는데, 그곳에는 다윗의 족보가 새겨져 있습니다. 그리스도는 교회를 보호하시는 분이며, 그분을 통하여 교회로 들어가는 문이 열리기 때문입니다. 그리스도의 공로와 능력으로부터 그분 안에 머물러 있는 교회는 진리의 기둥과 터전이 될 수 있습니다. 하나님의 교회로서 거룩한 성막과 성전 밖에는 하나님이 친히 계시하신 예배를 드릴 수 있는 장소가 없기 때문입니다. 오직 성도들의 교회 안에서 주님은 은혜를 베푸십니다. 유대인들, 터키인들 그리고 사라센인들이 표면적으로 탁월한 행위를 하는 것처럼 보일지라도, 하나님은 그리스도와 그분의 공동체 밖에 있는 어느 누구도 좋아하지 않습니다.

## 주님의 포도원으로서 교회

이사야서에서 하나님의 교회는 잘 가꾸어진 포도원으로 비유되어 있습니다. 이사야는 이렇게 말했습니다(사 5:7): "무릇 만군의 여호와의 포도원은 이스라엘 족속이요 그가 기뻐하시는 나무는 유다 사람이라." 우리의 주님도 복음서의 포도원 비유를 통해서 신자들을 포도나무의 가지로 설명하셨습니다(요 15:1-6): "나는 참 포도나무요 내 아버지는 농부라. 무릇 내게 붙어 있어 열매를 맺지 아니하는 가지는 아버지께서 그것을 제거해 버리시고 무릇 열매를 맺는 가지는 더 열매를 맺게 하려 하여 그것을 깨끗하게 하시느니라. 너희는 내가 일러준 말로 이미 깨끗하여졌으니, 내 안에 거하라 나도 너희 안에 거하리라 가지가 포도나무에 붙어 있지 아니하면 스스로 열매를 맺을 수 없음 같이 너희도 내 안에 있지 아니하면 그러하리라. 나는 포도나무요 너희는 가지라 그가 내 안에, 내가 그 안에 거하면 사람이 열매를 많이 맺나니 나를 떠나서는 너희가 아무 것도 할 수 없음이라. 사람이 내 안에 거하지 아니하면 가지처럼 밖에 버려져 마르나니 사람들이 그것을 모아다가 불에 던져 사르느니라." 그러므로 오직 하나의 포도원이 있는 것처럼, 오직 하나님의 교회가 있습니다. 포도원처럼 교회도 열매를 맺는 지체들이 있고, 열매를 맺지 못하는 지체들이 있습니다. 하나님의 선하고, 경건하며 그리고 참된 지체들뿐만 아니라 악하거나 위선적인 사람들도 교회로 간주되기 때문입니다. 마지막 때에 위선자들은 포도나무에서 잘리게 되고 또 영원한 불에 던져질 것입니다. 착한 사람들은 포도나무의 줄기에 붙어 있어 잘리지 않고, 열매를 맺으며 그리고 교회의 기초이시고, 머리이시며 또 구원자가 되시는 그리스도를 소유하고 있습니다. 그분은 자신의 영과 생명을 교회에 부어주셔서 선한 열매를 맺도록 하십니다. 그리고 그리스도와 신자들 사이에는 머리와 지체로 연결되어 있습니다. 나는 이 연합에 관하여 이미 언급했습니다. 주님은 복음서에서 이렇게 말씀하셨습니다(요 15:7): "너희가 내 안에 거하고 내 말이 너희 안에 거하면 무엇이든지 원하는 대로 구하라 그리하면 이루리라."

## 하나님의 나라로서 교회

신자들의 교회는 하나님의 나라로 지칭되기도 합니다. 교회의 왕, 즉 모든 신자들의 왕은 하나님의 아들이신 예수 그리스도이신데, 그분이 자신의 영과 자신의 말씀을 통해서 교회를 다스리시기 때문입니다. 그리스도의 통치를 받기 위해 교회는 자유로운 의지 속에서 그분에게 순종합니다. 그래서 지상에는 여러 영적인 나라들이 존재하지 않고, 영광의 그리스도가 한분이신 것처럼, 오직 한 하나님의 나라가 존재합니다. 나는 이미 세 번째 설교집의 일곱 번째 설교에서 우리의 왕이신 그리스도와 그분의 나라에 대해 설명했습니다.

## 사람의 몸을 통하여 설명되는 교회

나는 교회가 마치 사람의 육체와 동일하다고 이미 언급했습니다. 육체에는 가장 최고의 위치에 머리가 있으며 결코 육체로부터 분리되지 않습니다. 하지만 머리가 잘려나가면, 몸은 생명을 잃고 또 분별력 없이 사망합니다. 몸에는 수많은 지체들이 있지만, 그러나 모든 지체는 놀라운 일체감 속에서 움직이고 있습니다. 모든 지체들은 상호간에 조화를 이루고 있거나 통일성을 가지고 있고, 상호간에 고통을 느끼며 그리고 상호간에 협력합니다. 모든 지체들이 서로를 위해서 일하는 것처럼, 모든 신자들도 서로를 위해서 일합니다. 그들은 믿음을 통하여 머리이신 그리스도와 하나가 되며, 그리고 그리스도는 은혜와 성령을 통하여 모든 지체들과 연결됩니다. 그리스도는 교회로부터 결코 분리되지 않으며, 그리고 교회는 자신의 생명을 유일하신 그리스도로부터 받습니다. 그리스도는 전투하는 교회에 육체적으로 임하지는 않지만, 그분은 지상에 있는 교회가 어떤 대리자도 필요하지 않도록 자신의 영, 자신의 능력 그리고 자신의 통치와 함께 이 교회에 임재합니다. 그분만이 유일하게 가장 높은 지위를 가지고 계시며, 그리고 그분은 교회의 유일한 머리, 유일한 왕, 유일한 대제사장 그리고 유일한 구원주로 영원히 계십니다. 주님은 에스겔서에서 이렇게 말씀하셨습니다(겔 34:23-4): "내가 한 목자를 그들 위에 세워 먹이게 하리니 그는 내 종 다윗이라 그가 그들을 먹이고 그들의 목자가 될지라. 나 여호와는 그들의 하나님이 되고 내 종 다윗은 그들 중에 왕이 되리라 나 여호와의 말이니라." 주님은 마지막 문장인 "나 여호와의 말이니라"를 통해서 어느 누구도 이렇게 언급된 것들에 관하여 신뢰와 확신에 있어서 의심을 하지 않도록 하셨습니다. 하나님은 영원한 진리이시고, 그리고 하나님은 스스로 '내가 말하는 모든 것'은 참되다고 말씀하셨습니다. 결국, 하나님께서 무엇을 말씀하셨습니까? 교회 안에 오직 한 유일한 목자와 통치자가 있다는 것입니다. 하나님이 분명하게 "한 유일하신 분"을 설명하셨습니다. 한 유일하신 분은 누구실까요? 하나님이 "나의 종 다윗"이라고 말씀하셨는데, 즉 그분에 대해서 거룩한 복음서들은 '다윗의 아들'로 지칭하고 있습니다. 다윗의 아들은 단순히 목자의 이름이나 개념이 아닙니다. 오히려, 우리를 구원하실 수 있는 구속주를 나타냅니다. 그래서 마태복음에 이렇게 기록되어 있습니다(마 18:20): "두세 사람이 내 이름으로 모인 곳에는 나도 그들 중에 있느니라." 다음과 같은 기록도 확인됩니다(마 28:20): "보라, 내가 세상 끝날까지 너희와 항상 함께 있으리라." 그리스도는 자신의 교회를 위해 존재하기 때문에, 교회는 어떤 다른 대리자도 필요로 하지 않습니다.

### 다른 대리자를 필요로 하지 않는 하나님의 교회

'대리자'는 현재 자리를 비운 어떤 사람의 자리를 대신하는 것입니다. 그러므로 그리스도의 대리자가 세워진 곳에는 그리스도가 계시지 않고, 결론적으로 적그리스도가 있습니다. 그리스도가 교회의 머리라는 사실을 좀 더 깊게 살피면 교황의 실체가 명백하게 드러날 것입니다. 이 머리는 교회의 생명, 교회의 영광과 빛 혹은 조명(깨달음), 그리고 신자들의 가장 높은 통치자를 의미합니다. 즉, 그리스도는 모든 시대와 이 세상 위에 흩어져 있는 성도들의 모든 공동체의 지배자로서 성도들의 기도와 맹세를 들으시고, 또한 그분 자신이 의지하신 대로 각 사람들의 모든 용무들에 대해 도움을 주실 수 있는 분이시기 때문입니다. 그분은 보편 교회를 완벽하게 통치하시고, 모든 일들을 바르게 처리하시며 그리고 교회의 모든 사안들을 온전하게 만드실 수 있습니다. 이러한 권세는, 이미 언급된 것처럼, 하나님 없이 살아가는 어떤 피조물에게도 허락되지 않는 것입니다. 오직 참된 하나님이며 참된 인간이신 교회의 유일한 머리이신 그리스도에게만 허락되어 있습니다.

## 교회의 머리가 될 수 없는 교황

　로마 교회의 교황을 교회의 머리로 인정하는 사람들은 자신들이 무엇을 말하는지도 모릅니다. 의식적으로든 혹은 무의식적으로든 하나님의 아들을 비방하고 있는 것입니다. 그들은 그리스도가 유일한 교회의 통치자라는 사실을 인정하지 않고 있습니다. 그러나 우리는 거룩한 사도 바울이 제시한 증언을 경청할 필요가 있습니다. 그는 이렇게 설명했습니다(엡 1:20-23): "그의 능력이 그리스도 안에서 역사하사 죽은 자들 가운데서 다시 살리시고 하늘에서 자기의 오른편에 앉히사, 모든 통치와 권세와 능력과 주권과 이 세상뿐 아니라 오는 세상에 일컫는 모든 이름 위에 뛰어나게 하시고, 또 만물을 그의 발 아래에 복종하게 하시고 그를 만물 위에 교회의 머리로 삼으셨느니라. 교회는 그의 몸이니 만물 안에서 만물을 충만하게 하시는 이의 충만함이니라." 우리가 여기에서 주목해야 할 것은, 그리스도가 머리라는 사실입니다. 그분은 하늘과 땅에서 있는 모든 것들보다도 앞서 계신 분이시기 때문입니다. 그래서 그분이 모든 것들을 지배하고, 모든 것들은 그분 앞에 복종하는 것입니다. 그분은 교회를 온전하게 하시고, 교회가 필요로 하는 모든 결핍들을 채우시며 그리고 교회의 모든 소원을 성취시키십니다. 사도 바울의 다른 기록입니다(엡 5:23): "그리스도는 교회의 머리이고 그의 몸의 구주이시다." 머리가 가지고 있는 책임은 몸을 중단 없이 보존하고 또 몸을 대표하여 일하는 것입니다. 그리스도 외에는 어느 누구도 이 직무를 실행할 수 없습니다. 그러므로 그분은 자신의 교회의 유일한 머리이시고, 특히 교회는 그리스도의 영적인 몸인데, 이 때문에 교회는 육체적인 머리를 가질 수 없습니다. 만약 교회가 육체적인 머리를 갖는다면, 그것은 상상 속에 나오는 괴물을 만들어 내는 것과 같습니다. 왜냐하면 교회의 머리이신 그리스도는 단순한 사람이 아니라, 오히려 하나님이시며 사람이기 때문입니다. 하지만 로마의 우상숭배자들과 독재적인 개척자들은 교회의 머리를 지상의 지배자로 이해했는데, 이것은 마치 성경에서 사울이 이스라엘의 머리로 지칭된 것과 같은 경우입니다(삼상 15:17).

그러므로 로마 교회는 권세를 소유하고 있으며, 가장 상부계급을 차지하고 있으며 그리고 가장 높은 자리에 앉아 있는 교황을 교회의 머리로 인정하는 것입니다. 이러한 타락을 경계하며 이미 주님은 다음과 같이 말씀하셨습니다(눅 22:24-7): "또 그들 사이에 그 중 누가 크냐 하는 다툼이 난지라. 예수께서 이르시되 이방인의 임금들은 그들을 주관하며 그 집권자들은 은인이라 칭함을 받으나, 너희는 그렇지 않을지니 너희 중에 큰 자는 젊은 자와 같고 다스리는 자는 섬기는 자와 같을지니라. 앉아서 먹는 자가 크냐 섬기는 자가 크냐 앉아서 먹는 자가 아니냐 그러나 나는 섬기는 자로 너희 중에 있노라."

이러한 로마 교회의 수위권은 인간에 의해 의도된 것으로 그리스도의 가르침이나 교훈에 의해 세워진 권세가 아닙니다. 이 수위권은 그리스도의 규범, 가르침 그리고 모범과 정반대되는 것인데, 마치 이 세상에서 세속적인 지배자와 같으며 사도들이나 사도적인 직분자들의 지배를 원치 않는 형태입니다. 그리스도는 교회에 사역자들을 세우며, 그들로 하여금 교회를 섬기게 하십니다. 신자들이 식탁에 앉으면, 교회의 직분자들은 그들에게 주님으로부터 받는 음식을 제공하는데, 즉 그들은 하나님의 말씀을 잘 준비해서 가르치는 것입니다. 이 땅에 오신 그리스도는 스스로 높은 보좌에서 내려오신

분이 아닙니까? 그리스도는 모든 것들의 주인이심에도 불구하고 스스로 섬기지 않으셨습니까? 그리스도는 섬기는 자들이 연장자라는 이유로 법에서 제외되는 것도 거절하지 않으셨습니다. 그분은 이렇게 말씀하셨습니다(눅 22:26): "너희 중에 큰 자는 젊은 자와 같고 다스리는 자는 섬기는 자와 같을지니라." 그리스도는 모두가 동등해야 한다고 명령하신 것입니다. 이와 관련하여 히에로니무스는 바르게 비판했습니다. 즉, 그는 신적인 권위로부터 나오지 않고 인간의 관습으로부터 '감독'으로 불려지는 한 사람이 성직자들 앞에 계급적으로 서는 것은 잘못되었다는 것입니다. 고대로부터 감독과 성직자는 동등한 명예, 가치 그리고 권위를 가졌다고 밝혔습니다. 그리고 더욱 주목해야 할 점은, 거룩한 히에로니무스는 여기에서 로마 제국 안에 있는 전체 교회에 관한 지배를 언급한 것이 아니라는 사실입니다. 오히려, 개별적인 도시들 가운데 성직자들 위에 군림했던 감독들을 주목한 것입니다. 나는 인간적인 권위를 보호하기 위해서 히에로니무스의 입장을 제시한 것이 아닙니다. 로마 교회가 말하는 이 권위는 인간적인 진술을 통하여 확증된 것임을 밝히기 위해 제시한 것입니다. 교황의 수위권은 하나님의 아들과 말씀에 의해 규정된 것이 아닙니다. 인간들의 독단에 의해 규정된 것입니다. 그리스도만이 교회의 유일한 머리로 계십니다. 로마 교황은 전투하는 교회의 머리로서 어떤 권한도 없습니다. 이 뿐만 아니라, 우리는 의심의 여지없이 거룩한 복음과 사도적인 교리에 확고히 서 있습니다. 우리는 한 사람의 우월성에 관한 모든 교만을 단호히 거절합니다. 우리는 사도들이 증언했던 것처럼 충성스러운 사역, 동등성 그리고 사역의 겸손을 추구합니다(고전 4:1): "사람이 마땅히 우리를 그리스도의 일꾼이요 하나님의 비밀을 맡은 자로 여길지어다."

## 그리스도의 우리로서 교회

요한복음 10장에서 주님은 스스로 보편 교회의 목자로 소개하시고 또 이 목자의 유일성을 강조하셨습니다. 이 목자의 우리는 유일한 것인데, 즉 하나님의 말씀을 통해서 유대인들과 이방인들이 모여 있는 한 보편 교회를 나타냅니다. 그러므로 이 우리 안에 있는 양들은 이 세상에 있는 모든 신자들을 일컫는 것이며, 그들은 그리스도께 순종하고 또 최고의 목자이신 그리스도의 인도하심을 신뢰합니다. 그리스도께서 교회의 사역을 위해서 직분자들을 세우시고 또 목자라는 호칭을 부여하셨음에도 불구하고, 그분은 최고의 돌봄, 최고의 능력 그리고 목자의 명예를 친히 보증하십니다. 교회의 목자들이 인간들임에도, 그들은 모두 동일하고 또 섬기는 자들입니다. 하지만 주님이신 그리스도는 보편적인 목자, 교회의 통치자와 주인이십니다. 무엇보다도, 가장 크신 열정과 가장 크신 신앙으로 목자들을 훌륭하게 만드시는 분입니다. 이와 관련하여 주님이 베드로에게 말씀하셨습니다(요 21:15-7): "내 양을 먹이라." 이 말씀을 통해서 그리스도는 베드로에게 세상과 교회의 지배를 제시한 것이 아닙니다. 오히려, 자신의 구원받은 백성들의 섬김을 제시한 것입니다. 이렇게 말씀하신 것과 같습니다: "나의 말을 통하여 양들을 가르치고 또 인도하라. 내가 다시 이르노니, 내가 이 양들을 나의 피로 구원하였느니라." 바울도 언급했습니다(행 20:28): "여러분은 자기를 위하여 또는 온 양 떼를 위하여 삼가라 성령이 그들 가운데 여러분을 감독자로 삼고 하나님이 자기 피로 사신 교회를 보살피게 하셨느니라." 그러므로 로마 교황이 주님이 베드로에게 하신 말씀을 통하여 교회 안에 있는 모든 권세가 베드로에게 주어졌다고 믿는다면, 그것은 분명한 오류입니다. 우리는 주님이 베드로에게 하신 이 말씀을 베드로가 어떻게 해석하여 장로들에게 말했는가를 경청해야 합니다(벧전 5:1-3): "너희 중 장로들에게 권하노니 나는 함께 장로 된 자요 그리스도의 고난의 증인이요 나타날 영광에 참여할 자니라. 너희 중에 있는 하나님의 양 무리를 치되 억지로 하지 말고 하나님의 뜻을 따라 자원함으로 하며 더러운 이득을 위하여 하지 말고 기꺼이 하며, 맡은 자들에게 주장하는 자세를 하지 말고 양 무리의 본이 되라."

### 지배가 금지된 목자의 직무

베드로는 교회에 대한 지배자와 지배에 관하여 어떤 언급도 하지 않았습니다. 오히려 자세한 설명과 함께 교회의 지배를 금지시켰습니다. 왜냐하면 베드로는 주님으로부터 구약 시대의 재판장과 대제사장으로 세워진 것이 아니라 목자와 장로로 세워졌기 때문입니다. 그래서 베드로도 교회 가운데 재판장을 세우지 않았고, 오히려 주님의 양 떼를 그리스도의 말씀으로 먹이는 목자와 장로를 세웠습니다. 그들로 하여금 모든 악한 술책들을 다 내려놓은 이후에 자원하는 마음과 합당한 자세로 주어진 직무를 감당하도록 했습니다. 앞서 언급했던 것처럼, 이러한 내용은 에스겔서 34장에 잘 기록되어 있습니다. 교황과 교황주의자들의 마음이 마비되지 않았거나 눈이 막히지 않았다면, 그들은 이미 오래 전에 자신들이 어떤 경우에도 교회의 목자들과 베드로의 제자들로 간주될 수 없다는 것을 인식했을 것입니다. 그들은 적어도 자신들의 유명한 그레고리우스의 언급을 주목했어야 합니다. 그는 황제 마우리키우스(Maurikius) 앞에서 다음과 같은 외쳤습니다: "내가 자유롭게 고백하건데, 모두에게 군림하는 사제로 간주되는 자는 적그리스도의 선구자입니다." 그리고 곧바로 덧붙였습니다: "진리가 '스스로 높이는 자는 낮아지게 될 것이다'라고 말하고 있기 때문에, 내가 아는 것은, 어떤 사람의 교만이 빠르게 팽창될수록, 그의 교만은 더욱더 빠르게 파멸을 불러일으킬 것이라는 사실입니다."

### 그리스도의 신부로서 교회

결론적으로, 그리스도와 교회의 관계는 남자와 여자의 결혼에 관한 비유로 묘사되어 있습니다. 즉, 그리스도는 교회의 신랑이요, 교회는 그리스도의 신부입니다. 세례 요한은 자신의 제자들에게 이렇게 말했습니다(요 3:28-30): "내가 말한 바 나는 그리스도가 아니요 그의 앞에 보내심을 받은 자라고 한 것을 증언할 자는 너희니라. 신부를 취하는 자는 신랑이나 서서 신랑의 음성을 듣는 친구가 크게 기뻐하나니 나는 이러한 기쁨으로 충만하였노라. 그는 흥하여야 하겠고 나는 쇠하여야 하리라 하니라." 구약의 선지자들에게서도 이러한 비유는 매우 흔하게 발견됩니다. 어떤 책에서 무시를 받고, 지저분하며 또 쓰레기 더미 속에 있는 소녀에 관한 기록을 볼 수 있습니다. 즉, 한 고귀한 사람이 그녀를 쓰레기 더미에서 건져내어 더러움에서 벗어나게 해 주었으며 그리고 그녀를 영광스러운 모습으로 치장하여 아내로 맞이했다는 이야기입니다(스 16:1-14). 이러한 비유는 하나님의 긍휼하신 행위를 설명한 것입니다. 하나님이 애굽의 포로로 있는 자신의 백성을 자신의 놀라운 능력으로 건너게 하시고 또 존귀한 백성으로 삼으신 것을 떠올릴 수 있습니다.

모든 인류가 첫 조상으로부터 죄와 불법으로 얼룩졌고 또 지옥의 형벌에 처박히게 되었다는 것을 어느 누가 모르겠습니까? 하나님의 아들이 하늘로부터 내려오셔서 자신의 선택된 사람들을 그분의 피로 정결하게 하셨으며 그리고 흠이나 주름이 없이 거룩하고 영광스럽게 된 교회와 하나가 되셨다는 것을 어느 누가 거절하겠습니까? 결혼을 통하여 부부 사이에는 모든 귀한 것들을 상호 공유하는 일이 성립하게 됩니다. 한 몸이 되는 것입니다. 그리스도는 우리의 육체를 취하시고, 모든 면에서 우리와 같이 되셨습니다. 이 때문에 우리는 그분의 지체인, 즉 그분의 살과 뼈가 된 것입니다. 우리 속에는 연약함, 죄 그리고 사망이 있습니다. 이것들을 우리의 신랑이 우리가 해를 입지 않도록 자신의 것으로 취하셨습니다. 우리의 신랑이신 그리스도 안에는 칭의, 성화 그리고 생명이 있습니다. 이 은택들을 그분이 자신의 신부인 우리에게 나누어주십니다. 이 때문에 우리는 그분 안에서 의롭고 거룩하게 되었으며, 그분을 통하여 생명을 얻게 되었습니다.

## 자녀를 생산하는 어머니인 교회

그리스도와 교회 사이에 존재하는 부부의 연합으로부터 하나님은 자녀들을 출생시킵니다. 이러한 이유로 교회는 어머니와 자유자인, 즉 귀부인과 여주인으로 간주됩니다. 바울은 이렇게 말했습니다 (갈 4:26): "위에 있는 예루살렘은 자유자니 곧 우리 어머니라." 남자와 여자의 동거로부터, 즉 씨의 번식을 통하여, 아이가 태어나는 것처럼, 그리스도는 교회를 자신과 연합시켰고, 그 연합 안에서 자신의 말씀의 씨를 심으셨습니다(고전 3:5-9). 그분의 말씀을 통하여 어머니 교회는 자녀는 출산하는 것입니다.

내가 이미 앞서 교회의 기원에 대해서 언급한 것처럼, 즉 우리 안에 말씀의 씨를 보존하시고 또 말씀의 설교를 통하여 우리를 양육하십니다. 우리를 빛으로 인도하여 젖으로 키우며 또 단단한 음식으로 성장시키시는데, 이 성장은 "온전한 성인"이 될 때까지 지속됩니다 (엡 4:13). 신앙 없이, 충성 없이, 씨 없이 어머니가 존재하지 않는 것처럼, 당연히 그리스도 없이, 참된 믿음 없이 그리고 하나님의 말씀의 씨 없이 우리의 자유로운 어머니와 여주인 교회도 존재하지 않습니다.

### 정결한 처녀 교회

우리는 앞서 하나님의 교회가 왜 어머니로 지칭되는지 배웠습니다. 그럼에도 불구하고 교회는 처녀로도 지칭됩니다. 왜냐하면 이러한 거룩한 어머니 교회로부터 주님은 무엇보다도 정절과 정결함을 요구하기 때문입니다. 사도 바울은 이렇게 밝혔습니다(고후 11:2): "내가 너희를 정결한 처녀로 한 남편인 그리스도께 드리려고 중매함이로다." 처녀가 신랑에게 시집갈 때, 처녀성을 선물로 가지고 가는 것은 당연한 의무입니다. 그것을 흠이 없도록 잘 유지하는 것도 당연한 의무입니다.

그렇다면 어떻게 이 처녀성을 유지할 수 있을까요? 그것은 그리스도를 참되게 믿는 것입니다. 그리스도에 대하여 오직 바르고 온전한 마음으로 영원토록 변함없이 접붙여 있는 것입니다. 만약 우리가 오직 신랑만 따르고 그 외에는 아무도 사랑하지 않는다면, 쉽게 말해서, 우리가 복음의 순수성에 머물러 있다면 이 처녀성을 유지하는 것입니다. 사도 바울은 다음과 같이 언급했습니다(고후 11:3): "뱀이 그 간계로 하와를 미혹한 것 같이 너희 마음이 그리스도를 향하는 진실함과 깨끗함에서 떠나 부패할까 두려워하노라." 이러한 올바름을 그리스도는 구원의 핵심으로 인정했습니다. 생명과 모든 천상적인 은택들의 집약으로도 인정하였습니다. 복음의 순수성 안에 머물지 않으면, 구원도 없고 자비도 없습니다. 유혹하는 남자에게 귀를 빌려주고, 마음을 다른 남자에게 열며 그리고 남편에게 만족하지 못하는 여인을 어느 누가 정결한 귀부인으로 인정하겠습니까? 낯선 남자와 동침하고 또 낯선 사람의 씨로부터 아이를 낳았다면, 모두 사람들이 창기요 간음한 여인으로 비난하지 않겠습니까?

### 간통과 창기의 간음

실제적으로 성경에서 빈번하게 영적인 간통과 영적인 간음의 비유를 확인할 수 있습니다. 선지자들의 모든 외침은 이러한 비유로 가득합니다. 교회 혹은 신자들이 다른 씨, 즉 하나님의 말씀 이외에 다른 교훈을 취하는 것을 가리켜 간음으로 지칭했습니다. 하나님 앞에서 간음한 것은 결코 단순한 문제가 아닙니다. 하나님에게서 멀어졌다는 것이며, 하나님을 전심으로 사랑하지 않는다는 것이며, 오직 하나님께만 기도하지 않는다는 것이며, 하나님을 경외하지 않는다는 것이며 그리고 하나님을 찾지 않는다는 것을 의미합니다. 간음하는 자들은 자신들의 욕망을 위해 다른 대상을 구합니다. 그들은 다른 대상을 하나님을 대신하여 부르거나 혹은 하나님과 함께 부릅니다. 이러한 문제는 예레미야 5장의 많은 부분과 호세아 2장 전체가 다루고 있습니다. 주님은 다른 내용과 함께 호세아 2장에서 이렇게 말씀하셨습니다(호 2:4-5): "내가 그의 자녀를 긍휼히 여기지 아니하리니 이는 그들이 음란한 자식들임이니라. 그들의 어머니는 음행하였고 그들을 임신했던 자는 부끄러운 일을 행하였나니 이는 그가 이르기를 나는 나를 사랑하는 자들을 따르리라."

## 거룩한 어머니 교회가 될 수 없는 로마 교회

이러한 이해 속에서, 나의 형제들이여, 오늘날 어떤 사람이 온갖 것들로 치장하여 거룩한 어머니 교회처럼 위장한 로마 교회를 존경한다면, 그것은 결코 온당치 못합니다. 로마 교회는 거룩한 어머니 교회가 아니며, 귀부인도 혹은 흠이 없는 처녀도 아니기 때문입니다. 오직 신랑만을 사랑하는 정결한 귀부인은 어디에 있습니까? 신랑에게 보여야 할 정결함과 깨끗함을 가진 신부는 어디에 있습니까? 낯선 씨로 더럽혀지지 않는 교회는 어디에 있습니까? 로마 교회는 하나님의 말씀과 모순되는 새로운 가르침을 취하지 않았을까요? 이러한 잘못된 것을 가르치지는 않았을까요? 이러한 방식으로 로마 교회는 그리스도를 대신하여 얼마나 많은 적그리스도의 자녀들을 낳았을까요? 거룩한 요한은 이러한 로마 교회를 이미 바르게 지칭하였는데, 즉 "위대한 바빌론, 간음의 어머니 그리고 이 땅의 혐오스러운 존재"로 소개했습니다. 그리고 "이 여자가 성도들의 피와 예수의 증인들의 피에 취한지라"(계 17:6)고 덧붙였습니다. 거룩한 어머니인 교회는 흠결이 없는 처녀입니다. 그녀는 오직 자신을 사랑하는 신랑의 목소리 혹은 교훈만 따릅니다. 오직 신랑에게서 자신의 생명과 복락을 찾습니다. 모든 일들 속에서 오직 신랑만 의지합니다. 성경은 그리스도와 교회의 비밀을 수많은 그림들로 묘사하여 소개합니다. 내가 지금까지 설명한 것으로 충분할 것입니다. 우리의 주님이신 예수 그리스도는 교회의 참되고 유일하신 목자이신데, 그분은 길을 벗어난 자신의 양들을 다시 부드럽게 우리로 인도하실 것이며 또 영원토록 자신의 양들을 교회로 모아서 보존하실 것입니다. 아멘.

개혁파 종교개혁자들과 신학자들의 메달 초상화

설교 3

# 하나님의 말씀에 대한 직무와 사역자들

◇◇◇◇◇

하나님의 말씀에 대한 직무와 사역자들, 왜 또 어떤 목적으로 하나님께로부터 직무를 부여받았는가? 그리스도가 교회에 부여하신 교회의 직분들은 가치적으로 동등한 것이다. 왜 또 어떻게 사역자들의 권위가 세워지고, 이와 반대로 왜 또 어떻게 로마 교황의 우월성이 성립되었는가?  로마 교황의 우월성이 성립되었는가?

◇◇◇◇◇

나의 형제들이여! 하나님의 말씀에 근거하여 교회의 직무와 사역자들에 관하여 소개하는 것을 지속함으로써 하나님의 교회에 관한 지금까지의 설명을 더 잘 이해하게 될 것입니다. 나는 하나님의 말씀을 통하여 하나님의 교회가 세워지고 보존된다고 말했으며, 그리고 현상적으로 주님에 의해서 세우심을 받은 교회의 사역자들을 통해서 세워지고 보존된다고 말했습니다. 그러므로 교회의 사역자들에 관하여 또 그들의 직무에 관하여, 즉 하나님이 자신의 교회를 경영하는 질서에 관하여 논의하는 것은 적절합니다.

교회의 직무에는 조언되고 또 점검되어야 할 공동체적인 기도, 성례의 시행 그리고 무엇보다도 하나님의 말씀의 선포가 포함되어 있습니다. 앞의 두 가지 주제는 적절한 때에 논의할 수 있을 것입니다. 나는 지금 하나님의 말씀에 대한 직무에 대해 설명할 것입니다. 특별히 주목되어야 할 것은, 왜 하나님은 신자들을 가르치기 위해 사람들의 도움과 직무를 필요로 하고, 그들은 이 직무에서 무엇을 수행해야 하며 또 하나님이 어떻게 역사하시는가를 살펴보는 것입니다.

## 왜 하나님은 교회를 세우실 때 사람의 직무를 필요로 하시는가?

하나님은 자신의 측량할 수 없는 선하심과 은혜 안에서 우리에게 전적인 관심을 가지십니다. 우리의 심령에 더욱 깊이 새겨지기 위해서 그리고 우리가 무엇을 하나님께 감사해야 하는가를 생각하기 위해서 내가 믿는 것이 무엇인가를 종종 반복적으로 상기해야 합니다. 왜냐하면 우리는 믿음을 통하여 강건해지며, 구원을 얻으며, 우리의 향한 하나님의 호의를 누리며 그리고 우리가 하나님에 대하여 감당해야 할 의무가 무엇인지를 온전히 이해할 수 있기 때문입니다. 하나님이 모든 수단들을 통해서 우리의 구원을 열심히 촉진시키고 계시는 것처럼, 그분은 참된 진리가 결핍되지 않도록 신자들을 가르치기 위해서 스스로 계시하셨습니다. 하지만 우리의 연약함과 부패가 죄로 인하여 매우 깊이 자리 잡고 있기 때문에, 우리는 하나님의 영원하시고 측량할 수 없는 전능하심과 함께 하는 교제를 감당할 수 없습니다. 이미 이러한 내용은 우리 족장들의 수많은 증언을 통해서 명백하게 드러난 것입니다. 무엇보다도 시내산 위에서 이스라엘 백성으로 구성된 보편 교회와 교제를 통해서 확인되었습니다. 하나님은 영광스럽고 신적인 위엄 가운데서 시내산 위에 임재하셨습니다. 그리고 하나님은 친히 자신의 입으로 하나님을 경외하는 규범인 우리가 십계명으로 부르는 율법을 계시하셨습니다. 이때 이스라엘 백성은 하나님의 전능함에 압도되어 모세에게 다음과 같이 요청했습니다(출 20:19): "당신이 우리에게 말씀하소서 우리가 들으리이다 하나님이 우리에게 말씀하시지 말게 하소서 우리가 죽을까 하나이다." 하나님께서 이 요구를 들으시고 말씀하셨습니다(신 5:28-

9): "이 백성이 네게 말하는 그 말소리를 내가 들은즉 그 말이 다 옳도다. 다만 그들이 항상 이 같은 마음을 품어 나를 경외하며 내 모든 명령을 지켜서 그들과 그 자손이 영원히 복 받기를 원하노라." 그 이후에 하나님은 선택된 사람들을 통하여 가르치는 방식을 지속시키길 원하셨으며, 결국에 하나님은 자신의 아들에게 육체를 취하도록 하셔서 이 세상에 보내시고 그리고 그분을 통하여 우리와 대화하셨습니다.

## 말씀에 대한 직무를 통하여
## 교회를 구원으로 인도하시는 하나님

하나님은 인간의 도움 없이 그의 영혼의 내적인 조명을 통하여 – 그분의 능력은 어떤 피조물과도 연결되어 있지 않기 때문에 – 온 세상을 다시 새롭게 하시며 또 교회를 경영하실 수 있습니다. 하나님이 자신의 피조물을 버리지 않으시고, 자신의 작품을 멸하지 않으시며 그리고 모든 것을 자신의 질서에 따라서 섭리하시는 것처럼, 그분은 처음부터 족장들을 통하여, 그 이후에는 선지자들을 통하여, 나중에는 사도들을 통하여 세상에 말씀하셨습니다. 그리고 하나님은 지금도 세상에 교사들과 목자들을 보내시는 것을 멈추지 않으십니다. 이러한 사실로부터 우리가 분명하게 배우는 것은 하나님을 시험해서는 안 된다는 사실인데, 즉 마치 광신자들이 신비스러운 영감을 기대하는 것처럼 시도해서는 안 되며, 오히려 하나님이 교회의 사역자들을 통하여 우리와 대화하신다는 바른 질서를 인정해야 하며 또 알아야 한다는 것입니다. 즉, 우리는 이 사역자들로부터 하나

님의 뜻에 따라서 참된 믿음을 배우는 것입니다. 에디오피아 여왕의
궁정관리인 간다게는 성경을 즐겨 읽었습니다. 주님이 그에게 비밀
스런 영감을 통하여 믿음의 일을 가르치실 수 있었지만, 그러나 그
에게 교사와 해석자로 빌립을 보내셨습니다(행 8:26-40). 이와 동일하
게, 이방인들의 교사였던 바울도 셋째 하늘에 이끌려가서 사람이 아
닌 그리스도로부터 친히 우리 신앙의 모든 것들에 관하여 가르침을
받았음(고후 12:2-4)에도 불구하고, 그러나 하나님은 처음에 아나니아
를 바울에게 보내서 말씀하셨습니다. 가이샤라에 사는 이탈리아 백
부장인 고넬료에게 신앙의 일들에 관하여 가르칠 수 있는 주님의 천
사가 보내졌지만, 그러나 이 천사는 고넬료에게 사도 베드로를 초청
할 것을 명령했습니다(행 9:6): "네가 행할 것을 이 사람이 너에게 이
를 것이니라." 이러한 이해 속에서 사역자들은 구원자들로 지칭되었
으며, 그리고 그들이 사람들을 돌이키게 했다고 회자되었습니다. 그
들의 말은 사람의 언어가 아니라 하나님의 말씀으로 간주되었습니
다. 이 사역자들을 경멸한 사람들은 하나님을 경멸하는 것과 같습니
다. 그들은 죄인들을 묶을 수도 있고 풀 수도 있으며, 붙잡을 수도 있
고 놔줄 수도 있다고 기록되어 있습니다. 왜냐하면 오바댜 선지자는
구원받은 사람들이 시온산에 오르게 될 것이라고 이미 언급했는데,
이것은 사도들과 관계된 모든 설교자들을 지칭한 것입니다. 바울은
아그립바 왕 앞에서 하나님이 자신에게 계시하신 말씀을 다시 제시
했습니다(행 26:17-8): "내가 너를 구원하여 그들에게 보내어 그 눈을
뜨게 하여 어둠에서 빛으로, 사탄의 권세에서 하나님께로 돌아오게
하고 죄 사함과 나를 믿어 거룩하게 된 무리 가운데서 기업을 얻게
하리라 하더이다." 누가가 세례 요한에 관하여 증언한 것은 이미 천
사장 가브리엘이 앞서 말한 것입니다: "그가 또 엘리야의 심령과 능

력으로 주 앞에 먼저 와서 아버지의 마음을 자식에게, 거스르는 자를 의인의 슬기에 돌아오게 하고 주를 위하여 세운 백성을 준비하리라." 그밖에 사도 바울은 데살로니가인들에게 이렇게 말했습니다(살전 2:13): "우리가 하나님께 끊임없이 감사함은 너희가 우리에게 들은 바 하나님의 말씀을 받을 때에 사람의 말로 받지 아니하고 하나님의 말씀으로 받음이니 진실로 그러하도다 이 말씀이 또한 너희 믿는 자 가운데에서 역사하느니라." 또한, 그는 계속 언급했습니다(살전 4:8): "그러므로 저버리는 자는 사람을 저버림이 아니요 너희에게 그의 성령을 주신 하나님을 저버림이니라." 주님도 복음서에서 말씀하셨습니다(눅 10:16): "너희 말을 듣는 자는 곧 내 말을 듣는 것이요 너희를 저버리는 자는 곧 나를 저버리는 것이요 나를 저버리는 자는 나 보내신 이를 저버리는 것이라." 다음의 말씀도 기억해야 합니다(마 16:19): "내가 천국 열쇠를 네게 주리니 네가 땅에서 무엇이든지 매면 하늘에서도 매일 것이요 네가 땅에서 무엇이든지 풀면 하늘에서도 풀리리라." 이렇게도 말씀하셨습니다(요 20:23): "너희가 누구의 죄든지 사하면 사하여질 것이요 누구의 죄든지 그대로 두면 그대로 있으리라 하시니라."

### 하나님이 사역자들에게 부여하신 교회 직무

한 부류는, 이러한 성경의 본문을 본래적인 의미에서 벗어나게 이해하여, 그리스도와 동일한 권세를 사역자들에게 부여하며 그리고 그들은 오직 그리스도에게만 속한 사역에도 참여시킵니다. 이 뿐만 아니라, 그들은 그리스도가 아직 연약한 사람들이 감당할 수 없게 한 직무를 각색해야 한다고 말합니다. 이와 반대로 다른 부류는 직접적인 성령을 통해서 허락되는 은밀한 인도하심에 관하여 언급하는데, 즉 그들은 교회의 외적인 직무를 무시하거나 폐지된 것으로 이해하며, 그래서 이 직무를 전혀 인정할 수 없는 것으로 간주합니다. 교회의 직무는 그 한계가 분명하게 설정되는 것이 필요합니다. 왜냐하면 이 직무가 인간의 판단과 요구에 따라서 이리저리 휘둘리지 않아야 하고 그리고 너무 높게 평가되거나 너무 낮게 평가되지 않아야 하기 때문입니다. 교회의 직무는 명예롭게 유지되어야 하며 또 하나님의 영광에 손상을 주지 않는 선에서 그의 중요성이 인정되어야 합니다. 하나님으로부터 부여된 교회 직무를 어떤 구실로도 인간적인 사역으로 돌리는 것은 합당하지 않습니다. 즉, 하나님께 의존되어 있으며 또 모든 선한 것들의 유일한 근원이자 유일한 수여자이신 하나님을 바라봐야 하는 모든 인간들은 이 교회의 직무를 신적인 것으로 간주하기 때문입니다. 다시 말하면, 충성스러운 사역자들은 오직 예수 그리스도만 따라야 하며, 그리고 그리스도의 영광, 그분의 손상될 수 없는 신분 또 그분의 대제사장적인 사역을 결코 손상시켜서는 안 되는데, 이러한 책임에 교회의 직무가 기초해 있습니다. 인간이 아니라 하나님에 의해 만들어진 아버지의 거룩한 보좌 우편에 앉아계신 예수 그리스도는 한 유일하고 또 가장 높으신 대제사장으로서 지금도 교회 안에 있는 사역자들의 모든 직무들을 감찰하고 계신다는 것을 잊지 않아야 합니다. 그리스도는 성령과 함께 신자들을 부르시며, 새롭게 하시며, 양육하시며, 거룩하게 하시며 그리고 그들의 잘못을 용서하시기 위해서, 그분은 유일한 교사와 지도자로서 자신의 자녀들, 즉 신자들을 가르치십니다. 이러한 사실에 관하여 성경은 여러 곳에서 분명하게 증거하고 있습니다.

## 하나님의 선택된 도구로서 교회의 사역자들

이러한 영광과 능력을 그리스도는 어느 누구에게도 주지 않았습니다. 즉, 그리스도를 대신하거나 그리스도와 함께 그분의 고유한 사역을 완성한 것처럼 부당하게 그분의 자리를 차지하고 있는 악마적인 교만에 현혹된 사역자들에게 아무 것도 주어지지 않았습니다. 가장 충성된 사역자들과 선택된 하나님의 도구들인 사도들도 직접적으로 성령을 제공하지 못했습니다. 심령을 변화시키지 못했습니다. 영혼에 기름을 붓지 못했습니다. 영혼을 거듭나게 하지 못했습니다. 그리고 사람들을 죄, 죽음, 악마 또 지옥으로부터 해방시키지 못했습니다. 이 모든 것들은 하나님의 고유한 사역이기 때문입니다. 어느 누구에게도 이러한 직무가 주어지지 않았습니다. 그러므로 거룩한 세례 요한은 분명하게 자신이 '그리스도'인 것을 거부했습니다 (요 1:20).

요한은 자신이 성령으로 세례를 베풀 수 있다는 것을 인정하지 않았습니다. 그는 외쳤습니다(요 1:26, 33, 23): "나는 물로 세례를 주거니와 그는 성령으로 세례를 주며, 나는 광야에서 외치는 자의 소리로다. 주의 길을 곧게 하라!" 바울도 자신의 용무 때문에 아그립바 왕 앞에 섰을 때, 그는 하나님을 향하여 결박된 것 외에는 아그립바 왕 역시도 나 바울과 같이 될 수 있기를 소원했습니다(행 26:29). 만약 바울이 스스로 양육할 수 있고, 거룩하게 하며 그리고 죄를 사할 수 있었다면, 이러한 소원은 필요하지 않았을 것입니다. 우리는 성경에서 이러한 내용을 수도 없이 만날 수 있습니다.

## 교회 직무의 중요성

그럼에도 불구하고 교회의 직무는 결코 헛되지 않습니다. 왕의 고문들과 시종들은 왕과 동일한 권세를 가지고 있지 않고 또 왕과 함께 혹은 왕을 대신하지 못하지만, 그러나 그들의 직무는 헛된 것이 아닙니다. 하나님의 아들이며 또 자신의 교회의 대제사장이신 그리스도는 영혼들에게 마음의 유일한 탐구자로 역사하시는데, 즉 그분은 이러한 사실을 자신의 사역자들을 통해서 세상에 알리시고 증거하십니다. 성경은 이 사역자들을 증인, 설교자 혹은 대사라고 지칭하고 있습니다(요 15:27; 행 1:8). 주님이 제자들에게 말씀하셨습니다(요 15:27): "너희도 처음부터 나와 함께 있었으므로 증언하느니라." 바울도 이렇게 말했습니다(딤후 1:11): "내가 이 복음을 위하여 선포자와 사도와 교사로 세우심을 입었노라." 바울은 다른 곳에서 복음을 우리의 주님이신 예수 그리스도에 관한 "증거"와 "선포"라고 지칭했습니다(딤후 1:8). 사도 요한도 자신이 하나님의 말씀과 예수 그리스도의 증인됨을 인하여 밧모섬에 유배되었다고 밝혔습니다 (계 1:9).

그리고 사역자들은 하나님의 아들을 증거하고 또 그리스도의 말씀으로부터 영원한 생명을 약속받았기 때문에, 그들의 선포는 사람의 언어가 아니라, 오히려 하나님의 말씀으로 간주되었습니다. 이러한 전제 속에서 사역자들이 구원하였으며 또 죄로부터 자유하게 했다고 인식되었습니다. 그들은 참된 구원주이신 왕의 대사들이며 또 선포자들인데, 즉 그들이 죄사함을 선포하기 위해서 그리스도로부터 보냄을 받은 것입니다. 그래서 그들은 유일한 구원자로서 그리스도를 기록하였으며 그리고 그분께서 주시는 생명, 거룩과 구원을 위해 헌신했습니다. 바울은 사역자들을 "하나님의 동역자"와 "하나님의 비밀을 맡은 자"로 소개하기도 했습니다(고전 3:9; 4:1). 하나님의 아들의 구속사역을 통해서 베풀어지는 구원을 사역자들이 설교하며 또 전파하기 때문에, 그들이 동역자로 간주된 것입니다. 바울은 교회의 교사들을 복음서에서 주님이 씨 뿌리는 사람(마 13:1-9)으로 비유한 것처럼, 정원사와 나무를 심는 사람으로 비유했습니다. 바울은 이러한 사역자들을 외적인 양육을 맡는 봉사자들로 인정했고, 그러나 내적인 효과는 오직 우리의 주님이신 그리스도께서 최종적인 결정권을 가지고 있다고 밝혔습니다. 그는 이렇게 말합니다(고전 3:5-7): "그런즉 아볼로는 무엇이며 바울은 무엇이냐 그들은 주께서 각각 주신 대로 너희로 하여금 믿게 한 사역자들이니라. 나는 심었고 아볼로는 물을 주었으되 오직 하나님께서 자라나게 하셨나니, 그런즉 심는 이나 물 주는 이는 아무 것도 아니로되 오직 자라게 하시는 이는 하나님뿐이니라." 성경의 이러한 증거를 통하여 어거스틴은 교회의 사역자들에 관하여 언급하고 또 기록하였는데, 즉 하나님의 내적으로 권면하시고 또 교훈하시는 영광은 결코 사라지지 않지만, 그러나 사역자들의 직무 역시도 폐지되지 않으며 또 무익한 것으로 여겨지지 않는다고 강조했습니다.

어거스틴은 130번 번호가 붙은 치르센저(Circenses)에게 보낸 편지에서 하나님에 의해서 역사되는 내적인 인도와 사람들에 의해서 감당되는 외적인 직무에 관하여 이렇게 기록했습니다: "이 직무는 우리의 일이 아니다. 오히려, 하나님의 일이다. 비록 내가 너와 함께 있었고 또 우리의 말과 권면을 통해서 엄청난 회심의 역사가 뒤따랐다고 해도, 나는 이 열매를 인간의 노력의 결과로 돌리고 싶지 않다. 이 열매는 하나님이 자신의 사역자들을 통하여 우리에게 이 일들의 표적들과 함께 외적으로 권면하신 역사 속에서 발생한 것이다. 즉, 하나님이 그들의 직무를 통하여 내적으로 자신의 사람 안에서 친히 가르치신 결과이다." 이러한 언급을 통해서 어거스틴은 교회의 사역 자들을 아주 제한적이며, 인색하며 또 가치가 없는 것으로 평가하지 않았다는 사실입니다. 그는 곧바로 이렇게 증언했습니다. "오직 그 때문에 우리는 너를 방문했을 때 적지 않게 격려를 받았다. 너에게 발생한 모든 칭송받을 일들은 우리에게서 나온 것이 아니고, 오히려 '오직 놀랍게 역사하시는' 분으로부터 연유된 것이기 때문이다. 우 리가 최선을 다할 수 있는 것은 이 열심을 우리의 고유한 것으로 간 주해 주시는 하나님의 역사 때문이다. 즉, 우리가 선한 일을 행한다 고 할지라도, 이 선행은 우리가 스스로 행한 인간의 역사가 아니라, 하나님의 역사인 것이다. 그래서 사도 바울은 '심는 이나 물주는 이 는 아무 것도 아니로되 오직 자라나게 하시는 하나님뿐이니라'라고 말했다(고전 3:7)." 어거스틴은 요한복음에 관한 자신의 26번 논문에 서도 다음과 같은 기록을 남겼습니다. "이 나라의 모든 백성은 하나 님으로부터 가르침을 받고 있으며, 인간으로부터 하나님의 진리를 듣지 않는다. 즉, 그들이 인간으로부터 어떤 것을 들을지라도, 그들 이 이해할 수 있는 것은 내적으로 주어지고, 내적으로 조명되며 또 내적으로 계시되기 때문이다. 외적인 선포를 하는 사람들은 무엇을 행하는 것인가? 내가 말하고 있는 지금 나는 무엇을 행하고 있는가? 소리에 대한 한 음향을 나는 너의 귀에 전달할 뿐이다. 그러므로 이 음성이 내적으로 계시되지 않는다면, 나는 무엇을 말했으며, 나는 무엇을 전달한 것인가? 외적으로는 나무를 심은 자가 일하지만, 내 적으로는 창조주가 일하신다. 심는 자와 물을 주는 자는 외적으로 일하는 것이며 – 그것을 우리가 행하고 있다. 그러나 성경은 이렇게 증거한다(고전 3:7): '심는 이나 물주는 이는 아무 것도 아니로되 오직 자라나게 하시는 하나님뿐이니라.' 이것은 다음과 같은 사실을 의미한다(요 6:45): '그들이 다 하나님의 가르치심을 받으리라.'"

그러므로 거룩한 바울이 다른 성경 본문(고후 3:2-3)에서 "너희는 우리의 편지라 우리 마음에 썼고 뭇 사람이 알고 읽는 바라. 너희는 우리로 말미암아 나타난 그리스도의 편지니 이는 먹으로 쓴 것이 아니요 오직 살아 계신 하나님의 영으로 쓴 것이며 또 돌판에 쓴 것이 아니요 오직 육의 마음판에 쓴 것이라"고 말했을 때, 성령의 사역과 사람들 혹은 사역자들의 사역 사이를 세심하게 구별한 것입니다. 여기에서 바울은 하나님의 영광과 성령의 일을 자신의 것이라고 하지 않았고, 오히려 자신의 고유한 사역, 즉 사역자들의 직무라고 했습니다. 바울이 선포하고 또 잉크로 기록했지만, 그러나 하나님의 영은 마음을 움직이고 또 자신의 은혜와 기름부음으로 마음에 새기신 것입니다. 이렇게 바울은 자신의 직무를 감당하고 그리고 성령도 자신의 일을 감당함으로써, 바울이 하나님과 함께 동역하는 것이 되는 것입니다. 사도들은 오직 복음의 사역자들과 선포자들이지만, 그러나 그들은 오직 문자로만 일하지 않고, 오히려 성령의 역사와 함께 일합니다. 물론, 그들이 성령을 붓는 것이 아닙니다. 그들은 복음의 선포자들인데, 즉 성령을 보내시고 또 신자들 위에 부어주시는 그리스도의 선포자들입니다. 그렇다고 해도 그들은 은혜나 죄의 용서도 제공할 수 없는 율법 조항의 선포자들이 아닙니다. 그들은 진노를 유발할 수 있고 또 죄를 용서할 수 있는 복음의 선포자들입니다. 열쇠와 열쇠의 권세에 관하여 설명하는 것은 다른 부분에서 적당한 기회에 이루어질 것입니다. 나는 이미 이 설교집의 첫 번째 설교에서 이번 설교에서도 다루고 있는 교회의 권세와 직무에 관하여 언급한 것으로 기억합니다.

주님은 교회를 가르치시기 위해서 또 구원을 제공하기 위해서 자신의 동역자로들서 사람들의 도움을 사용하십니다. 이를 통해서 주님이 우리를 얼마나 사랑하시며 또 우리를 얼마나 존귀하게 여기시는지를 매우 분명하게 알려주셨습니다. 왜냐하면 주님은 한 세속적인 그릇 안에 가장 존귀한 보물을 놓으시고, 우리 안에서 놀라운 일들을 행하시며 그리고 세상의 모든 과장된 공허한 것들을 정복하시길 원하셨기 때문입니다. 그러므로 우리는 바울이 우리에게 가르친 그리스도의 모든 영광을 인식하는 것을 다시금 배웁니다. 바울은 이렇게 말했습니다(고후 4:5-8): "우리는 우리를 전파하는 것이 아니라 오직 그리스도 예수의 주 되신 것과 또 예수를 위하여 우리가 너희의 종 된 것을 전파함이라. 어두운 데에 빛이 비치라 말씀하셨던 그 하나님께서 예수 그리스도의 얼굴에 있는 하나님의 영광을 아는 빛을 우리 마음에 비추셨느니라. 우리가 이 보배를 질그릇에 가졌으니 이는 심히 큰 능력은 하나님께 있고 우리에게 있지 아니함을 알게 하려 함이라. 우리가 사방으로 우겨쌈을 당하여도 싸이지 아니하며 답답한 일을 당하여도 낙심하지 아니하며 ..."

더욱이, 교회의 몸의 모든 지체들은 교회의 직무를 통하여 놀랍게도 서로 연합됩니다. 이러한 조화를 이루고 또 일치를 보존하기 위해서, 무엇보다도 주요하게 요구되는 것은, 우리가 서로를 격려하며 또 개별 신자들은 모든 가족을 인도하고 보호하는 한 충성스러운 가장처럼 각자에게 주어진 고유한 목자의 책임을 맡는 것입니다. 분명히, 구약 시대에 성막과 성전에서 온전히 수행되어야 할 직무와 제사장으로 기름부음을 받은 레위지파는 하나님으로부터 이러한 목적을 위해 부름을 받았다는 것을 알 수 있습니다. 하지만 하나님을 믿지 않은 여로보암 왕이 이러한 제도를 자신의 역겨운 몰염치함 속에서 폐지시켰을 때(왕상 12:25-33), 그는 나라를 분열시켰고, 결국 자신의 가문과 전체 국가를 근본적으로 무너뜨렸습니다.

## 거룩한 직무의 목적

거룩한 바울은 하나님이 부여하신 거룩한 직무의 목적에 관하여 설명했습니다. 즉, 교회의 몸의 일치에 관하여 침묵하지 않았으며, 다른 중요한 특징들을 제시했습니다. 우리는 다음의 언급을 통해서 바울의 생각을 알 수 있습니다(엡 4:12-5): "이는 성도를 온전하게 하여 봉사의 일을 하게 하며 그리스도의 몸을 세우려 하심이라. 우리가 다 하나님의 아들을 믿는 것과 아는 일에 하나가 되어 온전한 사람을 이루어 그리스도의 장성한 분량이 충만한 데까지 이르리니, 이는 우리가 이제부터 어린 아이가 되지 아니하여 사람의 속임수와 간사한 유혹에 빠져 온갖 교훈의 풍조에 밀려 요동하지 않게 하려 함이라. 오직 사랑 안에서 참된 것을 하여 범사에 그에게까지 자랄지라." 이러한 교회 직무의 목적은 하나님의 말씀의 선포 속에서 분명해 집니다. 하나님이 교회 가운데 사역자들을 세우신 목적은 교회의 몸의 모든 지체들이 일치를 이루어서 교회의 머리이신 그리스도께 복종하고, 구원의 날까지 그분에게 온전히 붙어 있으며 그리고 그분 안에서 성장하여 온전한 사람이 되도록 하는데 있습니다. 결국, 이를 통해서 우리가 계속해서 미성숙한 사람들로 남아있지 않고 또 매번 이단의 기만과 유혹에 빠지지 않게 하려는 것입니다. 그리고 우리가 참된 신앙과 참된 사랑 가운데 교제하며, 그리스도의 진리를 온전하고 순수하게 붙들며 그리고 모든 시대에 그리스도를 올바르게 섬길 수 있도록 하려는 것입니다. 끝으로, 우리의 죽음 이후에도 우리로 하여금 그리스도와 함께 천상의 유업을 누리도록 하려는 것입니다.

### 교회 직무의 기원과 가치

이러한 이해로부터 우리는 교회의 직무가, 비록 이 직무가 인간들에 의해서 수행되고 있지만, 결코 인간적인 것이거나 인간에 의해 고안된 것이 아니라는 결론에 도달할 수 있습니다. 교회의 직무는 하늘에서 기원한 것이며 또 하나님이 친히 이 직무의 원인자와 섭리자가 되시는데, 그러므로 이 직무의 가치 역시도 특별한 것입니다. 처음 낙원에서 첫 번째 설교자는 하나님 자신이었습니다. 더 정확하게 표현하면, 성령의 중보를 통하여 항상 선조들에게 말씀하셨던 하나님의 아들은 이 땅에 오셔서 인간이 되셨을 때도 아버지로부터 온 세상의 교사와 지도자로서 직무를 부여받으셨습니다. 그분은 우리의 조상인 아담과 하와에게 죄용서와 회개를 선포하셨고, 성례로서 희생제사를 규정하시고 계시하셨습니다. 이를 통하여 그들에게 장래에 약속의 후손들을 통하여 지불되어야 할 구원(속죄)의 값을 눈으로 확인시켜주시고 또 인장을 찍어 확신시켜주셨습니다. 그 이후에 이 직무는 아담과 그의 아들과 손자들인 셋, 에노스, 에녹, 노아 그리고 셈에게 계승되었고, 아브라함과 그의 후손들을 통하여 모세에게까지 계승되었습니다. 즉, 그들에 의해서 교회가 인도된 것입니다. 그리고 이후에 이 직무를 위해서 선지자들과 제사장들이 세례 요한과 그 약속되었던 후손인 우리의 왕과 대제사장이신 예수 그리스도의 때까지 투입되었습니다. 이 직무는 다시 그리스도의 제자들을 세상에 보내는 것으로 지속되었으며, 또한 그들의 후계자들로 세워진 감독들과 목자들을 통하여 지금까지 계승되고 있습니다. 이 주제는 이미 다른 곳에서 매우 자세하게 설명되었습니다. 그러므로 우리는 지금 하나님의 사역자들의 목소리와 가르침으로 하나님의 음성을 듣습니다. 하나님의 천사의 말을 듣는 것처럼, 더욱이 우리 주님의 말을 친히 듣는 것처럼, 우리가 복음을 선포하는 사역자들의 말도 들어야 한다고 명령되었습니다. 갈라디아인들은 바울에게 칭송을 받았는데, 바울은 이렇게 말했습니다(갈 4:14): "너희를 시험하는 것이 내 육체에 있으되 이것을 너희가 업신여기지도 아니하며 버리지도 아니하고 오직 나를 하나님의 천사와 같이 또는 그리스도 예수와 같이 영접하였도다." 거룩한 어거스틴도 요한복음에 관한 36번 논문에서 이렇게 밝혔습니다: "우리는 마치 주님이 우리 곁에 계시는 것처럼 복음을 듣길 원했다. 우리는 어떤 말도 하길 원치 않았다. 오! 주님의 복음을 들을 수 있는 사람은 복된 자이다. 주님을 보았던 사람들 중에 거의 대부분은 그분을 죽였으며, 우리 중에 거의 대부분은 그분을 보지 못했음에도 불구하고 믿는 자들이 되었다. 주님의 입에서 울려 퍼진 고귀한 말씀들은 우리를 위해 기록되었으며, 우리를 위해 보존되었으며, 우리를 위해 낭독되었으며 그리고 우리의 후손을 위해 세상의 끝까지 증거될 것이다. 주님은 저 높은 곳에 계시지만, 그러나 주님은 여기에도 진리로 함께 계신다. 왜냐하면 부활하신 주님의 몸은 오직 한 장소에만 계실 수 있지만, 그러나 자신의 진리는 온 세상에 증거되고 있기 때문이다. 주님이 친히 자신의 말씀을 통해서 우리에게 보낸 것을 들어야 한다." 우리의 대제사장이신 주님은 오늘날에도 자신의 말을 선포하는 사역자들을 통하여 우리에게 말씀하십니다. 당연히, 우리는 성경 안에 기록된 하나님이 족장들, 선지자들 또 사도들을 통하여 우리에게 말씀하신 모든 것들을 가지고 있으며 그리고 이 성경은 교회의 사역자들을 통해서 낭독되고 또 해설됩니다(롬 15:4; 히 3:1-6). 무엇보다도 우리의 주님과 구원주가 친히 이 직무를 취하시고 또 유대적인 교회의 한 사도와 사역자가 되셨는데, 어느 누가 그 이후로 그리스도의 직무와 충성스러운 사역자들을 경멸할 수 있었을까요?

하지만 종교적인 가르침을 인간적인 것과 혼합시키지 않은 첫 번째 사역자들이 잊어지고 있습니다. 그들은 거룩함과 존귀함에서 모든 사람들보다도 뛰어난 사람들이었습니다. 그리고 종말이 가까워지는 이 시대에 도처에서 복음을 반대하는 조소자들과 쾌락주의자들이 패권을 잡고 있습니다. 이 때문에 하나님의 말씀의 직무는 무시를 받고 있습니다. 그럼에도 불구하고 우리가 이 세상에서 분명히 발견할 수 있는 사실은 무엇일까요? 모든 사람들이 세상의 시작부터 모든 시대를 관통하여 두루 살핀다고 해도, 이 세상에 존재하는 가장 현명하고, 가장 의로우며 또 가장 뛰어난 사람도 하나님의 선지자들과 사도들이 증거했던 하나님의 말씀보다도 오래되고 고귀한 보물을 소유하고 있지 않다는 점입니다.

### 교회 안에 지속되고 있는 하나님의 말씀의 직무

우리가 이 주제에 속한 다른 부분을 살피기 전에, 나는 어떤 성경 본문을 근거로 말씀의 직무를 훼손시키려고 하는 사람들을 고려하며 몇 가지 사안에 대해 답변하고 싶습니다. 이 문제와 관련하여 그들은 예레미야서의 유명한 구절을 인용하고 있습니다(렘 31:34): "그들이 다시는 각기 이웃과 형제를 가리켜 이르기를 너는 여호와를 알라 하지 아니하리니 이는 작은 자로부터 큰 자까지 다 나를 알기 때문이라." 나는 예레미야의 기록을 전혀 의심하거나 부인하지 않습니다. 다만 이 선지자가 이렇게 표현한 것은, 즉 하나님에 대한 인식과 온 세상의 신적인 인식이 보편화되어야 한다는 사실을 알리는데 그 목적이 있다는 점입니다. 요엘도 이러한 내용을 예언했으며(욜 2:28-32), 베드로도 사도행전 2장(행 2:14-36)에서 분명히 밝히고 있습니다. 그 밖에 다른 선지자들도 주님이 자신의 백성에게 보내신 교회의 교사들을 언급하고 있습니다. 만약 모든 설교자들이 제거될 것이라고 생각했다면, 선지자들과 사도들은 이 직무를 행하지 않았을 것입니다.

### 각 사람에게 어떻게 복음이 증거될 수 있을까?

어떤 사람들이 주장하는 것처럼, 이 가르치는 직무가 모든 사람들에게 동일하게 주어져 있다면, 즉 부모가 자녀를 양육하고 또 각 이웃들을 권면하는 것과 동일하다면, 교회 안에서 하나님의 말씀을 선포하는 직무는 불필요한 것이며, 분명한 논란거리가 될 것입니다. 당연히, 우리는 집에서 우리의 자녀들을 가르치고 또 이웃들을 권면해야 하지만, 그렇다고 해서 공적인 예배를 불필요하게 생각하지 않습니다. 왜냐하면 부모에게 자녀들을 예배 안에서 가르치고 또 우리 모두에게 이웃을 가르치며 권면하라고 명령하신 하나님이 동일하게 교회에 공적인 사역자들을 세우셨기 때문입니다. 이 직분은 교회 안에서 공적으로 가르치기 위해 허락된 것인데, 모든 사람들에게 허락된 것은 아니지만, 오직 합법적으로 임명된 사람들에게 허락된 것입니다. 물론, 하나님의 말씀을 가르치는 교사가 바른 길을 가지 않을 때 예외적인 경우가 있을 수 있습니다. 그리고 이 직분은 하나님의 영과 함께 사람에게 주어지는데, 즉 적합한 곳에서 또 합법적인 시간에 자유롭게 주어지며, 신중하게 항변하며 그리고 진리가 효과를 발휘하도록 헌신하는 사람에게 주어집니다. 그러므로 하나님의 말씀에 대한 공적인 직무는 교회 안에서 존속되고 있으며, 그리고 더 정확히 표현하면 항구적입니다.

## 신약 성경에 기록된 교회의 직분

나는 일반적인 관점에서 하나님의 말씀에 대한 직무와 사역자들을 언급했습니다. 지금은 이 주제에 관하여 순서대로 설명할 것입니다. 나는 가장 먼저 다음의 사안들을 제시하고 싶습니다: 주님은 처음부터 어떤 신분과 직분을 의도했는가? 주님은 누구에게 이 거룩한 교회의 직무를 위임하셨는가? 우리는 누구를 사역자로 임명해야 하는가? 마지막으로, 교회 안에 세움을 받은 사역자들의 직무는 무엇인가? 나는 다시금 선진들로부터 끌어낸 내용을 살피면서 여러분을 지루하지 않게 할 것입니다. 먼저, 예수 그리스도에 관하여 바울이 무엇을 언급했는지 살펴보겠습니다(엡 4:10-12): "내리셨던 그가 곧 모든 하늘 위에 오르신 자니 이는 만물을 충만하게 하려 하심이라. 그가 어떤 사람은 사도로, 어떤 사람은 선지자로, 어떤 사람은 복음 전하는 자로, 어떤 사람은 목사와 교사로 삼으셨으니, 이는 성도를 온전하게 하여 봉사의 일을 하게 하며 그리스도의 몸을 세우려 하심이라." 이와 관련된 다른 내용도 같은 성경 본문에서 살필 수 있습니다. 우리 주님이 사도, 선지자, 복음전도자, 목자 그리고 교사를 임명하시고 결정하셨습니다. 그들의 사역을 통해서 교회를 세우고, 보존하고 그리고 다스리기 위해서 친히 부르시고 세우신 것입니다.

### 사도

성경이 사도에 관하여 무엇을 말하는지 살펴보겠습니다. '사도' 는 주님이 자신의 열두 제자에게 부여하신 새로운 이름입니다. 주님이 그들을 특별하게 찾았던 사람들이며 또 모든 백성에게 교사와 지도자로 지정해 주신 사람들입니다. 누가복음 6장 13절을 보겠습니다: "그 제자들을 부르사 그 중에서 열둘을 택하여 사도라 칭하셨더라." 사도는 보내심을 받은 자, 사신, 대사, 혹은 대변자입니다. 요한복음 13장 16절에는 이렇게 기록되어 있습니다: "보냄을 받은 자가 보낸 자보다 크지 못하느니라." 이 파송의 개념은 선지자들에게서 혹은 구약 시대에 아주 빈번하게 확인됩니다. 분명히, 주님은 이러한 배경을 근거로 이 단어를 사용하신 것입니다. 물론, 사도들에게 어떤 영역(지역)이 분배된 것은 결코 아닙니다. 주님이 이렇게 말씀하셨기 때문입니다(막 16:15): "너희는 온 천하에 다니며 만민에게 복음을 전파하라." 그리고 사도들은 초대 교회의 건축자들입니다. 이 직분적인 이름을 따라서 교회는 초대 교회의 저술가들로부터 "사도적인"이라는 명칭을 부여받았습니다. 사도들은 사도행전에 기록된 안디옥, 에베소, 고린도, 그리고 다른 많은 교회들을 세웠습니다.

### 선지자

이미 다른 곳에서 설명되었듯이 '선지자'라는 단어는 아주 넓은 의미를 가지고 있습니다. 선지자들은 특별한 계시를 통하여 부름을 받았습니다. 주님은 그들을 통하여 교회에 장래의 일들을 예고하셨습니다. 신약 성경에서 확인할 수 있는 대표적인 선지자로서 '아가보'라는 인물이 있습니다. 그는 다가올 기근과 바울의 투옥에 관하여 예언했습니다(행 11:27 이하; 21:10 이하). 선지자들은 옛날부터 지혜롭고 또 하나님을 두려워하는 사람들로 간주되었습니다. 그들은 성경을 해석하는 탁월한 은사도 가지고 있었는데, 이러한 내용은 사도의 기록을 통하여 분명하게 확인할 수 있습니다(고전 14:3-5).

### 복음전도자, 목자 그리고 교사

복음전도자는 예수 그리스도의 복음을 증거하는 사람으로서 사도의 전권을 위임받아서 파송되었습니다. 빌립과 디모데가 대표적인 복음전도자였습니다(행 6:5; 16:1-3; 17:14 이하). 그리고 목자는 주님의 양 떼를 돌보기 위해 근신하며, 하나님의 백성을 돌보며, 교회를 진리의 말씀으로 양육하며 그리고 우리에서 늑대들을 쫓아냅니다. 이 목자의 첫 번째 자리는 선한 목자인 그리스도가 차지하고 있습니다(요 10:1-30). 주님이 목자로서 베드로에게 말씀했습니다(요 21:15): "내 양을 먹이라." 당연히, 베드로 역시도 이 목자에 속합니다. 끝으로, 교사는 진리를 가르치는 사람입니다. 하지만 목자와 별다른 차이가 없지만, 다만 교사는 오직 가르치는 것에만 전념하고 양들을 향한 목자의 근심에 대한 짐을 가지고 있지 않습니다. 이 교사의 직분에는 성경 해석자들과 기독교 학교의 교수들이 속해 있습니다.

## 감독

성경에는 교회의 지도자들을 표현하는 다른 단어들이 등장하고 있습니다. 밀레도에서 에베소 장로들에게 사도 바울은 이렇게 언급했습니다(행 20:28): "여러분은 자기를 위하여 또는 온 양 떼를 위하여 삼가라 성령이 그들 가운데 여러분을 감독자로 삼고 하나님이 자기 피로 사신 교회를 보살피게 하셨느니라." 감독은 관리자, 감시자, 보호자, 파수꾼 그리고 상관으로 지칭됩니다. 근원적으로 아테네인들은 감독을 관리자와 파수꾼으로 불렀습니다. 그들은 조공을 바쳐야 하는 종속관계에 있는 도시들에 파견되어 각 도시 안에서 어떤 일이 일어나고 있는지를 세심하게 살피는 감독의 일을 감당했습니다. 즉, 사도들은 주님의 양 떼의 감독자와 보호자를 "감독"으로 불렀으며, 이와 동시에 교회 안에서 "그리스도의 관리인" 혹은 "하나님의 비밀을 맡은 자"로 간주되었습니다(고전 4:1; 딛 1:7).

## 장로

장로의 칭호는 교회의 연장자에게 주어진 것입니다. 옛날부터 나이가 많은 사람은 국가를 살피는 감독의 역할을 위임받았습니다. 왜냐하면 그는 여러 일들에 관한 다양하고 오랜 경험을 가지고 있었기 때문입니다. 그리고 도시들의 지도자들 역시도 장로들 혹은 원로들로 지칭되었습니다. 국가들 안에 원로들이 있는 것처럼, 우리가 사도행전에서 분명하게 볼 수 있듯이(행 14:23; 15:2), 교회 안에도 장로들이 있었습니다. 아마도 유대의 회당으로부터 장로 제도가 유입된 것으로 보여집니다. 우리는 민수기에서 다음과 같은 내용을 확인할 수 있습니다(민 11:16-7): "여호와께서 모세에게 이르시되 이스라엘 노인 중에 네가 알기로 백성의 장로와 지도자가 될 만한 자 칠십 명을 모아 내게 데리고 와 회막에 이르러 거기서 너와 함께 서게 하라. 내가 강림하여 거기서 너와 말하고 네게 임한 영을 그들에게도 임하게 하리니 그들이 너와 함께 백성의 짐을 담당하고 너 혼자 담당하지 아니하리라." 그러므로 교회 안에서 장로들은 감독들이거나 혹은 감독의 책임을 가진 현명하고 또 배움이 많은 남자들이었습니다. 이 장로들을 통해서 감독들은 자신들에게 지워진 짐을 좀더 쉽게 질 수 있었고 또 하나님의 교회는 더 온전하고 평안하게 이끌어질 수 있었습니다. 바울은 이렇게 말하고 있습니다: "잘 다스리는 장로들은 배나 존경할 자로 알되 말씀과 가르침에 수고하는 이들에게는 더욱 그리할 것이니라."

그리고 한 가지 덧붙이면, 교회사역 안에서 감독처럼 가르치지는 않았지만, 그러나 언제나 모든 교회의 사안들 안에서 교사의 역할을 했던 다른 직분자들도 있었습니다(고전 12:28). 사도들은 이 사람들을 지도자들로 불렀는데, 즉 그들은 선한 분위기와 다른 교회의 용무들을 위해 함께 책임을 지는 사람들이었습니다.

### 집사

이미 앞서 언급한 것과 함께, 나는 교회 직분들의 다른 이름들도 설명할 것입니다. 성경에는 집사가 빈번하게 언급되어 있으며 또 초대 교회의 저술가들은 성직자로 간주되기도 했습니다. 사도행전 6장에서 분명하게 살필 수 있는 것처럼, 초대 교회에서 집사는 가난한 사람들을 보살피는 직무를 감당했습니다(행 6:1-7) 그 밖에 바울 사도는 디모데전서 3장 8-13절에서 집사 직분과 목자(목회) 직분을 구별한 것을 읽을 수 있습니다. 이 때문에 우리는 집사를 목자로 간주하지 않습니다. 초대 교회의 신자들도 집사를 성직의 직무가 아닌 섬김의 직무로 이해했습니다. 이와 동시에 초대 교회에서 여성들, 즉 미혼이 아닌 과부들로 하여금 이 섬김의 직무를 감당하도록 했습니다. 그들 가운데 겐그레아 교회의 뵈뵈가 유명한데, 그녀는 바울로부터 칭찬을 받았습니다(롬 16:1 이하). 하지만 교회 안에서 가르치는 직무나 공적인 직분들을 떠맡는 것은 금지되었습니다(고전 14:33-6). 여성들은 어떤 방식으로 또 무엇으로 교회를 섬겼을까요? 의심의 여지없이 그녀들은 감당할 수 있는 손길로 가난한 사람들을 돕는 것이었습니다(딤전 2:9-15). 그녀들은 아픈 사람을 돕고, 그리스도를 초대했던 마르다와 같이(눅 10:38-42) 교회의 지체들을 최고의 신실함과 정성으로 보살폈습니다. 이것 외에 여성들은 어떤 의무들을 감당했을까요?

## 사제

"사제(Sacerdos)"라는 단어는 회당으로부터 교회에 넘겨진 것으로 보입니다. 하지만 신약 성경에서는 사도 베드로에 의해서 모든 그리스도인들을 성직자라고 칭했던 것(벧전 2:5)과 다르게, 하나님의 말씀과 교회의 사역자를 사제로 지칭했다는 것은 신약 성경에서 발견되지 않습니다. 구약 성경의 사역자들과 유사한 이해 속에서 신약 성

경의 사역자들을 초대 교회의 저술가들이 사제들로 지칭했다는 것
은 분명합니다. 구약 성경의 사역자들은 성막과 성전에서 섬기는 일
을 했던 것처럼, 이와 동일하게 신약 성경의 사역자들은 자신들의
은사와 직분에 따라서 하나님의 교회에서 섬기는 일을 했기 때문입
니다. 일반적으로 라틴어 '사제'(Sacerdos)은 'sacer'(거룩한)에서 기원
한 것으로 거룩한 일을 수종드는 사람을 의미하는데, 즉 하나님과
예배를 위해 임명된 사람을 의미합니다. 거룩한 것은 희생제사 뿐만
아니라, 또한 율법과 거룩한 진리에 기초된 신앙의 실천에 속한 모
든 것들입니다. 구약 시대에 다윗의 자손들도 '사제들'(Sacerdotes)로
간주되었습니다(삼하 8:18). 물론, 그들이 희생제사와 관련된 직무를
맡았기 때문이 아닙니다. 유다 지파에게 성막에서 일하는 것은 허락
되지 않았고, 오직 레위 지파에게 허락되었기 때문입니다. 다윗의
자손들은 제사장들의 인도와 감독 아래 있으면서 선한 지식들과 거
룩한 신학을 배웠기 때문입니다.

　여기에서 우리는 성경에서 이러한 직분의 개념들이 종종 교차적
으로 사용되었다는 것을 알아야 합니다. 사도 베드로는 스스로를
"장로"(벧전 1:1)로 지칭했습니다. 사도행전에서 사도 직분은 "감독
직분"(행 1:20)으로 지칭되기도 했습니다. 바울이 밀레도에서 에베소
장로들을 부르고 논의했을 때, 그는 이 장로들은 "감독들"로 지칭했
습니다(행 2:17, 28). 디도서에서 바울은 각 도시에 장로들을 세우라고
명령했는데, 이후에 그들도 감독들로 지칭되었습니다(딛 1:5-9). 이
뿐만 아니라, 그들은 교사들과 목자들로 지칭되기도 했지만, 어느
누구도 이의를 제기하지 않았습니다.

## 교회 안에서 어떤 직분들이 세워졌는가?

무엇보다도, 내 생각에 확실하게 규명되어야 할 것은 다음의 질문들입니다: "주님이 교회의 시작에서부터 어떤 지위를 주셨는가?" 혹은, "주님은 어떤 사람들을 거룩한 교회의 직무를 위해서, 즉 자신의 교회를 섬기기 위해서 세우셨는가?" 처음에 주님은 교회를 사도들, 복음전도자들 그리고 선지자들을 통해서 세우셨습니다. 그 이후에 목자들과 교사들을 통하여 계속 이끄셨고 보존하셨습니다. 그들을 돕는 사람들로는 장로들과 집사들이 있었습니다. 이 두 직분들은 가난한 사람들을 돕는 일을 하였고, 이에 반하여 목자들과 교사들은 지속적으로 교육, 치리 그리고 교회를 유지하고 또 운영하는 다른 중요한 교회의 활동들을 감당했습니다. 분명한 사실은 초대 교회 안에서 주님이 사도들을 임명하셨을 뿐만 아니라, 또한 복음전도자와 선지자의 직분에도 관심을 가지셨습니다. 하지만 이 세 직분들은 오직 한시적으로(임시적으로) 상황, 인물 그리고 지역에 따라서 임명되었을 뿐입니다. 왜냐하면 그리스도의 왕국이 세워지고 짧은 시간 속에서 사도들, 복음전도자들 그리고 선지자들이 더 이상 존재하지 않았기 때문입니다. 그들의 자리에는 감독들, 목자들, 교사들 그리고 장로들이 대신했으며, 이 직분들은 교회 안에서 계속해서 유지되었습니다. 우리는 오늘날까지 감독들 혹은 목자들 그리고 교사들과 장로들이 여전히 하나님의 교회 안에서 활동하고 있기 때문에, 당연히 이 직분들이 교회의 참된 질서이며 또 완벽한 기구(제도)라는 것을 결코 의심하지 않습니다. 우리는 하나님께서 사도들의 죽음 이후에 낯설고 믿음이 없는 이방인들에게 복음을 증거했던 사도들을 언제나 다시금 일으키셨다는 사실을 의심하지 않습니다. 우리는 하나님께서 오늘날 역시도 그들의 직무를 인류의 유익을 위해 사용하도록 사도들, 복음전도자들 그리고 선지자들을 일으키실 수 있다는 사실을 고백합니다. 즉, 우리는 처음부터 복음의 진리를 믿지 않는 사람들에게 증거하는 거룩하고 또 신앙적인 남자들이 사도들과 복음전도자들로 지칭될 수 있다고 인정합니다. 우리는 장래의 일들을 예견하고 또 예보할 수 있을 정도로 성령의 특별한 은혜를 부여받은 남자들이 성경의 탁월한 해석자와 영민한 신학자인 선지자들로 지칭될 수 있다고 인정합니다. 이 내용은 이미 다른 곳에서 설명된 것입니다.

## 감독과 장로의 동등성

감독과 장로의 직분에는 처음부터 최고의 겸손, 사랑 그리고 일치가 지배했으며, 지위 혹은 가치, 우월성에 관한 분쟁이나 다툼은 없었습니다. 왜냐하면 그들은 유일하신 주님의 사역자들이며 그리고 무엇보다도 자신들의 직분에 있어서 동등하다는 것을 분명히 알고 있었기 때문입니다. 그들은 직분에 따라서가 아니라, 그들의 은사에 따라서 차이가 있었을 뿐입니다. 더 탁월한 은사로 축복을 받은 사람들은 평범한 사람들을 경멸하지도 않았고, 이와 반대로 후자들이 전자들의 은사를 시샘하지도 않았습니다. 거룩한 바울은 이렇게 밝혔습니다(고전 4:1): "사람이 마땅히 우리를 그리스도의 일꾼이요 하나님의 비밀을 맡은 자로 여길지어다." 그는 반복해서 복음의 선포를 "직무"로 규정했습니다. 옛 감독들로 하여금 마음 깊이 새기도록 하셨던 일을 기억할 필요가 있는데, 즉 주님이 제자들 사이에서 서열과 권위를 놓고 싸우는 자리에서 아이를 중간에 세우고 이렇게 말씀하셨습니다(마 18:3): "진실로 너희에게 이르노니 너희가 돌이켜 어린아이들과 같이 되지 아니하면 결단코 천국에 들어가지 못하리라." 하나님의 거룩한 순교자인 키프리안은 카르타고에서 개최된 감독 회의에서 구체적으로 지적했습니다: "우리 중 누구도 감독들의 감독으로 세워지지 않았다. 우리 중에 다른 동료 감독들을 전제군주의 복종으로 강제할 사람은 없다. 왜냐하면 각 감독은 자신의 고유한 자유와 권위에 따라서 자신의 고위한 의지를 가지고 있기 때문이다. 그가 다른 사람을 판단할 수 없는 것처럼, 그도 누구에게서도 판단을 받지 않는다. 오히려, 우리는 우리의 주님이신 예수 그리스도의 심판의 때를 기다린다. 우리를 교회의 인도자로 세우시고 또 우리의 행위를 심판하시는 주님만이 홀로 참된 권세를 가지고 계시기 때문이다." 이 당시에 감독들은 계급적인 우월성이나 베드로의 독점적인 계승에 관심을 갖지 않고 다른 사람들을 향해 교리적인 순수성과 삶을 밝히는 사역 속에서 앞서 모범을 보이고 또 서로를 돕는 일에 집중했습니다. 이때 세상의 가장 강력한 권세자가 불과 쇠로 교회를 핍박했음에도 불구하고, 그리스도의 교회는 사단과 세상의 시험들을 대항하여 확고한 승리자로 남아있었으며 그리고 갈수록 더 위대해지고 영광스럽게 될 정도로 교회의 모습은 성숙해졌습니다. 목자의 지위가 변함없이 처음의 모습처럼 단순함, 신실함, 겸손 그리고 섬김으로 순수하게 머물러 있었다면, 우리는 얼마나 행복했겠습니까!

# 감독의 우월성은
# 언제 또 어떻게 시작되었는가?

　감독의 지위는 한편으로 스스로 망각의 상태에 빠져 변질되거나 인위적으로 폐기되고, 다른 한편으로 새로운 것들이 첨가되어 변질되어서, 결국 시간의 흐름 속에서 진지하고, 겸손하고 그리고 진실한 모든 자태는 사라졌습니다. 이러한 초기의 변화들이 오늘날 영적인 계급에 속해 있는 것보다는 견딜만했음에도 불구하고, 분명한 점은 사도들의 죽음 이후에 몇 세기 안에 이미 전혀 다른 계급체계가 발생했다는 사실입니다. 거룩한 히에로니무스는 말했습니다: "이전에 교회는 장로들의 보편적인 회의를 통해서 이끌어졌다. 하지만 이후에 장로들 중에 한 사람을 선택하여 그에게 교회를 돌보는 모든 책임과 교회의 불일치의 씨앗을 제거할 수 있는 권한이 부여되도록 결정되었다." 그러므로 각 도시들과 지역들 안에서 다른 사람들보다도 가장 지위가 높은 사람이 세워졌습니다. 이 사람의 직무는 자신이 감당하는 영역에 있는 장로들과 전체 양들을 돌보는 것이었습니다. 키프리안이 말한 것처럼, 감독은 자신의 직무 안에서 다른 목자들이나 장로들을 지배하는 것이 아니었습니다. 오히려, 국가적인 일들과 문제들을 살피며, 표결을 진행하며, 법과 공정성을 감시하며 그리고 원로들이 당파를 만들지 않도록 주의를 주는 로마 제국의 원로원에 속한 집정관처럼 교회 안에서 감독의 역할도 이와 크게 다르지 않았습니다. 그리고 감독은 모든 교회적인 일들을 다른 성직자들과 공유했습니다. 하지만 그 이후 시대에 성직자의 오만함과 감독의 공명심이 넓게 확대되지 않았다고 하면, 우리는 어떤 말로도 비판하지 않았을 것입니다. 거룩한 히에로니무스는 우리에게 감독의 계급적인 대표성은 신적인 원리에서 기원한 것이 아니라 인간적인 사고에서 야기되었음을 알려주고 있습니다. 그는 디도서 3장에 대한 해설에서 이렇게 밝히고 있습니다: "우리가 언급하려는 것은, 처음에 감독들과 장로들이 동일한 지위를 가지고 있었지만, 결국 교회 전체를 관리감독 하는 일이 불일치의 뿌리를 완전히 제거하기 위해서 점점 오직 한 사람에게 위임되었다는 사실이다. 결과적으로, 장로들은 교회적인 관습으로부터 감독들이 자신보다도 앞에 서있다는 것을 알게 되었으며, 또한 성직자들도 주님이 위임한 권세보다는 교회의 관심으로부터 감독들이 자신들보다도 높은 위치에 서 있으며 그리고 감독들이 일반적으로 모세의 모범에 따라서 교회를 이끌고 있다는 것을 알게 되었다. 모세는 이스라엘 백성을 홀로 지배할 수 있는 권세를 가지고 있었음에도 불구하고, 그는 칠십 명의 남자들을 선택하고 그들의 도움을 받아서 이스라엘 백성을 올바르게 인도했다."

### 감독의 권세와 우월성은 더욱 확대되었다

결국, 초대 교회의 상황은 그대로 유지되지 못했습니다. 안디옥, 알렉산드리아, 콘스탄티노플 그리고 로마에서 가장 높은 지위에 있는 감독은 총대주교로 지칭되었습니다. 이와 동일하게 그들이 다스리는 지역은 대주교령 혹은 교구로 정해졌으며, 즉 각 개별적인 지역에서 감독들의 선임자로 세워진 것입니다. 만약 이 대주교령이 너무 큰 경우에 도시 주교들과 하위 주교들을 세워서 각 도시나 지역의 보호와 감독이 충족될 수 있도록 했습니다. 그들은 총독이나 대리인처럼 임명을 받아서 한 특정한 지역을 다스리는 감독의 직무를 수행했습니다. 그렇지만 우리는 총독이나 대리인 같은 직무가 지난 수백 년 동안 교황청과 주교관 내에서 완전히 다르게 변형되었다는 것을 알고 있습니다.

이러한 동일한 경우로 부제(副祭 Deacons) 직분에는 차부제(次副祭 Subdeacons) 직분이 종속되는 형태로 변형되었으며, 그리고 재산이 증가되었을 때, 전체 교회의 재산을 관장하는 교회의 관리인으로서 부주교(副主教 Archdeacons) 직분이 추가되어 만들어졌습니다. 이 직분은 여전히 로마 교회의 사제, 주교 또 교사의 지위에는 들어오지 못했고, 오히려 교회의 재산에 대한 살림을 맡은 관리인 혹은 재산관리자로 머물러 있었습니다. 수도자들 역시도 처음부터 사제의 직임 혹은 교회 사역을 감당하지 않았습니다. 그들은 성직자가 아닌 평신도로 여겨졌고, 사제들의 보호 아래 종속되어 있었기 때문이었습니다. 하지만 이 불행한 영혼을 가진 새들은 지난 세기들에서 성당의 가장 높은 합각머리 위로 날아올랐고 또 주교들과 사제들의 머리 위에 앉았을 때까지 가만히 있지 않았습니다. 왜냐하면 개별적인 수도사들은 교황, 대주교 그리고 주교가 되었으며, 그리고 이것이 전부가 아니라 지금까지도 이러한 상황이 전개되고 있습니다. 하지만 그레고리우스의 서신집에 인용된 것을 보면, 즉 수도사들에게 극도로 호의를 가지고 있었던 그레고리우스도 수도원 원장 직무에 임명된 사람은 다른 영적인 직분의 지위에서 물러나야 한다고 생각했는데, 왜냐하면 한 가지 직무는 다른 직무에 방해가 되기 때문이었습니다.

## 성직자

지금 로마 교회 안에서 주님의 소유와 유산으로부터 연유되고 또 주님의 부르심으로부터 기원한 것으로 알려져 있는 성직자

(Clerks)는 처음 초대 교회에서 신학생들 혹은 신학의 후보자들로 지칭되었습니다. 즉, 그들은 교회의 목자들의 양성소에서 교회 직무를 계승하기 위해 안수를 받게 될 사람들이었습니다. 그들은 엄격한 규율 아래서 생활했으며 또 교사들과 장로들의 감독 아래서 좋은 지식들과 성경을 공부했습니다. 왜냐하면 성직자들은 원래 구약 시대에 나실인으로 지칭되었기 때문입니다(민 6:1-21). 특별히, 성직자 양성을 위해 좋은 교회들이 탁월한 신학교를 소유하고 있었으며 그리고 이 신학교들이 이미 사도 시대 이래로 알려져 있었는데, 이에 관하여 유세비우스가 증언하고 있습니다. 교회는 어느 특정한 정도에까지 성장한 신학생들에게 직무를 위임했는데, 즉 교회의 문을 열고 닫는 일, 교회 안에서 모든 것을 준비하는 일, 감독이 그들에게 제시한 성경의 본문을 신자들에게 낭독하는 일 등이 제시되었습니다. 이러한 배경 속에서 교회 안에서 문지기와 낭독자의 명칭들이 생겨났습니다. 특별히, 이 직분은 오늘날 로마 교회 안에서 성직자의 서품 등급에 제시되어 있습니다. 그리고 주교들과 밀접하게 관련된 성직자들은 이 주교들과 동역하면서 혹 한 주교가 죽으면 그의 후계자가 될 수 있는 부름의 위치에 서기도 합니다. 이러한 후계자들은 '시종'(Acoluthi)으로 지칭되었는데, 어원적으로 그리스어에서 나온 것입니다.

### 모든 초기 직분들의 부패

시간의 흐름 속에서 거의 모든 것들이 더 나빠지는 것처럼, 초대 교회의 직분들도 첫 도입 이래로 로마 교회 안에서 파렴치한 방식으로 변질되었습니다. 몇몇 직분들은 이것들의 이름 이외에 남아있는 것이 아무 것도 없습니다. 몇몇 직분들은 완전히 사라졌고, 몇몇 직분들은 완전히 다른 목적으로 전용되었습니다. 이 사실에 관한 증언들로서 이시도루스(Isidorus), 라바누스(Rabanus), 인노센티우스(Innocentius), 두란두스(Durandus) 그리고 이러한 분야의 다른 작가들입니다. 교황주의자들은 교회의 직분자들을 두 종류로 분류하였습니다. 한 종류는 권세(계급)에 따른 것이고, 다른 종교는 서품등급에 따른 것입니다. 그 실례로, 권세에 따라서 교황, 총대주교, 수석대주교, 대주교, 대사제, 부주교 그리고 수석신부로 구별되며, 또한 서품등급에 따라서 사제, 부제, 차부제 등으로 구별됩니다.

### 하위 서품과 고위 서품

모든 서품에는 문지기, 낭독자 혹은 시편찬양인, 퇴마사, 시종, 차부제와 부제 그리고 사제가 포함되어 있습니다. 이 여덟 가지 서품들 중에서 일부가 상위 서품에 속하고, 나머지가 하위 서품에 속합니다. 상위 서품에 속하는 것은 사제, 부제 그리고 차부제입니다. 나머지는 하위 서품에 속합니다. 이러한 하위 서품은 지금 거의 이름 외에 남아있는 것이 없습니다. 문지기 직분은 교회 관리인으로 지칭되는 성당지기로 바뀌었습니다. 낭독자는 더 이상 존재하지 않는데, 오래 역사를 가진 낭독이 사라졌기 때문입니다. 시편찬양인은 자신이 읽거나 노래하는 것이 무엇인지 전혀 모르거나 겨우 조금 알 뿐입니다. 퇴마사와 관련하여 이러한 언급을 확인할 수 있습니다: "요세푸스는 솔로몬 왕이 축사에 대한 다양한 방식을 고안해 냈다고 말했다. 이 축사와 함께 퇴마사 엘리사가 귀신에게 붙잡힌 사람에게서 이 더러운 영을 쫓아내고 다시는 돌아오지 못하도록 했다는 것이다. 이러한 과업 때문에 그들은 퇴마사로 지칭되었다. 그들은 복음서에 다음과 같이 기록되어 있다고 말한다(마 12:27): '내가 바알세불을 힘입어 귀신을 쫓아내면 너희의 아들들은 누구를 힘입어 쫓아내느냐?' 그들은 이러한 주님의 말씀을 근거로 자신들을 퇴마사로 규정하고 있는 것이다." 하지만 나는 이 사실을 통해서 분명하게 알게 되었습니다. 그들은 스스로 주님이 싫어하시는 퇴마사들로 자청하고 있다는 것입니다. 사도들이 예언한 것처럼, 이 퇴마사들은 성경의 바른 가르침을 따르지 않고 허탄한 이야기를 따고 있습니다(딤후 4:3). 왜냐하면 솔로몬에 관한 이야기는 전적으로 지어진 이야기임을 어느 누가 모를 수 있겠습니까? 그리고 주님의 제자들이 귀신을 쫓아내는 퇴마사들이 아니며, 한 번도 특정한 축사를 하지 않았다는 것을 어느 누가 모를 수 있겠습니까? 그들은 하나님의 말씀으로 더러운 영을 쫓아냈기 때문입니다. 이 사실은 사도들이 그리스도의 이름을 부르고, 오직 그분의 힘에 의지했다는 것을 의미합니다. 더욱이, 이러한 은사의 베푸심은 이미 오래 전에 하나님의 교회 안에서 사라졌습니다. 사도행전은 제사장 스게와의 아들들이 퇴마사였음을 설명하고 있습니다. 그들이 예수와 바울의 이름을 불렀지만, 그러나 악한 귀신이 들린 사람이 그들에게 엄습하여 상해를 입혔습니다(행 19:11-16). 이 사건을 통해서 하나님의 뜻에 따라서 모든 것이 드러나게 되었는데, 즉 퇴마사가 영원한 하나님을 결코 기쁘시게 할 수 없다는 것입니다. 하지만 교황주의자들은 오늘날까지 우리들에게 이와 같은 일을 강요하고 있습니다. 그리고 교황주의자들이 시종에 관하여 말하는 것도 자세히 들어봐야 합니다: "시종들은 양초를 운반하기 때문에 양초 운반자들이다. 복음서를 읽거나 미사를 드리려면, 마음을 기쁘게 하기 위해서 양초를 켜야 하기 때문이다." 이러한 말을 들을 때, 로마 교회의 사제들이 비밀을 다루기에는 너무 어리석다는 것을 어느 누가 주장하지 않겠습니까? 부제와 사제는 더 이상 가난한 사람들을 돌보는 성직자들이 아닙니다. 미신을 위해 일하는 사람들입니다. 그들은 교황주의적인 미사를 섬깁니다. 사제로서 부제의 직분은 복음서를 낭독하는 일이며, 차부제는 서신서를 낭독하는 일입니다. 나는 이러한 어리석은 사람들이 요란스럽게 떠드는 것을 몇 마디로 요약할 수는 없습니다. 교황주의자들은 두 가지 상위 서품 위에 부주교 직분이 첨가되었는데, 이 직분은 우월한 지위를 나타냅니다.

### 수도원 사제

로마 교회 안에서 사제는 다양한 종류로 분류됩니다: 수도원 사제와 세속 사제. 먼저, 수도원 사제 아래는 종교적인 직분과 다른 수도사가 속에 있습니다. 물론, 그들은 초대 교회의 수도사들과 전혀 다릅니다. 그들 중에 일부는 자신 스스로가 규칙이요 규범입니다. 그들 중에 한 부류는 설교를 위해 임명을 받은 교사들이지만, 그러나 더 많은 부류가 성무일과를 읽고 찬송하며, 그리고 미사를 집전하는 일에 참여합니다. 그들은 미신의 씨를 뿌리고 또 그것을 지키는 것에 있어서 가장 열심히 일하는 자들이며 그리고 참된 믿음에 대해서 가장 극심하게 핍박하는 자들입니다. 수도원 사제들 가운데 많은 자들이 아주 작은 보수를 받으며 교회들 안에서 찬양하고 미사를 집전하는 것 외에 아무 것도 하지 않습니다. 이러한 일보다는 리비아의 모래알을 세는 것이 더 쉬울 것입니다. 그러나 그들은 하나님을 위해서 무익한 자들이며 또 자신들을 위해서도 마찬가지입니다. 그들은 교양도 없고, 게으르며 그리고 복음의 진리와 화해할 수 없는 원수들입니다.

## 세속 사제

세속 사제는 주교관의 참사회원이 첫 번째 자리를 차지하고 있습니다. 그들은 일반적으로 게으르고 육욕적인 사람들이고, 음식을 탐하는 사람들이며 그리고 실제로 세속적인 사람들입니다. 그들은 일곱 시간 기도하고, 미사의 참관자로 함께 하며 그리고, 그들이 말하는 것처럼, 모든 예전에 참석하여 경의를 표하고 또 빛내는 것으로 자신들의 의무를 다 했다고 믿고 있습니다. 많은 사람들이 이 세속 사제들에 관하여 의심하지 않고, 그들의 진실함을 믿으며 그리고 그들이 세속적이지 않다고 이해할 뿐만 아니라, 또한 그들이 산 자와 죽은 자를 위해 미사를 드릴 수 있다고 굳게 확신합니다. 그리고 세속 사제의 부류에는 일반 사제와 교구 사제가 속해 있는데, 즉 그들은 신자들을 위해 세워진 사제로 지칭되기 때문입니다. 그들은 설교와 성례를 시행하는 것을 통해서 형식적인 면에서 초대 교회의 전통을 따릅니다. 하지만 그들이 시행하는 성례도 교황주의적인 전통에 따라서 교구 성직자들이 시행하는 것과 같기 때문에 인정될 수 없습니다. 그들은 사도적인 가르침에 따라서 성례를 시행하지 않습니다. 그밖에 세속 사제들은 하나님을 바르게 경외하는 신앙이 금지하고 있는 것들만 자신들의 직무 안에서 계속적으로 시행하고 있습니다. 여기에 더 추가될 수 있는 자들은 협력 사제, 돕는 신부 혹은 대리 사제가 있습니다. 계속해서 보좌 신부(Sacellani)도 생각할 수 있습니다. 이 직분을 가진 자들은 셀 수 없이 많습니다. 수도원에 속에

있는 수도사들처럼 세속 사제들도 대부분의 시간을 정해놓고 드리
는 기도로 보내고, 또한 무엇보다도 미사를 드리는데 보내고 있습니
다. 하지만 그들은 가르침을 위해 전혀 시간을 쓰지 않습니다. 그들
가운데는 일생 동안 한 번도 설교를 하지 않는 사람도 있습니다. 왜
냐하면 그들이 설교 직무를 일반 사제와 대리 사제에게 맡겼기 때문
입니다. 그들은 스스로 자신들의 제단과 예배처를 봉헌한 우상들에
게 봉사하고 있을 뿐입니다. 이렇게 볼 때, 장로와 목자(목사)의 본래
적인 직분에서 얼마나 구역질나게 부패하고 뒤틀려 있는지를 맹인
도 분명하게 알 것입니다.

### 주교

교황주의자들은 사제들 위에 수석 사제(주교)를 세웠습니다. 나
는 이 용어(불링거가 사용한 용어는 'Antistes'(감독)이다)를 나의 첫 번째 설
교집의 서문에서 사용했습니다. 나는 몇몇 형제들이 이 용어 때문에
문제 제기와 함께 마음이 상해 있다는 것을 들었습니다. 내가 이 용
어를 사용했을 때, 혹시 이 용어가 교황의 누룩과 연결되어 있지 않
는지 또 우리가 이러한 무가치한 직분을 다시 교회 가운데 도입시키
지 않는지를 우려하는 것입니다. 나는 이 형제들에게 확실히 보장합
니다. 우리에게는 결코 주교가 없습니다. 나는 이 용어를 교황에 종
속된 직분의 한 가지로 이해하지 않았습니다. 다른 사람들도 이렇게
이해한 것으로 알고 있는데, 즉 이 용어는 계급적인 의미가 없는 감
독 혹은 관리감독의 지위를 가진 직분으로 사용되었습니다. 왜냐하
면 그 직분은 모든 교회의 공동체를 위해서 우리가 관할하는 지역에
서 경고하거나 훈계하는 것과 함께 돌보는 사역을 감당하기 때문입

니다. 그리고 로마 교회에서 말하는 고위 성직도 아니며, 결코 금전적인 보상도 받지 않습니다.

우리는 지금 우리가 고려하고 있는 주제로 돌아갈 것입니다. 주님이 활동할 당시에 장로 혹은 목자의 직분은 칠십 명의 제자들에게서 그 기원이 시작되었습니다. 주님이 그들을 선택하셨다는 것을 읽을 수 있습니다. 감독의 직임은 개인적으로 베드로에게서 또 다른 사도들에게서 기원했습니다. 그리고 이와 함께 감독의 직임은 로마 카톨릭 교회안에서 세 가지 계급으로 구분됩니다: 총대주교, 대주교 그리고 주교입니다. 먼저, 총대주교는 최고위의 성직자 혹은 가장 계급이 높은 성직자입니다. 교황주의자들은 총대주교를 교황의 수위권(Primates)과 연결시켰습니다. 다음으로, 이 교황의 수위권 아래 세 명의 대주교들이 속해 있습니다. 이것은 마치 세 사람의 공작이 왕을 보좌하는 것과 같습니다. 내가 믿기로 여기에는 문의 경첩을 돌리듯 교회를 움직일 수 있는 추기경들도 속해 있습니다. 그레고리우스 교서에 대주교의 직임에 대해 다음과 같이 기록되어 있습니다: "추기경(대주교)들은 자신들의 이름을 문돌쩌귀에 새겼는데, 왜냐하면 문들이 경첩에 의해 움직이기 때문이다. 이렇게 볼 때, 보편 교회가 추기경들을 통하여 움직이고 있다." 즉, 대주교들은 이러한 면에서 주교들의 군주라고 할 수 있습니다. 그들은 각 수도들에 자신들의 자리를 차지하고 있기 때문에 별칭으로 수석 대주교로 지칭되기도 합니다. 실제로, 그리스어 메트로폴리스(Metropolis)는 식민지들로부터 성립된 모체가 되는 한 특정한 도시를 의미합니다. 그래서 대주교는 수석 대주교(Metropolitan Bishop)로 지칭되며, 그는 자신 아래 각 지방들의 주교들을 두고 있습니다. 끝으로, 주교는 그리스어의 어원으로 폰티피체스(pontifices), 안티스티테스(antistites) 혹은 프레줄

레스(praesules)로 지칭되었습니다. 로마 교회의 모든 직분들이 내가 이전에 초대 교회의 감독과 지도자에 관하여 언급한 것과 비교된다면, 그들 사이의 커다란 차이점이 있다는 사실을 알 수 있습니다.

### 교황 혹은 최고위 주교

교황 혹은 최고위 주교에 대해 상세하게 논의한다면, 복음적이고 사도적인 성경과 우리의 구원주를 통하여 세워진 사역자들의 이해는 매우 낯설게 될 것입니다. 교황주의자들은 말합니다: "우리의 가장 거룩하신 주님, 즉 교황은 존엄과 권세에 있어서 모든 것을 능가한다. 교황은 성직자 위에 성직자이며, 모든 성직자들을 다스린다. 왜냐하면 교황은 모든 교회의 지배자이며 또 베드로의 계승자이기 때문이다. 그는 사도들 중에 가장 먼저 사도가 되었고 또 최고의 감독이기 때문이다. 그의 직분은 다른 사제 직분들과 비교될 수 없는 멜기세덱을 계승하고 있다. 그는 머리로부터 각 지체가 종속되어 있는 모든 사제들의 머리일 뿐만 아니라, 또한 그의 권세로부터 모든 사제들은 교회 사역에 관한 모든 것들을 제공받는다. 교황은 모든 사제들의 부양의 의무를 가지고 있지만, 그렇다고 해도 자신의 권세를 다른 사제들과 나누지는 않는다." 그들은 교황을 지상에 있는 가장 높은 교회의 머리로 간주하는데, 즉 이 땅에 있는 한 유일한 보편 목자로 이해합니다. 그는 오류를 범할 수 없으며, 또한 어느 누구로부터도 심판을 받을 수 없습니다. 그는 모든 것을 총괄하는 권세를 가지고 다스리는 심판자이기 때문입니다. 교황 인노센트는 소송에 관한 문서의 3항에서 말했습니다: "이 재판장은 황제, 전체 성직자들, 왕들 그리고 백성으로부터 판단 받지 않는다." 이 내용과 관련하여 로마 교회의 법률 문서의 전문가는 다음과 같이 말했습니다: "종교회의는 교황에 관하여 판단할 수 없는데, 즉 '극단적인 것'에 관한 조항 안에서 '당신을 고발했다'라는 장에 기록되어 있는 것처럼 말이다. 그러므로 온 세상이 어떤 특정한 사안에 대해서 교황을 반대한다고 할지라도 우리는 교황의 생각에 머물러 있어야 한다." 이러한 입장은 교황에게 기생하는 모든 법률가들의 일반적인 의견인데 교황청에서 박수를 치며 환영합니다. 모든 교황의 법령들은 베드로의 입으로부터 유래했기 때문에 모든 것들은 다 받아야 한다고 말합니다. 즉, 교황의 권세는 성인들의 권세보다도 더 높고, 교황은 모든 사람들을 포괄하며 또 모든 사람들 위에 군림합니다. 교황은 모든 지역의 사람들에게 충고할 수도 있습니다. 이것에 관하여 오스티언(Hostien)의 추기경이 '주교들의 의장에 관하여'라는 주제의 '척도에 관하여' 조항에서 표명했습니다: "교황은 자신이 이단으로 판정을 받을지라도 어느 누구로부터 어떤 것에 관하여 강요받지 않는다. 그에게 최고의 권세가 놓여 있으며 또 어느 누구도 그와 동일한 권세를 가지고 있지 않기 때문이다. 모든 보편적인 종교회의는 교황이 있는 곳에서 개최되어야 한다. 그는 마음에 모든 정당한 것들만 가지고 있다. 그는 두 개의 검을 소유하고 있는데, 즉 그는 합법적으로 황제로 칭함을 받을 수 있고, 또한 황제보다도 더 강력하다. 그는 유일하게 황제를 폐위할 수 있으며 또 이 판결에 관하여 어느 누구에게도 설명할 필요가 없다. 그에게 해를 가해서는 안 되며, 그가 원하면, 그는 한 사람의 권리를 빼앗아서 다른 사람에게 줄 수 있고 그리고 이와 똑같이 특허장을 취소할 수도 있다." 교황주의자들은 이렇게 밝힙니다: "교황은 모든 주인들의 주인이다. 모든 신하들 위에 군림하는 왕들 중에 왕의 특권을 가지고 있으며 그리고 이 땅의 모든 세속적인 것들 안에 있는 완전한 권세를 가지고 있다. 모든 세상은 교황의 교구이며, 그리고 그는 모든 주교들 중에 가장 합법적인 주교이다. 모든 사람들이 구원에 이르기 위해서 한 가지 필연적인 일을 수행해야 하는데, 즉 교황에게 무릎을 꿇는 것이다." 덧붙여서, '주교들의 의장에 관하여' 주제의 '척도의 관하여' 조항에서 이러한 주장도 확인할 수 있습니다: "교황은 하늘의 뜻을 가지고 있다. 그러므로 그는 사물의 속성을 다르게 변화시킬 수 있으며 또 사물의 본질도 변화시킬 수 있다. 그리고 그는 아무 것도 없는 것에서 어떤 것을 만들어낼 수 있으며 또 아무 것도 없는 한 가지 생각으로부터 모든 것이 풍성한 것도 만들 수 있다. 왜냐하면 그가 어떤 것을 원하면, 자신의 의지가 그에게 분명한 근거가 되기 때문이다. 그리고 어느누구도 그에게 항변할 수 없다. 당신이 어떤 것을 행한다고 해도, 교황은 법을 개정하거나 바꿈으로써 법적으로 사면할 수 있으며 또 불법적인 것을 합법적인 것으로 만들 수도 있다. 그는 온전한 권세를 가지고 있기 때문이다." 온 몸과 온 영혼에 두려움을 느끼지 않고 어떻게 이렇게 말할 수 있겠습니까? 다음과 같은 다니엘의 교훈이 성취된 것을 어느 누가 모를까요?(단 7:25): "그는 때와 법을 변개할 수 있음을 믿게 되었다." 그리고 바울이 말한 다음의 교훈도 성취되었다는 것을 어느 누가 모를까요?(행 20:29-30): "내가 떠난 후에 사나운 이리가 여러분에게 들어와서 그 양 떼를 아끼지 아니하며, 또한 여러분 중에서도 제자들을 끌어 자기를 따르게 하려고 어그러진 말을 하는 사람들이 일어날 줄을 내가 아노라."

로마 교회의 주교들로부터 또 주교들을 돕는 사람들로부터 이 죄악된 사람이 유래하였습니다. 교황은 스스로 양들의 권좌에 앉아서 처음부터 양들에게 귀속되어 있었던, 즉 교회에서 최상의 가르치는 권세, 최상의 목자적인 권세, 가장 높은 통치권 그리고 완전한 권세를 부당하게 차지했습니다. 나는 이것에 관하여 이미 충분이 밝혔습니다. 바울이 말한 다음과 같은 교훈이 성취되었다는 것을 어느 누가 이해하지 못할까요? 그리스도의 대적자 혹은 모방자가 스스로 나타나서 모든 것 위에 자신을 높이 세운 것입니다(살후 2:4): "그는 대적하는 자라 신이라고 불리는 모든 것과 숭배함을 받는 것에 대항하여 그 위에 자기를 높이고 하나님의 성전에 앉아 자기를 하나님이라고 내세우느니라."

## 감독들 가운데 한 사람을 높이 세우는 것은 정당한가?

교황주의자들은 주교들 중에 한 사람이 존엄과 권세를 우월하게 갖는 것이 구원에 유익이 되며 또 교회를 위해 반드시 필요하다고 말합니다. 그들은 논문을 쓰고 또 자신의 우상을 예쁘게 치장합니다. 하지만 단순히 진리를 말하는 모든 사람들은 공개적으로 교황을 적그리스도라고 고백합니다. 교황의 수위권으로부터 발생되는 가장 치명적인 것은 복음적이고 사도적인 가르침과 모순이 되기 때문입니다. 제자들이 누가 제일 높으냐를 놓고 싸웠을 때, 교황주의자들이 주장하는 이론에 대항하여 주님이 제자들에게 말씀하신 것보다도 더 분명할 것이 있을까요?(눅 22:25-7): "예수께서 이르시되 이방인의 임금들은 그들을 주관하며 그 집권자들은 은인이라 칭함을 받으나, 너희는 그렇지 않을지니 너희 중에 큰 자는 젊은 자와 같고 다스리는 자는 섬기는 자와 같을지니라. 앉아서 먹는 자가 크냐 섬기는 자가 크냐 앉아서 먹는 자가 아니냐 그러나 나는 섬기는 자로 너희 중에 있노라." 나는 이 본문을 지난 번 설교의 끝에서 설명했습니다. 이러한 단순하고 명료한 진리는 교황주의자들의 괴물과 같은 어리석은 이론에 대항하여 패하지 않고 영원히 지속될 것입니다. 우리의 주님이신 예수 그리스도의 사도들은 믿음이라는 구실로 어떤 사람도 지배하지 않을 것입니다(고후 1:24). 거룩한 베드로는 구체적으로 그리스도 유업에 대한 지배를 금지하였으며 그리고 감독들에게 양들 앞에서 모범이 될 것을 명령하였습니다(벧전 5:2 이하).

### 가장 먼저 부름을 받은 베드로

교황주의자들은 항변하며 그리스도께서 거룩한 베드로에게 다음과 같이 말씀하셨다고 주장합니다(마 16:18-9): "너는 베드로라, 내가 이 반석 위에 내 교회를 세울 것이다. 내가 천국 열쇠를 네게 주리라." 이렇게도 말씀하셨다고 언급합니다(요 21:15): "내 양을 먹이라." 즉, 이러한 말씀에 근거하여 베드로가 모든 사도들의 우두머리 혹은 지배자로 결정되었다는 것입니다. 그래서 베드로가 모든 주교들과 사제들에게 있어서도 우월하며 또 온 세계의 지배자가 되었다고 주장합니다. 하지만 이러한 입장은 지배관계를 증명하는데 아무런 도움이 되지 않습니다. 우리도 베드로가 매우 훌륭한 제자였고, 우리 역시도 그를 최고의 사도로 간주하는 것에 동의합니다. 하지만 우리는 모세, 다윗, 엘리야 그리고 이사야를 다른 선지자들과 비교하여 탁월한 은사를 가졌기 때문에 최고의 선지자들이라고 간주하는 것과 같은 의미에서 베드로를 인정하는 것뿐입니다. 하지만 베드로에 관하여 교황주의자들이 의도하는 입장에서 최고의 제자였다고 간주된다면, 우리는 강력하고 단호하게 이 사실을 부정할 것입니다. 이와 관련하여 우리는 베드로에 대해 변호하려고 합니다. 교황주의자들 때문에 불명예스럽게 평가될 수 있는 상황 속에서 그를 깨끗하게 지키기 위해서입니다. 만약 베드로가 최고의 통수권과 지배권을 오직 자신을 위해 얻으려고 노력했다면, 그는 결코 주님 앞에서 신실한 자세를 견지할 수 없었을 것입니다. 우리는 베드로가 자신을 다른 제자들과 동등하게 여겼으며, 그가 그들의 주인이 되지 않았다는 사실을 성경 곳곳에서 살필 수 있습니다. 그리고 거룩한 바울은 갈라디아서에서 자신이 베드로와 사도 직분을 비교하여 조금도 부족함이 없다고 밝혔습니다. 바울이 예루살렘에 입성했을 때, 그는 베드로의 발에 입맞춤을 하거나 혹은 그에게 순종을 맹세하기 위해 오지 않았습니다. 그들의 회합과 친밀한 대화를 통해서 모든 교회가 경험하게 된 것은, 두 사람의 가르침이 온전한 일치를 가지고 있으며 또 사도 직분에 있어서 동등성을 가지고 있다는 사실이었습니다. 이와 동일한 본문에서 바울은 야고보, 베드로 그리고 요한을 기둥으로 불렀습니다. 하지만 바울은 이 명칭을 어떤 옳은 일을 행한 베드로에게만 부여하지 않았습니다. 바울은 두 사도에게도 동등하게 이 명칭을 부여했습니다. 바울은 자신과 베드로를 구별하지 않았듯이, 베드로와 다른 사도들을 구별하지 않았습니다(갈 2:6-9). 베드로는 아무 것도 자신의 뜻에 따라서 행하지 않았습니다. 그는 다른 제자들을 자신의 동역자들로 간주하여 그들과 함께 교회의 모든 사안들을 논의했습니다. 이러한 내용은 사도행전에서 확인할 수 있습니다 (행전 11:1-18; 15:7-11). 다른 곳에서 베드로는 자신을 함께 장로된 사람이라고 지칭했으며, 수석 사도로 지칭하지 않았습니다. 다른 사도들이 베드로와 요한을 함께 사마리아로 파송했을 때, 그는 자기 말고 다른 사도가 가야 한다고 요구하지 않았습니다. 즉, 그는 자신의 우월성을 강조하지 않고 기꺼이 순종했습니다(행 8:14 이하). 교황주의자들이 주장하는 것처럼, 만약 우리가 베드로가 수석 제자였다는 것을 인정한다고 해도, 이를 통해서 교황이 세상의 모든 교회들과 온 세상의 머리라는 결론에 도달할 수 있을까요? 교황이 베드로가 아니듯이, 열두 제자들이 온 세상의 머리도 아닙니다. 그밖에 베드로는 자신이 가지지 않는 것은 줄 수 없었습니다. 그는 온 세상에 관한 통치권을 가지지 않았고, 그러므로 그는 이러한 주장을 하지 않았습니다.

### 콘스탄티누스 황제의 증여문서

교황주의자들은 콘스탄티누스 황제가 자신의 통치권을 로마 교회의 감독인 실베스터(Sylvester)에게 이양했다고 주장합니다. 만약 우리가 콘스탄티누스의 권력이양이 진짜이고 또 날조된 것이나 거짓이 아니었다고 인정한다고 해도, 많은 학자들이 주장하는 것처럼, 실베스터는 이 언급된 통치권을 결코 양도받지 못합니다. 하늘에 계신 최고의 통치자이신 그리스도의 말씀이 이 사실을 입증합니다(마 20:25): "왕들은 그들의 백성을 주관한다. 너희 중에는 이러한 일이 없을 것이다." 이 말이 이방인의 황제가 저지른 오만불손한 행동보다도 교황에게 더 유효할 것입니다. 그리고 우리가 생각할 때, 만약 황제 네로가 베드로에게 세상의 권력을 부여했다면, 과연 그가 그 권력을 받았을지 의문이 듭니다. 전혀 그렇지 않았을 것입니다. 왜냐하면 주님의 말씀이 베드로의 가슴 깊이 새겨져 있기 때문입니다 (마 20:26): "너희는 그렇지 않을 것이다." 베드로가 성령을 받지 못하고 유대인들과 같이 영적인 눈으로 보지 못했을 때, 그는 그리스도의 나라가 이 땅에서 이루어질 것으로 믿었습니다. 하지만 그가 성령을 받은 후에 하나님의 나라가 하늘에 속해 있다는 것을 알았습니다. 그리고 하늘에 있는 그리스도의 보좌가 가장 높은 자리라는 사실도 알았습니다. 베드로는 사람들이 그리스도를 왕으로 삼으려고 했기 때문에, 그분이 사람들을 피해 사막으로 갔다는 것도 알게 되었습니다. 베드로는 엘리사가 군대 장관 나아만의 선물을 선한 근거에서 거절했지만, 그러나 그의 사환인 게하시는 자신의 욕심 때문에 영원한 치욕을 당하고 또 그의 몸이 썩게 되었다는 것을 알고 있었습니다(왕하 5:15-27). 베드로가 가난한 사람들을 직접 구제하는 것을 원치 않은 이유는, 사도행전에 언급된 대로, 기도와 말씀 선포에 전념하는데 방해가 되었기 때문입니다(행 6:1-7). 이렇게 볼 때, 베드로가 자신의 사도 직분을 버리고 세상의 지배권을 받았다고 어느 누가 생각할 수 있겠습니까? 베드로는 하나님의 말씀을 선포하는 일과 함께 구제하는 일을 동시에 할 수 있다고 생각하지 않았습니다. 교황주의자들은 우리에게 베드로보다도 더 영적인 교황으로 누구를 제시할 수 있을까요? 베드로도 할 수 없는 일을 누가 할 수 있을까요? 그러므로 그들이 우리에게 콘스탄티누스의 통치권을 이양하는 것에 관하여 말하는 것은 어리석은 일입니다. 콘스탄티누스가 통치권의 양도가 그리스도의 가르침에 반대된다는 것을 정확히 알고 있었음에도 불구하고, 만약 이 통치권을 양도했다면, 그는 실신한 사람으로 간주될 수 없습니다. 실베스터가 말씀의 사역을 거절할 수 없다는 것을 알고서 통치권을 양도받았다고 하면, 그도 신실한 사람으로 인정될 수 없습니다. 만약 콘스탄티누스가 통치권을 양도했다면 또 실베스터가 이러한 양도를 거절하지 않았다면, 두 사람은 죄를 범한 것입니다. 그들은 하나님의 말씀에 반하여 행동했기 때문입니다.

## 콘스탄티누스의 증여문서에 관한
## 아우구스티누스 스튜쿠스의 비판

나는 몇 해 전에 아주 뛰어나고 박식한 인물인 아우구스티누스 스튜쿠스(Augustinus Steuchus)가 콘스탄티누스의 통치권 이양과 관련하여 로렌티우스 발라(Laurentius Valla)를 반박했던 문서를 읽었습니다. 하지만 그가 놀랍도록 날카로운 말재주를 뽐내며 결국 어떤 방식으로든 이 증여문서를 지지해 줄 것을 엄청난 수고로 주장했지만, 그러나 그는 논리적으로 분명한 증거를 제시하지 못했습니다. 그의 책은 선한 사람들의 손길을 통해서 낡게 되는 것보다는 발로 짓밟혀지는 것이 더 가치 있게 여겨집니다. 왜냐하면 오직 그리스도와 성도들의 나라가 영원해야 됨에도 불구하고, 그가 로마 교회의 왕국을 영원한 나라라고 간주했기 때문입니다. 그는 공개적으로 우리 주님의 자리에 교황을 세웠습니다. 이와 관련하여 교황 니콜라우스(Nicolaus)를 인용한 후에, 그는 다음과 같이 언급했습니다: "당신은 콘스탄티누스로부터 교황이 하나님으로 칭송되고 또 하나님으로 간주된 것을 들었습니다. 즉, 이것은 황제가 교황에게 한 유명한 칙령과 함께 찬양하고 또 그리스도와 베드로의 후계자로서 하나님처럼 영광을 돌렸다는 것을 보여줍니다. 콘스탄티누스는 최선을 다해서 교황에게 신적인 경외를 표시했으며, 즉 그를 마치 살아있는 그리스도의 표상으로 영광을 돌린 것입니다." 이것은 스튜쿠스가 자신의 글 67장에서 밝힌 내용입니다. 그리고 이와 비슷한 내용이 28장에도 기록되어 있습니다. 그가 교황에 대해 작성한 어떤 상상력의 산물을 선물하면서, 이와 동시에 그는 분명한 오류도 확인시켜 주었습니다. 즉, 어떤 사람이 매우 먼 곳인 인도에서 세상의 모든 나라들이 교황의 손끝에서 움직이고 또 모든 왕들이 교황을 경배할 뿐만 아니라, 또한 교황은 그리스도의 후계자로 죽지도 않고, 교황을 통해서 하나님을 볼 수 있으며 그리고 하나님이 자신을 대신해서 교황을 이 땅에 세웠다고 증언했다는 것입니다. 그리고 교황주의자들은 교황을 통해서 하나님의 아들을 경외하기 때문에, 비록 교황이 인간으로서 죄를 범한다고 해도, 그들은 교황을 저주할 수 없다고 말합니다. 이러한 무신론적인 열광과 아첨으로 가득한 신성모독적인 말들을 베드로가 감내해야 할 것인데, 사도행전의 기록에서 고넬료가 베드로의 발 앞에 엎드려서 절하고 경배하려고 했을 때, 그가 고넬료를 일으켜 세우며 한 말을 떠올릴 필요가 있습니다(행 10:26): "일어서라! 나도 사람이라." 우리는 성경의 다른 기록에서 요한이 천사의 발 앞에 엎드려 경배하려고 했을 때, 천사가 요한에게 했던 말도 기억해야 합니다(계 22:9): "보라! 그리하지 말라. 나는 너와 네 형제 선지자들과 함께 된 종이다." 헤롯 아그립바에 관하여 성경이 기록한 내용을 보면, 그를 향하여 백성들이 아첨하는 소리가 기록되어 있습니다(행 12:22): "이것은 신의 소리요 사람의 소리는 아니라." 이 소리를 듣고 헤롯이 하나님께 영광을 돌리지 않았을 때 주님의 사자가 그를 쳐서 충이 먹어 죽게 만들었습니다(행 12:21-3). 우리는 지금까지도 교회를 지배하시는 하나님의 아들인 그리스도에게만 모든 영광과 권세가 부여되어 있으며, 그리고 지상에서 그분을 대신하여 경배를 받거나 공경을 받을 수 있는 사람이 세워지지 않았다는 사실을 잘 알고 있습니다. 이 때문에 우리는 오직 하나님의 아들인 예수 그리스도를 경배하고 공경하는 것입니다. 우리는 교황을 모든 무신론적인 아첨꾼들과 함께 적그리스도로서 그리고 화장실과 하수구의 신으로서 혐오합니다.

### 너는 베드로라

주님이 베드로에게 말씀하셨습니다(마 16:18-9): "너는 베드로라 내가 이 반석 위에 내 교회를 세우리니 … 내가 천국 열쇠를 네게 주리라." 어떻게 이 말씀이 교황의 독재정치, 특별한 지위 그리고 영광을 지지한다고 믿을 수 있을까요? 베드로는 주님으로부터 믿음 안에 자신이 견고히 선 것 때문에 칭찬을 받았습니다. 그리고 주님은 이 믿음의 견고함에 근거하여 베드로를 '바위'로 지칭하셨는데, 주님은 베드로의 신앙고백을 그의 이름의 의미에 따라서 '바위'로 부르신 것입니다. 이렇게 볼 때, 바위는 베드로라는 인간이 아니라, 그가 믿음으로 고백한 그리스도를 나타냅니다(고전 10:4). 즉, 그리스도가 교회의 영원한 기초가 되시며, 그리고 이 기초 위에 베드로와 더불어 예수 그리스도가 하나님의 아들이라는 고백을 하는 모든 신자들의 공동체가 서 있는 것입니다. 그래서 모든 신자들은 예수 그리스도를 유일한 바위로서 또 유일한 구원주로서 신뢰합니다. 그 밖에 베드로에게 하나님의 나라의 열쇠가 약속되었습니다 (마 16:19). 물론, 이 열쇠의 권세는 베드로에게만 주어진 것은 아닙니다. 그와 함께 모든 제자들에게도 주어졌습니다. 즉, 이 열쇠는 어떤 사람들이 어리석게 지껄이는 것처럼 특별한 지배권 혹은 재판권을 의미하지 않습니다. 오히려, 하늘의 왕국을 열거나 닫으며, 교회의 입회를 허락하거나 금지시키는 직무를 의미합니다. 이러한 실체는 복음의 선포와 관련이 있는데, 다른 곳에서 더욱 상세하게 설명될 것입니다. 이와 동일한 방식 위에서 주님은 베드로에게 이렇게도 말씀하셨습니다(요 21:15): "나의 양을 먹이라." 주님은 베드로에게 세상과 모든 피조물을 지배하는 독재적인 지배권을 부여한 적이 없습니다. 오직 목자의 직무를 위임하신 것입니다. 이 주제는 이미 다른 곳에서 교황의 우월성에 반대하여 여러 번 상세하게 언급했습니다.

### 교황의 수위권에 관하여 기록한 초대 교회의 저술들

우리를 반대하는 입장을 지지하며 또 베드로의 우월성을 말했던 초대 교회의 저술가들에 대해서 우리는 답변할 필요가 있습니다. 하지만 우리는 초대 교회의 저술가들이 이 주제에 관하여 말하는 것에 지나친 관심을 둘 필요가 없습니다. 오히려, 우리는 하나님의 아들이신 그리스도께서 임명한 제자들이 행하고 또 그들의 저술과 모범 안에서 남긴 것을 통하여 확신해야 합니다. 왜냐하면 제자들의 명성이 초대 교회의 저술가들보다도 훨씬 우월했으며, 그리고 우리는 제자들의 가르침에 따라서 살고 있기 때문입니다. 이 문제도 나는 이 설교집의 두 번째 설교에서 설명했습니다.

내가 의도했던 것보다도 좀더 폭넓게 설명한 것 같은데, 이제 설교의 끝에 이르렀습니다. 주님은 이러한 설교를 통해서 교회를 세우시며, 인도하시며, 촉진하시며 그리고 보존하시기 때문에, 나는 이 설교 안에서 주님이 자신의 교회에 허락하시고 또 그 교회의 질서에 따라서 부여하신 직무와 직분에 관하여 설명했습니다. 좀더 언급하고 싶은 것이 있지만, 나는 그 주제를 다음 기회로 미룰 것입니다. 이

시간에 함께 다루기에는 너무도 많은 분량입니다. 그리고 그것을 핵심적으로만 살피기에는 너무도 중요하기 때문입니다.

노년의 불링거 초상화

# 목자의 소명과 삶의 자태

◇◇◇◇◇

하나님 말씀의 직무를 위한 소명, 교회 안에 말씀의 직무를 위해서 어떤 사역자들을 또 어떤 방식으로 세워야 하는가? 교회의 열쇠, 교회 안에 세움을 받은 사역자들의 책임, 교회에서 가르치는 방식 그리고 목자들의 경건한 삶의 자태.

◇◇◇◇◇

사랑하는 형제들이여! 나는 지금 전개될 설교에서 하나님의 도움을 힘입어 가능하면 간결하고 명료하게 우리가 오늘날에 어떤 사역자들을 또 어떤 방식으로 세워야 하는가에 대해 설명할 것입니다. 나는 직분에 관하여 다시 언급하지 않고, 오히려 이 직분에 적합한 인물에 대해서 언급하려고 합니다. 처음 그리스도를 통해서 제정된 교회의 직분이나 이러한 직임은 오늘날에도 이 세상에 있는 하나님의 교회를 일깨우고, 인도하며 그리고 보존하는 역할을 감당하기 위해 반드시 필요합니다. 물론, 초대 교회 이후에 시간의 흐름 속에서 새롭게 창조된 교황주의적인 직분은 전혀 필요하지 않습니다. 내 생각에 따르면, 이 교황주의적인 직분을 언급하는 것은 많은 말로 표현할 필요가 없으며 노력할 가치도 없습니다. 이러한 사안 자체가 성경적인 직분의 정당성을 증명하며, 그리고 초대 교회의 절대적인 완벽성도 성경적인 직분의 정당성을 증명합니다. 오늘날 어떤 사람을 교회의 사역자로 세워야 하는가를 명백하게 이해하기 위해서, 나는 이 사역자의 소명(부르심)에 관하여 몇 가지 내용을 상세하게 설명할 것입니다.

## 거룩한 직분을 위한 소명

한 소명(부르심)은 한 명의 적합한 사역자를 교회의 규범에 따라서 임명하는 것을 말합니다. 정확하게 이 소명은 선출과 성직수여로 간주될 수 있으며, 또한 이 소명은 다른 것보다도 많은 개념을 포함하고 있습니다. 당연히 선출이 가장 앞에 있습니다. 우리가 선택한 사람을 우리가 부르기 때문입니다. 그리고 성직수여에는 선출과 임명이 포함되어 있습니다.

교회의 규범에 따라서 소명은 네 가지 절차로 구별됩니다. 앞선 두 가지는 합법적인 절차이며, 다른 두 가지는 합법적인 절차와 무관합니다. 첫 번째 경우는 이사야 선지자와 사도 바울을 부를 때와 마찬가지로 사람에 의해서 혹은 사람을 통해서가 아닌, 오직 하나님에 의해서 부름 받은 것을 말합니다(사 6:1-13; 행 9:1-9). 이 소명의 방식은 일반적으로 어떤 징조나 기적을 통하여 이루어지는데, 즉 이러한 방식을 신적인 혹은 내적인 소명이라고 부릅니다. 두 번째 소명도 하나님으로부터 온 것이 분명하지만, 그러나 이 소명은 사람들의 임명을 통해서 이루어집니다. 이러한 방식은 성경에서 거룩한 마태, 누가 그리고 디모데가 교회의 사역자들로 세움을 받은 방식과 관련이 있습니다. 이러한 방식의 소명은 합법적이며, 공적이며 그리고 사람들로부터 수여되는 것으로, 특별히 오늘날에도 인정되는 보편적인 것입니다. 하나님은 사역자들에게 필요한 능력을 선물하시며 그리고 이 선택된 사람들이 교회의 규범을 활용할 수 있도록 하시기 위해서, 하나님은 사역자들을 부르시는 것입니다. 결국, 이 교회의 규범을 따르는 사람들이 합법적으로 선출되는데, 이러한 사실로부터 그들은 앞서 하나님으로부터 부름을 받은 표지에 근거하여 받아들여진 것입니다. 나는 이 표지를 사역자들을 위해 필요한 은사로 이해합니다.

## 사람의 편애와
## 뇌물에 의해서 이루어진 소명

합법적으로 부름을 받은 첫 번째 소명과 완전히 구별되는 세 번째 소명은 사람들에 의해서 이루어진 것이고, 하나님에 의해서 이루어진 것이 아닙니다. 한 실례로, 어떤 가치 없는 사람이 편애나 뇌물에 의해서 교회 직분을 얻는 것입니다. 이러한 소명은 직분을 얻는 사람이나 직분을 부여하는 사람도 하나님께 죄를 짓는 것입니다. 한 직분을 부여받은 사람이 그 직무와 연결된 특정한 과제를 수행하기를 열망한다고 해도, 그는 주어질 직무를 이해하지 못하거나 이해하려고 하지 않을 수 있는데, 즉 이러한 사실이 그에게 그 직무가 합당하지 않다는 것을 증명합니다. 왜냐하면 그에게 그 직무에 합당한 은사가 주어지지 않았기 때문입니다. 그리고 그가 성경에 관하여 또 여러 사안들에 대해서 충분한 지식을 가지고 있다고 해도, 만약 그가 하나님의 영광을 추구하지 않고 오직 자신의 이익에만 관심을 두고 있다면, 그는 그 직무로부터 부여된 책임을 바르게 감당하지 못할 것입니다. 분명히, 이 교회의 직분에 세움을 입은 사람은 순결한 양심과 내적인 소명에 대한 증거를 요구받습니다. 이러한 증거를 통해서 그는 이 직분을 자신의 명예를 높이기 위해서 취하거나 혹은 자신의 배를 살찌게 하는 욕심과 저급한 욕망 때문에 취하지 않습니다. 오히려, 그는 이 직분을 하나님을 향한 올바른 경외와 사랑 그리고 하나님의 교회를 세우려고 하는 소망에 근거하여 붙잡는 것입니다. 이에 관하여 거룩한 바울은 데살로니가 교회에 보낸 서신에서 하나님의 뜻에 합당하고 또 정확하게 밝혔습니다(살후 2:13-7). 그밖에 우리에게 적합한 교육과 지식에 관한 다른 증거가 요구됩니다. 왜냐하면 우리에게 교회를 인도하는 책임이 맡겨진 것으로 인하여, 설령 우리가 역겨운 방식으로 우리 자신을 속이고 있음에도 불구하고, 우리가 스스로 자만할 수 있고 또 우리 자신을 가치 있다고 착각할 수 있기 때문입니다. 이 교회의 직분을 맡은 사람들에게 성직이 임명될 때, 하나님이 허락하신 규범에 따라서 행하지 않으며 또 교회의 합법성과 거룩성이 요구하는 것을 살피지 않고 오직 이 직분을 얻는 사람들에게만 관심을 집중하는 것은 죄를 짓는 것입니다.

이 뿐만 아니라, 그들에게 이 직분을 수여하는 모든 수여자들도 그 신분적인 위치에서 죄를 짓는 것입니다. 이 때문에 빈번하게 이 목자의 직분이 무가치한 사람들에게 부여되거나 혹은 무지하거나 바르지 않은 사람들에게도 부여되었습니다. 충분히 교육을 받지 않았거나 혹은 결점이 많은 사람들에게도 부여되었습니다. 그리고 너무도 단순하고 착한 사람들에게 부여되기도 했지만, 그러나 악하거나 너무도 지각이 없는 사람들에게도 부여되었습니다. 그들은 어떤 사람의 편애를 업거나 혹은 뇌물을 주고 직분을 추구했습니다. 이러한 사실로부터 그들은 스스로 하나님의 넘치는 진노를 야기하고 있으며, 또한 그들에게 맡겨진 직분을 바르게 행사하지 못하도록 하는 모든 죄악의 길에 서게 되었습니다.

## 성직 매매

초대 교회의 저술가들은 이러한 중죄를 성직 매매로 간주했습니다. 이 성직 매매는 매우 파렴치한 것이며 또 영원한 죽음에 상응하는 것입니다. 안테미우스(Anthemius) 황제는 아르마시우스(Armasius)에게 다음과 같은 서신을 보냈습니다: "아무도 성직자의 직위를 돈으로 흥정하여 획득하지 않는다. 각 사람은 얼마만큼의 돈을 지불할 수 있는가가 아니라, 오히려 얼마나 많이 공헌을 하는가로 자신의 가치를 평가받는다. 돈을 향한 불경건한 소유욕은 설교단에서 사라져야 하고, 하나님께 벌을 받을 이러한 파렴치한 짓은 교회에서 추방되어야 한다. 우리 시대에서는 성결하고 겸손한 감독이 선출되어야 하는데, 이를 위해서 그에게 있어야 할 덕목은 고유한 생활방식의 경건을 통하여 정결해야 하며, 또한 자신의 돈 때문이 아니라, 오히려 자신의 기도 때문에 지도자로 세움을 받는 것이다. 그는 사람들이 자신을 찾고 또 괴롭히는 명예욕에서 멀리 떨어져 있어야 한다. 그는 사람들이 질문을 할 때 신중하게 처신하고, 초청을 받으면 거절하며 그리고 자신에게 양해를 구해야 하는 위급한 사건이 발생했을 때도 친절하게 합의를 이루며 자신의 직분을 수행해야 한다. 왜냐하면 그가 원하지 않았음에도 그에게 부여된 성직자의 직분을 잘 감당할 때, 그는 참으로 그 직분에 합당한 사람이기 때문이다." 만약 안테미우스 황제가 오늘날 로마에 왔다면, 그는 의심의 여지없이 낯선 세상에 왔다고 생각할 것입니다. 베드로의 집에 온 것이 아니라, 시몬의 상점에, 즉 마술사와 사마리아인들이 있는 곳에 왔다고 생각할 것이며 그리고 이스라엘의 게하시의 집에 왔다고 믿을 것입니다.

## 불법적인 소명

네 번째 소명은 어떤 사람이 하나님과 다른 사람들에 의해서 부름을 받는 것이 아니라, 오히려 자신의 사적인 의도에 따라서 직분을 받아드린 것을 말합니다. 이러한 소명은 예레미야에 의해서 증언되고 있습니다(렘 23:21): "이 선지자들은 내가 보내지 아니하였어도 달음질 하느니라." 키프리안이 안토니아누스(Antonianus)에게 보낸 서신에서 이러한 사람들을 교회분열주의자들로 규정했는데, 왜냐하면 어느 누구도 그들에게 감독 직분을 부여하지 않았음에도 불구하고, 그들은 자신들 스스로의 요구에 따라서 획득했기 때문입니다. 우리는 이러한 소명을 불법적인 소명이라고 간주합니다. 그래서 바른 소명은 다양하고 분명한 근거들을 가지고 있어야 합니다. 즉, 교회 안에서 소명은 공적이고 합법적이어야 하며, 이와 함께 교회의 규범에 따라서 직분자를 선출하기 위해서 또 모든 사람들이 교회 안에 누가 세움을 받았는가를 알 수 있도록 하기 위해서 다른 많은 사안들에 대해서도 매우 특별하게 관심을 가져야 합니다. 비록 사도이며 또 신자들의 교사인 바울이 처음부터 사람들이나 혹은 사람들의 도움에 의해서가 아니라, 오직 하나님에 의해서 소명을 받았음에도 불구하고, 그는 성령의 지시하심에 따라서 바나바와 함께 안디옥에 있는 교회로부터 신자들의 섬김을 위해서 구별되었습니다(행 13:1-3). 이러한 동일한 방식 위에서 다른 많은 사람들도 하나님으로부터 파송 되었거나 부르심을 받았지만, 그러나 이와 동시에 그들도 교회의 사람들을 통해서 직분을 받았습니다. 바울은 이렇게 말했습니다(히 5:4): "이 존귀는 아무도 스스로 취하지 못하고 오직 아론과 같이 하나님의 부르심을 받은 자라야 할 것이니라." 그리고 바울은 로마

서에서 다시 언급했습니다(롬 10:14-5): "전파하는 자가 없이 어찌 들으리요. 보내심을 받지 아니하였으면 어찌 전파하리요."

결론적으로, 두 번째 소명이 보편적인 것입니다. 이 소명이 오늘날 교회 안에서 적용될 때, 분명히 주님에 의해서 세움을 받을 것으로 인정되어야 합니다. 그리고 이 소명과 관련하여 세 가지 사안이 주목되어야 합니다: 먼저, 누가 그 직분자를 세웠는가를 아는 것입니다. 즉, 누가 임직의 규범과 권세를 가졌는가를 분명하게 아는 것이 중요합니다. 다음으로, 어떤 사람이 또 특별히 어떤 성향을 가진 사람이 임직의 대상이 되는가를 아는 것입니다. 끝으로, 소명을 받을 사람을 어떻게 인도해야 하는가를 아는 것입니다.

## 교회 안에서 누가 사역자를 선출해야 하는가?

주님이 자신의 교회의 시작부터 사역자들을 선택하고 또 세울 수 있는 규범과 권세를 부여하셨다는 것을 이 설교집의 두 번째 설교에서 세상에서 가장 오래된 예루살렘 교회와 안디옥 교회에 대한 실례를 통해서 설명했습니다. 예루살렘 교회는 일곱 집사뿐만 아니라, 또한 사도 맛디아를 선출했습니다. 안디옥 교회는 그리스도의 탁월한 사도인 바울과 바나바를 섬김을 위해서 구별하였습니다(행 13:1-3). 덧붙여, 바울과 바나바에 의해서 세워진 이방인들의 교회들도 교회의 지도자와 인도자를 표결방식으로 선출하였으며, 그리고 이렇게 선출된 목회자들이 교회 안에서 가장 중요한 지위를 차지하고 있었습니다. 왜냐하면 처음 예루살렘 교회에서 베드로의 인도 아래서 맛디아가 사도로 선출되었을 때(행 1:15-26) 이 방식이 사용되었기 때문입니다. 이러한 선출방식이 초대 교회에서 여러 해 동안 정성스럽게 유지되었습니다. 이와 관련하여 키프리안은 자신의 네 번째 서신에서 이렇게 밝혔습니다: "무엇보다도 교회는 바른 성직자를 뽑거나 혹은 바르지 않은 성직자를 거절할 수 있는 권세를 가지고 있다. 우리는 이러한 권세가 하나님의 명령에 근거하여 주어진 것으로 알고 있는데, 성직자는 모든 신자들이 참여하는 가운데 눈으로 볼 수 있도록 선출되어야 하며, 또한 공적인 판단과 증언을 통하여 적합하고 적절하게 입증되어야 한다. 민수기에서 주님은 모세로 하여금 이에 관하여 말씀하셨다(민 20:25): '너는 아론과 그 아들 엘르아살을 데리고 산에 올라 전체 회중 앞에 서라.' 하나님은 제사장을 모든 회중들 앞에서 선출하셨는데, 이것을 통해서 하나님은 제사장의 선출은 오직 백성들의 참여와 이해 속에서 시행되어야 한다는 사실을 가르치시고 교훈하신 것이다. 즉, 모든 신자들의 참여 속에서 악한 사역자들의 과오를 드러내거나 선한 사역자들의 행위를 칭찬하기 위함이다. 그러므로 합법적인 임직은 모든 신자들의 투표와 판단을 통하여 이루어져야 한다." 이러한 교회의 제도는 거룩한 어거스틴의 시대까지 지속되었습니다. 110번 번호가 붙어있는 한 서신에서 어거스틴이 신자들의 동의를 받아서 에라디우스(Eradius)를 자신의 후계자로 임명했다는 것을 확인할 수 있습니다. 그 이후의 시대에서는 신자들이 목자들의 선출 때 빈번하게 이의를 제기한 것 때문에, 어떤 사람을 직분자로 임명하는 것이 목회자들의 중재로부터 관리들과 신자들을 통하여 결정되었습니다. 그들로부터 결정되거나 혹은 호명된 세 사람의 뛰어난 남자들 중에서 가장 탁월한 사람이 선출되었습니다. 이 내용은 유스티니아누스 황제의 법령 123항에 기록되어 있습니다.

## 주교는 독자적으로 교회의 사역자를 임명할 권세를
## 가지고 있지 않다

교회를 섬길 사역자를 임명할 수 있는 온전한 권세가 교구 주교들 혹은 대주교에게 있다고 믿는 사람들은 다음의 성경 구절을 살펴봐야 합니다. 바울은 디도에게 이렇게 말했습니다(딛 1:5): "각 성에 장로들을 세우게 하려고 내가 너를 그레데에 떨어뜨려 두었다." 그리고 바울은 덧붙였습니다(딤전 5:22): "아무에게나 너무 빨리 안수하지 않도록 주의하라." 하지만 나는 사도들이 교회 안에서 폭정을 사용하지 않았고, 선출과 임명에 속한 모든 것도 혼자서 실행하지 않았으며 그리고 교회 안에 다른 사람들을 이것으로부터 완전히 배제하지 않았다는 것을 말하고 싶습니다. 그리스도의 사도들은 교회 안에서 감독들과 장로들을 선출하였는데, 그들은 자신들의 결정에 있어서 교회가 함께 하는 것을 기뻐하였으며, 그래서 당연히 신자들의 동의와 허락을 받았습니다. 이미 몇 번 언급된 것처럼, 사도 마태를 선택하고 임명하는 일과 관련하여 이러한 사실을 명백하게 확인할 수 있습니다. 이러한 선출에 대해서 하나님이 모세에게 율법을 통해서 말씀하셨습니다. 먼저, 하나님이 모세에게 이렇게 말씀하셨습니다(신 16:18): "네 스스로 재판장을 뽑을 것이다." 하지만 다른 본문에서 이러한 말씀도 확인됩니다(출 18:21): "너는 온 백성 가운데서 백성들을 대표할 자들을 선출하라." 이러한 전제 속에서 모세는 이스라엘 백성에게 다음과 같이 선포했습니다(신 1:13): "그들이 너희들의 두령이 되도록 하기 위해 너희 가운데에서 지혜 있는 자를 내라." 모세는 지도자를 뽑는 과정에서 비록 하나님의 동의를 얻었음에도 불구하고, 그는 어느 누구도 자신의 일방적인 판단에 따라서 선택하지 않은 것입니다. 모세는 "너희의 재판장을 결정하라"고 하지 않았고, 오히려 그는 자신의 결정에 모든 백성을 참여시킨 것입니다. 거룩한 디도가 "너는 각 성에서 장로를 임명하라"는 바울의 말을 듣고 실행했지만, 그러나 그가 교회와 어떤 협의도 없이 자신이 좋게 여기는 대로 일방적으로 행하지 않았을 것이라는 사실입니다. 이러한 이해 속에서 로마 교회의 주교들이 행사하였던 멍에와 폭정을 떨쳐버리고 또 그리스도에 의해서 승인된 오래된 규범과 합법적인 근거들을 가지고 다시 교회를 재건하려고 하는 사람들은 결코 죄를 범하고 있지 않은 것입니다.

지금 우리는 교회로부터 선출된 명망 있는 남자들이 적합한 사역자들로 임명되었는지, 그리고 교회가 전적으로 투표와 제비뽑기를 통해서 혹은 어떤 다른 특정하고 경건한 방식을 통하여 사역자들을 임명했는지에 관한 문제를 방치해서는 안 됩니다. 모든 것을 하나님의 뜻에 따라서 질서 있게 시행한다면, 하나님 앞에서 행하는 경건한 일들은 다툼이 일어나지 않을 것입니다(고전 14:40). 나는 여기에서 교회의 사역사들을 세우는 것 때문에 발생되었던 음모, 추문 그리고 추악한 전쟁은 설명하지 않을 것입니다. 하인리히 4세(Henry IV.)와 하인리히 5세(Henry V.), 또한 프리드리히 1세(Frederiches I.)와 프리드리히 2세(Frederiches II.)의 역사적인 기록을 살펴보면, 로마 교회의 교황들과 그들에게 맹종하였던 주교들이 얼마나 파렴치하고 방종하게 행하였는지에 대해 충분하고 분명한 증거를 얻을 수 있습니다. 확실하게 단정 지을 수는 없으나 다른 곳에서 이것에 관하여 좀 더 상세하게 설명할 기회가 있을 것입니다.

# 어떤 성품을 가진 일꾼을
# 뽑아야 하는가?

나는 이제 어떤 일꾼을 임명해야 하는가에 대해 언급할 것입니다. 이 대상은 임의대로 뽑는 것이 아니라, 오히려 바르게 선택된 좋은 믿음을 가진 사람들이 선출되어야 합니다. 그들은 모든 재능들로 무장되어 있고, 성경의 지식이 탁월하며 그리고 신앙의 신비를 확고히 붙잡고 있는 사람들입니다. 그들은 하나님을 경외하며, 신실한 삶을 살아가며, 용감하며, 의연하며, 부지런하며, 근면하며, 진지하며 그리고 신뢰할 수 있는 사람들이기도 합니다. 이러한 삶의 자태를 가지고 있기 때문에, 그들은 자신들의 온전한 사역을 통해서 자신의 삶 속에서 드러날 수 있는 부패성과 부정적인 평판을 이겨낼 수 있을 뿐만 아니라, 또한 그들은 자신들의 나쁜 생활습관을 통하여 자신들이 건전한 교리와 함께 세운 것을 다시 넘어뜨리지 않습니다. 이와 관련하여 나는 교회 일꾼의 책임이 담겨 있는 사도적인 규범을 제시하고 싶습니다(딛 1:5-6): "내가 명한 대로 각 성에 장로들을 세우게 하려 함이니, 책망할 것이 없고 한 아내의 남편이며 방탕하다는 비난을 받거나 불순종하는 일이 없는 믿는 자녀를 둔 자라야 할지라." 그리고 바울이 덧붙였습니다(딤전 3:5): "사람이 자기 집을 다스릴 줄 알지 못하면 어찌 하나님의 교회를 돌아보리요." 이렇게도 밝혔습니다(딛 1:7): "감독은 하나님의 청지기로서 책망할 것이 없어야 한다." 청지기는 신실해야 할 것이 요구되는데(고전 4:2), 즉 "제 고집대로 하지 아니하며 급히 분내지 아니하며 술을 즐기지 아니하며 구타하지 아니하며 더러운 이를 탐하지 아니하며 오직 나그네를 대접하며 선을 좋아하며 근신하며 의로우며 거룩하며 절제하며 미뿐 말씀의 가르침을 그대로 지켜야 하리니 이는 능히 바른 교훈으로 권면하고 거스려 말하는 자들을 책망하고 입을 막게 하려 함이라." 바울은 디모데에게 다음과 같은 권면도 남겼습니다(딤전 3:6-7): "새로 입교한 자도 말지니 교만하여져서 마귀를 정죄하는 그 정죄에 빠질까 함이요 또한 외인에게서도 선한 증거를 얻은 자라야 할지니 비방과 마귀의 올무에 빠질까 염려하라."

### 사역자를 선출하기 위한 검증과 시험

그러므로 삶의 모든 부분과 삶의 과정을 매우 자세히 살피기 위해서 여기에서 정확한 판단과 주의 깊은 신중함이 요구됩니다. 교회의 미래적인 사역자의 삶의 태도에 대한 엄격한 관찰과 신학 교육의 분명한 시험이 필요합니다. 이러한 검증은 실제로 큰 의미를 가지고 있습니다. 모든 교회의 보존과 관련되어 있기 때문입니다. 무가치한 사람과 무식한 사람이 임명되면, 그 교회 안에서 모든 신앙의 관심사들은 등한시되고, 부패하며 그리고 무너질 것입니다. 나는 이 검증을 단순하거나 형식적인 시험으로 이해하지 않고, 오히려 성경과 그것의 바른 해석에 관하여, 목양에 관하여, 건강한 믿음의 신비에 관하여 그리고 이 사안과 관련된 다른 주제들에 관하여 점검하는 매우 진지하고 엄격한 대화로 이해하고 있습니다. 초대 교회의 신자들은 이 문제를 매우 신중하게 다루었습니다. 아엘리우스 람프리디우스(Aelius Lampridius)가 알렉산더 세베루스(Alexander Severus) 전기문에서 밝힌 것을 통해서 확인할 수 있습니다. 당시 감독들은 자신들의 직무를 시작하기 전에 모든 교회 앞에 자신들의 이름을 제출하는 관행이 있었습니다. 이 직분을 임명받을 사람이 어떤 문제를 가지고 있을 경우에 모든 교인들에게 알림으로서 그의 임명을 철회할 수 있는 수단을 마련해 놓은 것입니다. 이러한 문제에 관하여 유스티니아누스(Justinianus) 황제도 자신의 법령 123항에서 언급했습니다: "성직 임명의 순간에 어떤 사람에 의해서 이의가 제기되어, 그것이 직분을 수여받은 사람에게 문제가 되거나 직분의 권위를 손상시키는 일로 판단되면, 모든 절차는 유예되어야 하고, 또한 정확한 점검이 이루어져야 한다."

**감독에 대한 검증은 어떻게 이루어졌는가?**

나는 여기에서 네 번째 카르타고 공의회의 결정을 언급하려고 합니다. 여기에서 다음과 같은 내용이 결정되었습니다: "한 명의 감독이 임명되려면, 그 이전에 여러 시험을 통과해야 한다. 그가 원래부터 사려 깊은 사람인지, 학습 능력이 뛰어난 사람인지, 성격이 원만한 사람인지, 생활태도가 단정한 사람인지 그리고 술 취하지 않는 사람인지를 살펴야 한다. 그가 항상 자신의 임무를 의식하고 있는지, 겸손한지, 상냥한지 그리고 온유한지를 점검해야 한다. 그리고 그가 학식이 풍부한지, 주님의 법을 잘 강론할 수 있는지, 성경의 의미에 대해서 항상 신중한 입장을 견지하는지 그리고 믿음의 교리에 대해서 흔들림이 없이 정통적인 가르침을 줄 수 있는지를 확인해야 한다." 특별히, 이러한 교리적인 점검에는 어떤 내용이 담겨있을까요? "하나님의 말씀을 가르치는 지도자라고 할 때, 그는 무엇을 증명해야 하는가? 성부, 성자 그리고 성령은 한분 하나님이시다. 삼위일체 하나님의 온전한 신성은 한 존재와 한 실체에 있어서 동일하게 영원하며 또 동일하게 전능하시다. 삼위일체 하나님의 각 개별적인 위격은 완전한 하나님이시며 그리고 모든 세 위격들은 한 유일한 하나님이시다. 하나님의 성육신은 성부와 성령 안에서 발생한 것이 아니며, 오직 성자 안에 발생했다. 성자 하나님의 신성은 성부 하나님의 신성과 동일하며, 아들의 인성은 한 인간적인 어머니의 인성과 동일하다. 참된 하나님은 아버지로부터 그리고 참된 인간은 어머니로부터 왔다. 즉, 참된 인간은 어머니의 육체로부터 자신의 살을 가졌으며 그리고 이와 동시에 이성적이고 인간적인 영혼을 자신 안에 소유하고 있다. 한 인격 안에 신성과 인성, 즉 양성으로 존재하시는 성자 하나님은 한 아들이시며, 한 그리스도시며, 한 주님이시며, 모든 존재하는 것들의 창조자이시며, 그것들의 근원이시며 그리고 성부와 성자와 함께 모든 피조물들을 다스리시는 통치자이시다. 성자 하나님은 실제로 육체의 고난을 겪으셨으며, 육체의 죽음을 당하셨으며, 자신의 육체를 다시 취하시고 또 자신의 영혼을 실제로 다시 취하심으로써 부활하셨으며 그리고 산 자들과 죽은 자들을 심판하시기 위해 다시 오실 것이다. 이러한 삼위일체 하나님에 대한 고백과 함께 다음의 사실들도 믿어야 한다: 구약 성경과 신약 성경, 즉 율법, 선지자들 그리고 사도들이 한 주님이신 한 동일한 근원자로부터 유래되었다. 마귀는 창조 이후에 그의 자발적인 의지를 통하여 타락했다. 끝으로, 다음의 내용들도 질문되어야 한다: 우리는 지금 상태의 육체로 부활하는가, 혹은 어떤 다른 육체로 부활하는가? 최후의 심판이 있으며, 또한 자신의 행위에 따라서 심판과 유업을 받는가? 결혼을 거부하는가? 재혼을 인정하는가? 고기를 먹는 일을 금지하는가? 용서받은 이후에 잘못을 뉘우치는 사람을 다시 공동체에 받아들일 수 있는가? 세례를 통하여 모든 죄들, 즉 원죄와 사람이 고의적으로 지은 자범죄는 용서받을 수 있는가? 그리고 보편 교회

밖에 구원이 있는가? 그는 이 모든 질문들을 통하여 시험을 받고, 그 결과는 완벽하게 보고되어야 한다. 이러한 평가를 통해서 그는 성직자들, 신자들, 모든 지역의 감독들의 참관 아래서 그리고 특별히 대주교의 입회 아래서 성직 임명을 받게 된다." 이 공의회는 400년(정확하게 398년)에 개최되었습니다. 나는 이 공의회와 사람들의 결정을 의존하거나 혹은 참된 구원과 온전함에 유익을 주는 모든 것이 성경에 기록되어 있다는 것을 알리기 위해서 이 내용을 인용하지 않았습니다. 오히려, 나는 교황주의자들의 현재 전통들과 행위들이 사도의 가르침과 모범뿐만 아니라, 또한 초대 교회의 결정과 모순된다는 것을 드러내기 위해서 이 내용을 인용한 것입니다. 이러한 의도를 통해서 내가 상상하는 것은, 혹시나 그들이 스스로 성찰한 이후에 인간들의 다양한 가르침을 뒤로하고, 거룩한 사도들의 모든 본래적이고 근원적인 전통과 가르침을 다시 받아들이는 것입니다.

### 부르심을 받은 자들은 어떻게 임명되는가?

나는 지금 "부름을 받은 자들은 어떻게 임명이 되어야 하는가?"라는 질문에 답변해야 하는 마지막 지점에 도달했습니다. 사도들은 직분자를 세울 때 가장 먼저 금식하고 또 기도할 것을 교회에 권고했고, 이 부르심을 받은 자들을 교회 앞에 세워서 그들의 머리 위에 안수했으며 그리고 그들에게 교회를 위탁시켰습니다. 나는 이 안수에 관하여 다른 곳에서 이미 언급했습니다. 안수는 임명된 직분을 위한 표시였습니다. 초대 교회 안에서 목자들을 세우는데 있어서 어떤 다른 방식을 사용했다는 것을 어디에서도 확인할 수 없습니다. 분명히, 첫 사도들의 교회 안에서 모든 것은 단순했으며, 결코 낭비

적이고 불필요한 요소는 없었습니다. 하지만 이후의 시대에 교회의 예전들이 증가되었습니다. 하지만 몇몇 사람들은 합법적인 규범이 초기에는 거의 훼손되지 않았을 것이라고 생각합니다. 그렇지만 나는 인간적인 판단에 근거하여 한 가지 신적인 제도에 어떤 것이 추가되는 것 자체가 잘못되었다고 생각합니다. 왜 사도적인 가르침에 인간적인 감정들과 관습들이 추가되는 것이 필요했을까요? 어떤 사람들보다도 훨씬 더 거룩하고 신적인 사안들과 관련하여 경험이 풍성했던 거룩한 사도들에게 매우 필수적이었던 안수가 그들에게는 왜 필요하지 않았을까요? 그 이후에 복음서에서 근거를 가져 온 것으로 보이는 성직 임명 때 기름 부음이 추가되었습니다.

이 기름 부음은 4차 카르타고 공의회에서 이렇게 결정되었습니다: "한 명의 감독이 성직 임명을 받을 때, 두 명의 감독들이 한 복음서를 그의 머리와 목덜미 부분에 얹으며 또 그 중에 한 감독이 그에게 기름을 부으며 축복해야 한다. 이 자리에 참석한 나머지 감독들은 자신들의 손을 그의 머리 위에 얹어 가볍게 안수해야 한다." 더 많은 시간이 흘렀을 때 망토(Pallium)를 착용하는 의식이 추가 되었습니다. 오늘날에는 이러한 의식들의 증가가 끝없이 이루어지면서 많은 미신적인 것들이 만들어졌습니다. 어떤 사람이 이러한 로마 교회의 의식들을 아론과 유대 제사장들의 제도와 비교한다면, 아론의 전체 제도가 이 교회 안으로 들어왔다고 주장할 수 있을 것입니다. 로마 교회의 의식들은 복음의 진리에 반대될 정도로 불필요하며 과도하게 부풀려졌습니다. 매우 의도적으로 엄청난 사치, 허영 그리고 분노를 자아내는 교황주의자들의 서품에 대해서 아무렇지도 않게 침묵하는 것은 해롭고 과도한 것인데, 결국 인내할 수 없도록 만듭니다. 물론, 여기에서 다른 내용들이 좀더 추가될 수 있습니다. 비록 초대 교회의 신자들에 의해서 성직 임명이 추가된 의식들을 통하여 확대된 면이 있었지만, 그럼에도 이 성직 임명에 추가된 비용은 없었으며, 또한 그리스도 성전에서 이 성직 임명과 관련하여 어떤 거래도 이루어지지 않았습니다. 하지만 오늘날 로마 교회의 교황주의자들에 의해서 주교의 망토가 얼마나 비싸게 팔리고 있으며 또 서품식을 위해서 얼마나 많은 돈이 필요한가를 살피면, 그 서품식이 얼마나 치욕적인 것인지 알 수 있습니다.

그레고리우스는 마우리키우스(Mauricius) 황제와 테오도시우스(Theodosius) 황제의 치하에서 개최되었던 로마 교회의 주교 회의에서 특별히 다음 사안이 결정되었습니다: "나는 선조들의 규범을 따라서 성직 임직에 있어서 주교의 망토를 수여하는 것이든 혹은 증명서를 수여하는 것이든 어떤 것도 인정할 수 없다는 것을 결정한다. 한 주교가 성직 임명을 받을 어떤 대상에게 안수하고, 한 사역자는 복음서를 낭독하며 그리고 한 공증인이 증명서에 서명할 때, 그 주교는 안수하는 자신의 손을 팔 수 없고, 그 사역자는 이 성직 임명 때 자신의 목소리를 팔 수 없으며 그리고 그 공증인은 자신의 필기도구를 팔 수 없기 때문이다. 그럼에도 불구하고 어떤 사람이 이러한 일을 감행한다면, 그의 시도는 마땅히 비판 받아야 하며, 그 이후에 전능하신 하나님에 의해서 엄중한 심판을 받게 될 것이다." 이와 함께 다음과 같은 문장도 덧붙여졌습니다: "만약 성직 임직을 받는 사람이 강요에 의해서가 아니라, 자유롭고 또 감사함으로 무엇인가를 주고자 한다면, 우리는 그것을 허락한다."

## 왜 성직 임직이 교황적인 주교들에 의해서
## 시행되어서는 안 되는가?

나는 지금까지 하나님의 교회 안에서 어떤 감독들 혹은 목회자들이 성직 임명을 받아야 하는지 그리고 어떤 방식으로 성직 임직이 시행되어야 하는지를 언급했습니다. 로마 교회 안에 있는 성직 임명도 근원적으로 사도들로부터 지속되어 온 계승 안에서 유래된 것입니다. 즉, 이 성직 임명을 책임졌던 감독들이 합법적으로 거명되었으며 또 이러한 성직 임명을 유일한 것으로 간주했던 전통이 있었습니다. 하지만 오늘날 교황주의자들로부터 시행되고 있는 성직 임명을 우리가 더 이상 참을 수 없게 되었다는 사실이 쉽게 인정되고 있습니다. 나는 여기에서 이 문제에 관하여 좀더 분명하게 언급할 것입니다. 중단 없이 지속된 감독들과 목자들의 계승에 관하여 또 교회에 관하여 나는 이미 다른 곳에서 언급했습니다. 이 때문에 이 주제들을 여기에서 다시 반복하는 것은 아무런 의미가 없습니다. 그리고 나는 우리의 교회가 새로운 로마 교회와 일치하지 않는다고 해도 참된 교회임을 증명했습니다. 그래서 참된 교회는 모든 신자들의 투표를 통하여 또 교회로부터 선출된 사람에 대한 합법적인 판단에 근거하여 목자를 선출하는 규범을 가지고 있다는 것이 선언되어야 합니다. 이러한 사실로부터 목자는 합법적인 성직 임명을 통해서 선출되어야 한다는 것을 알 수 있습니다. 즉, 우리의 교회가, 좀더 엄밀하게 말하면, 주님의 교회가 성직 임명을 하는 것입니다. 그래서 거룩한 하나님의 교회가 새로운 로마 교회의 주교들에 의해서 서품을 받은 그들의 사역자들을 거부하는 중요한 근거들이 있습니다. 거룩한 바울은 이 문제에 관하여 이미 이렇게 밝혔습니다(갈 1:8): "그러나 우리나 혹 하늘로부터 온 천사라도 우리가 너희에게 전한 복음 외에 다른 복음을 전하면 저주를 받을지어다." 교황주의자들은 바울이 전한 복음과 다른 복음을 전하고 있는 것입니다. 나는 이러한 사실 속에서 그들의 성직 임명은 하나님의 말씀에 근거한 것이 아님을 강조하고 싶습니다. 이러한 결과로 그들은 하늘로부터 임하는 저주를 받게 될 것입니다. 이러한 저주를 받을 자들에 의해서 성직 임명을 받고 있다는 사실을 어느 누가 참을 수 있겠습니다?

그밖에 성직 임명 때 가장 중요한 것은 복음의 가르침입니다. 그리스도의 복음을 순수하고 또 인간적인 전승의 혼합 없이 신자들에게 선포하는 사람들이 교회의 사역자들로 임명되어야 합니다. 하지만 성직 임명을 받아야 할 대상자들 가운데 이 성직 임명이 이루어져서는 안 될 사람들도 있습니다. 끊어진 관계를 되돌리게 하는 맹세를 통하여 매우 억압적이거나 강압적으로 성직 임명에 참여하는 사람들입니다. 이러한 무신론적인 서약을 통해서 그들은 그리스도가 아닌, 그리스도에게 대항하는 교황에게 복종하기 때문입니다. 이렇게 선출된 주교들은 다음과 같이 서약합니다: "주교로 선출된 나는 이 시간 이후로 거룩한 베드로, 거룩하며 사도적인 로마 교회와 우리의 주인이신 교황 그리고 그의 계승자들 앞에서 교회의 권위에 따라서 직분을 부여받고 성실하게 복종할 것을 서약한다. 그들이 나에게 사적으로, 대리자를 통하여 혹은 문서적으로 제시한 권면을 나는 어느 누구에게도 해를 입히기 위해서 고의적으로 드러내지 않을 것이다. 나는 로마 교황권과 거룩한 베드로의 권위를 비판하는 사람들로부터 그것들을 보호하고 방어하기 위해 최선을 다 할 것이다. 나는 우리의 주인이신 교황과 앞서 언급한 계승자들의 권위, 위엄, 특권과 평판을 지키며, 방어하며, 증대시키며 그리고 촉진시키기 위해서 헌신할 것이다. 우리의 주인과 로마 교회에 대적하여 어떤 부당하거나 해를 가하는 시도에 대해서, 즉 그것들의 인격, 권리, 위엄, 지위 그리고 권세에 관한 어떤 것이든, 나는 결코 어떤 협력, 행동 그리고 협정에 참여하지 않을 것이다. 만약 내가 이러한 일들이 어떤 사람에 의해서 계획되거나 행동으로 옮겨지는 것을 알게 된다면, 나는 최선을 다해서 방어할 것이고 또 가능한 한 빠르게 우리의 주인에게나 혹은 이 사실을 논의할 수 있는 대상에게 적당한 방식으로 알릴 것이다. 나는 거룩한 선조들의 규칙들, 결정들, 명령들, 판결들, 조치들, 제한들, 직임의 부여와 사도적인 계명들을 온 힘을 다해 보존하며 그리고 다른 사람들로부터도 그것들이 지켜지도록 최선을 다할 것이다. 이단, 분리주의자 그리고 우리의 주인을 거역하는 대적자들을 나는 모든 것을 동원해서 핍박하고 또 그들에 대해서 저항할 것이다."

실제로 그들이 이러한 방식으로 서약한다면, 예수 그리스도, 그분의 교회, 참된 신앙 및 신자들의 공동체를 사랑하는 사람들은 하늘의 뜻에 따라서 그들이 성직 임명을 받도록 그냥 지켜볼 수 있겠습니까? 복음과 우리의 주님이신 예수 그리스도는 이러한 서약에 대해서 한 마디도 언급한 것이 없습니다. 그리고 성경에도 이러한 서약에 관한 내용은 전혀 기록되어 있지 않습니다. 이 사실은 교부들의 규정들과 법령들에서 자세히 확인할 수 있습니다. 특별히, 교황주의자들이 이 서약에서 말하고 있는 베드로는 사도행전에서 "금과 은을 나는 가지고 있지 않다"(행 3:6)라고 말한 그리스도의 사도인 베드로가 아닌 다른 베드로입니다. 그들의 베드로는 왕적인 권세를 가지고 있는 다른 존재입니다. 이와 동시에 그들은 사도적인 교회를 언급하고 있지만, 그러나 그들은 여기에 특정한 해설을 통하여 자신들이 교황권이라고 규정한 내용을 첨부시켰습니다. 이 교황권은 하나님의 교회와 상관이 없는 교황의 권세와 명예를 말하는 것입니다. 교황의 특권과 모든 인생들 위에 군림하는 권위를 말합니다. 그들은 교황을 자신들의 주인으로 시인하고 있으며, 또한 그를 견제하는 어떤 시도도 원치 않습니다. 만약 어떤 사람이 교황과 교황의 권위에 대해 음모를 꾸민다는 것이 인지되면, 그들은 이 사실을 알리고 성실하게 도와야 할 의무를 가지고 있기 때문입니다.

나는 어떤 사람이 다른 사람들보다도 더 많은 복종의 의무를 가지고 있다고 생각하지 않습니다. 하지만 그들이 이단이라고 규정된다면, 이 경우에는 의심의 여지가 없을 것입니다. 우리는 기독교 신앙의 대적자들이 아닙니다. 성경의 가르침을 금지하지도 않습니다. 성경에 부합되게 살지 않는 것이 아니라, 오히려 교황에 반대하여 저항하며 사는 것인데, 오직 성경을 설교하고, 교황의 권위와 결정을 존중하지 않으며 그리고 그리스도의 영광을 위해 살려는 것입니다. 예수 그리스도를 교회의 유일한 머리와 대제사장으로 인정하며, 교황이 교회의 머리도 아니고 또 최고의 제사장도 될 수 없다는 것을 고백합니다. 하나님을 참으로 경외하는 사람이 있다면, 어떻게 그는 이러한 서약에 복종할 수 있겠습니까? 어느 누가 그리스도와 교제를 단절하고 로마 교회의 교황을 높여서 그의 노예와 신발털이로 복종하겠습니까? 어느 누가 이러한 서약에 순종하는 사람들을 그리스도를 순종하는 자로 또 그리스도의 교회를 위해 직분을 받을 수 있는 자로 인정할 수 있겠습니까?

덧붙여 질 수 있는 것은, 로마 교회에서 거룩한 직분에 속한 추기경들의 회합은 완전히 타락했는데, 그곳에서 그리스도를 통하여 모임이 이루어졌다는 어떤 증거도 확인할 수 없기 때문입니다. 로마 교회 안에는 이미 인간들에 의해서 많은 새로운 결정들이 추가되었습니다. 그래서 목회자를 임명하는 것과 관련하여 성경적인 표결방식도 남아있지 않으며, 또한 교회의 지도자를 선출하는 합법적인 방식도 남아있지 않다는 것을 말할 수밖에 없습니다. 교황주의자들의 선출방식은 발의권, 임명에 대한 권한 그리고 결정의 권한이 다양한 사람들에게 분산되어 있기 때문에, 더욱이 어떤 경우에는 이러한 권리들이 상속됨으로 인하여, 결국 우둔한 자들이나 절반 쯤 바보인 자들도 주교로 임명될 수 있습니다. 무엇보다도, 그들에게 한 가지 간과될 수 없는 사실은, 그들은 사제 직분의 임명과 관련하여 적법한 시험과 엄격한 훈육에 아무런 관심이 없다는 것입니다. 물론, 간단한 시험이 있긴 하지만, 그것은 아주 유아적인 차원의 것입니다. 즉, 성직 임명을 받을 사람들에게 묻는 질문이 어린이들에게 일반적으로 묻는 수준과 같은 것입니다. 그 실례로, 글을 읽을 수 있는지, 단어들을 합성하여 문장을 만들 수 있는지, 노래를 할 수 있는지 혹은 간단한 계산을 할 수 있는지 등입니다. 이러한 사실은 교황주의자들이 사제들을 하나님의 말씀에 따라서 교회를 섬기는 것보다는 미사 때 필요한 낭독과 찬양을 행하도록 하기 위하여 세운 것임을 알게 합니다. 그들은 사제들이 성경의 지식을 가지고 있는 것에 관심이 없고, 오직 찬양하기에 합당한 목소리를 가진 것에만 관심을 가지고 있습니다. 이러한 풍경은 어떤 노련한 법률가가 목자 직무를 맡는 것과 같은 상황입니다. 즉, 재산을 증대시키거나 유지하기 위해서 법정에서 싸우는 것이 그들에게 교회 안에서 영혼들을 구하기 위해 바른 설교를 하는 것보다는 절대적으로 유익하기 때문입니다. 로마의 교황청을 통해서 왕실로부터 또 군주들로부터 우리에게 파송된 사람들이 하나님의 교회를 인도하기 보다는 모든 다른 일들에 더 적합하다는 주장이 잘못된 것일까요? 로마 교회의 성직자들은 군주들로부터 성직록으로 부르는 유산을 증여받기 위해서 교회의 직분들을 변질되게 만들었습니다. 교황들은 자신들의 요리사, 제빵사, 병사, 이발사 그리고 당나귀 몰이꾼 등에게도 사제 직분을 부여했는데, 그들에게 포도주 시종이나 뚜쟁이라는 호칭이 붙는 것보다는 훨씬 더 명예스러울 것입니다. 다수의 사제들은 폭력과 매매 행위를 통하여 거룩한 직분에 오를 수 있을 것이라고 기대하거나 생각지 않았음에도 불구하고 그 지위를 차지할 수 있었습니다. 다른 사제들은 우습게도 추천과 호의라는 얄팍한 수단을 통해서 거룩한 직분을 차지했습니다. 이러한 과정에는 인간관계, 안면, 인척관계 등이 작동합니다. 당연히, 이러한 상황 속에서 그들은 섬기는 일보다는 배를 채우는 일에 더 큰 관심을 가질 수밖에 없다는 것이 분명해집니다. 로마 교회의 사제들은 하나님의 교회와 영혼 구원에 관심을 갖는 것이 매우 부자연스러운 것이었습니다. 결국, 로마 교회 안에서 모든 질서는 붕괴되었으며, 하나님의 양 떼는 목자들의 무지와 과실을 통하여 고통을 당하고 있습니다.

### 성직록 쌓기

이러한 어두운 역사에는 성직록 쌓기가 포함되어 있습니다. 한 명의 군인 혹은 신하는 예외 없이 여섯 이상의 성직록을 보유하고 있는 것이 일반적이었습니다. 이 성직록은 교황이 그들에게 수여하는 것이지만, 그러나 이것이 수여된 이후에는 더 이상 관리되지 않는 경우가 대부분이었습니다. 교황은 바른 설교를 해본 적이 없으며 또 양 떼의 것을 사취하는 것 외에 그들 곁에 있어본 적이 없습니다.

이 때문에 주님의 양 떼들은 병들거나 몰락하게 됩니다. 교황에게 임명을 받는 대리인들은 거의 대부분이 교육을 받지 못한 무식한 사람들이었고 또 오직 교황의 하수인에 불과했습니다(요 10:12 이하). 언제나 그랬던 것처럼, 최소한의 급료를 요구하는 사람에게 양 떼를 지도하도록 했습니다. 한 사제가 복음서를 낭독하며, 찬양하며, 미사를 집전하며, 고해성사를 행하며 그리고 종부성사를 거행할 수 있으면, 그는 충분히 배운 사람으로 취급되었습니다. 그가 어떤 다른 능력을 가지고 있는지에 대해서 어떤 관심도 갖지 않았습니다.

### 사제의 수준

나는 교회 안에 있는 관습들에 관하여 어떤 관리감독이 이루어 졌는가를 언급하는 것에 대해서 부끄러움을 느끼며 또 분노심을 갖습니다. 이미 공개되고 또 경험된 것을 통해서 볼 때, 파렴치한 자들이 이 거룩한 직분에서 배제되지 않았다는 사실입니다. 어떤 예외도 없이 오입쟁이, 술주정뱅이, 건달 그리고 다양한 허물들로 부패된 자들에게 이 직분이 허용되었습니다. 당연히, 주교가 서품식에서 "어떤 사람이 이 직분을 얻을 가치가 있는가?"라고 물었을 때, 그들은 이 직분에서 아무 것도 할 것이 없다는 인상을 결코 주지 않았기 때문입니다. 그리고 서품식에 참여한 사람들의 신분증명서가 제출되었다고 해도, 그들을 한 번도 보지 못했고 또 알지도 못하는 어떤 사람이 주교에게 "그들은 직분을 받을 자격이 있습니다"라고 대답하면 아무런 문제가 없기 때문입니다. 그밖에도 서품식에서 매우 많은 의식들이 치러집니다. 이때 서품을 받은 사람들은 복음의 진리를 위해 수고하고 있다는 것을 의식적으로 드러내는데, 선한 양심을 가지고 눈 뜨고 볼 수 없는 광경입니다. 이것과 이와 유사한 증거들은 우리가 로마 교회의 일반적인 주교들에 의해서 시행되고 있는 서품식에 참여할 수 없다는 답변이 될 것입니다.

## 성직 임직을 받는 사람들의 직무

이 주제와 관련하여 이제 마지막 남은 것을 설명할 차례입니다. 즉, "교회 섬김을 위해 성직 임직을 받은 사람들의 직무는 어떤 것인가?"라는 질문에 답변해야 합니다. 이 질문의 답변은 간단명료합니다. 이 직분은 하나님의 교회를 이끌며 그리고 그리스도의 양 떼를 먹이는 것과 관련이 있습니다. 바울 사도는 에베소 장로들에게 다음과 같이 권면했습니다(행 20:28): "여러분은 자기를 위하여 또는 온 양 떼를 위하여 삼가라 성령이 그들 가운데 여러분을 감독자로 삼고 하나님이 자기 피로 사신 교회를 보살피게 하셨느니라." 하나님의 목자들은 분명하게 교회를 하나님의 말씀, 건전한 교리 그리고 하나님을 기쁘시게 하는 삶의 모범을 통하여 섬겨야 합니다. 거룩한 바울은 디모데에게 이렇게 말했습니다(딤전 4:12): "누구든지 네 연소함을 업신여기지 못하게 하고 오직 말과 행실과 사랑과 믿음과 정절에 대하여 믿는 자에게 본이 되라." 바울은 동일한 내용을 디도에게도 증거했습니다(딛 2:5-9). 나는 이미 교회의 권세에 대해서 언급했습니다. 하지만 교황주의자들이 주교 직분과 관련하여 열쇠의 권세와 기능에 관하여 전혀 다른 생각 속에서 쓸모없는 변명을 늘어놓고 있기 때문에, 나는 무엇보다도 먼저 이 열쇠에 관하여 설명하는 것이 시급하다고 생각합니다.

## 교회의 열쇠

우리에게 열쇠는 잘 알려진 도구입니다. 우리는 이 열쇠로 현관, 방 혹은 장식장의 문을 열거나 잠글 수 있습니다. 이러한 개념이 물질적인 차원에서 영적인 차원으로 전화(轉化)된 것이며, 그래서 교회 안에서 지식의 열쇠와 천국의 열쇠에 관하여 언급하는 것입니다. 주님이 누가복음에서 이렇게 말씀하셨습니다(눅 11:52): "화 있을진저 너희 율법교사여 너희가 지식의 열쇠를 가져가서 너희도 들어가지 않고 또 들어가고자 하는 자도 막았느니라 하시니라." 이러한 비슷한 이해가 마태복음에도 기록되어 있습니다(마 23:13): "화 있을진저 외식하는 서기관들과 바리새인들이여 너희는 천국 문을 사람들 앞에서 닫고 너희도 들어가지 않고 들어가려 하는 자도 들어가지 못하게 하는도다." 누가는 이 열쇠를 지식을 빼앗는 것으로 언급했고, 마태는 하늘을 닫는 것으로 언급했습니다. 먼저, 지식의 열쇠는 우리가 참여할 수 있는 행복한 삶을 위한 가르침을 의미합니다. 이 열쇠는 백성에게 참된 행복에 관하여 가르치거나 혹은 바르게 가르치는 것을 금지시킬 수 있는 직무입니다. 이러한 이해 속에서 하나님의 열쇠 역시도 이와 다르지 않는데, 하나님을 신뢰할 수 있도록 신자들에게 복음이나 하나님의 말씀을 증거하는 직무입니다. 이 직무를 통해서 천상에 가는 길에 이르거나 혹은 지옥에 가는 길에 오르도록 복음 혹은 하나님의 말씀을 가르치거나 가르치지 않거나 할 수 있습니다. 이 열쇠를 주님이 처음 베드로에게 약속하셨습니다. 그리고 그를 통하여 모든 제자들에게 전달되었습니다. 이 열쇠와 관련하여 주님이 이렇게 말씀하셨습니다(마 16:19): "내가 천국 열쇠를 네게 주리니 네가 땅에서 무엇이든지 매면 하늘에서도 매일 것이요 네가 땅에서 무엇이든지 풀면 하늘에서도 풀리리라." 우리는 베드로와 다른 제자들에게 어디로부터 이 열쇠가 주어졌는가를 질문해야 합니다. 모두가 동의하는 사실은, 그리스도께서 부활하신 날에 제자들에게 주셨다는 것입니다. 제자들에게 "복음을 전파하라"는 사역적인 과제와 함께 이 열쇠가 주어진 것입니다. 결과적으로, 이 사실은 우리에게 이 열쇠는 모든 백성에게 복음을 전파하라는 사역 자체를 의미합니다. 이 세상 속에서 복음을 통해서 그리스도가 획득한 구원이 믿는 자들에게 주어지며, 믿지 않는 자들에게 지옥문이 열려 있다고 증거되기 때문입니다.

　우리는 이제 이 열쇠와 관련하여 거룩한 복음서들의 증언들을 듣길 원합니다. 주님의 제자이며 또 복음서의 저자인 요한이 밝혔습니다(요 20:19, 21-23): "주께서 그의 제자들에게 오셔서 그들에게 말씀하셨다. 너희에게 평강이 있을지어다. 아버지께서 나를 보내신 것 같이 나도 너희를 보내노라 이 말씀을 하시고, 저희를 향하사 숨을 내쉬며 가라사대, 성령을 받으라! 너희가 뉘 죄든지 사하면 사하여질 것이요 뉘 죄든지 그대로 두면 그대로 있으리라." 이 말씀은 주님이 열쇠에 대해 언급한 내용과 일치합니다. 주님은 다른 복음서에서 이렇게 선언하셨습니다(마 16:19): "네가 땅에서 무엇이든지 매면 하늘에서도 매일 것이요." 다음과 같은 표현도 하셨습니다(요 20:23): "너희가 뉘 죄든지 그대로 두면 그대로 있으리라." 주님은 계속해서 언급하셨습니다(마 16:19): "네가 땅에서 무엇이든지 풀면 하늘에서도 풀리리라." 요한복음의 기록입니다(요 20:23): "너희가 뉘 죄든지 사하면 사하여질 것이요." 결과적으로, "묶는다"는 것은 "죄를 용서하지 않는다"는 것을 의미합니다. 그리고 "푼다"는 것은 "죄를 용서한다"는 것을 의미합니다. 하지만 이때 여러분들은 이의를 제기할

수 있습니다: 성경에 기록되어 있는 것처럼, 오직 하나님만이 죄를 용서하실 수 있는데, 어떻게 사람이 죄를 용서할 수 있다는 것입니까? 이 질문을 위해서 우리는 주님의 부활 때 발생했던 동일한 사건을 묘사한 복음서 기자들의 증언들을 살펴봐야 합니다. 먼저, 누가는 이렇게 기록하고 있습니다(눅 24:45-7): "이에 그들의 마음을 열어 성경을 깨닫게 하시고, 또 이르시되 이같이 그리스도가 고난을 받고 제 삼일에 죽은 자 가운데서 살아날 것과 또 그의 이름으로 죄 사함을 받게 하는 회개가 예루살렘에서 시작하여 모든 족속에게 전파될 것이라." 다음으로, 마가는 다음과 같은 기록을 남겼습니다(막 16:14-6): "그 후에 열한 제자가 음식 먹을 때에 예수께서 그들에게 나타나사 그들의 믿음 없는 것과 마음이 완악한 것을 꾸짖으시니 이는 자기가 살아난 것을 본 자들의 말을 믿지 아니함일러라. 또 이르시되 너희는 온 천하에 다니며 만민에게 복음을 전파하라. 믿고 세례를 받는 사람은 구원을 얻을 것이요 믿지 않는 사람은 정죄를 받으리라." 하나님은 믿는 사람들의 죄를 오직 그리스도의 이름 안에서 용서하십니다. 그리스도의 공로와 화해의 사역에 근거하여서 하나님이 우리의 죄를 용서하시는 것입니다. 그래서 사역자들은 복음의 설교를 통하여 분명하게 죄가 용서되었다는 것을 선포하는 것입니다. 이 설교를 통하여 복음을 듣는 사람들을 묶거나 풀거나 하는데, 즉 죄를 용서하거나 그렇지 않게 하는 것입니다.

**제자들은 어떻게 풀거나 묶는가?**

한 가지 혹은 두 가지의 실례를 통하여 이 주제는 좀더 확실해 질 것입니다. 거룩한 베드로는 예루살렘 시민들에게 선포했습니다(행

2:38): "너희가 회개하여 각각 예수 그리스도의 이름으로 세례를 받고 죄 사함을 얻으라 그리하면 성령을 선물로 받으리라." 이 경우에도 사도 베드로는 주님이 그에게 위탁하신 열쇠를 적용했습니다. 즉, 복음 증거를 통해서 베드로는 지상에서 풀었고 그리고 사람들의 죄를 용서하였는데, 이 설교 안에서 그는 믿는 사람들에게 그리스도를 통해서 확신할 수 있는 용서를 약속했습니다. 하나님은 믿는 바에 따라서 신자들에게 죄의 용서를 주시기 위해서 이러한 복음의 증거를 강하게 하셨습니다. 그밖에 빌립보 감옥의 간수가 바울과 실라에게 언급한 내용입니다(행 16:30): "선생들이여 내가 어떻게 하여야 구원을 얻으리이까?" 사도 바울은 그에게 대답했습니다(행 16:31): "주 예수를 믿으라 그리하면 너와 네 집이 구원을 얻으리라." 바울은 복음의 설교를 통하여 묶여 있는 사람을 풀어주었고, 열쇠를 통하여 그 사람의 죄를 용서해 주었는데, 즉 간수가 이 지상에서 바울의 설교를 듣고 믿었기 때문입니다. 그래서 이 복음 선포는 주님이 하늘에서 구속을 베푸신 것과 동일한 가치를 가지고 있습니다. 이러한 사실은 사도행전에도 기록되어 있습니다. 이 동일한 이해를 우리는 이와 반대되는 입장을 통해서 더 자세히 확인할 수 있습니다(행 13:45 이하): "유대인들이 그 무리를 보고 시기가 가득하여 바울이 말한 것을 반박하고 비방하거늘 바울과 바나바가 담대히 말하여 이르되 하나님의 말씀을 마땅히 먼저 너희에게 전할 것이로되 너희가 그것을 버리고 영생을 얻기에 합당하지 않은 자로 자처하기로 우리가 이방인에게로 향하노라." 바울이 고린도에서 사는 유대인들에게 그리스도에 관하여 설교했을 때, 그들은 그에게 반항하여 소리를 지르고 비방했습니다. 이 때문에 바울은 자신의 옷을 털면서 이렇게 외쳤습니다(행 18:6): "너희 피가 너희 머리로 돌아갈 것이요 나는 깨끗하니

라 이후에는 이방인에게로 가리라.” 이렇게 바울은 믿지 않는 사람들을 묶은 것입니다. 그리고 하나님은 그분 자신으로부터 연유된 바울의 설교를 강하게 하셨습니다. 적합하고 참된 열쇠가 자물쇠에 끼워지지 않는다면, 당연히 그 자물쇠는 열리지 않을 것입니다. 바르고 참된 열쇠는 하나님의 바른 말씀입니다. 이에 반하여 하나님의 말씀으로부터 분리되어 있고 사람으로부터 기원한 교훈은 거짓과 기만으로 가득 찬 열쇠입니다. 나는 성경에 근거한 이러한 빛나는 실례를 통하여 사도들에게, 교회의 목자들에게 그리고 교회에게 부여된 열쇠는 교회를 가르치는 직무 이외에 다른 것이 없다는 사실이 증명되어야 한다고 믿습니다. 이 복음의 선포를 통하여 하늘의 왕국을 향한 문이 자물쇠처럼 열리는데, 믿음을 통하여 그리스도에게 참여하며 그리고 영원한 생명의 기쁨에 도달할 수 있는 확실한 방법과 분명한 길이 제시되기 때문입니다.

당연히, 이러한 신적인 확증을 위해서 인간적인 증언도 덧붙여져야 합니다. 거룩한 요한네스 크리소스토무스(Johannes Chrysostomus)는 마태복음 23장 주석에서 이렇게 묘사했습니다: “이 열쇠는 성경을 아는 지식의 말씀이다. 이 말씀을 통하여 사람들에게 진리의 문이 열린다. 이 열쇠를 가진 사람은 목자로 신자들에게 말씀을 가르치고, 성경을 해석할 의무가 주어져 있다.” 초대 교회의 설교자들의 계속되는 증언들도 내가 언급한 것으로부터 벗어나지 않습니다. 나는 이 주제에 관하여 깊이 생각했으며, 결코 단순하고 성급하게 언급하지 않았다는 것을 말씀드립니다.

나의 형제들이여! 이미 이 열쇠에 대한 주제는 이러한 문서들을 통해서 우리에게 공개되었습니다. 이 때문에 교황주의자들이 열쇠의 권세, 열쇠의 권세로부터 연유된 직무들, 직분들 혹은 고위 성직,

다른 다양한 일들 그리고 사제의 권세에 관하여 외치는 헛소리에 우리는 특별한 관심을 갖지 않습니다. 우리의 열쇠는 하나님의 말씀을 선포하는 직무이며, 이 열쇠는 사도들과 그들을 따르는 목자들에게 부여되었습니다. 그들은 죄용서, 회개 그리고 구원받은 삶에 관하여 설교해야 할 책임을 가지고 있습니다. 우리는 이러한 사실을 인간의 담화나 의견을 통해서가 아니라, 오히려 명백하게 드러내시는 하나님의 말씀으로부터 배웁니다.

### 진리는 어디로부터 연유된 것인가?

우리는 위에서 언급된 내용을 통해 교회 안에서 한 목회자에게 가장 중요한 직무가 하나님의 말씀을 선포하는 것임을 알게 됩니다. 이 직무는 주님이 사도들에게 위임하신 열쇠이며, 어떤 다른 종류의 것이 요구되지 않습니다. 오직 하나님의 순수한 말씀을 설교하는 것이며, 또한 그 말씀 자체로부터 나오는 것 외에 어떤 것도 가르치지 않는 것입니다. 즉, 영원하고 또 변화될 수 없는 규범이 성립되는데, 이 직무는 교회 안에서 오늘날 목회자들에게 부여되어 있으며, 이미 읽을 수 있듯이, 가장 오래된 지도자들에게도 부여되었던 것입니다. 구약의 말라기서에서 하나님은 이에 관하여 분명하게 계시하셨습니다(말 2:4-7): "만군의 여호와가 이르노라 내가 이 명령을 너희에게 내린 것은 레위와 세운 나의 언약이 항상 있게 하려 함인 줄을 너희가 알리라. 레위와 세운 나의 언약은 생명과 평강의 언약이라 내가 이것을 그에게 준 것은 그로 경외하게 하려 함이라 그가 나를 경외하고 내 이름을 두려워하였으며, 그의 입에는 진리의 법이 있었고 그의 입술에는 불의함이 없었으며 그가 화평함과 정직함으로 나와 동행하며 많은 사람을 돌이켜 죄악에서 떠나게 하였느니라. 제사장의 입술은 지식을 지켜야 하겠고 사람들은 그의 입에서 율법을 구하게 되어야 할 것이니 제사장은 만군의 여호와의 사자가 됨이라." 에스겔을 통하여 하나님께서 말씀하셨습니다(겔 3:17): "너는 내 입의 말을 듣고 그것을 그들에게 선포하라." 예레미야 선지자도 이렇게 기록하고 있습니다: "꿈을 꾼 선지자는 꿈을 말할 것이요 내 말을 받은 자는 성실함으로 내 말을 말할 것이라."

하나님은 신적인 것과 인간적인 것을 분명하게 구별하였습니다. 신적인 것은 하나님의 말씀에 근거한 것이며 그리고 인간적인 것은 인간의 선택을 통하여 고안된 것입니다. 그래서 하나님은 인간적인 것이 꿈과 같은 것이므로 버릴 것을 명령하셨습니다. 다음의 말씀을 기억해야 합니다(렘 23:16): "너희에게 예언하는 선지자들의 말을 듣지 말라 그들은 너희에게 헛된 것을 가르치나니 그들이 말한 묵시는 자기 마음으로 말미암은 것이요 여호와의 입에서 나온 것이 아니니라." 그리고 하나님이 이렇게 경고하셨습니다(렘 23:29): "내 말이 불 같지 아니하냐 반석을 쳐서 부스러뜨리는 방망이 같지 아니하냐?" 그래서 하나님의 참된 선자들이 이렇게 표현한 것입니다: "주 여호와께서 말씀하셨느니라." 혹은, "여호와의 입이 말씀하셨느니라." 이러한 표현들로 인하여, 이스라엘 백성은 하나님의 말씀을 낯설게 생각하지 않았습니다. 구약 시대의 언약의 백성은 거룩한 문서를 소유하고 있었는데, 특별히 선지자들은 이 율법을 해석하는 일 외에 어떤 일도 하지 않았으며, 또한 이 율법은 장소, 시간, 관계 그리고 사람에 따라서 해석되었습니다. 우리의 주님이신 예수 그리스도는 자신의 가르침이 자신의 것이 아니라, 오히려 아버지의 것이라는 것을 한번 이상 언급했습니다. 이것을 문자적으로 이해할 때, 나는 어리석고 불합리한 것은 어떤 것도 언급할 수 없습니다.

주님은 자신의 가르침이 인간적인 것이 아니라, 신적인 것임을 강조한 것입니다. 주님은 자신의 가르침을 그분 자신이 친히 율법서와 선지자들의 문서들을 참조하셨다는 것을 통하여 강조하지 않으셨습니까? 그리스도는 성부 하나님이 모든 교회를 위해서 세우신 유일하신 믿음의 교사이며 또 모든 삶의 주인이십니다. 그분은 친히 교회에 교사들을 보내고 또 그들로 하여금 교회 안에서 가르치도록 하셨습니다. 주님이 다음과 같이 명령했습니다(마 28:20): "그들에게 내가 명령한 모든 것을 가르쳐 지키게 하라." 이렇게도 말씀하셨습니다(막 16:15): "너희는 온 천하에 다니며 만민에게 복음을 전파하라." 사도 바울은 성경에 기록된 복음이 하나님의 선지자들을 통하여 약속된 것이라고 확신하였습니다(롬 1:2). 그리스도로부터 위임받은 이 진리를 사도들이 모든 백성에게 가르쳤습니다. 그들은 이 진리의 내용에 어떤 것도 첨가하거나 삭제하지 않았습니다. 사도들은 선지자들의 문서에 대해서 언급하면서 구약의 선지자들은 어떤 현실 속에서도 자신들의 사적인 의지에 굴복하지 않았으며 또 자신의 판단을 허락하지 않았다고 강조했습니다. 사도 베드로는 이렇게 밝혔습니다(벧전 4:10-11): "각각 은사를 받은 대로 하나님의 각양 은혜를 맡은 선한 청지기같이 서로 봉사하라. 만일 누가 말하려면 하나님의 말씀을 하는 것같이 하라." 그리고 터툴리안도 이단에 대한 반론에서 분명하게 기록했습니다: "어떤 특정한 사안을 우리가 개별적인 흥미로움에 따라서 다루는 것과 어떤 것을 선택적으로 다루는 것은 우리에게 허락되어 있지 않다. 그리고 우리 자신의 고유한 견해에 따라서 어떤 다른 것을 제시하는 것도 허락되지 않았다. 우리의 기초는 주님의 사도들인데, 그들이 백성들에게 제시한 것은 자신들의 견해에 따라서 선택한 것이 아니며, 오직 그리스도로부터 받은 가르침이다. 비록 하늘에 있는 천사라도 다른 복음을 말하면 저주를 받을지어다." 나는 믿음과 교회에 대한 설교에서 믿음은 오직 하나님의 말씀에 종속되어야 하고, 오직 하나님의 말씀 위에 서 있어야 하며 그리고 하나님의 교회는 교회와 관련된 모든 사안들이 인간의 가르침에 근거하지 않고, 오직 하나님의 말씀에 근거하여 성립되고 유지되어야 한다고 강조했습니다.

### 새로운 규범을 공포하는 일이
### 감독에게 허락되지 않는다

그러므로 교황을 추종하는 사제들이 거짓 증거로 찬성하고 있는 새로운 규범을 공포하고 또 새로운 교리를 개진하는 것은 그리스도의 교회 안에 있는 감독들에게 허락될 수 없습니다. 사도들에게 위임된 그리스도의 가르침은 교회로부터 가장 본래적인 형태로 받아들여져야 하며 또 목자들로부터 본래적이고 순수하게 교회에 전달되어야 합니다. 그래서 교회는 그리스도의 말씀을 믿는 신자들의 공동체여야 합니다. 어느 누가 이 말씀을 모를까요?: "사람은 다 거짓되되 오직 하나님은 참되시다." 그리고 교회는 진리의 기둥이며 기초입니다. 교회는 성경의 진리에 기대어 서 있기 때문입니다. 그래서 교회는 성경으로부터 제시되고 있는 진리 외에 다른 어떤 것도 소개할 수 없으며 또 다른 사람들에 의해서 소개된 교리를 받을 수 없습니다. 오직 하나님께만 속해 있는 영광을 어느 누가 자신을 위해 요구할 수 있겠습니까? 하나님은 모든 인류를 향하여 특별히 신앙과 축복된 삶과 관련된 질문들 안에서 유일하신 규범의 수여자이십니다. 이 문제에 관하여 이사야는 이렇게 답변했습니다(사 33:22): "여호와는 우리 재판장이시요 여호와는 우리에게 율법을 세우신 자시요 여호와는 우리의 왕이시니 우리를 구원하실 것임이니라." 거룩한 야고보도 밝혔습니다(약 4:12): "입법자와 재판자는 오직 하나이시니 능히 구원하기도 하시며 멸하기도 하시느니라." 하나님은 이러한 주도권을 자신을 위해서, 다시 말하면, 유산으로서 필요로 하시는데, 즉 하나님은 삶과 죽음에 대한 모든 권리를 자신의 것으로 가지고 계시며 그리고 그분 자신의 말씀의 법을 통하여 조종하십니다. 그렇다면 본래의 의도에 따라서 순종하며, 믿음을 배우며 그리고 하나님의 경외를 규정하는 경건한 규범은 어떻게 존재할 수 있겠습니까? 만약 신앙의 가르침과 하나님의 경외가 신적이지 않다면, 교황주의자들이 아무리 옳다고 말해도, 그것은 하나님의 말씀을 반대하는 것이 됩니다. 오직 하나님만이 참된 믿음이 무엇인지 또 하나님을 어떻게 경외하는 것이 합당한 것인지를 가르쳐주십니다. 이와 관련하여 하나님의 아들은 마태복음에서 이사야를 인용하여 이렇게 말씀하셨습니다(마 15:9, 사 29:13): "사람의 계명으로 교훈을 삼아 가르치니 나를 헛되이 경배하는도다." 결과적으로, 인간의 새로운 전통들로부터 언제나 하나님의 말씀과 하나님의 율법을 경멸하는 교만이 발생한다는 것을 알 수 있습니다. 우리의 자의적인 가르침은 주님께서 복음서에서 언급하신 것처럼 주님의 계명을 위반하고 또 경멸하는 것입니다.

# 목자들의 목표

목자들과 교사들이 가르쳐야 할 것은 오직 가장 확실하고 또 가장 참된 하나님의 말씀인 구약 성경과 신약 성경의 말씀에 근거해야 합니다. 이렇게 그들이 무엇으로부터 가르쳐야 하는가를 확정된 후에, 우리는 그들이 순종해야 할 진리를 가르치는 것과 관련하여 어떤 자세를 가져야 하는가를 언급해야 합니다. 나는 여기에서 이 주제에 관하여 요약적으로 설명할 것입니다. 무엇보다도 목자들에게 요구되는 것과 관련하여 사도 바울이 아킵보에게 명령한 것을 살필 필요가 있습니다(골 4:17): "주 안에서 받은 직분을 삼가 이루라." 그리고 목자들은 자신들의 시선을 선한 목자와 악한 목자의 살아있는 표본으로부터 외면하지 않는 것인데, 유명한 선지자인 에스겔의 외침을 기억해야 합니다(겔 34:2-4): "인자야 너는 이스라엘 목자들에게 예언하라 그들 곧 목자들에게 예언하여 이르기를 주 여호와께서 이같이 말씀하시되 자기만 먹는 이스라엘 목자들은 화 있을진저 목자들이 양 떼를 먹이는 것이 마땅하지 아니하냐. 너희가 살진 양을 잡아 그 기름을 먹으며 그 털을 입되 양 떼는 먹이지 아니하는도다. 너희가 그 연약한 자를 강하게 아니하며 병든 자를 고치지 아니하며 상한 자를 싸매 주지 아니하며 쫓기는 자를 돌아오게 하지 아니하며 잃어버린 자를 찾지 아니하고 다만 포악으로 그것들을 다스렸도다." 그리고 에스겔은 계속하여 소리쳤습니다(겔 34:15-6): "내가 친히 내 양의 목자가 되어 그것들을 누워 있게 할지라 주 여호와의 말씀이니라. 그 잃어버린 자를 내가 찾으며 쫓기는 자를 내가 돌아오게 하며 상한 자를 내가 싸매 주며 병든 자를 내가 강하게 하려니와 살진 자와 강한 자는 내가 없애고 정의대로 그것들을 먹이리라." 이러한 교훈으로부터 우리가 내릴 수 있는 결론은 양 떼를 먹이는 것, 섬기는 것 그리고 다스리는 것은 선한 목자에게 속한 일이라는 사실입니다. 이러한 사역을 통해서 양들을 구원할 수 있는데, 결코 사람의 유익을 추구하는 것이 아닙니다. 한 마리의 잃어버린 양을 찾는 것은 큰 의미가 있습니다. 진리를 멀리하고 또 거짓의 흑암에 머물고 있는 사람들을 교회로 그리고 빛 가운데로 인도하는 것입니다. 한 마리의 죄를 짓고 방황하는 양을 다시 찾아오는 것입니다. 개인적인 시험으로 성도들의 공동체로부터 분리되어 있는 양을 다시 격려하여 인도하는 것입니다. 한 마리의 상처받은 양을 치료하는 것입니다. 이러한 책임을 누군가는 져야 합니다. 선한 목자는 죄인의 흠결을 책망해야 하기 때문입니다. 죄인들의 치유를 촉구한 예레미야 선지자는 우리에게 좋은 모범이 됩니다(렘 8:4-22; 30:12-17). 결론적으로, 연약하고 병든 양들이 있을 때, 선한 목자는 이 양들이 절대로 음부에 내려가지 않도록 방치하지 않습니다. 그래서 좋은 영적인 은사들을 발전시켜서 강한 양들이 되도록 하는데, 즉 그들이 하나님의 은혜에 근거하여 다시금 교만하지 않고 또 신앙의 자리를 이탈하지 않도록 하는 것입니다(사 42:3). 물론, 선한 목자는 양들의 이러한 회복이 하나님의 말씀으로부터 기원된 건강하고 견고한 진리의 도움을 통해서 이루어진다는 사실을 잊지 않아야 합니다(마 12:15-21).

### 신앙교육

교회를 가르치는 신앙교육은 공적이고 또 개인적인 가르침으로 이루어집니다. 공적인 가르침과 관련하여 목자가 초신자들이나 기존 신자들을 공적으로 가르치는 것입니다. 초신자들에게는 참된 믿음의 조항들을 제공합니다. 신앙의 수업은 신앙과 기독교 교리에 속해 있는 첫 번째 단계의 가르침을 포함합니다. 즉, 언약의 핵심내용들, 십계명 해설(출 20:2-17), 사도신조, 주기도문(마 6:9-13) 그리고 성례에 대한 짧은 설명입니다. 초대 교회는 신앙의 조항들을 전담해서 가르쳤던 신앙교육 교사들이 있었습니다. 하나님은 구약 성경과 신약 성경에서 젊은 사람들에게 특별한 의무 속에서 적절한 시간에 최선을 다하여 참된 신앙의 조항들을 가르칠 것을 명령하셨습니다. 이와 관련하여 하나님은 큰 상과 엄중한 벌을 우리에게 약속하셨습니다. 교회 안에서 신앙의 기본적인 조항들을 바르게 배우지 못한 사람들은 어떤 열매도 맺을 수 없습니다. 그들은 교회의 교사로부터 언약, 십계명, 율법, 은혜, 믿음, 기도, 성례 등에 관하여 설명을 들을 때 온전히 이해할 수 없기 때문입니다. 그러므로 신앙교육은 어느 곳에서든 최고의 정성으로 수행되어야 합니다.

## 성경 해석

기존 신자들에 대한 가르침은 현저하게 성경의 해석과 관련이 있습니다. 초대 교회의 교부들의 문서들을 살펴보면, 당시의 축복 넘치고 또 하나님의 뜻에 합당한 교회들 안에서 일반적으로 이루어졌던 관심은 신자들에게 성경의 일부분이나 선택된 본문들뿐만 아니라, 또한 신구약 성경을 순서대로 해석해 주는 것이었습니다. 이것으로부터 교회들은 큰 유익을 얻었습니다. 오늘날 우리가 경험하고 있는 현실은, 교회들이 하나님의 말씀을 통하여, 즉 복음서, 율법서, 선지서, 서신서 등을 신실하게 해설해주는 것을 통하여 보다 더 나은 가르침을 행하거나 혹은 보다 더 힘 있게 활동하지 못하고 있다는 사실입니다. 여기에서 나는 성경의 해석은 어떤 것을 고안해내거나 혹은 성경의 본문들을 이리저리로 각색하여 이해하는 욕망에 기인하지 않도록 해야 한다는 것을 상기시키고 싶습니다. 성경의 해석은 각 본문들의 면밀한 비교와 성령의 특별한 은사에 속한 것임을 잊지 않아야 합니다. 거룩한 베드로는 다음과 같이 강조했습니다 (벧후 1:20): "성경의 모든 예언은 사사로이 풀 것이 아니니라." 그러므로 성경은 자의적인 생각에 따라서 해석할 수 있는 권한이 어느 누구에게도 주어져 있지 않습니다. 더 나은 해석은 다수가 동의하는 것일 수 있다고 생각되지만, 그러나 다수의 의견에 종속되어 있지 않다는 것을 알아야 합니다. 만약, 다수의 의견에 따라서 성경의 해석이 더 나은 것으로 생각된다면, 아리안 사람들과 터키 사람들의 주장이 기독교의 주장보다도 바른 것으로 이해될 것입니다. 더 좋은 성경의 해석은 신앙과 사랑이 대결하는 구도로 흐르지 않게 하고, 또한 인간의 명예와 욕망을 확대시키기 위해서 어떤 것도 왜곡하거나 훼손하지 않는 것입니다.

### 적용

성경의 해석에 관하여 나는 이미 첫 번째 설교집의 두 번째 설교에서 언급했습니다. 성경의 해석이 각 교회의 지역들, 시대들, 상황들 그리고 인물들의 고려 속에서 적합하게 적용되지 않는다면, 교회를 세우는 목적에 적합하지 않는다면 그리고 교회의 교사로 하여금 자신의 학식이나 말하는 능력을 자랑하는 것으로 드러낸다면, 교회의 설교자들은 정경의 각 책들을 통하여 신자들에게 아무런 유익도 주지 못할 것입니다. 주님은 우리로 하여금 지혜로운 청지기의 모범을 알려주셨는데, 이렇게 말씀하셨습니다(눅 12:42): "지혜 있고 진실한 청지기가 되어 주인에게 그 집종들을 맡아 때를 따라 양식을 나누어 줄 자가 누구냐?" 그리고 바울은 디모데에게 다음과 같이 권면했습니다(딤후 2:15): "네가 진리의 말씀을 옳게 분별하며 부끄러울 것이 없는 일꾼으로 인정된 자로 자신을 하나님 앞에 드리기를 힘쓰라." 음식이 잘 요리되어 있지 않으면, 그것은 먹기가 쉽지 않습니다. 청지기는 만들어진 음식을 가족의 구성원들에게 어떻게 적절하게 제공할지를 잘 알고 있어야 합니다. 그는 가족들이 음식을 먹고 기뻐하는 것에 관심이 없어야 하고, 오히려 각 음식이 각 개별적인 구성원들에게 유익한 것이었는가에 관심을 가져야 합니다. 그래서 사도 바울은 교회의 교사가 모든 역량을 모아서 교회의 덕을 세우는 일에 힘써야 한다는 것을 교훈하면서 다음과 같이 말했습니다(고전 14:3): "그러나 예언하는 자는 사람에게 말하여 덕을 세우며 권면하며 위로하는 것이다." 당연히, 기존 신자들을 향한 가르침에는 성경의 해석이 속해 있을 뿐만 아니라, 또한 기독교 신앙의 분명하고도 확실한 설명, 무엇보다도 그리스도의 이름 안에서 죄의 회개와 용서에 관하여 이해될 수 있는 가르침, 보편적인 차원에서 범죄에 대한 권면 그리고 진심어리고 지혜로운 질책이 포함되어 있어야 합니다. 주님이 제자들에게 말씀하셨습니다(마 5:13): "너희는 세상의 소금이니 소금이 만일 그 맛을 잃으면 무엇으로 짜게 하리요 후에는 아무 쓸데없이 다만 밖에 버리워 사람에게 밟힐 뿐이니라." 여기에는 거짓 선생들의 반박, 이단자들의 억제 그리고 바른 신앙적인 진리의 보존이 속해 있습니다. 바울도 이렇게 가르쳤습니다(딛 1:10-11): "복종치 아니하고 헛된 말을 하며 속이는 자의 입을 막고 저들을 바르게 세우라." 교회의 교사가 참된 신앙을 신자들에게 지속적으로 제시하지 않으면서 그들에게 신앙을 강요하고, 방어하도록 하며 그리고 보존하도록 한다면, 단순히 참된 신앙을 가르치는 것만으로 충분치 않다는 것을 알아야 합니다.

바울은 이러한 문제에 관하여 이렇게 지적했습니다(딤후 4:1-5): "하나님 앞과 살아 있는 자와 죽은 자를 심판하실 그리스도 예수 앞에서 그가 나타나실 것과 그의 나라를 두고 엄히 명하노니, 너는 말씀을 전파하라. 때를 얻든지 못 얻든지 항상 힘쓰라 범사에 오래 참음과 가르침으로 경책하며 경계하며 권하라. 때가 이르리니 사람이 바른 교훈을 받지 아니하며 귀가 가려워서 자기의 사욕을 따를 스승을 많이 두고 또 그 귀를 진리에서 돌이켜 허탄한 이야기를 따르리라. 그러나 너는 모든 일에 신중하여 고난을 받으며 전도자의 일을 하며 네 직무를 다하라." 그래서 교회 안에서는 지속적인 훈계와 권면이 필요합니다. 이를 통하여 교회는 지속적이고 분명한 가르침을 통하여 하나님의 말씀을 따르고 혹은 죄를 멀리하는 것을 이해하도록 해야 합니다. 실제로 열정적인 훈계와 권면을 통하여 옳은 것과 옳지 않은 것을 따르거나 예방하도록 독려해야 합니다. 이러한 사역을 위해서 감독에게 인내가 요구됩니다. 비록 기대하는 대로 진보가 드러나지 않고 또 강력하고 뻔뻔스러운 대적자들이 완강하게 저항할 때라도 희망을 포기하지 않아야 하기 때문입니다. 바울은 이렇게 밝히고 있습니다(딤후 2:24-26): "주의 종은 마땅히 다투지 아니하고 모든 사람에 대하여 온유하며 가르치기를 잘하며 참으며, 거역하는 자를 온유함으로 훈계할지니 혹 하나님이 그들에게 회개함을 주사 진리를 알게 하실까 하며, 그들로 깨어 마귀의 올무에서 벗어나 하나님께 사로잡힌바 되어 그 뜻을 따르게 하실까 함이라." 그밖에 더욱 친절하고 동정심이 많은 위로도 필요합니다. 많은 사람들이 수많은 시험에 시달리고 있으며 또 마귀에 의해서 눌림을 당하고 있기 때문에, 그들을 제대로 위로하지 못하면 큰 상처를 받을 수 있다는 것을 알아야 합니다. 이러한 것들과 유사한 내용들이 기존 신자들을 위한 가르침에 속합니다.

### 가난한 사람들을 돌봄

여기에서 가난한 사람들을 돌보는 일을 설명할 것입니다. 이 사역은 감독의 우선적인 과제에 속하며 또 감독의 공적인 가르침에 속하기 때문입니다. 이 교훈을 통하여 감독은 소박한 마음을 갖도록 부유한 사람들에게 지속적으로 자비를 베풀 것을 권면해야 합니다. 이러한 좋은 실례는 사도 바울이 기록한 모든 서신들에서 확인됩니다(롬 16:25-27; 고전 16:1-2; 고후 8:1-9:15). 바울이 갈라디아서 2장 9절 이하에서 밝힌 것처럼, 거룩한 베드로, 야고보 그리고 요한도 가난한 사람들을 공궤할 것을 시급하게 요구하였습니다. 특별히, 베드로는 이 일을 신실한 청지기를 세워서 감당하도록 했습니다(행 6:1-7). 그러므로 가난한 사람들을 돌보는 일은 목자들의 직무에 속한 것입니다. 이러한 사실 속에서 우리는 교회 안에서 가난한 사람들을 등한시해서는 안 되며 그리고 그리스도의 지체로서 정중하게 보살펴야 한다는 것을 반드시 기억해야 합니다.

### 신앙교육의 개인적인 형태

신앙교육의 개인적인 형태는 그 사안에 따라서 공적인 방식으로 구별되어 있지 않고, 오히려 배우는 사람들의 특성에 따라서 사적으로 언급될 수 있습니다. 니고데모처럼, 어떤 사람이 한 목자를 찾아가서 개인적으로 신앙교육을 받기를 원하는 경우도 있습니다. 그리고 목자가 직접 사람들에게 찾아가서 공적으로 설교하기보다는 그리스도에 대해 쉽게 알 수 있도록 개인적인 대화를 통해서 가르칠 수도 있습니다. 이 뿐만 아니라, 어떤 문제를 가진 사람들에게 성경에 대한 세심한 권면을 통해서 더 깊은 악에 빠지지 않도록 적절하게 예방조치를 할 수도 있습니다. 여기에는 병자들과 감옥에 있는 사람들을 방문하는 것도 포함됩니다. 신실한 목자는 어려운 현실에 놓여 있는 사람들을 소홀하게 여기지 않는데, 그가 확신을 가지고 그들을 방문하며 관심을 가질수록 큰 위로와 변화를 갖게 될 것입니다. 즉, 그들이 받고 있는 시험들을 신앙적으로 매우 중요하게 생각할 것입니다. 선한 목자는 그리스도의 전체 양들을 돌보는 일을 합니다. 마귀가 유혹하여 삼키려는 양들을 살피고 보살피는 일을 하는 것입니다. 이러한 유혹에 대항하는 것은 기도, 권면, 교훈 그리고 격려를 통해서 용기를 북돋아주는 일과 관련이 있습니다.

양 떼를 경솔하게 방치하지 않는 목자들이 모든 교회에 존재한다면, 우리는 그들을 통해서 큰 유익을 얻지 않겠습니까? 그러므로 주님이 우리에게 교회에 관하여 신실하며, 지혜로우며, 경건하며 또 부지런한 목자를 보내주시기를 끊임없고 열심히 기도하라고 말씀하신 것은 근거 없는 명령이 아닙니다.

### 가르침과 함께 감당해야 할 직무

하나님의 교회 안에서 감독들이 가르쳐야 할 것들은 매우 많습니다. 만약 어떤 감독이 경건한 자세를 가지고 성경의 교훈들을 가르치지 않는다면, 그가 목자 혹은 교사로 호명되는 것은 아무런 가치가 없습니다. 그리고 그는 사도들에 의해서 계승된 직무를 감당하는 것이 옳지 않습니다. 결국, 복음적인 목자들은 교회의 가르침과 밀접하게 연결되어 있는 것들에 대해서 최선을 다해야 하는데, 즉 그들은 거룩한 예배로 모이게 할 뿐만 아니라, 또한 그 안에서 설교하고, 기도하며 그리고 성례를 베푸는 직무를 성실하게 감당해야 합니다. 이 주제는 적당한 곳에서 다시 자세히 설명될 것입니다.

## 하나님을 경외하며
## 또 흠결이 없는 감독들의 처신

우리는 어떻게 감독들이 하나님을 경외하는 삶의 모범을 통해서 그리스도의 교회를 인도해야 하는가에 대해 주목해야 합니다. 주님은 자신의 제자들에게 말씀하셨습니다(마 5:14-6): "너희는 세상의 빛이라 산 위에 있는 동네가 숨기우지 못할 것이요. 사람이 등불을 켜서 말 아래 두지 아니하고 등경 위에 두나니 이러므로 집안 모든 사람에게 비취느니라. 이같이 너희 빛을 사람 앞에 비취게 하여 저희로 너희 착한 행실을 보고 하늘에 계신 너희 아버지께 영광을 돌리게 하라." 그러므로 목자들은 가르치는 것을 통해서만 빛을 비취는 것만 아니라, 또한 교회의 공동체 앞에서 하나님을 경외하는 삶의 자세를 통해서도 빛을 비취는 것입니다. 교회는 목자들의 가르침과 처신이 일치하는지를 살피고, 이를 통하여 교회도 흠결 없는 몸가짐을 갖는 것이 야기되어야 합니다. 한 선한 남자의 경건한 삶의 모범은 건덕을 위한 노력을 확산시키는 최상의 효과를 드러내기 때문입니다. 이러한 반대적인 실례로 성경은 제사장이었던 엘리의 아들들을 제시하고 있는데, 그들은 이스라엘 백성이 부패하게 되는데 결정적인 기여를 했습니다(삼상 2:17): "이 소년들의 죄가 여호와 앞에 심히 큼은 그들이 여호와의 제사를 멸시함이었더라." 교회 안에서 한 목자의 삶이 부패한 것을 신자들이 보게 된다면, 그들은 모든 교리에 대해서 의심을 할 뿐만 아니라, 또한 "설교자가 우리에게 가르친 것이 참되다는 것을 스스로 믿었다면, 그는 이렇게 단정하지 못한 삶을 살지 않았을 것이다"라고 소리칩니다. 이러한 타락한 교사들이 이전에 자신들의 가르침을 통하여 세웠던 것들을 자신들의 부도덕한 삶 때문에 다시금 무너뜨리고 있다고 신자들은 말합니다. 그래서 바울은 감독 혹은 목자는 책망할 것이 없어야 한다고 강조했습니다. 만약 그들이 옳지 않은 삶을 살 때, 그들이 바르지 않음으로 응당 신자들로부터 책망을 받을 수 있습니다.

그밖에도 유효한 것들은 무엇일까요? 한 감독이 더욱 바르고 또 더욱 도덕적으로 정결할수록, 그는 하나님을 모르는 사람들의 거짓된 고발과 비방에 의해서 더욱 어려움을 당할 수 있다는 것입니다. 주님이 이렇게 예언하셨기 때문입니다(마 10:25): "집 주인을 바알세불이라 하였거든 하물며 그 집 사람들이랴?" 주님은 동일한 맥락에서 다음과 같이 말씀하셨습니다(요 15:20): "나를 핍박하였은즉 너희도 핍박할 것이다." 주님은 이미 자세히 밝히셨습니다(마 5:11-2): "나를 인하여 너희를 욕하고 핍박하고 거짓으로 너희를 거슬러 모든 악한 말을 할 때에는 너희에게 복이 있나니 기뻐하고 즐거워하라 하늘에서 너희의 상이 큼이라." 이렇게 볼 때, 한 목자가 모든 열심을 가지고 자신에게 처해 있는 상황 속에서, 가정에서 그리고 공적인 자리에서 건전한 삶을 영위하는 것은 자기 자신과 자신의 소명을 위해 큰 의미가 있습니다. 그는 부부생활 안에서 또 그것 밖에서 정결한 삶을 살아야 합니다. 감독은 정결하며, 욕심을 부리지 않아야 하며, 절제하며, 규범적이며 그리고 외인들에 대해 친절한 삶을 살아야 합니다. 내가 이미 사도들의 가르침을 통해서 언급했던 것처럼, 다른 덕목들에 대해서도 모범적인 삶을 살아야 합니다. 감독은 자신의 집을 지혜롭고 신중하게 다스려야 하고, 하나님의 경외와 함께 진리를 가르쳐야 하며, 또한 그 진리를 행함으로 교회를 향한 비난들과 다른 허물들이 촉발되지 않도록 최선을 다해야 합니다. 사도 바울은 감독의 사역을 언급하면서 다음과 같이 권면했습니다(딤전 4:13): "내가 이를 때까지 읽는 것과 권하는 것과 가르치는 것에 착념하라." 바울은 디모데에게 부지런히 성경을 읽을 것과 참을성을 가지고 공부할 것을 요구했습니다. 이러한 수고를 통해서 디모데가 잘 권면하고 또 잘 가르칠 수 있도록 기대한 것입니다. 바울은 이러한 권면을 다른 곳에서도 묘사했는데, 즉 그는 젊은 사람들에게 가르쳤던 성경의 내용을 확인시켜주고 있습니다. 바울은 디모데와 같이 많은 영적인 은혜를 체험하지 못한 사람들, 즉 어렸을 때부터 성경을 읽지 못하고 또 경건의 훈련을 받지 못한 사람들에게 많은 부지런함을 요구했습니다. 이와 관련하여 많은 목자들이 자신들의 나태함, 지식 없이 행동에만 몰두한 것 그리고 너무도 분주하게 움직였던 것 등에 대해서 부끄러움을 느꼈습니다. 그들은 성경에 관하여 어떤 관심도 갖지 않고 읽지도 않았으며, 오히려 계속해서 빈둥거리며 살았습니다. 이 때문에 그들은 점점 부패에 빠져든 것입니다. 이 뿐만 아니라, 다른 셀 수 없이 많은 목자들도 감독에게 결코 어울리지 않은 일들에 몰두하여 살았습니다. 이러한 현실과 관련하여 사도 바울은 이렇게 강조했습니다(딤후 2:4): "군사로 다니는 자는 자기 생활에 얽매이는 자가 하나도 없나니 이는 군사로 모집한 자를 기쁘게 하려 함이라."

이 장에서 목자들을 위한 적합한 보상에 관하여 언급할 수 있지만 생략하도록 하겠습니다. 공적으로 감독들이 직무수행을 위해 출타하거나 혹은 사람들로부터 존경을 받을만한 회집에 참석했을 때, 그들은 말과 행동, 의복, 다른 사람과의 교제 그리고 최종적으로 삶의 태도에 대한 모든 방식들 때문에 교회로 하여금 조금도 화를 촉발하게 하는 빌미를 제공하지 않도록 최선을 다해 노력해야 합니다. 신자들은 어떤 장소와 어떤 시간에서든지 목자들에게 항상 거룩한 행실, 정의와 성숙, 적절한 예의, 명철, 검소, 인간미, 겸손 그리고 명망(名望)을 살펴볼 것인데, 이러한 덕목들은 하나님을 수종드는 사람들을 품위 있게 만듭니다. 이와 반대로 부도덕함과 부끄러운 행동은 목자로부터 항상 떨어져 있어야 합니다.

다른 주제들과 비교할 때, 나는 영적인 일을 수행하는 목자들에 관한 모든 규율과 명예를 매우 짧게 설명했습니다. 모든 시간 속에서 분명하게 인식되고 있는 점은, 각자의 위치에서 또 각자의 유형 속에서 방탕한 삶을 사는 것이 나쁘다는 것은 모두가 잘 알고 있는 사실입니다. 하지만 더욱 나쁘고 견딜 수 없는 것은 교회의 사역자들이 방탕한 삶을 사는 것입니다. 전체 삶의 명망을 잃어버린 목자가 과연 교회의 공동체 안에서 무엇을 행할 수 있겠습니까? 그러므로 목자들이 삶의 명망을 유지하는 것은 매우 필수적인 것입니다.

### 목자들의 권위

많은 사람들이 목회자들의 권위가 땅에 떨어졌다고 비판합니다. 그래서 이러한 손실에 대해서 모든 가능한 수단들, 즉 칭호들과 의식들을 동원하여 다시 세우기 위해 노력합니다. 하지만 권위는 이러한 방식의 의미 없고 또 일상적인 것들을 통하여 생성되지 않고, 오히려 하나님의 은혜를 통하여, 진리와 거룩한 삶을 위한 노력을 통하여 효과를 가질 수 있습니다. 하나님이 사람의 마음을 감동시키실 때, 하나님이 교회 안에서, 마치 도구들을 통하여 일하시는 것처럼, 자신의 사역자들을 통하여 자신의 일들에 역사하는 것을 사람들이 볼 때 그리고 사역자들이 주님의 사업을 미지근한 마음이 아니라 불타는 심령으로 집중할 때 목자들의 권위가 회복됩니다. 이 뿐만 아니라, 목자들이 선한 일들에 대하여 두려워하지 않을 때, 무신론자들과 이 세상의 권세들을 두려워하지 않고, 오히려 그들에 대해 저항하면서도 증오심을 드러내지 않을 때 그리고 모든 것들을 부성애를 가지고, 용기 있게 그리고 견고하고 지혜로운 정신을 가지고 실행할 때 목자들의 권위는 회복됩니다. 이와 함께 진심으로 하나님을 경외하며, 윤리적으로 흠결이 없으며, 위선적이지 않으며, 청렴결백하며, 친절하며, 유쾌한 성격을 가지고 있으며 그리고 모든 일에 지혜롭게 행하는 목자들은 충분히 좋은 권위를 가지고 있다고 인정받을 수 있을 것입니다.

### 목자의 나쁜 행실 때문에 부정될 수 없는 선한 교리

나는 분리주의자들과 재세례파를 조금도 옹호하고 싶은 생각이 없습니다. 그들은 나쁜 행실을 가진 사역자들이 수행하는 말씀선포와 성례는 유효하지 않다고 주장했기 때문입니다. 물론 사역자들에게 엄격한 삶은 필수적입니다. 하지만 그들의 가르침이 훼손되지 않고 순수하다면, 그들의 삶이 부정하다고 해도, 그들의 사역은 그 효력을 상실하지 않습니다. 왜냐하면 이것에 관하여 주님이 복음서에서 이미 밝혔기 때문입니다. 즉, 모세의 자리에 앉아 있는 사람들의 말을 듣지만, 그러나 그들의 행위를 따르지 말고 하셨습니다. 그들이 선한 것을 가르쳤음에도 불구하고 행하지는 않았기 때문입니다(마 23:2-3). 이 주제는 이미 이 설교집의 두 번째 설교에서 설명되었습니다. 나지안즈의 그레고리(Gregory of Nazianzen)는 인간이 눌러서 찍은 자국은 철에 찍어 누르든 혹은 금에 찍어 누르든 항상 동일하다고 적절하게 밝혔습니다. 복음은 하나이며 동일합니다. 성부 하나님으로부터 유래된 하늘의 보화이며, 그것이 악한 대사에 의해서 전달되든지, 아니면 선한 대사에 의해서 전달되든지 하나이며 동일한 가치를 드러내는 것입니다. 물론, 사역자들의 부정한 삶의 태도는 감추어지지 않고 징계를 받게 되며, 그리고 삶의 개선을 나타내지 못한 사역자는 직분에서 쫓겨나게 될 것입니다. 명예로운 사역이 지속적인 저항을 통하여 나쁜 명성을 얻지 않도록 하기 위합니다.

많은 신자들이 나에게 "당신은 공적인 설교에서 왜 이 주제를 다루는가?"라고 질문했습니다. 그리고 이러한 주제는 마땅히 설교자들을 대상으로 개별적으로 언급되어야 한다고 주장했습니다. 이와 관련하여 나는 설교자들을 징계하는 법을 한편으로 백성의 위정자들에게 알렸으며, 또한 다른 한편으로 백성에게도 공개했다고 대답했습니다. 특별히 목자와 교사에 관한 사안들은 우리의 주님이신 그리스도께서 공적인 설교를 통해서 다루었다는 것을 분명히 알아야 합니다. 거룩한 바울은 장로들에게 이렇게 권면했습니다(딤전 5:20): "범죄한 자들을 모든 사람 앞에 꾸짖어 나머지 사람으로 두려워하게 하라."

# 세상의 종말까지 항상 존재하게 될 신실한 목자들

성경은 매우 신실하고, 선하며 또 신뢰할 수 있는 목자들과 교사들에 대해서 기록하고 있을 뿐만 아니라, 또한 충성되지 않고, 열심이 없으며 또 거짓된 목자들과 교사들에 대해서도 기록하고 있습니다. 이러한 기록을 통해서 악한 사역들이 모든 신자들에게 알려지고 그리고 모든 신자들이 악한 사역자들로부터 보호되도록 하였습니다. 이러한 내용은 선지자들과 사도들의 글들 속에 빈번하게 기록되어 있습니다. 그 실례들로 신명기 13장과 18장 9-22절, 이사야 56장 9-12절, 예레미야 23장 9-40절, 에스겔 34장, 다니엘 11장 21-45절 그리고 마태복음 7장 15-23절과 23장 1-36절 등에서 자세히 확인할 수 있습니다.

선지자들과 사도들이 기록한 증거들이 우리에게 교훈하는 것은, 하나님을 경외하는 사역자들과 신실한 목자들은 온갖 유혹들과 핍박들을 통해서 괴롭힘을 당하게 된다는 사실입니다. 그럼에도 이와 동시에 그들의 기록들이 매우 분명하게 증언하는 것은, 하나님의 사역은 결코 위협 속에서도 위축되지 않고, 오히려 사역자들은 항상 우위를 차지할 것이며, 심지어 죽음 앞에서도 자신들의 본분을 잃어버리지 않을 것입니다. 사역자들이 불 속에서 금이 연단이 되는 것 같은 어려움을 당한다고 해도, 세상과 세상의 통치자들을 정복하신 주님이 항상 자신의 교회에 사역자들이 있도록 하시기 때문입니다.

마지막 때에는 노아와 롯의 시대에서 읽을 수 있는 것처럼 온 세상이 죄악으로 관영할 것입니다. 하지만 당시의 극도로 부패하고 죄악이 관영한 시대 속에서도 이러한 경건한 두 사람과 몇몇 다른 사람들이 하나님을 경외하는 삶을 살았고, 하나님을 전심으로 높였으며 그리고 자신들의 직무를 충성스럽게 감당했습니다. 이와 마찬가지로 하나님의 말씀에 대한 직무는 세상의 종말까지 지속될 것입니다. 즉, 모든 불신과 방탕을 대적하고 또 핍박을 받게 될 훌륭한 목자들과 교사들이 계속적으로 사역할 것입니다. 진리의 대적자들은 하나님의 말씀을 선포하는 사역자들과 그들의 직무가 소멸되는 소망을 포기하게 될 것입니다. 주님이 말씀하셨습니다(마 28:20): "내가 세상 끝날까지 너희와 항상 함께 있으리라." 이 말씀을 하신 분은 거짓말을 할 수 없습니다. 이와 동일한 의미에서 사도 바울도 언급했습니다(살후 2:8): "그 때에 불법한 자가 나타나리니 주 예수께서 그 입의 기운으로 저를 죽이시고 강림하여 나타나심으로 폐하시리라." 비록 지옥의 문들이 목자들과 설교자들 위에서 미친 듯이 사납게 뛰어논다고 해도, 세상의 종말까지 교회의 사역자들은 항상 존재할 것입니다.

나는 말씀의 직무와 교회의 사역자에 대하여 가능한 한 어렵지 않게 설명하려고 노력했습니다. 분명히, 목자들을 양육하여 교회에 파송하는 일은 우리의 힘에 놓여 있지 않습니다. 하나님의 은혜와 긍휼을 통하여 선한 목자들이 세워지며 그리고 악한 목자들은 우리의 중심으로부터 제거될 것입니다. 그러므로 우리 모두는 하나님이 우리에게 신실하고 또 경건한 감독들을 선물로 주시도록 간구하고 기도해야 합니다. 이를 통해서 하나님의 이름이 항상 거룩하게 되며 또 하나님의 교회는 은혜 속에서 모든 신자들의 구원을 위해 인도될 것입니다.

보름스 제국회의(1521)에서 루터가 기도하는 모습을 표현한 그림

# 신자의 기도와 주기도문 해설

◇◇◇◇◇

하나님께 기도해야 하는 방식에 관하여, 그리고 주님의 이름을 부르
는 것, 주기도문 해설, 찬양, 감사 그리고 기도의 능력에 관하여.

◇◇◇◇◇

나는 앞서 그리스도의 교회 안에서 수행되는 하나님의 말씀에 대한 직무를 다루었습니다. 이제는 신자들의 기도에 관하여 설명하는 것이 합당하다고 여겨집니다. 이 기도는 믿음의 사역자들이 공동체로 하여금 결코 중단하지 않도록 권면하는 신앙의 실천이기 때문입니다.

## 기도란 무엇인가?

'기도'라는 용어는 성경의 저자들에 의해서 또 일상적인 필요 안에서 매우 중요한 의미를 갖습니다. 나는 여기에서 다윗 선지자가 사용했던 기도의 방법을 적용하여 설명할 것입니다. 다윗은 이렇게 기도했습니다(시 102:1): "여호와여 내 기도를 들으시고 나의 부르짖음을 주께 상달케 하소서." 즉, 기도는 우리가 하나님으로부터 어떤 선한 것들을 간구하거나 혹은 이미 얻은 것에 대해 감사하기 위한 신앙적인 마음의 겸손한 요청이며 그리고 열정적인 표명입니다.

## 기도의 두 부분

기도는 핵심적으로 두 부분으로 구성되어 있습니다. 간구 혹은 청함 그리고 감사입니다. 우리의 심령으로 간구하는 것과 함께 우리가 하나님께 우리의 관심과 소원을 밝히는 것이며, 또한 하나님이 우리에게 좋은 것을 베푸시고, 자신의 선하신 뜻에 따라서 우리를 인도하시며 그리고 우리에게 반드시 필요한 것을 채워주시기를 열망하는 것입니다. 물론, 나는 이 간구 혹은 청함 안에 우리가 간절하게 드려야 할 기도인 회개와 우리가 다른 사람들의 용무들을 하나님께 가지고 가는 도고(중보기도)가 속해 있다고 간주합니다. 우리는 우리 자신만을 위한 기도를 우리의 주님이신 하나님께 가지고 가지 않습니다. 우리의 형제들과 그들의 다양한 용무들을 위해서도 하나님께 간구합니다. 즉, 어려움에 처해 있는 사람들, 환자들, 핍박받고 있는 사람들 그리고 다양한 곤경과 시험을 통하여 고난에 처해있는 사람들을 위해 기도하는 것입니다. 나는 모든 악과 유혹으로부터 우리와 우리 이웃들이 지켜지는 도움을 열망하는 방어적인 기도 역시도 간과하지 않습니다. 여기에는 탄식의 기도도 들어 있는데, 이 기도는 경건한 신자들이 하나님께 자신들의 기도 안에서 더욱 경건하게 살지 못하는 삶의 방식에 대하여 괴로워하는 것입니다. 그리고 기도의 다른 부분인 감사는 하나님의 영광을 포함하고 있으며, 또한 하나님의 놀라우신 권세와 하나님으로부터 베풀어진 은혜를 기쁨을 주시는 성령과 함께 찬양하는 것입니다. 이 감사의 기도에는 시편의 많은 것들이 속해 있으며, 시편의 다른 부분은 간구 혹은 청함에 속한 것입니다. 그리고 몇몇 시편은 교훈적이며, 다른 몇몇 시편은 신앙고백적인 내용을 담고 있습니다. 물론, 나는 여기에서 시편에 대해 언급하려는 것은 아닙니다. 이러한 기도의 형식에 관하여 거룩한 주님의 사도인 바울은 골로새서에서 이렇게 권면했습니다(골 4:2): "기도를 항상 힘쓰고 기도에 감사함으로 깨어 있으라." 빌립보 교인들에게도 다음과 같이 교훈했습니다(빌 4:6): "아무것도 염려하지 말고 오직 모든 일에 기도와 간구로 너희 구할 것을 감사함으로 하나님께 아뢰라." 디모데에게도 기도에 관하여 이와 같이 썼습니다(딤전 2:1): "그러므로 내가 첫째로 권하노니 모든 사람을 위하여 간구와 기도와 도고와 감사를 하나님께 아뢰라."

## 기도의 종류

기도의 종류에는 다음과 같은 것들이 있습니다. 개별적인 성도의 '사적인 기도'가 있고, 전체 교회를 위한 '공적인 기도'가 있습니다. 먼저, 사적인 기도는 개별적인 성도에 의해서 자신이 원하는 장소에서 하나님께 드려지는 기도인데, 집에서든지 혹은 밖에서든지, 자신의 심령의 고요함으로든지 또 자신의 고유한 몸의 성전 안에서든지 자유롭게 드리는 것입니다. 거룩한 바울은 지붕으로 올라가서 기도했다고 밝혔습니다(행 10:9). 거룩한 바울은 이렇게도 말했습니다(딤전 2:8): "그러므로 각처에서 남자들이 분노와 다툼이 없이 거룩한 손을 들어 기도하기를 원하노라." 마태복음에서 주님은 다음과 같이 교훈하셨습니다(마 6:6): "너는 기도할 때에 네 골방에 들어가 문을 닫고 은밀한 중에 계신 네 아버지께 기도하라." 다음으로, 하나님을 위해 거룩한 모임 가운데 드려지는 공적인 기도는 교회에 속한 것입니다. 개교회가 보존하고 있는 예전에 따라서 시행됩니다. 그밖에 예배를 집례하는 목자들의 의무가 있습니다. 즉, 공적인 간구와 기도를 실행하는 예배를 위해서 신자들을 모이게 하고, 예배 순서를 계획하며 그리고 예배 질서를 유지하는 것입니다. 특별히, 이렇게 기도하는 이유에 대해서 바울은 디모데전서 2장에서 자세히 언급했습니다. 이 내용은 이미 나의 앞선 설교에서 언급된 것입니다. 예배 안에서 공적인 기도를 소홀히 여기는 목자는 엄격한 질책을 받아야 합니다. 신자들에게 아주 가끔 가르치거나 혹은 한 번도 진지하게 교육하지 않으며 그리고 매우 형식적으로 강조하거나 시행하는 목자도 결코 용납되어서는 안 됩니다. 우리는 본성적으로 나태하며 또 신앙의 실천에 있어서 게으른 존재입니다. 그래서 우리에게는 우리를 자극시키는 날카로운 가시가 필요합니다. 결국, 이러한 신앙생활을 위해서 교회의 목자들에게 신자들을 독려하며 움직이도록 하는 의무가 부여된 것입니다. 구약의 선지자는 이렇게 외쳤습니다(욜 2:1): "시온에서 나팔을 불어 대회를 알리라."


## 거룩한 모임

특별히, 한 예배 안에서 세 가지 일들이 시행됩니다: 복음의 선포, 믿음의 기도 그리고 경건한 잔치 혹은 성례의 시행. 시시때때 가난한 사람들과 교회를 돕기 위해서 모임이 소집되기도 합니다. 성경은 이러한 모임이 사람을 만족시키기 위해서 이루어진 것이 아니라, 오히려 하나님의 권세에 근거하여 모임의 시초에서부터 제정되었으며 그리고 하나님의 거룩한 사역자들에 의해서 시행되었음을 알려 줍니다. 홍수 사건 전후에 살았던 고대인들과 첫 족장들의 시대와 관련하여 아브라함의 손자인 야곱에 관한 기록을 보면, 그가 벧엘에서 제단을 쌓았다는 것과 그 일을 위해서 자신의 모든 집안 사람들을 소집하고 또 매우 격식 있는 예배를 드렸다는 것을 확인할 수 있습니다(창 35:1-15). 모세 당시에 하나님은 분명한 규범을 제시한 율법을 통해서 거룩한 성회를 제정하셨습니다. 하나님이 십계명에서 매우 구체적으로 기록하셨는데, 즉 거룩한 성회가 포함되어 있는 안식일을 거룩하게 구별하라고 명령하셨습니다(출 20:8-11). 하나님의 거룩한 선지자들은 도처에서 하나님의 백성의 교회적인 모임을 찬양하고 또 영광을 돌렸습니다. 이와 동시에 우리의 주님이신 그리스도가 육체로 이 땅에 오셨을 때, 그분은 이러한 모임을 책망하지 않으셨습니다. 그리스도께서 다양하고 또 의식적인 모임들 안에서 신자들과 제자들이 잘 모이도록 교훈하셨으며, 특별히 그들을 향하여 함께 모여서 예루살렘을 떠나지 말고(눅 24:29), 오히려 아버지의 약속을 기다리라고 명령하셨습니다(행 1:4). 그리고 우리는 사도행전 2장에서 함께 모여 기도하는 사람들에게 하나님이 약속하신 성령이 부어진 것을 읽을 수 있습니다(행 2:1-13).

그리고 이와 동일한 성격에서, 고린도전서 11장 17-34절과 14장 26-40절에 기록된 것처럼, 바울이 믿음의 백성에 의해서 시행되었던 모임을 고린도인들에게도 촉구한 것을 확인할 수 있습니다. 바울은 그들에게 모든 신자들과 위정자들을 위해 간구하는 기도(도고)를 거룩한 모임 안에서 행할 것을 명령했습니다. 이교도 작가였던 플리니우스(Plinius)도 트라야누스(Trajanus) 황제에게 쓴 서신에서 매우 분명한 어조로 이러한 거룩한 모임을 언급했습니다. 구약 시대에서 거룩한 성회는 완전히 특별한 약속을 포함하고 있었는데, 이 약속은 열왕기상 8장 22-53절에 기록된 솔로몬의 간구에서 확인할 수 있습니다. 오늘날에 그리스도의 교회는 우리의 주님이신 그리스도께서 친히 약속하신 내용을 가지고 있습니다(마 18:19-20): "너희에게 이르노니 너희 중의 두 사람이 땅에서 합심하여 무엇이든지 구하면 하늘에 계신 내 아버지께서 그들을 위하여 이루게 하시리라. 두 세 사람이 내 이름으로 모인 곳에는 나도 그들 중에 있느니라." 주님은 친히 신자들의 모임 가운데 함께 계십니다. 주님이 거하시는 곳에는 모든 은혜로 충만히 채워져 있습니다. 그러므로 이러한 성경의 가르침은 교회의 간구는 효과가 있다는 것을 분명하게 확인시켜 줍니다. 주님께서 교회의 기도를 들으시고 또 교회가 주님께 구원을 위임한 신자들을 악으로부터 자유하게 하시기 때문입니다. 나는 종종 어려움 속에 있는 신자들이 온 교회가 함께 모여 주님께 기도하는 그 시간에 즉각적으로 도움을 받는 것을 경험했습니다.

그밖에 혹독하고 길이 없어 보이는 상황 속에서도 응답을 받았던 기도의 모범도 있습니다. 교회의 간구는 예배 안에서 회중들의 참된 경건과 신자들의 열정을 인식하도록 할 뿐만 아니라, 또한 그들이 얼마나 비참한 존재인지를 받아들이게 하며 또 이러한 거룩한 모임의 지체가 소원하는 것들을 인식하도록 심령을 움직입니다. 거룩한 바울은 이렇게 말했습니다(고전 14:23-5): "그러므로 온 교회가 함께 모여 다 방언으로 말하면 알지 못하는 자들이나 믿지 아니하는 자들이 들어와서 너희를 미쳤다 하지 아니하겠느냐. 그러나 다 예언을 하면 믿지 아니하는 자들이나 알지 못하는 자들이 들어와서 모든 사람에게 책망을 들으며 모든 사람에게 판단을 받고, 그 마음의 숨은 일들이 드러나게 되므로 엎드리어 하나님께 경배하며 하나님이 참으로 너희 가운데 계신다 전파하리라." 물론, 어떤 사람들은 불순한 태도와 불경건함으로 신자들의 모임을 경멸하고 또 그 모임이 헛된 것처럼 비방하기도 한다는 것을 잊지 않아야 합니다.

다윗이 압살롬 때문에 추방되었을 때(삼하 15:13-37), 그는 하나님의 거룩한 예배로부터 배제되고 또 광야를 헤매도록 강요받게 되었음에도 불구하고 어떤 고통도 느끼지 않았습니다. 그는 다시 부름을 받게 되면 하나님을 경배하는 예배에 참석하겠다는 것을 약속했습니다. 주님이 복음서에서 이렇게 말씀하셨습니다(요 8:47): "하나님께 속한 자는 하나님의 말씀을 듣느니라." 이러한 말씀으로부터 알 수 있는 것은, 하나님의 말씀이 선포되는 하나님의 성회에 즐거이 참여하는 사람들은 하나님의 자녀 됨에 대한 진정한 표지를 지니고 있다는 사실입니다.

## 어떻게 기도해야 하는가?

많은 사람들이 예배에 참석하는 것을 거부할 뿐만 아니라, 또한 매우 공공연하게 기도는 불필요하고, 어리석으며 또 효과가 없다고 말합니다. 이 때문에, 계속 진행하기에 앞서, 나는 신자들은 기도해야 하며, 또한 믿음의 기도는 효과가 있으며, 유익하며 그리고 절대적으로 필요하다는 것을 강조하고 싶습니다. 어떤 사람들은 모든 것은 하나님의 섭리에 의해서 발생된다고 말하면서, 기도가 무익하다고 주장합니다. 하나님께서 이미 모든 것을 알고 계시며, 또한 그분은 자신이 알고 계신 대로 현실 속에서 실현되게 하시는데, 즉 이러한 하나님의 경륜은 기도를 통하여 영향을 받지 않다는 것입니다. 하지만 그들은 하나님의 섭리를 오해한 것이며, 또한 그들은 성경에 근거하여 논의되지 않는 것을 자신들의 자의적인 생각에 따라서 판단하고 있습니다. 이러한 오해와 관련하여 모세는 신명기에서 매우 분명하게 확인시켜 줍니다(신 9:19): "여호와께서 심히 분노하사 너희를 멸하려 하셨으므로 내가 두려워하였노라 그러나 여호와께서 그 때에도 내 말을 들으셨느니라." 요나는 니느웨의 거민들에게 심판은 이미 주님으로부터 확고하게 결정되기 때문에, 그들에게 남아 있는 날을 알려줄 수 있다고 말했습니다. 그들이 하나님께 회개했을 때, 하나님은 그들을 용서하시고 심판하지 않았습니다(욘 3-4). 하나님의 지시에 따라서 이사야가 히스기야에게 경고한 내용도 확인될 필요가 있습니다(사 38:1): "네가 죽고 살지 못하리라 하셨나이다." 이와 동일한 성격에서 하나님이 스스로 말씀하신 내용이 예레미야서에 기록되어 있습니다(렘 18:7 이하): "내가 어느 민족이나 국가를 뽑거나 부수거나 멸하려 할 때에, 만일 내가 말한 그 민족이 그의 악에서 돌이키면 내가 그에게 내리기로 생각하였던 재앙에 대하여 뜻을 돌이키리라." 그러므로 신자들의 기도는 하나님의 진노 속에서 내려질 심판을 연기시키거나 혹은 완전히 거두게 할 정도로 유효합니다.

기도를 반대하는 다른 사람들의 주장은, 우리가 기도하는 모든 것을 하나님이 이미 알고 있기 때문에, 우리가 기도하는 것은 표명하는 것에 불과할 뿐만 아니라, 또한 하나님이 알고 계시는 것을 다시 상기시키는 것에 불과하다는 것입니다. 즉, 기도가 무익하다고 말합니다. 하지만 이러한 주장에 대해서 이미 그리스도께서 변호하셨습니다. 마태복음 6장 8절에서 주님이 "구하기 전에 너희에게 있어야 할 것을 하나님 너희 아버지께서 아시느니라"고 말씀하신 이후에, 그분은 즉시 그 자리에서 우리에게 어떻게 기도해야 하는가를 가르쳐주셨습니다. 주님은 우리에게 항상 깨어서 기도할 것도 요구하셨습니다(마 26:41): "시험에 들지 않게 깨어 있어 기도하라." 사도 바울도 우리에게 이렇게 권면했습니다(살전 5:16-7): "항상 기뻐하라 쉬지 말고 기도하라." 이와 동일한 교훈은 성경 곳곳에서 확인할 수 있습니다.

우리는 우리의 용무를 아무 것도 모르는 무지한 존재 같은 하나님께 제시하는 것이 아닙니다. 오히려, 우리의 마음의 소원을 아시는 하나님께 간구하는 것입니다. 그래서 우리는 하나님의 영광 앞에 무릎을 꿇고서 겸비한 자세를 다하는 것입니다. 하나님은 모든 선한 것들의 원인자이시기 때문에, 우리에게 결핍되어 있지만, 그러나 하나님으로부터 항상 주어지는 것에 관하여 우리가 알고 있는 것을 하나님께 기도하는 것입니다. 왜냐하면 우리는 하나님의 확실하고 또 틀림없는 약속을 믿기 때문입니다. 그러므로 기도는 결코 헛되지 않습니다. 주님은 우리가 기도하는 것을 확실하게 들어주시는 호의를 가지고 계십니다. 하나님은 자신에게 부단히 기도하는 사람들에게 어떤 의심도 갖지 않으시고 구원을 약속하셨는데, 즉 시편 기자는 이렇게 간구했습니다(시 106:47): "여호와 우리 하나님이여 우리를 구원하소서!" 그들은 자신들의 기도가 결코 헛되지 않다고 믿는 것입니다.

재세례파들은 완전 성화가 이루어져 깨끗하게 된 사람들은 기도하는 것이 무의하며, 또한 "우리의 죄를 사하여 주옵소서"(마 6:12)라고 기도할 필요도 없다고 주장했습니다. 그들은 완전 성화가 이루어진 사람들에게 더 이상 죄가 남아있지 않다고 강변하고 있지만, 그러나 이에 관하여 사도 요한은 이미 이렇게 경고했습니다(요일 1:8-10): "만일 우리가 죄가 없다고 말하면 스스로 속이고 또 진리가 우리 속에 있지 아니할 것이요. 만일 우리가 우리 죄를 자백하면 그는 미쁘시고 의로우사 우리 죄를 사하시며 우리를 모든 불의에서 깨끗하게 하실 것이요. 만일 우리가 죄를 범하지 아니하였다 하면 하나님을 거짓말하는 이로 만드는 것이니 또한 그의 말씀이 우리 속에 있지 아니하니라." 우리는 이 세상에 머무는 동안에 매 순간마다 그리스도의 은혜를 통하여 씻음을 받아야 하는 죄 안에 머물러 있기 때문입니다. 이에 관하여 항변하는 사람이 있다면 다음의 말씀도 주목해야 합니다(요 9:31): "하나님은 죄인의 말을 듣지 아니하신다."

만약 우리가 그리스도를 통해서 아직 용서받지 못한 죄인이라면, 결과적으로 하나님은 우리들 중에 어느 누구의 기도도 듣지 않으실 것인데, 그렇다면 사람의 기도는 필요 없는 것으로 증명될 것입니다. 이 재세례파들은 다른 신분을 가진 자들로, 그들은 거의 무신론자들과 같으며 또 하나님의 뜻을 경멸하는 자들입니다. 그들의 기도를 하나님은 듣지 않으실 것입니다. 분명히, 죄에 대해서 회개하며, 하나님을 경외하는 사람들이 있습니다. 그들은 아직 남아 있는 죄 때문에 죄인으로 불리는 것이 합당하다고 여깁니다. 이러한 사람들의 기도는 하나님이 들으실 것입니다. 이와 관련된 인물들은 다음과 같습니다: 다윗(삼하 24:10-25), 므낫세(왕하 33:10-13), 베드로(마 26:69-75), 그리스도의 십자가 죽음 때 한편의 강도(눅 23:40-43) 그리고 이와 동일한 죄인들이 있습니다. 그들은 기도했으며, 하나님은 그들의 기도에 응답하셨습니다.


## 기도에 대한 의무

나는 믿는 자들의 기도가 유익하며 효과적일 뿐만 아니라, 또한 신자들을 위해 필수적임을 말하고 싶습니다. 우리는 죄 때문에 부패하였으며, 그 결과로 우리는 모든 선함을 상실했으며 또 결핍했기 때문입니다(약 1:17): "각양 좋은 은사와 온전한 선물이 다 위로부터 빛들의 아버지로부터 내려오느니라." 하나님은 기도할 것을 명령하셨으며, 기도하는 사람들에게 가장 영광스러운 약속을 실현하셨습니다. 우리의 선조들은 쉬지 않고 열정적으로 기도하였으며, 또한 자신들의 모범을 통해서 기도가 필수적임을 우리에게 가르쳤습니다. 더욱이, 성경은 우리에게 매우 상세하고 반복적으로 어떤 사실을 목도하도록 하는데, 즉 성경의 인물들이 얼마나 자주 매우 나쁜 상황과 극도의 위기 속에서 자신들의 기도와 함께 우리의 신실하고 자비로운 주님과 하나님께 도달했는가를 확인시켜주고 있습니다. 사도들은 성령, 믿음 또 믿음의 성장을 위해서 기도했습니다. 그들은 기도한 것에 관하여 부족하지 않고 넘치도록 응답을 받았으며, 그 안에서 그들은 그리스도의 다양한 은혜를 누렸습니다. 누가복음에서 우리는 성전 안에서 부르짖는 세리를 읽을 수 있습니다(눅 18:13): "하나님이여 불쌍히 보시옵소서. 나는 죄인이로소이다." 그는 기도와 함께 주님께서 자비하시다는 것을 곧바로 인식할 수 있었습니다. 엘리야가 자신의 기도를 통해 얼마나 많은 것들을 주님으로부터 응답받았는가를 성경의 역사서가 알려주고 있습니다(왕상 17:8-18:46). 이러한 사실은 야고보에 의해서 우리에게 좀 더 가까이 제시되었는데, 우리로 하여금 믿음 안에서 기도를 통해서 주님을 더욱 간절히 찾도록 만듭니다(약 5:13-18). 이러한 성경의 기록들을 인용한 이유는 어느 누구도 기도가 우리와 무관하지 않다는 것을 거부하지 못하도록 하기 위함입니다. 성경에 기록된 믿음의 기도를 다 언급하려면 많은 시간이 필요할 것입니다. 몇몇 실례들로, 모세, 다윗, 여호사밧, 히스기야, 전쟁, 기근 혹은 질병 때 믿음의 기도를 드렸던 선진들 그리고 다른 위급한 상황 속에서 드려진 믿음의 기도들을 떠올릴 수 있습니다. 성경에 기록된 이러한 기도의 모범들은 신자들에게 기도가 얼마나 필수적이며, 우리가 생각하는 것보다도 훨씬 효과적이라는 사실을 말해줍니다. 왜냐하면 우리는 하나님이 신자들의 기도를 통하여 움직이신다는 사실을 명백하게 인식하고 있기 때문입니다. 하나님은 선하시고 인자하신 분이신데, 그분은 우리의 연약함을 체휼하시기 위해서 또 우리를 침륜에 빠지지 않도록 하시기 위해서 자신의 독생자 아들을 이 땅에 보내셨습니다. 하나님은 신실하고 진실하신 분이시며, 그분이 약속하신 것을 성실히 이행하시는 분이십니다. 하나님은 오직 믿음 안에서 자신의 이름을 부르는 사람들에게만 모든 것을 베푸시기 위해서 세상의 모든 사람들을 풍성한 긍휼 가운데로 이끌지는 않으셨습니다.


## 기도가 항상 응답받지 못하는 이유는 무엇인가?


기도하는 사람들이 소망하는 것을 항상 얻지 못한다는 사실을 통해서 기도가 헛되다는 것을 증명하지 못합니다. 물론, 소망하는 것을 얻지 못하는 것은 기도하는 사람들이 선하지 않다는 것을 의미하는 것도 아닙니다. 하나님이 소망하는 것을 유보하거나 허락하지 않으시는 것에는 많은 이유들이 있습니다. 하나님이 기도하는 사람들의 기도를 듣지 않으시는 한 이유를 잠언에서 읽을 수 있습니다(잠 21:13): "귀를 막아 가난한 자의 부르짖는 소리를 듣지 아니하면 자기의 부르짖을 때에도 들을 자가 없으리라." 이와 동일한 맥락에서 이

사야도 기록하고 있습니다(사 1:15): "너희가 손을 펼 때에 내가 눈을 가리우고 너희가 많이 기도할지라도 내가 듣지 아니하리니 이는 너희의 손에 피가 가득함이니라." 솔로몬에 의해서 사람들이 기도할지라도 응답되지 않은 이유가 지혜롭게 확인된 것이 있습니다. 즉, 사람들의 죄악이 제때에 경고되었음에도 불구하고, 그들이 스스로 듣지 않았기 때문입니다(잠 1:24-33). 당연히, 이 원인은 기도하는 사람에게 있는데, "구하여도 받지 못함은 정욕으로 쓰려고 잘못 구함이라"(약 4:3)고 거룩한 야고보가 말한 것처럼, 기도가 응답되지 않는 이유는 기도하는 사람의 악함 때문임을 알 수 있습니다.

이와 관련하여 하나님의 나라에서 가장 높은 자리를 차지하고 싶다고 요구했던 두 명의 선택된 제자들에게 주님이 이렇게 대답했던 사실을 기억할 필요가 있습니다(마 20:22): "너희 구하는 것을 너희가 알지 못하는도다." 그리고 신자들은 거룩한 일과 반드시 필요한 일들에 관하여 간구하고 또 어찌되었든 불의하지 않은 것과 악한 것을 간구하지 않았는데도, 만약 주님으로부터 응답을 받지 못했을 때, 그들은 곧바로 하나님은 심판과 정의의 하나님이시기 때문에 자신들의 위급한 상황에서 쉬지 않고 구원을 위해 간구할지라도 듣지 않으신다고 생각합니다. 하지만 하나님이 응답하시지 않는 것이 아니라, 오히려 이렇게 이해되어야 합니다(잠 3:12; 히 12:6): "주께서는 사랑하시는 자를 징계하시느니라." 하나님은 그들을 파멸시키기 위해서 응답하지 않은 것이 아닙니다. 불법한 세상과 더불어 그들이 심판을 받지 않도록 징계하시는 차원에서 응답하지 않으신 것입니다. 그래서 매우 어려운 상황 속에서 다윗이 어떻게 기도했는가를 알아야 합니다(시 38:2): "주의 살이 나를 찌르고 주의 손이 나를 심히 누르시나이다." 예레미야의 간구도 기억할 필요가 있습니다(렘

10:24): "여호와여 나를 징계하옵시되 너그러이 하시고 진노로 하지 마옵소서." 하박국도 떠올릴 필요가 있습니다(합 3:2): "진노 중에라도 긍휼을 잊지 마옵소서!" 신자들은 연약한 인생들을 향한 하나님의 권능과 선하심을 의심하지 않았습니다. 하나님은 자신이 뜻하시고 또 자신의 자녀들에게 유익이 되는 것을 행하시기를 기뻐하십니다. 구약 성경과 복음서들의 역사적 사건들은 우리에게 이와 관련하여 수많은 실례들을 확인시켜줍니다. 만약 우리가 겪고 있는 곤경에서 자유롭게 되지 않고 또 우리의 소망이 충족되지 않고 있다면, 의심의 여지없이 하나님이 이러한 일을 뜻하신 것이며 또 이러한 일들이 우리를 위해서 선하다고 판단하시기 때문입니다. 하나님은 우리의 기도를 곧바로 응답 하지 않는 것이 아니라, 오히려 하나님은 자신의 방식으로 우리의 기도에 응답하시는 것입니다. 왜냐하면 우리의 기도는 오직 우리의 평안만을 목적으로 하기 때문입니다.

그리고 우리를 너무도 잘 아시는 하나님은 우리에게 진정으로 유익한 것이 무엇인가를 잘 알고 계실 뿐만 아니라, 또한 우리에게 해가 되는 것이 무엇인가도 잘 알고 계십니다. 이 때문에 하나님은 우리가 간구하여도 우리에게 해가 되는 것은 주시지 않습니다. 그리고 하나님은 우리에게 응답하지 않으신 것을 통하여 우리에게 선한 일이 발생하는 것을 가능하게 하실 수 있습니다. 그러므로 신자들의 바른 기도는 항상 효과적이며, 그리고 기도는 하나님이 선하시다고 의지하시는 것을 우리에게 주시기 때문에 항상 하나님의 뜻을 이룹니다.

**왜 하나님은 기도에 응답하시는 것을 미루실까?**

하나님은 신자들의 간구에 대해 응답하시는 것을 의도적으로 미루시기도 합니다. 이 때문에 하나님이 우리의 기도를 무시하는 것처럼 느껴질 때가 있습니다. 하나님은 신자들의 기도에 대해 응답하는 것을 미루심을 통하여 그들의 믿음을 더 열정적이고 또 그들의 은사를 더 온전하게 하시려고 시험하시는 것입니다. 그들이 기도의 응답을 더욱 사모하고 기대할수록 더 큰 기쁨을 향유할 수 있기 때문입니다. 이러한 시험 가운데 놓인 신자들이 있다면, 선지자 이사야의 언급이 큰 위로가 될 것입니다(사 49:15): "여인이 어찌 그 젖 먹는 자식을 잊겠으며 자기 태에서 난 아들을 긍휼히 여기지 않겠느냐 그들은 혹시 잊을지라도 나는 너를 잊지 아니할 것이라." 이렇게 언급한 이유는 이스라엘 백성이 다음과 같이 외쳤기 때문입니다(사 49:14): "여호와께서 나를 버리시며 주께서 나를 잊으셨나이까."

## 신자들은 누구에게 기도하는가?

하나님께 간구하는 한 사람의 기도가 어떻게 응답되는가를 생각해 보겠습니다. 이 질문은 특별한 상황에 대한 숙고 없이 더 좋게 설명될 수 없습니다. 이 때문에 우리는 가장 먼저 신자들이 누구에게 기도해야 하는가를 설명해야 합니다. 우리는 오직 하나님 외에 다른 대상에게 기도할 수 없습니다. 기도의 대상이 되는 존재는 다음 세 가지 사항에 맞는 조건을 가지고 있어야 하기 때문입니다: 첫 번째로, 세상의 모든 사람들의 기도를 응답하기 위해서 사람들의 심령을 꿰뚫어 볼 수 있어야 하며, 모든 사람들이 소원을 고백한다고 해도 언제나 표현적인 한계를 갖기 때문에 그들보다도 더 정확하게 그들의 소원을 이해할 수 있는 존재여야 합니다. 두 번째로, 모든 기도를 들을 수 있는 무소부재한 존재일 뿐만 아니라, 또한 모든 기도를 응답할 수 있는 전능한 존재여야 합니다. 세 번째로, 가장 선하신 뜻을 가지고 있어야 하며, 그 뜻에 근거하여 모든 것을 실행할 수 있는 존재여야 합니다. 결국, 이 모든 조건들은 오직 하나님께만 주어져 있습니다. 오직 하나님만이 우리의 마음을 철저히 감찰하실 수 있고, 하나님은 홀로 모든 것을 들으시고 보실 수 있으며 그리고 하나님은 인생들 안에 있는 것들과 인생들과 연관되어 있는 모든 것들을 완벽하게 아실 수 있습니다. 홀로 무소부재하시고, 홀로 전능하시며 그리고 홀로 지혜로우신 하나님은 자신의 온전하신 뜻에 따라서 모든 인생들을 자신의 온전한 긍휼로 인도하시며, 또한 하나님은 자신의 크신 신실함으로 인생들에게 가장 유익이 되는 것들을 준비하시고 공급하십니다. 그러므로 오직 하나님만이 우리가 기도하는 대상이 되실 수 있습니다. 어떤 존재가 하늘에 있는 선택된 영혼들에게 앞서 언급된 전제들을 하나님에 대한 비방과 모독 없이 승인할 수 있겠습니까? 이 때문에 하늘에서 하나님과 함께 살고 있는 영혼들은 기도하는 대상이 될 수가 없습니다. 특별히, 성경은 분명하게 증거하기를 아브라함과 야곱은 우리에 대하여 아무것도 아는 것이 없다고 말합니다. 오히려, 그들은 우리에게 하나님만을 부를 것을 권면했을 뿐만 아니라(사 63:16), 또한 하나님께만 속해 있는 권리에 피조물이 참여하는 것을 금지시켰습니다. 결국, 하늘에 있는 성도들에게 우리가 아무런 부끄러움 없이 말할 수 있으려면, 우리는 어떻게 해야 할까요? 우리는 어떤 피조물에게도 간구해서는 안 되며 "오직 하

늘에 계신 우리 아버지"(마 6:9)만을 불러야 합니다. 그리고 주님의
기도(마 6:9-13)를 모범으로 삼아야 합니다. 우리는 항상 교회 가운데
존재했던 모든 성도들과 마찬가지로 오직 하늘에 계신 하나님 아버
지께만 기도할 수 있습니다.

## 누구를 통하여 우리는 성부 하나님을 부르는가?

비록 외적으로 볼 때 선하거나 존경스럽게 보일지라도, 어떤 인
생도 영원하시고 가장 거룩하신 하나님 앞에 나갈 수 없습니다. 하
지만 새로운 로마 교회 안에서는 모든 기도하는 사람들에 의해서 다
양한 중보자, 대변인들 그리고 변호인들이 선택되고 받아들여졌
습니다. 특별히, 교황주의자들은 이러한 존재들의 중재를 통하여 하
나님 앞에 나가거나 혹은 그들의 기도가 하나님께 전달된다고 믿었
습니다. 천사들, 제자들, 모든 여인들 가운데 축복을 받았던 처녀 마
리아 그리고 이 땅 위에서 선하게 살았던 성도들이 그들의 중보자
들, 대변인들 그리고 변호인들이 되었습니다. 하지만 이러한 존재들
은 인간의 자의적인 판단 속에서 고안된 것입니다. 주님의 말씀을
듣지 않았습니다. 진리의 유익한 표준인 성경은 우리에게 한 유일한
중보자, 대변인 그리고 변호인만을 제공합니다. 이 분을 통하여 우
리는 하나님께 나갈 수 있고, 또한 우리의 기도를 전달할 수 있습니
다. 즉, 예수 그리스도이십니다. 이 분 안에서 간구되지 않는 기도는
결코 하나님께 상달 되지 못하며 또 책망을 받습니다.

참된 신앙은 우리가 그리스도의 자리를 대신하여 다른 중보자를
생각하거나 혹은 하나님의 면전에서 그리스도가 아닌 다른 대변인

이 설 수 있다고 생각하는 것을 허락하지 않습니다. 우리가 그리스도를 배제한 채 다른 변호인을 통해서 성부 하나님 앞에 나가는 것은 불법입니다. 이러한 사실로부터 그리스도인들은 유대인들, 무슬림들이나 교황주의자들과 구별됩니다. 유대인들과 무슬림들은 하나님의 아들인 예수 그리스도를 경멸하고 또 그분의 중재 없이 하나님을 찾습니다. 하지만 하나님의 뜻은 그리스도의 말씀을 통하여 이렇게 기록되었습니다(요 5:22-3): "아버지께서 아무도 심판하지 아니하시고 심판을 다 아들에게 맡기셨으니, 이는 모든 사람으로 아버지를 공경하는 것 같이 아들을 공경하게 하려 하심이라 아들을 공경하지 아니하는 자는 그를 보내신 아버지도 공경하지 아니하느니라." 요한은 다른 사실도 알려줍니다(요 14:6): "내가 곧 길이요 진리요 생명이니 나로 말미암지 않고는 아버지께로 올 자가 없느니라." 요한은 자신의 서신에서 분명하게 밝혔습니다(요일 2:23): "아들을 부인하는 자는 또한 아버지를 부인하는 자이다." 하지만 교황주의자들은 그리스도를 중보자로 인정하는 것 외에 그분의 자리에 다른 성인들도 함께 세웠습니다. 요한은 그리스도를 한 유일한 중보자로 세웠으며, 결코 다른 존재들을 그분의 자리에 세우지 않았습니다. 어떤 성인들도 그리스도의 자리에 혹은 그리스도와 함께 설 수 없습니다. 그래서 요한은 이렇게 강조했습니다(요일 2:1): "아버지 앞에서 우리에게 대언자가 있으니 곧 의로우신 예수 그리스도시라." 이와 관련하여 바울도 디모데전서 2장 5절과 히브리서 7장 25절에서 어떤 존재도 중보자가 될 수 없다고 밝혔습니다. 바울은 에베소서에서 다음과 같이 기록하고 있습니다(엡 3:11-2): "그리스도 예수 안에서 우리가 그를 믿음으로 말미암아 나아감을 얻느니라." 오직 그리스도만 신자들을 만족시키실 수 있습니다. 성부 하나님은 신자들에게 그리스도 안에서 또 그리스도를 통하여 기도하도록 명령하셨으며 그리고 그리스도 안에 모든 선한 것들을 두셨기 때문입니다. 이러한 사실은 어떤 분쟁거리도 될 수 없습니다. 더 깊이 알기를 원하는 사람은 네 번째 설교집의 다섯 번째 설교를 살펴보면 될 것입니다.

## 하나님께 기도하도록 사람을 움직이는 것은 무엇인가?

나는 하나님의 신자들이 누구에게 기도하며 또 누구를 통하여 간구해야 하는가를 설명했습니다. 신자들은 오직 우리의 주님이시며 또 하나님의 유일하신 아들이신 예수 그리스도를 통하여 하나님께 간구할 수 있습니다. 이제부터 우리는 하나님께 기도하도록 사람들을 움직이시는 성령에 관하여 생각해 보겠습니다. 기도는 은혜의 선물로 간주되는 것이 옳습니다. 그리고 우리가 하나님의 영을 통하여 고무되지 않거나 인도되지 않으면, 우리는 하나님을 진심으로 또 전심으로 부를 수 없습니다. 하나님의 계명이 기도를 명령하고 있고, 현재의 고난과 위험이 우리로 하여금 기도하도록 이끌며 그리고 다른 사람들의 경험들로부터 우리가 기도하도록 초청받고 있다고 해도, 만약 성령이 우리의 심령을 감동하여 기도하도록 이끌지 않으면 우리는 아무것도 할 수 없습니다. 우리로 하여금 기도하도록 하는 수많은 요인들이 있지만, 그럼에도 기도의 가장 중요한 근원은 성령입니다. 어떤 사람이 항상 성공적으로 기도를 한다면, 그는 무엇보다도 성령을 통하여 기도하도록 자극을 받고 또 인도함을 받았기 때문입니다. 거룩한 사도는 이렇게 기록하고 있습니다(롬 8:26-7):

"이와 같이 성령도 우리 연약함을 도우시나니 우리가 마땅히 빌 바를 알지 못하나 오직 성령이 말할 수 없는 탄식으로 우리를 위하여 친히 간구하시느니라 마음을 감찰하시는 이가 성령의 생각을 아시나니 이는 성령이 하나님의 뜻대로 성도를 위하여 간구하심이니라." 성령은 실제로 우리를 위해 기도하고 탄식할 뿐만 아니라, 또한 우리의 심령을 기도하고 또 탄식하도록 이끌고 움직이십니다. 이 성령의 역사는 우리로 하여금 우리를 향한 하나님의 은혜에 따라서 친히 기도하도록 만드시는 것입니다.

## 신자들은 어떤 자세로 기도해야 하는가?

우리가 기도하는 사람으로서 하나님 앞에 설 때 어떤 자세를 가져야 하는가를 설명하고 싶습니다. 기도하는 사람은 자신의 고유한 가치와 의로움에 대한 개인적인 상태를 드러내야 하는데, 즉 자신이 죄인이며 또 모든 선한 것이 결핍되어 있다는 사실을 인정해야 합니다. 기도하는 사람은 하나님의 순전한 긍휼을 의존해야 하며 또 그분의 도우심을 힘입어 모든 선한 것들이 채워진다는 것을 소망해야 합니다. 하나님의 위대한 선지자인 다니엘은 이렇게 고백하고 있습니다(단 9:18): "우리가 주 앞에 간구하옵는 것은 우리의 공의를 의지하여 하는 것이 아니요 주의 큰 긍휼을 의지하여 함이니이다." 하나님을 온전히 찾는 기도를 시편 79편에서도 읽을 수 있습니다(시 79:8-9): "우리 조상들의 죄악을 기억하지 마시고 주의 긍휼로 우리를 속히 영접하소서 우리가 매우 가련하게 되었나이다. 우리 구원의 하나님이여 주의 이름의 영광스러운 행사를 위하여 우리를 도우시며 주의 이름을 증거하기 위하여 우리를 건지시며 우리 죄를 사하소서." 누가복음에서 우리는 자신의 의를 자랑하는 바리새인이 주님으로부터 거절당하고 쫓겨났지만, 그러나 정직하게 자신의 죄를 자백하고 또 하나님께 긍휼을 구했던 세리는 기도를 응답받고 의롭다 함을 받았다는 기록을 확인할 수 있습니다(눅 18:9-14).

우리가 우리 자신의 무능, 연약함 그리고 가난함을 인정하지 않는다면, 어떻게 기도할 수 있겠습니까? 주님은 이렇게 교훈하셨습니다(마 9:12): "건강한 자에게는 의원이 쓸데없고 병든 자에게라야 쓸데 있느니라." 주님은 이러한 말씀도 잊지 않았습니다(마 7:8): "구하는 이마다 얻을 것이요 찾는 이가 찾을 것이요 두드리는 이에게 열릴 것이니라." 누군가에게 어떤 것을 간절히 얻기 위해 간청하는 사람은 왜 간청해야 하는가를 결코 잊지 않을 것입니다. 문을 두드리는 사람은 자기 자신이 문 앞에 서 있다는 사실을 명확하게 알리는 것입니다. 무엇을 찾는 사람은 자신이 잃어버리는 것을 명백하게 찾고 있는 것입니다. 우리는 낙원의 복락으로부터 배제되어 있기 때문에, 우리는 우리가 상실한 것과 더 이상 소유할 수 없는 것을 찾고 있으며 또 기도를 통하여 요구하고 있는 것입니다. 다윗, 히스기야 그리고 하나님의 다른 거룩한 백성들이 기도 중에 자신들의 의를 드러내면서, 또한 그 의에 근거하여 정당하게 응답해 주시기를 간구한 것은, 결코 그들이 자신들의 위엄을 과시한 것이 아니라, 오히려 하나님의 진리를 온전히 드러낸 것입니다. 하나님이 자신의 말씀을 순종하는 사람의 기도를 들어주신다는 것에 대한 약속을 온전히 신뢰한 것입니다. 그래서 거룩한 신자들은 이렇게 고백합니다: "우리는 당신의 종들입니다. 당신이 우리를 그냥 두시지 않으시고, 오히려 우리를 보호하시는 것은 정당합니다." 그들이 기도 안에서 자신들의 의를 드러낸 것도 분명한 이유와 특정한 전제 아래서 고백된 것임을 알아야 합니다. 다윗의 간구를 잊지 않아야 합니다(시 143:2): "주의 종에게 심판을 행치 마소서 주의 목전에는 의로운 인생이 하나도 없나이다."

## 기도하는 사람에게 가장 필요한 것-믿음

기도하는 사람에게 가장 중요한 것은 참되고 열정적인 믿음입니다. 이러한 믿음 안에서 그는 자신이 간구하는 것을 응답 받을 수 있다는 확실한 소망과 함께 하나님의 이름을 부르는 것이 필요합니다. 거룩한 야고보는 이렇게 교훈했습니다(약 1:6-7): "오직 믿음으로 구하고 조금도 의심하지 말라 의심하는 자는 마치 바람에 밀려 요동하는 바다 물결 같으니, 이런 사람은 무엇이든지 주께 얻기를 생각하지 말라." 바울의 권면도 기억해야 합니다(롬 10:14): "그런즉 저희가 믿지 아니하는 이를 어찌 부르리요." 나는 믿음에 관하여 이미 첫 번째 설교집에서 설명했습니다. 믿음이 바르게 성장하고, 꽃을 피며 그리고 견고하게 세워지기 위해서 신자들은 각 방면들과 관련이 되어 있는 성경의 약속들과 모범들을 따르는 일에 열심을 내야 합니다. 나는 이것에 관하여 아주 짧게 소개하고 싶습니다. 우리는 시편에서 다음과 같은 고백을 읽을 수 있습니다(시 50:14-5): "감사로 하나님께 제사를 드리며 지극히 높으신 자에게 네 서원을 갚으며 환난날에 나를 부르라, 내가 너를 건지리니 네가 나를 영화롭게 하리로다." 다른 시편에서 확인되는 고백입니다(시 145:18-9): "여호와께서는 자기에게 간구하는 모든 자 곧 진실하게 간구하는 모든 자에게 가까이 하시는도다. 저는 자기를 경외하는 자의 소원을 이루시며 또 저희 부르짖음을 들으사 구원하시리로다." 이사야서에 하나님이 계시하신 말씀입니다(사 65:24): "그들이 부르기 전에 내가 응답하겠고 그들이 말을 마치기 전에 내가 들을 것이다." 마태복음에서 주님이 선포하신 것입니다(마 7:7-8): "구하라 그러면 너희에게 주실 것이요 찾으라 그러면 찾을 것이요 문을 두드리라 그러면 너희에게 열릴 것이니 구하는 이마다 얻을 것이요 찾는 이가 찾을 것이요 두드리는 이에게 열릴 것이니라." 마태복음 다른 장에 기록된 말씀입니다(마 21:22): "너희가 기도할 때에 무엇이든지 믿고 구하는 것은 다 받으리라." 마가복음에서 다음과 같은 기록을 읽을 수 있습니다(막 11:24): "그러므로 내가 너희에게 말하노니 무엇이든지 기도하고 구하는 것은 받은 줄로 믿으라 그리하면 너희에게 그대로 되리라." 요한복음에 기록된 주님의 말씀입니다(요 14:13): "너희가 내 이름으로 무엇을 구하든지 내가 시행하리라." 요한의 다른 기록입니다(요 16:23-4): "내가 진실로 진실로 너희에게 이르노니 너희가 무엇이든지 아버지께 구하는 것을 내 이름으로 주시리라. 구하라 그리하면 받으리라." 하나님께 기도하는 것과 관련하여 다윗은 이미 이렇게 밝혔습니다(시 22:4-5): "우리 열조가 주께 의뢰하였고 의뢰하였으므로 저희를 건지셨나이다. 저희가 주께 부르짖어 구원을 얻고 주께 의뢰하여 수치를 당치 아니하였나이다." 이러한 기록들로부터 확인되는 사실은, 하나님은 믿음으로 간구하는 사람을 결코 버리시지 않는다는 것입니다. 복음서에 기록된 다양한 사건들 역시도 신자들의 믿음이 강화되고 견고하게 된 수많은 모범들을 보여줍니다.

믿음은 단순한 관념이 아니라, 오히려 성령을 통하여 모든 선한 것들을 야기하는 효과를 가지고 있는 능력입니다. 만약 신자들이 이러한 사실을 믿지 않는다면, 그들은 자신들 때문에 응답을 받는다고 생각할 것입니다. 그들은 자신들의 고유한 판단에 따라서 부끄러워하지도 않고 또 회개하지도 않을 것입니다. 그러므로 신자들은 모든 기도를 주님과 함께 행해야 하며, 또한 자신의 기도를 경건한 삶과 연결시켜야 합니다(잠 28:9): "사람이 귀를 돌이키고 율법을 듣지 아니하면 그의 기도도 가증하니라." 아사야서에서 하나님이 이렇게 경고했습니다(사 1:15): "너희가 손을 펼 때에 내가 눈을 가리우고 너희가 많이 기도할지라도 내가 듣지 아니하리니 이는 너희의 손에 피가 가득함이니라." 이와 같이 회개하지 않는 사람들에 관하여 우리는 복음서에 기록된 주님의 말씀을 떠올려야 합니다(요 9:31): "하나님이 죄인을 듣지 아니하신다." 거룩한 사람들이 이 악인들을 위해서 변호한다고 해도, 그들은 아무 것도 얻지 못할 것입니다. 예레미야는 하나님을 믿지 않고 참으로 완고함 가운데 있는 이스라엘 백성을 위해 집요하게 기도했습니다. 하지만 그는 다음과 같은 하나님의 진노를 들어야 했습니다(렘 7:16-8): "그런즉 너는 이 백성을 위하여 기도하지 말라 그들을 위하여 부르짖어 구하지 말라 내게 간구하지 말라 내가 네게서 듣지 아니하리라. 너는 그들이 유다 성읍들과 예루살렘 거리에서 행하는 일을 보지 못하느냐. 자식들은 나무를 줍고 아버지들은 불을 피우며 부녀들은 가루를 반죽하여 하늘의 여왕을 위하여 과자를 만들며 그들이 또 다른 신들에게 전제를 부음으로 나의 노를 일으키느니라." 이와 동일한 증언이 에스겔서에서도 확인됩니다(겔 14:13 이하): "인자야 가령 어떤 나라가 불법을 행하여 내게 범죄하므로 내가 손을 그 위에 펴서 그 의지하는 양식을 끊어 기근을 내려 사람과 짐승을 그 나라에서 끊는다 하자. 비록 노아, 다니엘, 욥, 이 세 사람이 거기에 있을지라도 그들은 자기의 공의로 자기의 생명만 건지리라."

이러한 기록들을 통해서 우리가 분명히 알 수 있는 사실은, 죄악을 끝까지 고집하며 회개하지 않는 사람들이 쉬지 않고 하나님께 부르짖는다고 해도 아무런 소용이 없다는 것입니다. 그들은 자신들의 욕망을 실현시키고 또 자신들의 악함을 수행하기 위해서 하나님의 응답을 필요로 하는 것입니다. 그래서 우리는 우리의 죄를 진심으로 뉘우치며 "우리의 구원의 하나님, 우리를 도우시고 구원하소서" 혹은 "당신에게 간구하오니 우리의 기도를 응답하여 주소서"라고 기도해야 합니다. 하나님은 우리가 간구하는 것에 대해 아무런 대가 없이 주시지만, 그럼에도 불구하고 바르게 살려는 소원이 필요한 것은 하나님의 이러한 크신 은혜를 동반시키기 때문입니다. 물론, 우리는 우리의 공덕 때문에 응답을 받는 것이 아니라, 오히려 오직 예수 그리스도 안에서 하나님의 긍휼하심 때문에 응답을 받는다는 것을 아무런 의심 없이 믿어야 합니다.


## 우리의 영혼을 천상으로 끌어 올리는 기도

누구든 자신의 기도가 하나님으로부터 환영받길 원한다면, 그는 자신의 영혼을 땅에서부터 천상으로 끌어올려야 합니다. 거룩한 순교자인 키프리안은 영감이 넘치고 또 경건한 언어로 표현했습니다: "우리가 기도에 임할 때, 우리는 깨어서 전심으로 기도해야 한다. 세상적이고 육신적인 생각을 우리 자신으로부터 분리시켜야 하며 기도하는 것 외에 어떤 다른 것도 생각해서는 안 된다. 마음은 적들로부터 분리되어 있어야 하고, 오직 하나님께만 열려 있어야 하며 그리고 기도하는 시간에 적들이 우리에게 접근하는 것을 허락하지 않아야 한다. 하나님의 적들이 몰래 들어와서 우리가 기도 할 때에 신중하게 해야 할 기도를 거짓된 것으로 만들고, 또한 우리를 하나님으로부터 멀어지게 하기 때문이다. 우리가 목소리만이 아닌, 오히려 감성과 지성 속에서 주님께 올바른 생각으로 기도한다고 해도, 하나님의 적들은 늘 우리의 기도를 방해한다는 것을 잊지 않아야 한다." 기도하는 사람의 정서가 땅에서부터 천상으로 끌어올려질 때, 참된 믿음의 영은 일반적으로 희망의 견고성과 하나님을 향한 불타는 사랑을 만들어냅니다. 우리가 하나님의 두려움을 불러일으키는 전능성을 생각하며 하나님 앞에서 기도에 임할 때, 참된 믿음의 영이 동일하게 역사할 것입니다. 하늘과 땅에 존재하는 모든 피조물들이 하나님께 간구하며 또 하나님을 경외할 때, 수천의 셀 수 없는 천사들이 하나님께 수종을 듭니다.

그리고 우리에게 구원의 은혜를 누리지 못하게 하는 것들을 제외하고, 우리는 오직 유익하고 또 반드시 필요한 것들을 하나님께 기도해야 한다는 것을 생각해야 합니다. 이 뿐만 아니라, 우리가 이 세상에 붙들리거나 혹은 우리를 지상으로 끌어내리는 모든 것들을 내려놓아야만 하는데, 즉 태만, 인색함, 무절제 그리고 다른 유사한 악습들을 버려야 합니다. 그 대신에 우리는 조심성, 깨어있음, 착함 그리고 긍휼을 실천하려는 노력을 해야 합니다. 성경은 곳곳에서 우리의 기도를 금식과 자비와 연결시켜 강조하고 있다는 것을 잊지 않아야 합니다. 이러한 덕목이 우리로 하여금 믿음에 근거하여 더 기쁘게 또 더 강렬한 의지 안에서 기도하도록 인도하기 때문입니다. 다니엘은 이렇게 기록하고 있습니다(단 9:3): "내가 금식하며 베옷을 입고 재를 무릅쓰고 주 하나님께 기도하며 간구하기를 결심하였노라." 이러한 내용을 요나서와 요엘서에서 확인할 수 있습니다(욘 3:5-8; 욜 1:13-20; 2:12-17). 복음서와 사도의 서신들에서도 동일한 교훈이 기록되어 있습니다(마 26:41; 골 4:2; 살전 5:6; 벧전 5:8): "경성하여 기도에 힘쓰고 항상 깨어 있으라." 배가 부르면 기도하기 힘들거나 열정적으로 기도하는 것이 쉽지 않습니다. 어거스틴은 이렇게 권면하고 있습니다: "당신의 기도가 하나님께 상달되기를 원하는가? 그렇다면 하나님께 두 날개를 올려 드려야 한다. 즉, 깨어있음과 구제이다." 사도행전에서 주님의 천사가 백부장 고넬료에게 말했습니다(행 10:4): "네 기도와 구제가 하나님 앞에 상달하여 기억하신 바가 되었느니라."

### 사랑과 함께 시작되는 기도

하나님은 우리에게 불타는 열정을 표출하는 기도를 요구합니다. 하지만 기도가 사랑을 통하여 불붙지 않으면 차가울 수밖에 없다는 것도 알아야 합니다. 다른 사람의 잘못을 용서하지 않는 감각 없는 사람들과 형제에 대한 증오를 여전히 간직하고 있는 사람들은 주님께 기도할 수 없습니다. 주님은 이렇게 말씀하셨습니다(막 11:25): "서서 기도할 때에 아무에게나 혐의가 있거든 용서하라 그리하여야 하늘에 계신 너희 아버지께서도 너희 허물을 사하여 주시리라." 이와 동일한 이해 속에서 마태복음에는 다음과 같이 기록되어 있습니다(마 6:14-5): "너희가 사람의 잘못을 용서하면 너희 하늘 아버지께서도 너희 잘못을 용서하시려니와 너희가 사람의 잘못을 용서하지 아니하면 너희 아버지께서도 너희 잘못을 용서하지 아니하시리라." 이 복음서의 다른 장에 기록된 주님의 말씀입니다(마 5:23-4): "그러므로 예물을 제단에 드리려다가 거기서 네 형제에게 원망들을 만한 일이 있는 것이 생각나거든 예물을 제단 앞에 두고 먼저 가서 형제와 화목하고 그 후에 와서 예물을 드리라." 이 말씀은 용서를 행하지 않는 드림은 하나님께 진정으로 드리는 것이 되지 못한다는 것입니다. 우리는 용서하고, 이웃을 기꺼이 사랑해야 하며 그리고 그들에게 선을 베풀어야 합니다. 이러할 때 우리의 기도가 천상에 이르게 됩니다.

### 입이 아닌 심령으로 하는 기도

우리는 기도할 때 입이나 소리로만 기도해서는 안 됩니다. 오히려, 온 마음을 다해서 전심으로 기도해야 합니다. 최상의 영적인 진심과 함께 우리 심령의 깊은 내적인 소원을 아뢰는 기도를 해야 합니다. 모세(출 14:13-15)와 사무엘의 어머니였던 한나로부터(삼상 1:13) 확인할 수 있는 것은, 그들은 기도할 때 소리 없이 오직 심령으로 하나님께 부르짖었다는 사실입니다. 하나님은 그들의 기도를 응답하셨기 때문에 모세는 이스라엘 백성이 아무런 피해도 없이 애굽의 피 묻은 손으로부터 홍해를 건널 수 있었으며 또 아이를 가질 수 없었던 한나는 출산할 수 있었습니다. 이와 반대로, 우리는 복음서에서 주님이 바리새인들을 대항하여 이사야가 전한 내용을 제시하신 것을 읽을 수 있습니다(마 15:8-9; 사 29:13): "이 백성이 입술로는 나를 존경하되 마음은 내게서 멀도다. 사람의 계명으로 교훈을 삼아 가르치니 나를 헛되이 경배하는도다." 바울도 분명하게 언급했습니다(고전 14:15): "내가 영으로 기도하고 또 마음으로 기도하리라."

"영"으로 기도한다는 의미는 생명력 있는 호흡과 인간의 진실한 목소리로 기도하는 것을 의미합니다. 이러한 증거들을 통해서 우리는 짧은 시간 안에 믿음 없는 달변과 빠른 속도로 수많은 말들을 내뱉으며 기계적으로 암송하는 기도와 내적인 성찰 없이 큰 소리만 내는 기도를 비판합니다. 이렇게 기도하면 정서만 혼란스럽게 됩니다. 물론, 너무도 성급하게 기도를 끝내려는 갈망을 나타내는 것도 기도가 진실하지 않다는 것을 증명합니다. 이러한 기도는 로마 교회의 사제들에게서 확인되는데, 그들은 돈과 삯을 위하여 기도하기 때문입니다. 그들은 무지한 백성들을 속여서 많은 돈을 얻기 위해 전혀 가치 없는 것을 팔고 있는 것입니다. 기도하는 행위 자체를 가치 없다고 말하는 것이 아니라, 오히려 기도 행위를 무의미하게 만드는 이러한 진정성 없는 기도를 가치 없다고 말하는 것입니다. 이러한 기도를 하는 사람들을 향해서 이미 주님은 이렇게 말씀하셨습니다 (마 23:14): "위선자들인 서기관들과 바리새인들에게 화가 있을지어다. 너희들은 과부의 집들을 괴롭게 만들며 또 오래 기도하는 것처럼 보이게 하는 구나. 그러므로 너희들에게 더욱 강력한 심판이 임하게 될 것이다." 나는 이렇게 말로 하는 장사꾼들이 삯을 위해 고용되어 자신들의 기도를 자랑하기 위해서 소리를 내고 또 거짓으로 꾸며 포장한다는 것을 잘 알고 있습니다. 이러한 기도자들은 믿음과 사랑을 가지고 있을 수도 있고 혹은 가지고 있지 않을 수도 있습니다. 만약 그들이 믿음과 사랑을 가지고 있다면, 그들은 믿음과 사랑에 근거하여 기도하는 것입니다. 하지만 만약 그들이 믿음과 사랑을 가지고 있지 않다면, 그들의 기도는 무가치한 것이 됩니다. 하지만 그들의 기도를 유심히 살펴보면, 그들은 위선적인 모습으로 진실한 기도를 위해서 자신의 돈을 지불하는 무지한 백성을 속이고 있습니다. 그들은 간절함을 가진 백성의 기대와 전혀 다르게 무의미한 기도를 하고 있기 때문입니다. 더욱이, 기도 행위가 진실 된다고 해도, 어떤 경우에도 기도는 매매의 대상이 될 수 없습니다. 어떤 사람을 위해 기도를 해주는 것 때문에 돈을 받을 수 없다는 것입니다.

## 하나님의 위엄을 손상시키거나
## 불법적인 것을 위해 기도할 수 없다

기도하는 사람은 하나님의 위엄을 손상시키거나 하나님의 법에 반하는 것을 위해 기도할 수 없습니다. 거룩한 사도 요한은 이렇게 말했습니다(요일 5:14): "우리가 하나님께 무엇을 간구할 때, 그의 뜻대로 무엇을 구하면 들으심이라." 만약 우리가 하나님의 위엄을 손상시키는 간구를 한다면, 하나님이 우리의 기도를 듣지 않는다는 것을 말해주고 있습니다. 그리고 우리가 기도할 때, 우리의 뜻과 소원을 하나님 자체의 관심과 그분의 뜻에 종속시켜야 한다는 것도 말해주고 있습니다. 우리는 하나님이 옳지 않는 방식으로 특정한 상황에 개입하신다는 의문을 가져서는 안 됩니다. 하나님이 어떤 시간, 어떤 장소 혹은 어떤 방식으로 어떤 것을 행할 것이라고 하나님을 제한시켜서도 안 됩니다. 하나님은 홀로 지혜로우시며, 또한 그분은 우리를 도우실 가장 적합한 때를 아십니다. 하나님은 신실하시고 전능하셔서 우리가 기도하거나 이해하는 것보다도 훨씬 더 많은 것을 행하실 수 있습니다. 사도 바울은 이러한 사실에 대해서 매우 자세하게 언급했습니다(롬 8:26-28): "이와 같이 성령도 우리의 연약함을 도우시나니 우리는 마땅히 기도할 바를 알지 못하나 오직 성령이 말할 수 없는 탄식으로 우리를 위하여 친히 간구하시느니라. 마음을 살피시는 이가 성령의 생각을 아시나니 이는 성령이 하나님의 뜻대로 성도를 위하여 간구하심이니라. 우리가 알거니와 하나님을 사랑하는 자 곧 그의 뜻대로 부르심을 입은 자들에게는 모든 것이 합력하여 선을 이루느니라." 결론적으로, 나는 유딧서에 기록된 내용을 소개하고 싶습니다. 경건한 과부 유딧이 웃시야 제사장을 향하여 어떤 이유 때문에 격노하게 된 일이 있었습니다. 왜냐하면 웃시야가 분명한 일정을 결정하고 주님을 향하여 그 날들 안에 도시를 필히 구원해 주실 것을 요청하면서, 만약 그렇지 않으면 도시를 포기해야 한다고 말했기 때문입니다. 유딧은 대답했습니다(윳 8:11-14): "웃시야에게 합당한 말은 무엇일까요? 그는 '만약 5일 안에 하나님께 도움을 받지 못하면 도시를 앗수르인들에게 넘겨야 하지 않겠는가?'라고 말하고 있습니다. 당신들이 이러한 상황에서 주님을 시험한다면, 과연 당신들은 어떤 사람들입니까? 이렇게 하면 우리는 주님으로부터 긍휼하심을 얻지 못하고, 오히려 그분의 심판을 야기하는 진노에 불을 붙이는 것과 같습니다. 당신들은 당신들의 견해에 따라서 하나님의 긍휼을 간구하는 시간을 임의적으로 확정했습니다. 하지만 주님은 인내하실 수 있는 분이기 때문에, 우리는 우리의 죄를 회개하고 또 진심으로 눈물 흘리며 그분의 긍휼을 간구해야 합니다." 우리는 다윗에 관하여 읽을 때도, 그가 최고의 위기 속에서 하나님을 향하여 겸손하게 자신을 낮추어 간구한 것을 확인할 수 있습니다(삼하 15:25-6): "만일 내가 여호와 앞에서 은혜를 입으면 도로 나를 인도하사 ... 그러나 그가 이와 같이 말씀하시기를 내가 너를 기뻐하지 아니한다 하시면 종이 여기 있사오니 선히 여기시는 대로 내게 행하시옵소서."

# 인내를 필요로 하는 기도

　기도할 때 우리에게 큰 인내가 반드시 필요합니다. 주님이 이렇게 말씀하셨습니다(마 7:7): "구하라 그러면 너희에게 주실 것이요 찾으라 그러면 찾을 것이요 문을 두드리라 그러면 너희에게 열릴 것이라." 주님은 단어의 중첩을 통하여 기도할 때 인내가 있어야 함을 분명하게 가르치셨습니다. 이러한 교훈 속에서 우리는 중요한 일을 위해 기도할 때 인내를 가지고 진실하게 기도하는 것이 필요하다는 것을 알아야 합니다. 어떤 숨겨진 것과 가치 있는 것을 찾을 때 전심을 다해 찾듯이 기도할 필요가 있다는 것입니다. 어떤 사람이 큰 간절함을 가지고 친구에게 의뢰하듯이 적극적으로 기도해야 함을 말해 주고 있습니다. 물론, 이러한 간구의 모습은 단순한 호기심을 나타내는 것이 아닙니다. 오히려, 우리에게 반드시 필요한 것을 진지함과 열정으로 기도하여 얻을 수 있다는 사실을 알려줍니다. 누가복음에서 주님이 한 재판장과 과부의 비유를 소개하셨습니다(눅 18:1-8). 간구할 때 지속적으로 하고, 인내심을 가지고 포기하지 않아야 한다는 것을 알려주고 있습니다. 이러한 이해와 관련하여 바울도 다음과 같이 교훈했습니다(살전 5:16-18): "항상 기뻐하라 쉬지 말고 기도하라 범사에 감사하라." 이러한 주님의 교훈과 사도의 권면이 마치 기도하는 일 이외는 아무것도 하지 않는 광신주의자들의 헛된 망상을 강화시킨다고 생각해서는 안 됩니다. 주님이 항상 기도하라고 명령하신 것은, 최대한 인내를 가지고 어떤 시간, 어떤 장소 그리고 어떤 상황 속에서도 진심을 다해 하나님을 신뢰하며 기도해야 한다는 것을 의미합니다. 항상 하나님으로부터 좋은 것을 기대하는 마음으로 기도하고, 그 기도에 대해 응답하실 하나님의 선하심을 감사하며 그리고 인내심을 가지고 하나님의 은혜를 열망해야 합니다. 특별히, 바누엘의 딸인 안나를 통하여 이러한 열심이 우리에게 추천되고 있습니다. 그녀에 관하여 누가는 성전을 떠나지 않고 밤낮으ㅡㅡ ㄴ 식과 기도로 주님께 간구하며 주님을 섬겼다고 기록하고 있습니다(눅 2:36-8). 오늘날 우리는 농부가 쉬지 않고 일을 하며 또 학자가 밤낮 구별 없이 독서를 하는 것을 언급할 수 있는데, 즉 이들은 특별한 인내와 성실함의 상징으로 이해되고 있습니다. 우리의 기도가 이러한 자세를 추구해야 한다는 것입니다. 인내하는 기도와 간구의 다른 탁월한 실례로 우리는 복음서에 기록된 수로보니게 여인을 생각할 수 있습니다(마 15:21-8). 만약 주님이 우리를 정상적인 것보다도 훨씬 오랫동안 방치해 두시거나 혹은 우리의 기도를 지체하신다는 것이 느껴진다면, 우리는 끊임없이 선지자들의 인내를 생각해야 합니다. 그리고 주님의 말씀을 잊지 않아야 합니다(히 10:37-8): "잠시 잠간 후면 오실 이가 오시리니 지체하지 아니하시리라 오직 나의 의인은 믿음으로 말미암아 살리라."

## 언제 기도해야 하는가?

기도의 시간을 설명하는 것은 어렵지 않습니다. 그리고 이 주제는 "어떤 경우에 기도해야 하는가?"와 연결되어 있다는 것도 기억될 필요가 있습니다. 먼저, 혼자 있을 경우에 항상 기도해야 합니다. 우리가 이 땅에 사는 동안에 우리에게 지속적으로 다양한 이유로 기도해야 하는 일들이 요청되기 때문입니다. 성령께서 우리를 인도하시는 대로 자주 기도하며 또 우리에게 위기와 기도해야 할 어떤 상황이 발생했을 때도 기도해야 합니다. 하지만 어떤 경우에도 억지로 해서는 안 되고, 모든 기도는 빛을 주시고 또 자유롭게 하시는 성령으로부터 연유되어야 합니다. 다음으로, 공동체적인 기도는 특정한 시간과 연결되어 있습니다. 분명하게 정해진 기도의 시간이 있는데, 매번 질서에 합당하게 기도가 진행되어야 합니다. 교회로부터 수용된 확정된 기도의 시간은 아침이나 저녁에 모든 신자들이 예배로 모였을 때 하나님의 말씀을 듣고 또 성례를 시행하는 순서와 연결되어 있습니다. 소크라테스는 자신의 교회사에서 초대교회는 예배를 위해서 모두가 동일한 시간이나 특정한 시간을 정해서 모이지 않았다고 기록하고 있습니다. 물론, 이러한 차이에 있어서 위험요소는 발견되지 않습니다. 모든 교회는 예배를 위해서 각 개별적인 교회의 형편에 따라서 가장 합당하고 적합한 시간에 모이는 것을 선호했습니다. 그리고 어떤 긴급한 사안과 관련하여 교회가 결정한 특정한 시간에 기도 모임을 갖기도 했습니다. 어려운 시대와 힘든 현실 속에서 거룩한 사도들은 기도와 금식의 시간을 가질 것을 권면했습니다. 이러한 규범은 오늘날에도 미신적인 것을 배제하고 합당한 방식으로 여전히 허용되고 있습니다. 물론, 이 방식은 이미 구약 시대에서도 시행된 것이었습니다. 선지자 요엘이 이렇게 기록하고 있습니다(욜 2:15): "너희는 시온에서 나팔을 불어 거룩한 금식일을 정하고 성회를 선포하라." 그리고 어떤 어려운 일을 당했을 때, 기도에 더욱 집중하기 위해서 부부가 일정 시간 동안 동침하지 않거나 혹은 허용된 욕구를 절제하는 것을 사도 바울이 사적인 판단에서 권면하기도 했다는 것을 잊지 않아야 합니다.

# 기도의 장소

기도의 장소를 설명하는 것도 어렵지 않습니다. 이 설교의 처음 부분에서 언급했던 것처럼, 신자들은 개인적으로 어떤 시간에서든 기도할 수 있으며, 또한 어느 장소에서든 기도할 수 있습니다. 신자들의 진실한 기도는 어떤 특정한 장소에 국한되어 있지 않습니다. 어느 장소가 다른 장소보다도 더 기도하는데 적합한 장소라고 규정할 수 없습니다. 기도하기 좋은 장소나 기도를 위한 특별한 장소는 판단될 수 없으며, 오직 기도하는 사람의 의지에 달려있을 뿐입니다. 주님이 복음서에서 이렇게 말씀하셨기 때문입니다(요 4:23): "아버지께 참으로 예배하는 자들은 신령과 진정으로 예배할 때가 오느니라."

## 골방에서 드리는 기도

어떤 경건한 사람들이 집에 있는 골방이 아닌 다른 장소에서 기도할 수 없다는 주장에 관하여 논쟁하는 것을 그냥 지나칠 수는 없을 것 같습니다. 이렇게 주장하는 사람들에게 우리 주님의 말씀이 적용될 수 있을 것입니다(마 6:6): "너는 기도할 때에 네 골방에 들어가 문을 닫고 은밀한 중에 계신 네 아버지께 기도하라 은밀한 중에 보시는 네 아버지께서 갚으시리라." 하지만 좀더 정확하게 살핀다면, 이 본문은 바로 앞에서 언급한 내용과 대립되는 정황 속에서 주님이 하신 말씀입니다. 주님이 말씀하신 앞 절은 다음과 같습니다(마 6:5): "너희가 기도할 때에 외식하는 자와 같이 되지 말라 저희는 사람에게 보이려고 회당과 큰 거리 어귀에 서서 기도하기를 좋아하느니라." 즉, 주님은 이러한 외식하는 자들을 반대하여 "기도할 때 너

의 골방으로 가라"고 말씀하셨다는 것입니다. 주님은 기도의 외적인
형식을 질타하시면서 기도는 장소의 문제가 아니라, 오히려 태도의
문제라는 것을 지적하신 것입니다. 길거리에서 기도 행위를 하는 바
리새인들은 백성들의 칭찬과 동의를 의식한 것이며, 그리고 이와 반
대로 은밀히 골방에서 기도하는 것을 반대했습니다. 주님은 이러한
외식을 고발하면서 기도는 사람의 칭찬을 목적으로 하지 않으며 또
장소의 문제가 아님을 분명히 한 것입니다. 어떤 유혹도 받지 않고
오직 하나님께만 시선을 집중하여 차분하게 기도하는 사람은 교회
안에서 기도하든, 아니면 거리에서 기도하든 항상 골방에서 기도하
는 것과 같기 때문입니다. 주님도 제자들과 함께 성전에서, 도시에
서, 광야에서, 즉 어떤 상황이 요구하는 모든 장소에서 항상 자유롭
게 기도하셨기 때문입니다. 그래서 주님은 이렇게 말씀하셨습니다
(마 6:6): "은밀한 중에 보시는 네 아버지께서 모든 눈들 앞에서 너에
게 갚으시리라." 이 말씀은 아버지께서 기뻐하는 사람은 교만하지
않고, 겸손하며 그리고 명예욕으로부터 자유로운 심령을 가진 사람
이며, 또한 그분은 이러한 사람에게 모든 사람들이 보는 앞에서 보
상하시겠다는 의미를 담고 있습니다. 물론, 공적인 기도는 교회 안
에서 혹은 교회 모임 가운데서 시행되어야 합니다. 어떤 사람이 자
신의 목소리를 높이기 위해서 기도는 '어느 장소에 매여 있지 않다'
는 사실을 부정한다면, 과연 그에게 '그리스도인'의 명칭이 어울릴
수 있을까요? 그는 그리스도께서 신자들에게 허락하신 자유를 매우
심각하게 남용하고 있는 것입니다. 나는 예배에 관하여 이미 언급했
습니다. 이 주제에 관한 다른 내용은 이 설교집의 마지막 설교에서
설명할 것입니다.

## 기도하는 사람의 복장과 자세

여기에서 기도하는 사람의 복장과 태도에 관하여 설명될 필요가 있습니다. 기도하기 위해서 그리스도 교회 안에 들어갈 때 신자들은 모든 종류의 과시욕, 모든 형태의 교만 그리고 모든 종류의 신체적인 외형을 지나치게 깨끗이 하는 결벽증을 버려야 합니다. 만약 어떤 사람이 엄위한 위정자들 앞에서 자신의 잘못에 관하여 용서를 구할 때 교만한 모습을 하고서 파렴치하게 검은 옷을 벗고 속이 비칠 정도의 밝은 옷을 착용하고 나타났다면, 그는 위정자들을 모욕하는 것이나 다름없습니다. 그는 그 자리에서 거절될 뿐만 아니라, 또한 곧바로 감옥에 갇히는 것이 정당하게 여겨질 것입니다. 한 신자가 교회에 나와서 하나님의 은혜를 구하면서도, 이와 동시에 아주 파렴치하게 하나님을 조롱한다면 어떻게 되겠습니까? 그리고 어떤 사람들이 자신들의 죄악 때문에 괴로워하면서도, 이와 동시에 하나님 앞에서 겸손하지 않고 또 육체를 정결하게 하는 것에 관심을 갖지 않는다면, 그들은 어떻게 될까요? 그들은 하나님의 새로운 진노하심을 스스로 야기하며 또 공동체 안에서 가장 선한 것을 가장 악한 것으로 만들어 모욕하고 있다는 비판을 피할 수 없을 것입니다. 그러므로 바울은 다양한 교훈으로 교회 안에서 겸손함, 신실함 그리고 청렴함이 보존되어야 한다고 강조했습니다. 이러한 내용은 대표적으로 고린도전서 11장 2-16절에 잘 기록되어 있습니다. 물론, 그리스도의 순교자 키프리안의 글도 참고할 필요가 있습니다: "신자들의 언어와 기도는 교육을 받아야 하고, 평안과 경건과 연결되어 있어야 하며 그리고 이러한 기초 위해서 시행되어야 한다. 우리는 늘 하나님 앞에 서 있다는 것을 의식하며 살아야 한다. 몸의 태도뿐만 아니라, 또한 언어에 있어서도 하나님의 관심에 부합되어야 한다. 그래서 교만한 사람은 수많은 외침으로 주목을 끄는 불경스러운 태도로 기도하지만, 그러나 경건한 사람은 겸손한 태도로 기도하기 때문이다."

어떤 사람들은 어리석게도 몸의 자세를 통하여 기도가 더 좋아지거나 혹은 나빠진다고 주장합니다. 이 문제는 거룩한 어거스틴이 심프리치아누스(Simplicianus)에게 보낸 두 번째 편지에서 실마리를 풀 수 있습니다: "오직 정신이 하나님께 붙들려 있고 또 하나님의 기도목적과 부합된다면, 몸의 자세가 어떤 상태를 유지하든지 결코 중요하지 않다. 우리는 한편으로 서서 기도할 수도 있는데, 성경에 이렇게 기록되어 있기 때문이다(눅 18:13): '세리는 멀리에서 서서 기도했다.' 다른 한편으로 무릎을 꿇고 기도할 수도 있기 때문이다. 이러한 기도의 자세는 사도행전(행 20:36), 다윗(삼하 7:18) 그리고 엘리야(왕상 19:4)를 통해서 확인할 수 있다. 이 뿐만 아니라, 우리가 침상에서 기도할 수 없다고 하면, 다음과 같은 기록을 시편에서 읽을 수 없었을 것이다(시 6:6): '밤마다 눈물로 내 침상을 띄운다.' 어떤 사람이 특정한 제목을 가지고 기도를 할 때, 그는 자신의 감정이 이끄는 대로 신체를 세우거나 눕힐 수 있는데, 즉 자연스러운 움직임 속에서 자신의 몸에 가장 적합한 형태를 취할 수 있다. 하지만 어떤 사람이 특정한 제목 없이 기도를 하는 중에 갑자기 어떤 제목이 떠올라서 말로 표현할 수 없는 탄식으로 기도하고 싶은 마음이 간절할 때, 앉고, 서거나 혹은 무릎을 꿇는 인간적인 관습 때문에 기도하는 일을 지연시켜서는 안 된다." 터툴리안도 이단논박에서 당시 기도하는 신자들의 자세에 관하여 언급한 내용이 있습니다: "우리 그리스도인들이 손을 넓게 벌린 채 하늘을 향하여 기도하는 것은 허물이 아니다.

우리가 모자를 벗고 기도할지라도 부끄러운 것이 아니다. 그리고 기도를 인도하는 사람 없이 우리는 기도할 수 있는데, 우리는 심령으로부터 기도하고 또 모든 것을 위해서 언제나 기도할 수 있기 때문이다." 이와 관련하여 우리는 주님의 교훈을 생생하게 기억해야 합니다(마 6:5): "너희가 기도할 때에 외식하는 자와 같이 되지 말라 저희는 사람에게 보이려고 회당과 큰 거리 어귀에 서서 기도하기를 좋아하느니라 내가 진실로 너희에게 이르노니 저희는 자기 상을 이미 받았느니라." 기도할 때 우리가 경계해야 할 자세는 개인적인 기도나 공적인 기도 속에서 우리가 사람들의 관심에 따라서 움직이고, 또한 사람들에게 훌륭하고 거룩하게 보이려는 목적을 설정하지 않는 것입니다. 하나님이 기뻐하시고 또 그분의 판단에 의해서 인정받는 것으로 충분합니다.

## 무엇을 하나님께 간구해야 하는가?

기도에 관하여 논의할 때, 우리가 무엇을 하나님께 기도하고, 무엇을 간구해야 하며 그리고 누구를 위해 기도해야 하는가를 아는 것이 중요합니다. 먼저, 우리는 기도할 때 인물들과 상황들에 대한 고려가 필요합니다. 인물들과 관련하여 공적인 인물들이 있고 또 사적인 인물들도 있습니다. 공적인 인물들에는 감독, 교사, 위정자 그리고 높은 지위를 가진 모든 사람들이 포함됩니다. 성경의 선지서들, 복음서들 그리고 사도들의 서신서들 안에는 이러한 사람들을 위해 기도할 것이 명령되어 있습니다. 바울은 교회로 하여금 주님께 중보기도를 해야 한다고 강조했습니다. 즉, 악한 사람들과 어려운 상황 때문에 방해를 받지 않고 복음이 자유롭게 증거 될 수 있도록 중보기도를 요구한 것입니다(엡 6:18-20; 살후 3:1-5). 바울은 우리에게 위정자들을 위해서도 기도할 것을 명령했습니다(딤전 2:2): "... 이는 우리가 모든 경건과 단정한 중에 고요하고 평안한 생활을 하려 함이니라." 그리고 사적인 인물들로는 부모, 아내, 자녀, 친척, 혼인을 통한 친척 관계, 이웃, 시민, 친구, 원수, 병자, 전쟁포로들, 상심한 자들을 생각할 수 있습니다. 우리는 모든 이웃들을 위해서 그리스도의 사랑이 명령하는 대로 기도해야 합니다. 그들의 구원과 신앙의 성숙을 위해서 간구할 필요가 있습니다. 이와 관련된 교훈은 성경 안에 수많은 증거들과 실례들이 있습니다.

다음으로, 우리는 중요한 가치를 가지고 있는 덕목들을 위해서 기도해야 합니다. 여기에는 한편으로 천상적인 것, 영적인 것 그리고 영원한 것이 포함되어 있으며, 다른 한편으로 지상적인 것, 육체적인 것 그리고 시간적인 것이 포함되어 있습니다. 그 밖에 한편으로 공적인 것, 다른 한편으로 개인적인 것이 있습니다. 공적인 덕목들에는 보편 교회와 국가가 속해 있는데, 이것들은 개인적인 것들과 비교할 때 다양한 내용들을 품고 있습니다. 영적인 덕목들 안에는 가장 먼저 다음과 같은 것들이 담겨 있습니다: 믿음, 소망, 사랑, 인내, 다양한 교회의 덕목들, 성숙 및 온전함을 위한 덕목들, 죄용서와 영원한 생명 등. 물론, 여기에는 정신적인 재능과 관련된 자유학문, 잘 운영되고 있는 학교들, 신뢰할만한 교사들, 하나님을 경외하는 관리들, 정의로운 법 등이 속해 있습니다. 이에 반하여 육체적인 영역은 다음과 같습니다: 평안한 국가, 전쟁으로 단련된 병사들, 좋은 건강 상태, 육체의 힘과 아름다움, 부유하고 안정된 재산, 아내, 자녀, 친구 및 시민들의 건강과 행복, 보호와 평화, 흐트러짐이 없는 평판, 이와 동일한 성격의 다른 사안들 등. 모든 사람들은 정신적인 덕목들을 육체적인 덕목들보다도 우선시해야 하고, 무엇보다도 천상의 덕목들을 추구하기 위해 노력해야 합니다. 그리고 육체적인 덕목들도 우선순위에 따라서 강조될 필요가 있는데, 즉 공적인 덕목들을 개인적인 덕목들보다도 우선시해야 합니다. 국가가 평안해야 국민들도 평안 중에 살 수 있기 때문입니다. 학교들이 본래 기능대로 운영된다면, 국가 안에 지혜롭고 의로운 지도자들이 끊이지 않게 될 것이라는 소망을 가질 수 있기 때문입니다. 시간적인 덕목들도 중요성에 따라서 우선시 되는 것들이 있습니다. 신자들은 중요한 것들을 다른 것들 앞서 주님께 요청해야 합니다. 물론, 덜 중요한 것들도 주님께서 주신다는 사실을 인식한 신자들은 그것들을 위해서도 간구합니다.

**육체적인 덕목들을 간구할 수 있는가?**

성경에 정통하지 않는 사람들은 하나님께 육체적인 것들을 간구할 수 없다고 주장합니다. 하지만 그들의 주장은 성경에 기록된 수많은 실례들을 통하여 반박될 수 있습니다. 구약 시대의 족장들과 선지자들뿐만 아니라, 또한 그리스도의 제자들도 하나님께 육체적인 덕목들을 위해 기도했기 때문입니다. 즉, 적들로부터 보호되는 것, 손상을 입지 않은 평판 그리고 육체의 요긴한 필요들을 위해서 기도했습니다. 이 주제는 주님께서 우리에게 친히 가르쳐주신 주기도문을 통해서 좀더 정확하게 확인될 수 있을 것입니다.

## 어떤 언어로 기도해야 하는가?

우리는 기도할 때 어떤 언어로 기도해야 하는가에 대해서도 생각해야 합니다. 만약 어떤 사람이 개인적인 기도나 공적인 기도에서 라틴어로 기도해야 한다고 주장한다면, 나는 이렇게 기도하는 것을 용납하지 않을 것입니다. 어떤 사람이 모국어가 아닌 라틴어로만 기도해야 한다면, 그는 라틴어로 배운 것만을 기도할 것입니다. 만약 입과 소리로만 기도하는 것이 아니라, 또한 마음과 지성으로도 기도하려고 한다면, 오직 한 가지 언어만 사용할 수 있는 사람은 마음과 지성으로 기도하는 것이 가능할까요? 그는 거룩한 말들을 표현할 수 있지만, 그러나 그는 자신이 무엇을 말하는지 정확히 알지 못할 것입니다. 결코 기도해 보지 않은 것과 자신이 이해하지 못하는 것을 기도하는 것은 결과적으로 자신이 알지 못하는 것을 기도하는 것과 같습니다. 이 때문에 모든 신자들은 가장 잘 구사할 수 있고 또 가장 잘 이해할 수 있는 모국어로 기도해야 합니다. 공적인 예배에서 낯선 언어를 사용하는 것만큼 어리석은 짓도 없습니다. 이러한 관습은 교회 안에서 가장 해악적인 싹의 시초로 증명되었습니다. 하나님으로부터 기름부음을 받은 제사장들과 선지자들은 옛 언약의 백성에게 갈대아어, 인도어 혹은 페르시아어가 아닌 오직 모국어인 히브리어로 하나님의 말씀을 선포했습니다. 그리고 그들은 구약의 책들도 백성의 언어로 기록했습니다. 우리의 주님이신 그리스도와 사도들도 당시 국민언어를 구사했습니다. 사도들은 모든 민족들에게 복음을 증거하기 위해서 다양한 언어적인 은사와 함께 그리스도로 무장했습니다(행 2:5-11). 그 당시에 모든 언어 중에서 그리스어가 가장 넓은 지역에서 활용되고 있었기 때문에, 사도들은 신약 성경을 히브리어가 아니라, 오히려 가장 광범위하게 활용된 헬라어로 기록하였습니다. 신자들의 공동체 앞에 있는 보편 교회 안에서 발생된 일들을 이해하는 것이 가장 우선적으로 필요했습니다. 만약, 이러한 작업이 이루어지지 않았다면, 많은 사람들이 예배를 위해 함께 모이는 것은 헛되었을 것입니다. 결국, 하나님의 교회 안에 낯선 언어를 도입한 사람들은 모든 것을 혼란 가운데로 몰고 가서 성령의 불(행 2:3)을 소멸시켜 버린 것입니다. 그들은 기도와 기도의 유익 그리고 교회적인 사역의 모든 열매들을 교회로부터 분리시킨 것입니다. 라틴어를 사용하는 지역의 교황이 이러한 라틴어적인 혐오스러움을 하나님의 교회 안으로 끌어들였다는 것을 모든 사람들이 알고 있습니다. 교황은 독일, 영국, 프랑스, 폴란드 그리고 헝가리 사람들이 로마어와 라틴어로 기도하지 않고, 그 대신에 독일어, 영어, 프랑스어, 폴란드어 그리고 헝가리어로 기도하는 것을 끔찍한 무신론적인 행위로 선언했습니다.

거룩한 바울은 이러한 논쟁점에 관하여 명백한 언어를 사용하여 밝혔습니다(고전 14:14-9): "내가 만일 방언으로 기도하면 나의 영이 기도하거니와 나의 마음은 열매를 맺지 못하리라. 그러면 어떻게 할까 내가 영으로 기도하고 또 마음으로 기도하며 내가 영으로 찬송하고 또 마음으로 찬송하리라. 그렇지 아니하면 네가 영으로 축복할 때에 알지 못하는 처지에 있는 자가 네가 무슨 말을 하는지 알지 못하고 네 감사에 어찌 아멘 하리요. 너는 감사를 잘하였으나 그러나 다른 사람은 덕 세움을 받지 못하리라. 내가 너희 모든 사람보다 방언을 더 말하므로 하나님께 감사하노라. 그러나 교회에서 네가 남을 가르치기 위하여 깨달은 마음으로 다섯 마디 말을 하는 것이 일만 마디 방언으로 말하는 것보다 나으니라." 이러한 문제와 관련하여 황제 유스티니아누스는 자신의 법령 123조항에서 바울을 인용하여 감독들과 설교자들에게 거룩한 예배, 기도 그리고 성례와 관련된 엄밀한 규정을 언급할 때 큰 목소리로 모든 백성이 알아듣게 낭독 하도록 했을 뿐만 아니라, 또한 그것을 듣고 온전한 헌신을 표명하도록 명령했습니다. 그레고리 대제도 로마에 거주하는 시민들에게 자신의 모국어로 말씀을 선포했다는 것을 마리아누스(Marianus) 감독에게 전달한 에스겔 주석의 서문에서 증명했습니다. 그리스의 모든 감독들도 교회 안에서 모국어를 사용했으며, 또한 그리스어로 쓴 문서들을 우리에게 남겼습니다. 이렇게 볼 때, 우리가 교회 안에서 거룩한 직무를 섬기기에 있어서 우리의 모국어를 사용하지 않는다면, 우리는 확실하게 어리석으며 또 심각한 오류를 가지고 있는 것입니다. 거룩한 바울의 탁월한 가르침을 다시금 반복하지 않기 위해서 우리는 이미 앞서 언급되었던 훌륭한 교회와 지도자들의 모범을 따라야 합니다.

## 교회의 찬송

나는 이제 교회의 찬송에 관하여 또 안식일에 관하여 설명할 것입니다. 어느 누구도 사람의 목소리로 노래되는 기도를 하나님이 더 기뻐하실 것이라고 믿지 않습니다. 하나님은 사람의 목소리가 갖는 사랑스러움을 통하여 더 호의를 갖거나 혹은 기도의 거친 표현 때문에 모욕을 당하지 않으시기 때문입니다. 믿음, 정서적인 경외감 그리고 외적으로 드러나지 않는 감정은 기도를 호감 있게 만듭니다. 주님의 영이 우리의 심령에 역사하지 않을 때, 찬송 같은 외형적인 것은 이러한 관점에서 우리에게 큰 영향을 끼치지는 못하지만, 우리 스스로를 고무시키기 위해서 사용할 수 있습니다. 물론, 어느 누구도 찬송의 예배적인 사용이 매우 오래 되었다는 사실을 부인할 수는 없습니다.

구약의 거룩한 역사서는 구약 교회에서 레위인들이 그리스도가 오시기 아주 오래 전부터 찬송하였으며, 또한 그것이 하나님의 명령 속에서 시행되었다는 것을 증거하고 있습니다(대상 29:25-30). 다윗을 통하여 하나님의 성전 안에 도입되었고 또 성전 의식에 포함되었던 정교한 음악은 성전 및 성전 의식과 더불어 사라졌습니다. 참된 메시야이시며 또 율법의 온전한 성취자이신 우리의 주님이신 예수 그리스도는 한 번도 성전 내부나 성전 외부에서 찬송을 하지 않으셨으며, 또한 그분은 한 번도 제자들에게 찬송하는 것을 가르치셨거나 혹은 교회를 향하여 찬송하라고 지시하지 않으셨습니다. 비록 마태복음과 마가복음에 "이에 저희가 찬미한 다음 감람산으로 올라가니라"는 기록을 확인할 수 있지만(마 26:30; 막 14:26), 그러나 이 본문은 주님이 제자들과 노래했다는 것을 강압적으로 이해시키지는 않습니다. 왜냐하면 찬송이나 하나님께 의무로 드리는 송영은 노래라는 형식 없이도 경건하게 낭독될 수 있기 때문입니다. 옛날 번역자는 마태복음의 이 구절을 마가복음에서도 동일한 의미로 번역했습니다: "그들이 찬양을 말로 표현한 이후에, 그들이 감람산으로 올라갔다." 에라스무스(Erasmus)는 마태복음의 이 구절을 "그들이 찬양한 이후에"라고 다시 번역했습니다. 하지만 그는 마가복음의 이 구절을 "그들이 찬양을 말로 표현한 이후에"라고 번역했습니다. 이 두 가지 본문에서 확인할 수 있는 단어인 "찬양"(ὑμνέω)은 "내가 경배한다"는 의미인데, 노래와 같은 의미로 사용되기도 하며 혹은 노래 없이 사용되기도 합니다.

## 바울은 찬양을 금지하지 않았다

주님이 친히 제자들에게 찬양을 지시하셨거나 혹은 제자들이 교회에 찬양을 가르쳤다는 것은 읽을 수 없습니다. 사도행전 안에서도 신자들의 모임에서 찬양을 했다는 기록을 찾을 수 없습니다. 그럼에도 불구하고 바울은 고린도 교회가 자발적으로 혹은 어떤 고대 교회의 관습을 모방하여 시편 찬송의 도입을 결코 금지하지 않았습니다. 이 시편 찬송은 유대의 전통과 완전히 구별된 것임을 알았기 때문입니다. 바울은 하나님의 말씀을 가르치는 예언 혹은 설교 직무를 선호했음에도 불구하고, 이러한 이유 때문에 시편 찬송을 허락한 것입니다. 바울은 시편 찬송을 하는 신자들에게 기도할 때와 찬송을 할 때 무의미하게 행하거나 혹은 다른 신자들에게 해를 끼치는 일이 없이 올바른 방식과 진심으로 찬송할 것을 권면했습니다. 사도 바울은 다음과 같이 교훈했습니다(고전 14:15): "내가 영으로 기도하고 또 마음으로 기도하며 내가 영으로 찬송하고 또 마음으로 찬송하리라." 나는 다른 서신들에서 바울이 거룩한 공동체 안에서 찬양하는 것을 언급했는가에 대한 기억은 없습니다. 이러한 고백이 사적으로 이루어진 것으로 관찰된다고 해도, 바울이 골로새서 3장 6절에서 기록한 내용과 연관시켜 볼 수 있을 것입니다: "그리스도의 말씀이 너희 속에 풍성히 거하여 모든 지혜로 피차 가르치며 권면하고 시와 찬송과 신령한 노래를 부르며 감사하는 마음으로 하나님을 찬양하라." 그리고 에베소 교회에 보내는 서신에서 바울은 이렇게 기록했습니다(엡 5:18-9): "술 취하지 말라 이는 방탕한 것이니 오직 성령으로 충만함을 받으라. 시와 찬송과 신령한 노래들로 서로 화답하며 너희의 마음으로 주께 노래하며 찬송하라." 이러한 기록들과 관련하여 우리는 바울이 말하는 찬송의 의미를 쉽게 인식할 수 있습니다. 즉, 바울은 교회 안에서 보편적으로 도입되어 실행되는 공적인 찬송에 대해 언급하지 않았고, 오히려 개인적인 형식으로 찬양하는 것을 언급했다는 것을 알 수 있습니다. 바울은 술에 취해서 세속적인 노래를 부르는 습관을 탐닉하는 사람들을 향하여 그들의 방탕한 생활을 비판했습니다. 그들에게 방탕함을 부추기는 세속적인 노래를 부르지 말 것을 권면하기 위해서 바울은 "술 취하지 말라"고 말한 것입니다. 그리고 그 대신에 그들이 노래하기를 원한다면 시편과 영적인 노래들을 부르라고 권면한 것입니다. 물론, 바울은 여기에서 단순히 소리를 내어서 부르는 찬송보다는 마음 깊숙한 곳에서 감동이 되어 나오는 찬양을 더 요구하고 있다는 사실을 잊지 않아야 합니다. 이 때문에 바울은 개인적이든 혹은 공적이든 심령으로부터 울리지 않는 찬양을 결코 좋게 여기지 않았습니다.

이렇게 볼 때, 우리는 "마음으로 찬송하라"보다는 "마음 안에서 찬송하라"고 이해하는 것이 더 좋을 것 같습니다. 이러한 전제 속에서 어느 누구도 적당하고 경건한 시편 찬송을 거부해서는 안 됩니다. 교회 안에서 공적으로든지 혹은 집에서 사적으로든지 장려될 필요가 있습니다. 유세비우스와 소초메노스가 기록한 교회사에서 우리는 시편과 찬송이 예수 그리스도의 제자들 때부터 노래로 실행되었다는 것을 확인할 수 있습니다. 몇 번의 공의회를 거치면서 하나님의 예배 안에서 성경 이외에 어떤 것도 읽혀지거나 어떤 노래도 불러서는 안 된다는 결정이 이루어지기도 했습니다. 하지만 매우 이른 시기부터 어떤 분명한 척도가 규정되지 않은 상황에서 신자들은 교회 안에서 성경만 읽는 것을 더 이상 선호하지 않았고, 오히려 공공연하게 수많은 찬양을 함께 부르는 것을 추구했습니다.

### 초대 교회의 찬송은 어떠했을까?

사랑하는 형제들이여! 이 주제와 관련하여서 나는 두 가지의 특별히 중요한 사항을 기억할 필요가 있다고 간주합니다. 먼저, 초대 교회의 찬송은 오늘날 사용되는 것과 전혀 다릅니다. 로테르담의 에라스무스는 초대 교회의 찬송은 오늘날 시편 찬송, 복음 찬송 그리고 기도 찬송 같은 선명하고 또 운율적인 소리와 완전히 달랐다고 정확히 판단했습니다. 소아시아의 분봉왕이었던 프리니우스는 세심한 연구와 실체에 대한 검증을 통하여 그리스도인들이 새벽에 회집하여 그리스도가 하나님이심을 예배 집례자와 청중들이 서로 번갈아 부르는 찬송인 대창(對唱)을 했다고 제시했습니다. 이 기록은 황제 트라얀에게 보낸 그의 열 번째 서신에서 확인할 수 있습니다. 그리고 라바누스 마우루스(Rabanus Maurus)는 자신의 영적인 가르침에 관한 저술 2권 48장에서 이렇게 밝혔습니다: "초대 교회는 노래하는 사람들에게 하나님의 송영을 단순히 목소리의 매우 작은 변조로 소리를 낼 정도로 노래하도록 했다. 결과적으로 그 찬송은 하나의 노래하는 소리라기보다는 일종의 말하는 소리에 가까웠다." 이 내용은 흐라바누스가 어거스틴의 고백록 10장 33항을 인용한 것입니다. 여기에서 어거스틴은 내용의 의미가 아닌 소리의 달콤함을 통하여 감동을 받았기 때문에 자신은 죄인일 수 있다고 고백했습니다. 그래서 그는 다윗의 시편들이 지속적으로 불리고 있는 아름답고 유쾌한 노래의 형식에 관하여 자신의 귀로부터 또 교회로부터 분리되어야 한다고 밝혔습니다. 어거스틴은 종종 알렉산드리아의 감독이었던 아타나시우스(Athanasius)에 관하여 언급하면서 우리에게 확실하게 묘사한 것이 있습니다. 즉, 아타나시우스는 시편을 낭독했던 낭독자에게 소리의 강약을 경미하게 변경하도록 지시했다는 사실입니다. 이렇게 볼 때, 이 낭독자는 노래하는 사람이 아니라 거의 말하는 사람이었다는 것을 알 수 있습니다.

### 보편적인 의무로 실행되지 않은 찬송

여기에서 한 가지 내용이 더 추가될 필요가 있습니다. 찬송은 매우 오래된 관습이었지만, 그러나 보편적인 의무로 실행되지 않았다는 사실입니다. 교회는 찬송을 강요한 적이 없으며, 오히려 자유롭게 불릴 수 있도록 했으며 또 모든 교회 안에서 장려되지도 않았습니다. 특별히, 소초메노스는 자신의 교회사 7권 19장에서 찬송을 하는 사람들은 동일한 기도, 시편 혹은 성구를 사용하지 않았으며 그리고 동일한 시간에 예배를 드리지도 않았다고 증명했습니다. 그는 자신의 교회사 5권 22장에서 이렇게 기록하고 있습니다: "당신은 기도 시간이 완벽하게 일치하는 두 교회가 어디에도 없다는 것을 알게 될 것이다." 어거스틴은 서방 교회는 시편 찬송과 찬송의 활용을 뒤늦게 받아들였다는 사실을 증거합니다. 그리고 그는 자신의 고백록 7장 7항에서 다음과 같이 언급했습니다: "아리안 민족의 황녀인 유스티나(Justina)의 추적과 박해로 시달림을 받았던 암브로시우스(Ambrosius)는 동방 지역의 관습에 따라서 찬송과 시편을 부르는 것을 확정했다. 즉, 동방 지역으로부터 시편 찬송의 관습이 유래되었으며 그리고 세계의 다른 대상들에게서도 수용되었다." 서방 교회가 찬송하는 관습을 받아들이기 이전에, 서방 교회는 동방 교회로부터 참된 교회로 인정받았습니다. 그리고 서방 교회가 찬송과 시편 찬송을 부르지 않았다고 해서, 어느 누구도 서방 교회를 이단이나 분열주의자로 여기지 않았으며, 또한 서방 교회가 바른 성경적인 원칙을 지키지 않았다고 생각하지 않았습니다. 이 뿐만 아니라, 어느 누구도 다음과 같은 결론을 내리지도 않았습니다: "동방 교회는 찬송을 하였고, 그러나 서방 교회는 하지 않았기 때문에, 결과적으로 서방 교회는 참된 교회가 아니다."

### 교회 찬송의 통일성

이러한 온전함과 자유가 손상을 입지 않고 그대로 유지되었다면, 즉 초대 교회의 찬송규정에 따라서 성경에 포함되어 있지 않은 내용이 노래로 불러지지 않았다면, 또한 찬송을 부르거나 혹은 부르지 않을 수 있는 자유가 교회 안에서 유지되어 왔다면, 오늘날 교회 안에서 찬송에 대한 분쟁은 발생하지 않았을 것입니다. 이미 찬송을 불러왔던 교회들은 초대 교회의 찬송규정에 따라서 하나님의 말씀을 노래했을 것이며 그리고 오직 한분 하나님을 찬양했을 것이기 때문입니다. 그렇다고 해도 이러한 교회들이 찬송을 하지 않는 다른 교회들보다도 더 훌륭하거나 비판받지 않아야 한다는 것을 의미하지는 않습니다. 이와 동시에 찬송을 부르지 않는 교회들이 단순하고 또 경건한 방식으로 찬송하는 교회들을 무시할 수 있다는 것도 의미하지 않습니다. 하나님을 경외하는 사람들이 경건의 열정 속에서 또 중단 없이 기도를 한다면, 설령 그들이 찬송을 하지 않는다고 해도, 그들은 하나님의 자녀의 신분을 잘 유지하고 있는 것입니다. 찬송이 모든 사람들과 모든 교회들을 세우지도 않고, 모든 교회들이 찬송으로 일치되지도 않습니다. 흐라바누스도 앞서 인용된 곳에서 이렇게 기록했습니다: "육적이고 영적이지 않은 사람들 때문에 유쾌한 멜로디를 통하여 감동을 받고 하나님의 말씀으로 감동받지 못하는 사람들을 위해서 교회 안에 찬송하는 관습이 도입되었다."

### 그레고리우스 찬송

오늘날 사람들이 논쟁의 대상으로 삼고 있는 찬송은 오래된 초대 교회의 찬송이 아닙니다. 오히려, 이 찬송은 내용뿐만 아니라, 또한 멜로디 역시도 초대 교회의 찬송과 분명하게 대조가 됩니다. 이 찬송은 보편적으로 그레고리우스 찬송으로 지칭되고 있습니다. 물론, 그레고리 찬송은 그레고리 대제의 서신집 5권 44번째 서신에 기록된 것처럼 그의 지시로부터 직접 고안된 찬송은 아닙니다. 정확하게 우리가 판단하면, 이 찬송은 그레고리 5세(Gregory V., 996-999)에 의해서 만들어진 것으로 간주됩니다. 그는 995년에 교황의 권좌에 앉았던 인물이며 또 로베르 드 사르트르(Robert de Chartres)의 확실한 동역자였습니다. 그럼에도 불구하고 많은 사람들은 그를 비탈리안(Vitalianus) 교황으로 간주하기도 하고, 다른 사람들은 겔라시우스(Gelasius) 교황으로 간주하기도 합니다. 나는 두란두스(Durandus)가 예전적인 관습에 관하여 쓴 저술 5권에 수집된 내용을 언급하고 싶은 흥미는 없습니다. 왜냐하면 나는 이 주제에 관하여 더 이상 마음을 쓰고 싶지 않기 때문입니다.

## 비판받아야 할 교회의 찬송

교회의 찬송 중에 비판받아야 할 것이 많습니다. 먼저, 많은 부분 혹은 대부분이 참된 하나님의 경외를 거슬러 노래한 것들이고 또 성경으로부터 유래된 것들이 아닙니다. 오히려, 그들은 모든 가능한 전설들과 인간적인 전승들부터 나온 것들입니다. 그리고 성경에 근거하여 애창된 찬송이라고 해도 뒤틀려지고 각색된 것으로 성령으로부터 남겨진 것은 아닙니다. 다음으로, 피조물과 죽은 사람들을 노래하는 찬송이 많습니다. 이러한 찬송은 평안하고 또 자유로운 정신으로 부르는 것이 아니라, 오히려 강요에 의해서 불러집니다. 교황주의자들은 급여와 성직록을 획득하기 위해서 이러한 인간적인 찬송을 부르는 것입니다. 고용된 성직자들에 의해서 불러진 것이며, 고대에 그리스도의 교회가 찬양했던 것과 전혀 다릅니다. 찬송을 부르는 일은 끝도 없고 또 원칙도 없습니다. 낮과 밤으로 쉴 새 없이 불러집니다. 이러한 찬송은 외적으로 보면 경건하고 또 헌신적인 찬송처럼 보이고, 더욱이 참된 신앙을 위해서 허용된 것처럼 보이지만, 그러나 본질적으로 미신적인 찬송이며 어리석은 짓입니다. 이러한 찬송은 주님이 마태복음에서 이교적인 미신으로서 금지시키고 비판했던 것과 같은 것입니다(마 6:7). 끝으로, 찬송이 일반 사람들이 잘 알지 못하는 낯선 언어로 불러지고 있기 때문에 교회에 아무런 유익을 주지 못합니다. 그리고 언어가 없이 고저로 울리며 떨리는 긴 소리만 들리기도 합니다. 찬송을 하는 사람들은 온 교회가 시끄러운 소리로 혼란스러울 정도로 서로 경쟁하듯이 목청을 높이는데, 우리는 어떤 찬송이 불러지고 있는지 이해할 수 없습니다. 나는 여기에서 화음을 넣어 아름답게 꾸민 음악과 오르간이 포함된 다양한 악기들의 합주에 관하여 언급하지는 않을 것입니다. 그리고 이미 다른 곳에서 언급했던 애가 혹은 죽은 자들을 위한 기도에 관하여서도 말하고 싶지 않습니다. 이러한 찬양과 이와 유사한 음악은 예배 때 많은 시간을 차지하기 때문에, 참된 기도와 하나님의 말씀을 거룩하게 설교하는 것은 매우 짧은 시간이 할애되거나 혹은 전혀 할애되지 않습니다. 그러므로 복음에 대한 믿음을 가진 사람들은 선한 동기에서도 이러한 찬양을 부르지 않으며, 또한 이러한 노래를 하나님의 교회 안에서 허용하지 않습니다. 경건하고 신중한 최상의 기준 속에서 헌신적이며 엄숙한 기도와 하나님의 말씀을 통해서 구원을 제시하는 선포를 위해서 교회의 모임을 가장 좋은 방향으로 이끌기 위해서는 이러한 잘못된 찬송을 배제하는 실천이 신자들에게서 고려되어야 합니다. 물론, 쓸모 있는 찬송이 어느 때든지 정당한 경계를 넘지 않도록 한계를 정하는 것은 결코 쉽지 않습니다.

## 얼마나 기도해야 하는가?

성경의 다양한 본문들은 옛 성도들이 특정한 시간을 결정하였으며, 그 시간에 그들 스스로 가정에서 혹은 공동체적으로 교회에서 기도했다는 사실을 증언합니다. 다윗은 자신의 시편에서 반복하여 아침 일찍 또 밤에 주님 앞에 나아갔다고 언급합니다(시 55:17). 다니엘은 하나님께 하루에 세 번 기도했습니다(단 6:10). 그리고 다윗은 이렇게 고백했습니다(시 119:164): "내가 하루 일곱 번씩 주를 찬양하나이다." 하지만 그는 "일곱 번"이라는 표현을 "여러 번"이라는 의미로도 이해했습니다. 우리는 이러한 표현을 다른 본문에서도 확인할 수 있습니다(레 26:18): "너희 죄를 인하여 내가 너희를 칠 배나 더 징치 할지라." 잠언에도 찾을 수 있습니다(잠 24:16): "의인은 일곱 번 넘어질지라도 다시 일어나느니라." 복음서에서도 읽을 수 있습니다(눅 17:4): "만일 너희 형제가 하루에 일곱 번 죄를 짓고 다시 돌아오면 ..." 즉, '일곱 번'이라는 표현은 특정한 상황 속에서 또 다윗에게서 '여러 번'이라는 표현을 대신하여 사용된 것입니다.

예수 그리스도께서는 신자들의 개인적인 기도를, 앞서 언급했던 것처럼, 한 장소나 어떤 정해진 시간으로 제한하지 않으셨으며, 또한 그분은 공동체적인 기도도 폐지하지 않으셨습니다. 그분은 무질서가 아닌 질서의 주님이시기 때문입니다(고전 14:33). 그분의 제자들이 유대인들을 상대하여 사역했을 때, 그들은 유대인들에게 자유롭고, 강압적이지 않으며 또 공동체적으로 드리는 관습적인 기도가 있다는 것을 알았습니다. 사실, 베드로와 요한도 9시에 기도에 전념하기 위해 성전에 올라갔습니다(행 3:1). 성령강림일에 모든 성도들이 함께 모였으며 또 그 날의 3시에 성령을 받았습니다(행 2:15). 베드로는 6시에 스스로 높은 지붕에 올라가 기도했습니다(행 10:9). 성전이 파괴되고 유대인들이 흩어져 버린 이후에, 다양한 민족들이 모이게 된 교회들은 모임과 예배를 위한 시간을 동일한 시간으로 정하지 않았으며, 오히려 개별적인 교회의 형편에 따라서 자유롭게 결정하였습니다. 이러한 다양성은 교회의 역사가들도 증언했습니다. 그럼에도 일반적으로 예배는 이른 아침과 밤 시간에 드려졌습니다.

거룩한 히에로니무스는 교회의 예배 시간에 실행되는 예전에 대해서 설명하지 않았지만, 그러나 미혼 상태에 있는 처녀들이 스스로 행했던 관례적인 일들에 관하여 언급했습니다. 그가 파울라(Paula)의 장례식 설교문에 남긴 기록입니다: "그녀들은 이른 아침인 제 삼시,

제 육시, 제 구시, 저녁 그리고 자정 시간에 시편을 순서대로 찬양했다. 오직 주일날에 그녀들은 자신들이 거주하고 있는 곳에 위치하고 있는 교회에 갔다." 이러한 개인적인 기도나 예배는 딸들에 대한 교훈을 기록하고 있는 레타(Laeta)에게 보내는 서신 안에서 또 처녀성의 유지에 대한 내용을 담은 데메트리아스(Demetrias)에게 보내는 서신 안에서 읽을 수 있습니다. 그리고 오늘날 주교좌(主敎座) 성당이라고 부르는 고대의 크고 유명한 교회들에서는 성경을 낭독하고 또 해설하기 위해서 정해진 시간에, 즉 아침에, 낮에 그리고 저녁에 사람들이 모였습니다.

참고로, 의심의 여지없이 감독에 의해서 혹은 성경해설자의 순서에 따라서 이러한 모임이 진행되었는데, 이 교회들은 안디옥, 고린도, 알렉산드리아 그리고 다른 큰 도시들 안에 있었습니다. 이러한 관습은 맨 처음에 고린도 교회 안에 존재했던 것이 분명합니다. 바울이 고린도전서 14장 26-32절에서 상세하게 증거하고 있기 때문입니다. 유세비우스는 자신의 교회사 5권 9장에서 알렉산드리아 학교에 대한 언급을 하면서 다음과 같은 기록을 남겼습니다: "고대로부터 그들에게 교리, 성경연구 그리고 오늘날까지 존속되고 있는 관습은 매우 높게 평가되고 있다. 이 관습은, 우리가 이미 들었던 것처럼, 특별한 전승과 성경의 지식에 관하여 자유롭게 활동할 수 있는 남자들에 의해서 성립된 것이 분명하다." 이러한 관습은 고린도 교회의 모범을 따른 것입니다. 이 유익한 관습에 대한 수많은 흔적들은, 거룩한 암브로시우스와 거룩한 어거스틴의 저작들로부터 확인할 수 있는 것처럼, 서방 교회 안에서도 발견할 수 있습니다. 모든 민족들이 지속적인 전쟁을 통해서 서로 싸웠고 그리고 로마 제국은 - 다니엘의 예언(단 2:40-2)과 거룩한 사도이며 복음서의 저자인 요한의 예언(계 9:13-21)에 따라서 그리스도, 제자들 그리고 순교자들의 피에 대한 징벌로서 - 파괴되었습니다. 즉, 로마 제국은 모든 민족들의 노략물이 되었는데, 한편으로 고트족과 게르만족에 의하여 침입을 당하였고, 다른 한편으로 훈족과 다른 야만족들에 의하여 멸망의 길에 들어섰습니다. 이때 최고의 학교들은 해체되었고, 유명한 도서관들은 큰 불로 소실되었으며 그리고 가치 있고 뛰어난 학문들은 사라졌습니다. 이러한 상황 때문에 교회들은 과거와 비교할 수 없는 깊이 있게 훈련되지 않은 교사들을 보유할 수밖에 없었습니다. 그들은 이전 시대의 교사들에 비해서 기본적인 능력을 가지고 성경을 다룰 수 있었습니다. 결국, 이 황폐화된 시기에 성경 연구는 기본적인 수준에 머물렀습니다. 당연히, 성경 지식에 있어서 기본적인 지식을 가진 성직자들이 등장할 수밖에 없었는데, 그들은 전체 성경을 부분적으로 나누어서 일 년에 한번 전체 성경을 낭독할 수 있었고, 물론 시편은 몇 주에 한번 낭독할 수 있었습니다. 시편은 기도문에 추가되었는데, 그 이후의 시대에서도 다른 많은 기도문에 추가되었습니다. 하지만 성경의 낭독 때 해설하는 것을 완전히 배제하지 않기 위해서 교부들의 낭독과 해설이 추가되었습니다. 오늘날 일상적으로 이루어지고 있는 사제들이 조용히 읽거나 혹은 사제들이 기도하는 대신에 시편을 매우 빠르게 중얼거리듯이 읽는 것과 다르게, 당시 성직자들은 성경을 교회의 신자들 앞에서 신앙적인 고양을 위해서 공개적으로 낭독하고 해설했습니다. 나는 여기에서 이러한 관습이 모든 교회로부터 수용되지 않았으며 또 구속력 있게 규정되지 않았다는 사실은 다루지 않을 것입니다.

교회의 관습에 대한 몇몇 다른 흔적은, 한 실례로, 12세기에 교회법을 가르쳤던 그라티아누스(Gratianus)의 『교회법령집』 15장 '거룩한 로마인'에서도 확인할 수 있습니다: 성경을 낭독한 이후에 정경으로 불리는 책들을 일정시간 동안 읽으며 행하는 기도시간이 등장했으며, 또한 교회법학자들도 성경의 연구와 강의 이후에 이와 동일하게 행했습니다. 물론, 이러한 관습이 어느 시대에 또 어떤 사람으로부터 발생되었는지는 정확히 확인되지 않습니다. 이와 관련하여 많은 사람들은 히에로니무스를 말하고, 다르게는 다마수스(Damasus)를 말하며, 그러나 또 다르게는 이 사람의 두 번째 이름인 펠라기우스(Pelagius)를 말하기도 할 뿐만 아니라, 또한 겔라시우스 혹은 그레고리우스를 추가하여 말하기도 합니다. 하지만 베다 베네라빌리스(Beda Venerabilis, 673-735)와 다른 학자들의 방대한 설교들과 강독들은 후기(중세) 시대로 간주되기 때문에, 기도 시간에 확실히 오래되지는 않았지만, 오히려 구별된 방식과 다양한 시간에 통합된 인쇄물로 등장한 다른 많은 글들이 낭독되었기 때문에, 이러한 관습적인 기도시간의 정착은 교황주의자들이 생각한 것보다는 오래되지 않은 것으로 간주됩니다. 몇몇 사람들은 우리에게 샤를 대제(Carolus Magnus)의 제안에 따라서 몬테카시노 수도원의 집사 혹은 수도사인 파울루스(Paulus)와 수도사인 이수아르두스(Isuardus)가 경건한 사람들로부터 읽혀지고 또 이러한 기도시간에 낭독되었던 낭독문들을 선택하고 또 전수했다는 기록을 남겼습니다.

결국, 이러한 기록들을 통해서 분명하게 확인되는 사실은, 이러한 오늘날 여전히 지시되고 있는 기도시간은 성경에서 유래한 것으로 알고 있지만 신적인 것이 아니라, 오히려 인간적인 관습이라는 사실입니다. 그래서 이러한 기도시간은 많은 고안된 역사들과 어리석은 사건들이 엮어져 있는 오래된 성경해석의 갈기갈기 찢어지고 부패된 잔존물과 그늘일 뿐입니다. 오늘날에도 이러한 오염된 관습들이 존재하는데, 우리가 말하지 않는다고 해도, 이것들은 그리스도 교회 안에서 지속적으로 사용되거나 유지되기에는 매우 무가치합니다. 이 관습들은 모든 교회보다는 몇몇 뚱뚱한 교황주의자들에게 도움이 될 뿐입니다.

## 어떻게 기도해야 하는가?

지금 설명되어야 할 주제는 "어떻게 기도해야 하는가?"입니다. 즉, "어떤 단어와 기도의 형식이 사용되어야 하는가?"에 관하여 답변해야 합니다. 여러 가지 기도의 형식들이 존재합니다. 하지만 어느 것도 성부 하나님의 유일하시고, 사랑받는 아들이신 우리의 주님께서 우리에게 친히 가르쳐주신 기도보다도 더 훌륭한 기도는 없습니다(마 6:9-13). 이 주기도문은 모든 내용을 아주 핵심적인 단어들로 구성한 것이기 때문에, 이 주기도문보다도 더 분명한 기도는 없습니다. 이렇게 요약된 기도 안에서 주님은 우리에게 마땅히 하나님께 돌려져야 할 것, 그분을 기쁘시게 하는 것, 우리에게 절실한 것 그리고 그분이 친히 주시고자 하시는 것에 관하여 기도할 것을 요구하십니다. 이와 관련하여 거룩한 키프리안은 특별히 자신의 주기도문 해설에서 다음과 같이 진술했습니다: "우리에게 생명을 주신 분이, 또한 우리에게 기도를 가르쳐주셨다. 우리가 기도할 때, 우리로 하여금 더 쉽게 응답받도록 하기 위해서, 우리가 진실하며 또 성령의 충만함 가운데 기도하도록 하기 위해서, 이 아들은 우리에게 필요한 것을 주시고 또 제공하시길 원하시는 은혜와 함께 하나님 앞에 드려야 할 기도를 가르쳐주신 것이다. 어떤 기도가 성령을 우리에게 보내주신 그리스도가 우리에게 가르쳐주신 기도보다도 더 성령 충만하게 할 수 있을까? 진리 자체이신 하나님의 아들의 입에서 친히 가르쳐진 기도보다도 더 진실한 기도가 아버지 앞에서 존재할 수 있을까? 우리가 확립하고 언급한 기도는 매우 무지할 뿐만 아니라, 또한 많은 허물을 가지고 있다. 이러한 기도는 주님이 우리에게 가르쳐주신 기도와 다르다(막 7:8): '너희들은 너희 자신들의 유전을 지키기 위하여 하나님의 계명을 버리고 있다.' 사랑하는 형제들이여! 그러므로 우리는 우리의 교사이신 주님이 가르쳐주신 대로 기도해야 한다. 가장 호의적이고 신뢰할 수 있는 기도는 주기도문을 통해서 하나님께 기도하는 것이다. 우리의 귀에 들리는 그리스도의 기도를 하나님께 드려야 한다. 우리가 이렇게 기도할 때 아버지는 자신의 아들의 말로 우리의 기도를 들으신다. 우리 심령 깊숙이 임재해 계시는 성령도 이 기도 안에 함께 하신다. 우리는 아버지와 함께 계시는 그리스도를 우리의 죄악을 위한 변호사로 소유하고 있기 때문에, 우리가 하나님께 우리의 죽을 운명에 대해 용서를 구할 때, 우리는 우리의 변호자의 말씀을 제시한다. 이와 관련하여 주님은 이렇게 말씀하셨다(요 15:16): '너희가 무엇이든지 내 이름으로 아버지께 구하라 그리하면 받으리라.' 우리가 그리스도께서 가르쳐주신 기도와 함께 간구할 때, 그분의 이름으로 간구하는 것이 얼마나 효과적으로 응답받는 길일까?"

이러한 전제 속에서 우리의 기도는 주기도문의 문장들과 반드시 연결되어야 하는지, 즉 다른 문장들로 기도해서는 안 되는지에 관하여 논의할 필요가 있습니다. 주님은 이미 가르쳐주신 문장들을 사용한 기도만을 우리에게 강력하게 요구하지 않으십니다. 즉, 우리는 다른 문장들을 사용하거나 혹은 다른 형식을 사용하여 기도하는 것을 금지하지 않으셨다고 생각합니다. 주님은 우리에게 몇몇 보편적인 기도의 모범을 소개하셔서, 우리가 기도할 때에 그것들을 응용할 수 있도록 하신 것입니다. 거룩한 어거스틴은 프로바(Proba)에게 보낸 서신에서 하나님께 드리는 기도에 관하여 언급하면서 성경 어디에서도 주님의 기도에 포함되지 않은 기도가 드려진 적이 없다는 것을 밝혔습니다: "만약 네가 거룩한 기도의 모든 문장들을 세심하게 관찰한다면, 너는 주기도문과 연결되지 않고 또 그것이 포함되지 않는 기도를 발견할 수 없을 것이다." 그리고 그는 덧붙였습니다: "기도할 때 항상 반복적으로 다른 문장들과 함께 주기도문의 문장들을 말하는 것은 자유이지만, 그러나 어떤 다른 내용을 말하는 것은 허락되지 않는다." 이렇게 볼 때, 모든 사람들이 자신들의 기도를 주님의 기도로 귀결시키는 것은 당연한 현상입니다. 모든 기도가 주기도문에 기초하고 있으며 또 우리의 심령 안에서 주기도문이 작동하고 있음을 말해 줍니다. 우리가 주기도문을 언제나 기억해야 하며 또 활용해야 한다는 것도 알려줍니다.

**하나님께 우리의 소원을 말로 표현하는 것이 필요하다**

우리는 조금 다른 관점에서 다음과 같은 질문을 할 수 있습니다: "하나님이 모든 것을 알고 계심에도 불구하고, 왜 우리의 모든 소원을 말로 표현하는 것이 필요할까요?" 나는 이 설교의 초두에서 우리의 기도는 신적인 위엄 앞에서 우리의 겸비함을 표현하는 것임을 말했습니다. 이와 함께 나는 다음의 내용도 추가시키고 싶습니다: 우리가 기도할 때, 우리는 우리의 소원의 내용을 아무 것도 모르는 존재에게 간구하는 것이 아닙니다. 우리는 아무 것도 모르는 존재에게 가르치거나 혹은 하나님께 온갖 정교하고 아름다운 미사여구를 통하여 가까이 가는 것도 아닙니다. 오히려, 우리가 하나님께 가기 위해서는 우리 스스로를 고무시키는 의지적인 언어들이 필요합니다. 구약의 시편과 역사서에는 이러한 목적을 위해서 하나님 앞에서 가장 거룩한 사람들이 자신들의 소원을 다양한 문장들로 간구한 것을 확인할 수 있습니다. 거룩한 히에로니무스는 이렇게 기록하고 있습니다: "우리는 설명하는 자들이 아니라, 오히려 청구하는 자들이다. 아무것도 모르는 존재에게 무엇인가를 설명하는 것과 무엇인가를 아는 존재에게 어떤 것을 청구하는 것 사이에는 큰 차이가 있기 때문이다. 전자의 기도는 서명이고, 후자의 기도는 순종이다. 이 순종 속에서 우리는 전적인 신뢰로 어떤 것을 제시하고, 또한 우리는 애통함으로 우리의 소원을 간구하는 것이다." 거룩한 어거스틴도 다음과 같이 말했습니다: "우리는 우리를 움직이게 하고, 또한 우리를 기도하게 하는 언어들이 필요하다. 만약 우리에게 믿음이 없으면, 우리는 우리의 말들을 가지고 주님을 가르치거나 혹은 꺾으려고 할 것이다."

### 기도할 때에 내용 없는 달변은 금지되어야 한다

주님은 기도할 때 내용 없이 말을 많이 하는 것을 허락하지 않으셨습니다. 주님은 신자들의 기도를 오직 단순하고, 적당하며 또 간결한 언어로 표현하도록 하셨을 뿐만 아니라, 또한 감정이나 지성적인 이해 없이 많은 말들의 진열과 같은 이방인들이 기도하는 방식, 즉 "우리는 수많은 말들과 기도의 지속적인 반복을 통하여 응답을 받는다"고 주장하는 것을 금지하셨습니다(마 6:1-8). 주님은 오늘날까지 옳지 않는 방식으로 신앙생활을 하고 있는 교황주의자들의 기도방식, 즉 어떤 특정한 횟수를 정하여 기도하거나 혹은 기도할 때 특별한 표현을 어떤 특정한 횟수만큼 반복하여 기도하는 것을 옳지 않게 여기셨습니다. 이와 관련하여 주님이 가르치셨습니다(마 6:7): "... 저희는 말을 많이 하여야 들으실 줄 생각하느니라." 어거스틴은 중언부언과 기도를 길게 하는 것 사이를 구별했습니다: "중언부언은 과도한 말들을 사용하여 어떤 반드시 필요한 것을 얻으려는 행위이다. 하지만 기도를 길게 하는 것은 우리가 인내심을 가지고, 심령으로 또 경건 안에서 하나님을 향하여 조심스럽게 간구하는 행위이다. 왜냐하면 기도를 길게 하는 것은 많은 말을 사용하기 보다는, 오히려 탄식과 함께 간구하는 것이기 때문이다." 어거스틴은 이렇게 덧붙였습니다: "한 신자가 스스로 길게 기도하기 위하여 시간을 내는 것은 나쁘지 않고 또 무익하지도 않다. 복음서의 기록을 보면, 주님은 기도하는 일로 온 밤을 지새웠고(눅 6:12), 또한 오랫동안 기도하셨기 때문이다(눅 22:43). 우리에게 한 모범을 보이신 것이 아니겠는가?" 오랫동안 지속적으로 기도하는 일이 힘들다면, 언제든지 기도하는 것을 편안하게 중단할 수 있습니다. 그리고 언제든지 다시 돌아와서 기도하는 것을 시작할 수 있습니다. 기도할 때 짧게 표현하는 것은 잘못된 것이 아니며, 오히려 칭찬받을 가치가 있습니다.

이제 이 주제의 결론을 맺고 싶습니다. 기도하는 사람은 기도할 때 우리의 용무들을 아무 것도 모르는 하나님께 제시하는 것으로 생각해서는 안 됩니다. 기도하는 사람은 자신의 풍성하고 구체적인 설명 때문에, 즉 자주 반복되고 급박한 외침으로 하나님의 귀를 자극하는 설명 때문에, 하나님이 기도에 응답하신다고 생각해서도 안 됩니다. 기도하는 사람은 정해진 숫자만큼 기도해야 한다고 생각해서도 안 되는데, 우리 하나님을 위한 주기도문이, 마치 잊어지고 신뢰할 가치가 없는 주인을 위해 수집되고 계산된 장식품이나 작은 구슬을 세듯이, 정해진 숫자만큼 의미 없이 고백되어서는 안 됩니다. 이러한 일은 최악의 미신이 아니고서는 발생할 수 없습니다.

## 주기도문 해설

이미 언급되었듯이, 이 세상에서 살고 있는 모든 경건한 사람들이 고백하고 있는 주기도문은 우리의 주님이신 예수 그리스도로부터 친히 가장 완벽한 기도의 형식으로 교훈된 것입니다. 이렇게 거룩하고 또 신적인 말들로 구성된 기도는 모든 단어들이 주님의 입으로부터 나온 것이며, 사도 마태가 우리에게 전달한 것입니다. 이 주기도문은 가능한대로 가장 간결하고 분명하게 진술된 것인데, 즉 누구든지 기도하는 것을 쉽게 이해할 수 있고 또 심령 깊숙한 곳에서 작용합니다. 당연히, 이 주기도문은 신적인 기도의 형식입니다(마 6:9-13):

"우리 아버지여 당신은 하늘에 계십니다. 당신의 이름이 거룩히 여김을 받으시오며, 당신의 나라가 임하시오며, 당신의 뜻이 하늘에서처럼 땅에서도 이루어지이다. 오늘날 우리에게 일용할 양식을 주옵시고, 우리가 우리에게 죄 지은 자를 사하여 준 것 같이 우리의 죄를 사하여 주옵시고, 우리를 시험에 들게 하지 마옵시고, 다만 악에서 구하옵소서. 아멘"

## 주기도문의 구조

우리의 구원주, 교사 그리고 대제사장인 예수 그리스도의 거룩한 기도는 하나님께 기도하는 일반적인 형식으로 보편 교회에 전달되었습니다. 일반적으로 서문과 여섯 가지 간구로 구성되어 있는데, 어떤 사람들은 일곱 가지 간구로 이루어졌다고 말하기도 합니다. 많은 사람들이 교훈하기를 특별히 처음 세 가지 간구는 하나님의 영광을 드러내는 것이며, 다른 나머지 세 가지 간구는 우리를 향한 염려와 우리를 위하여 긴급한 것을 간구한 내용으로 구성되어 있다고 간주합니다. 하지만 주기도문의 모든 간구들은 이러한 두 가지 면이 동시적으로 포함된 것으로 보입니다.

## "우리 아버지여 당신은 하늘에 계십니다"

먼저, 서문은 이렇게 고백되어 있습니다(마 6:9): "우리 아버지여 당신은 하늘에 계십니다." 이 서문과 함께 우리는 하나님을 부르는데, 우리가 그분께 헌신하며 또 그분의 보호와 긍휼 안에 우리가 존재하고 있음을 인식하게 됩니다. 그리고 서문에 기록된 각 단어들은 큰 비밀을 담고 있습니다. 주님은 우리가 말보다는 심령 안에서 기도 하시기를 원하시기 때문입니다. 이러한 사실은 우리가 무엇에 관하여 심사숙고해야 하는가를 떠오르게 합니다. 물론, 이 간구는 기도하는 사람에게 반드시 필요한 성령을 통하여 하나님을 바라보고 또 신적인 것에 관심을 갖도록 심령을 인도합니다. 이와 동시에 우리의 지성은 곧바로 겸손하고 또 헌신적으로 하나님에 관하여 깊이 이해하게 됩니다.

## 아버지

'아버지'라는 단어는 여러 가지 측면에서 우리를 교훈합니다. 가장 먼저 '아버지'라는 단어는 우리에게 우리의 모든 간구는 우리의 아버지 외에 어느 대상에게도 드려질 수 없다는 것을 알게 합니다. 즉, 우리가 오직 하나님 외에 간구할 어떤 대상도 만들지 않고, 하나님의 자리에 다른 대상을 상정하지 않으며 그리고 하나님과 함께 다른 대상을 생각하지 않는 것입니다. 하나님은 우리의 유일하신 하나님과 아버지가 되시며, 하나님은 충만과 모든 선한 것들의 만족이 되십니다. 신자들은 오직 하나님 아버지 안에서 평안을 찾을 수 있으며, 그분 밖에서는 참된 선을 찾을 수 없습니다. 당연히, 이 간구는 어떠한 경우에도 피조물과 관계될 수 없습니다. 그러므로 우리는 어떤 천사들 혹은 성자들에게 신성모독적으로 "우리 아버지여 당신은 하늘에 계십니다"라고 고백하지 않습니다.

### 기도는 그리스도를 통해서 아버지께 드려진다

그리고 '아버지'라는 단어는 우리에게 우리가 누구를 통하여 아버지를 불러야 하는가를 가르쳐줍니다. 우리는 우리의 간구와 입을 통해서 아버지를 직접 부를 수 없습니다. 우리는 예수 그리스도를 통해서 아버지를 부를 수 있습니다. 우리는 본질상 진노의 자녀로 태어났으며, 그래서 우리는 우리의 죄성 때문에 그리스도를 통하지 않고 하나님의 자녀가 될 수 없습니다. 우리는 그리스도를 통하여 하나님의 자녀가 된 것입니다. 아버지가 자신의 사랑하는 독생자 아들 안에서 우리를 은혜의 자녀로 받아들이지 않으셨다면, 우리가 어떻게 가장 영화로우시고 영원하신 하나님 앞에 설 수 있으며 또 그분의 자녀라고 말할 수 있겠습니까? 우리가 하나님을 '아버지'라고 부를 수 있는 것은, 즉 우리가 우리에게 이렇게 기도하도록 가르치시고 또 우리를 이 영광스러운 자리에 이르게 하신 아들의 입과 함께 부르는 것입니다. 그래서 우리는 다음과 같이 그리스도의 이름을 덧붙여 아버지께 간구하지 않습니다: "하늘에 계신 아버지, 우리는 그리스도를 통하여 당신에게 기도합니다." 왜냐하면 우리는 주기도문의 맨 처음 단어인 '아버지' 안에서 하나님의 아들과 구원에 관한 모든 비밀을 이해하기 때문입니다. 즉, 그리스도의 공로를 통해서 하나님은 우리의 아버지가 되시고, 우리는 그분의 자녀가 되었기 때문입니다. 이러한 전제 속에서 우리는 그리스도를 통해서 하나님을 아버지로 찾고 부를 수 있으며, 그래서 우리는 더 이상 그리스도의 입으로부터 기도하는 것을 반복하지 않습니다.

이 뿐만 아니라, 신뢰의 단어인 '아버지'는 모든 심령의 불신을 우리에게서 제거합니다. 우리는 하나님을 그분의 모든 창조 때문에 아버지라고 지칭하지 않고, 오히려 우리를 향한 그분의 유일하시고 또 부성적인 긍휼 때문에 아버지라고 지칭하는 것입니다. 하나님은 모든 것의 주인이시고, 더욱이 위대하고 또 전능하신 하나님이시지만, 우리는 기도할 때 하나님을 이러한 현란한 수식어를 사용하여 부르지 않습니다. 하나님이 우리를 긍휼히 여기시며, 우리를 사랑하시며, 자신의 보호와 감독 아래 두시며, 우리를 불쌍히 여기시며, 우리에게 스스로 오시며 그리고 우리를 향하여 모든 선한 것들과 함께 은혜를 넘치게 주시기 때문에, 우리는 하나님을 아버지로 부르는 것입니다. 이와 관련하여 우리는 선지자들의 증거를 살필 수 있습니다. 대표적으로 다윗은 이렇게 증언하고 있습니다(시 103:8-14): "여호와는 긍휼이 많으시고 은혜로우시며 노하기를 더디 하시고 인자하심이 풍부하시도다. 자주 경책하지 아니하시며 노를 영원히 품지 아니하시리로다. 우리의 죄를 따라 우리를 처벌하지는 아니하시며 우리의 죄악을 따라 우리에게 그대로 갚지는 아니하셨으니, 이는 하늘이 땅에서 높음 같이 그를 경외하는 자에게 그의 인자하심이 크심이로다. 동이 서에서 먼 것 같이 우리의 죄과를 우리에게서 멀리 옮기셨으며, 아버지가 자식을 긍휼히 여김 같이 여호와께서는 자기를 경외하는 자를 긍휼히 여기시나니, 이는 그가 우리의 체질을 아시며 우리가 단지 먼지뿐임을 기억하심이로다." 이 본문과 같은 다른 좋은 실례를 누가복음의 탕자의 비유를 통해서도 확인할 수 있습니다. 즉, 선하신 아버지가 자신의 놀라운 사랑과 긍휼로 타락한 아들을 다시 받아들이는 장면이 그려져 있는 것입니다(눅 15:11-32).

## 우리

"우리"라는 단어는 우리에게 두 가지 사안을 떠오르게 합니다: 먼저, 우리가 하나님이 우리의 아버지 되심을 믿지 않는다면, 또한 우리가 하나님의 신실하심과 보호하심을 의심하며 언제 어디서든 우리를 돌보시는 우리 아버지 되심을 믿지 않는다면, 우리가 모든 사람들에게 혹은 다른 사람들에게 하나님을 하나님과 아버지로서 인정시키는 것이 어렵게 될 것입니다. 우리가 하나님을 바르게 믿지 않는다면, 우리의 기도는 우리의 믿음을 통해서도 우리의 사랑을 통해서도 하나님께 칭찬을 받을 만한 가치가 없으며, 그 때문에 하나님께 환영을 받지 못할 것입니다. 하지만 우리의 하나님은 위대하시고 전능하신 하나님이시다는 것을 우리는 수많은 그분의 선하신 행사를 통하여 그리고, 이미 언급된 것처럼, 특별히 그리스도 안에서 이루어지는 구원의 비밀을 통하여 인식하게 됩니다. 다음으로, 만약 하나님이 우리를 향하여 "우리 아버지"라는 호칭으로 기도하고, "나의 아버지"라는 호칭으로 기도할 것을 요구하지 않으신 것은 하나님이 처음부터 우리를 향하여 이웃 사랑을 요구하셨다는 증거입니다. 하나님은 우리를 향하여 우리 자신들의 행복만 바라시는 것이 아니라, 오히려 모든 사람들을 우리의 심령으로 품는 것을 바라시고 계신다는 것을 알려줍니다. 왜냐하면 우리는 한 몸에 붙어 있는 모든 지체이기 때문입니다. 그래서 우리는 각각 분리되어 있는 지체로서 기도하지 않고, 오히려 모든 지체 - 몸 전체의 안녕을 위해서 기도합니다. 이러한 내용은 하나님께 기도하는 방식을 설명했을 때 이미 언급된 것입니다.

### 당신은 하늘에 계십니다

"당신은 하늘에 계십니다"라는 고백은 하나님이, 마치 감옥에 갇혀 계시는 것처럼, 하늘에 갇혀 계신다는 것을 의미하지 않습니다. 이러한 이해에 대한 오류는 모든 왕들 가운데 가장 번영하였고 또 지혜로웠던 왕인 솔로몬이 이미 오래 전에 반박했습니다. 그는 이렇게 고백했습니다(왕상 8:27): "하늘과 하늘들의 하늘이라도 주를 용납지 못하겠거든 하물며 내가 건축한 이 전이오리이까!" 이와 함께 덧붙이고 싶은 것은 사도행전에서 이사야를 인용한 스데반의 설명도 주목해야 한다는 점입니다(행 7:48-50; 사 66:1). 어떤 사람은 하나님이 하늘에서 자신의 신적인 위엄, 권능 그리고 영광을 드러내시기 때문에, 하나님이 하늘에 존재한다고 하기도 했습니다. 자연의 현상들 중에 하늘보다도 더 장엄하고 또 더 아름다운 것은 없기 때문입니다. 그리고 아버지는 우리에게 우리가 하늘에 있는 자신의 것들을 기뻐할 수 있도록 선물을 주십니다. 하나님은 모든 곳에 또 모든 것 안에 존재하고 계심에도 불구하고, 하늘은 우리 하나님 아버지를 향한 우리의 믿음이 거하고 또 우리가 그분을 경배하는 우리의 공동체적인 고향입니다. 왜냐하면 하늘은 모든 것을 둘러싸서 덮고 있기 때문입니다. 그리고 하나님이 모든 곳에서 지상으로부터 동일한 거리만큼 떨어져 계시다는 것을 알려주기 때문입니다. 그래서 하나님의 현존은 어느 곳에서도 우리를 떠나지 않습니다. 모든 곳에서 우리는 우리의 눈으로 하늘을 봅니다. 모든 곳에서 우리는 하나님의 시선 안에 존재합니다. 우리는 하늘에 대한 언급을 통하여 우리의 과제와 우리의 가련함을 인식하게 됩니다. 우리의 과제는 기도 때 우리의 심성을 하늘로 향하게 하는 것이고, 세상의 용무들을 잊는 것이며 그리고 우리 스스로 이러한 추방과 이러한 세상의 감옥보다도 더욱 아버지와 하늘의 고향을 사모하는 것입니다. 우리의 가련함은 우리가 우리의 죄악을 인하여 본향에서 추방당하게 되었고, 이 땅에서 방황하게 되었으며 그리고 다양한 불행에 뒤엉키게 되었다는 것입니다. 그러므로 우리는 이 땅에서 아버지께 울부짖어야 할 정도로 고난으로부터 결코 자유롭지 못합니다. 이러한 현실 속에서 우리가 "당신은 하늘에 계십니다"라고 고백하는 것은 우리가 하나님을 지상의 아버지와 구별하며, 그분을 전능의 대상으로 인정하는 것입니다. 우리의 기도를 들으시고 응답하시는 하나님은 모든 것을 알고, 보시며 그리고 들으십니다. 그리고 하나님은 원하시는 모든 것을 이루실 수 있는 능력을 가지고 계십니다. 결국, 이렇게 우리를 위해서 은혜, 전지(全知)와 전능(全能)으로 역사하시는 "우리 아버지"를 향하여 우리는 "당신은 하늘에 계십니다"라고 고백하는 것입니다. 이를 통하여 기도하는 사람들의 신앙이 깨어나고 견고히 됩니다.

## "당신의 이름이 거룩히 여김을 받으시오며"

주기도문은 순서를 따라서 여섯 번째 간구가 등장합니다. 첫 번째 간구는 다음과 같습니다(마 6:9): "당신의 이름이 거룩히 여김을 받으시오며." 하나님은 우리를 자신의 자녀로 인정해 주시는 우리의 아버지이십니다. 자녀로서 우리의 의무는 아버지를 공경하고, 찬송하는 것입니다. 그래서 우리는 간구의 시작에서 우리의 주님이시며 아버지이신 하나님의 이름이 거룩하여지도록 기도하는 것입니다. 하나님의 이름은 항상 거룩하고, 그 자체로 무흠하며 또 우리에 의하여 더해지거나 감해지는 것이 있을 수 없습니다. 우리는 스스로 거룩하시며 또 거룩하신 분으로 존재하시는 하나님이 우리로부터 항상 거룩한 분으로 인정받으시며, 항상 거룩히 여김을 받으시도록 간구해야 합니다. 이름은 어떤 것을 규정하고, 또한 다른 것과 서로 구별하기 위해서 착안된 것입니다. 하지만 하나님은 무한하시고, 측량될 수 없으시며 그리고 유일하신 분이시기에, 그분은 자신을 규정할 수 있는 한 이름만 가지고 계시지 않습니다. 하나님은 다른 우상들과 구별되기 위해 어떤 이름도 가지실 필요도 없습니다. 그럼에도 불구하고 성경에 계시된 하나님의 이름들은 우리의 연약함을 인하여 주어진 것인데, 즉 하나님의 이름들을 통하여 우리는 하나님의 측량할 수 없고 또 무한하신 속성을 이해하며 구별할 수 있습니다. 그러므로 하나님의 이름은 실제로 그분의 존귀와 영광을 나타냅니다. '거룩함'은 어떤 일상적인 필요로부터 한 거룩한 필요를 분리시키는 것을 의미합니다. 이러한 이해 속에서 '거룩함'은 하나님이 칭송, 경배 그리고 경외의 대상임을 나타냅니다. 우리는 기도할 때, 하나님이 친히 자신의 본성에 따라서 선하시며, 거룩하시며, 영원히 찬양 받으시며, 온유하시며, 복되시며 그리고 긍휼이 풍성하신 아버지이심을 고백하며, 또한 하나님이 이러한 존재이심을 어떤 의심도 없이 인정하고 찬양하는 것입니다. 이와 함께 우리는 모든 오류와 이단성을 내려놓고 또 우리의 하나님 아버지께 진리 안에서 헌신하며, 그 결과로 우리에게서 주님의 이름을 더럽히는 모든 것들, 즉 악한 술책들, 무신론, 쾌락주의, 불결한 삶, 특별히 부패하고 불경건한 가르침이 제거될 수 있도록, 또한 우리가 이미 이러한 사실을 깨달은 사람들로서 하나님의 이름이 거룩히 여김을 받도록 기도하는 것입니다. 이 때문에 우리는 이 첫 번째 간구와 함께 모든 참된 거룩하게 하심의 본질적인 주제가 되시는 성령의 도우심을 간구하지 않을 수 없습니다. 우리는 이 세상 속에서 그리스도를 통하여 하나님을 향한 참된 믿음이 더 견고해 지기를 간구합니다. 우리는 주님의 이름을 찬양하기 위해서 거룩한 생각과 삶을 열망합니다. 즉, 우리는 우리 각자의 의무를 실천하며, 우리의 불결함을 야기하는 마귀를 대적하며, 부패한 교리를 제거하며, 기만을 중단시키며 그리고 세상의 더러움을 추방시키기 위한 싸움을 멈추지 않는 것입니다. 이러한 간구는 탁월한 왕이며 선지자인 다윗을 통하여 분명하게 확인됩니다 (시 67:1-3): "하나님은 우리에게 은혜를 베푸사 복을 주시고 그의 얼굴빛을 우리에게 비추사, 주의 도를 땅 위에, 주의 구원을 모든 나라에게 알리소서. 하나님이여 민족들이 주를 찬송하게 하시며 모든 민족들이 주를 찬송하게 하소서." 여기에는 주님의 모든 기도 역시도 포함되어 있는데, 요한복음 17장에서 확인할 수 있습니다.

## "당신의 나라가 임하시오며"

주기도문의 두 번째 간구는 "당신의 나라가 임하시오며"입니다 (마 6:10). 하나님이 친히 우리 안에서 통치하실 때, 우리의 하나님과 아버지의 이름은 거룩하게 될 수 있습니다. 하나님의 나라가 있고, 마귀의 나라가 있습니다. 하나님의 나라는 한편으로 영광의 나라이고, 다른 한편으로 당연히 은혜의 나라로 간주됩니다. 영광의 나라는 이 세상에 속해 있지 않고, 오히려 다른 세상에 속한 것입니다. 이 세상에 존재하는 은혜의 나라는 그리스도가 성령을 통하여 신자들 안에서 통치하는 그리스도의 나라입니다. 이 나라에서 신자들은 그리스도가 인도하는 대로 순종하고 또 그리스도인에 걸맞게 품위 있는 말과 행동을 실천합니다. 하지만 마귀는 불신앙의 자녀들 위에 군림하고 또 자신의 무신론과 행악에 그들을 복종시키며, 이를 통하여 그들을 다스리고, 그들을 육체에 따라서 행하게 할 뿐만 아니라, 또한 하나님의 위엄을 모욕하고 흠집 내도록 합니다. 하나님을 부인하는 패역한 왕인 마귀는 불신자들을 멸망으로 이끌고, 이 세상에서 삶이 끝난 이후에 하나님의 정의의 심판에 따라서 사망과 심판의 나라인 지옥에 이르게 하며 그리고 그곳에서 영원히 고통 받도록 만듭니다. 이 세상의 군주가 지배하고 있는 땅의 영역이 어느 곳에 속하였는가에 따라서 하나님의 나라 혹은 마귀의 나라로 간주합니다. 이 주제에 관하여 이미 다른 곳에서 상세하게 설명했기 때문에 여기에 서는 짧게 다룰 것입니다. 그러므로 우리는 두 번째 간구에서 그리스도가 우리 안에서 통치하시고 사시기를 열망합니다. 우리가 그분 안에서 그리스도의 나라가 온 세상으로 확대되고 견고하게 되며, 더욱이 교회의 교사들과 지도자들, 군주들, 학교들, 그리스도의 나라를 부흥케 할 수 있는 모든 사람들이 하나님의 은사들로 채워지고, 번성하며 그리고 뛰어난 상태에 머물게 되어 승리를 쟁취할 수 있기를 열망합니다.

그 밖에 우리는 이와 더불어 마귀와 적그리스도의 나라가 파괴되고 소멸되며, 신자들은 어떤 손상도 입지 않으며, 모든 무신론적인 도전이 마귀의 나라와 함께 꺾기고 억제되며 그리고 마침내 모든 그리스도를 대적하는 도구들과 무기들이 파괴되고 소멸되기를 간구합니다. 우리는 폭풍우가 몰아치는 이 세상의 바다로부터 우리의 배가 구원을 받아서 그리스도와 모든 성도들을 위한 영원한 영광의 나라로 받아들여지고 또 함께 모아지기를 간구합니다. 그러므로 하나님의 나라가 우리에게 임하고, 하나님이 우리 안에서 다스리시는 것을 소망하며, 우리가 하나님의 나라에 도달하고, 받아들여지며 그리고 하나님과 함께 영원히 가장 존귀하게 사는 것을 간구합니다.

## "당신의 뜻이 이루어지이다"

주기도문의 세 번째 간구는 다음과 같습니다(마 6:10): "당신의 뜻이 하늘에서처럼 땅에서도 이루어지이다." 만약 우리가 하나님께 순종하지 않는다면, 그분은 우리 안에서 통치하지 않을 것입니다. 그러므로 우리는 하나님의 나라를 간구한 이후에 하나님께 온전히 순종할 수 있는 은혜를 간구해야 합니다. 물론, 우리는 여기에서 하나님이 뜻하시는 것을 행하시도록 간구하지 않습니다. 하나님의 뜻은 우리가 그것을 위해 한 번도 기도하지 않아도, 또한 우리가 전심으로 그것에 대해 저항한다고 해도 항상 이루어지기 때문입니다. 이와 관련하여 선지자는 이렇게 예언했습니다(시 115:3): "오직 우리의 하나님은 하늘에 계셔서 뜻하시는 모든 것을 행하셨나이다." 그러므로 우리는 하나님 자신이 친히 뜻하시고 또 행하시기를 원하시는 것과 동일한 것이 실현되도록 기도합니다. 하나님의 뜻은 항상 선하시지만, 그러나 우리의 뜻은 타락을 통해서 항상 악하기 때문입니다. 우리는 하나님의 은혜가 우리에게 머물러서 우리의 뜻이 새롭게 되고 또 하나님의 뜻에 적합하게 되기를 간구합니다. 우리의 뜻이 성령에 따라서 자유롭게 형성되고, 또한 하나님이 우리 안에서 이미 시작하신 것을 완성하시고 그리고 그것과 관련하여 힘과 인내를 얻기 위해서 하나님이 자신의 은혜로부터 우리에게 베풀어 주시길 원하는 것을 간구해야 합니다. 우리가 모든 상황 속에서 경험한 것들이 선한 것이든 불행한 것이든 그 안에서 하나님을 의식할 수 있도록 간구해야 합니다. 우리가 무엇이든지 우리 자신으로부터 도출하지 않고, 우리가 행복을 통하여 교만하게 되지 않으며 그리고 불행을 통하여 우울하게 되지 않도록 간구해야 합니다. 이러한 일들 속에서 우리가 하나님의 뜻에 인도함을 받도록 간구해야 할 뿐만 아니라, 또한 우리가 우리 자신의 뜻을 하나님의 뜻에 복종시키도록 기도해야 합니다. 그 밖에 우리는 우리가 하나님의 뜻에 불순종하는 가운데 간구하는 일이 있으면, 우리의 간구를 허락하지 않고, 오히려 우리가 우리의 어리석음에 관하여 용서를 구하고 또 우리의 사악한 뜻을 깨뜨려야 합니다. 우리가 이러한 하나님의 뜻을 따르며, 항상 선하며 그리고 우리 안에 있는 모든 것은 하나님으로부터 성취된다는 것을 의심하지 않도록 하나님이 우리를 자신의 선하신 의지 안에서 양육하시도록 간구해야 합니다.

### "하늘에서와 같이 땅에서도"

하지만 신자들은 이러한 간구에도 불구하고 항상 큰 싸움을 경험할 수밖에 없는데, 바울이 언급한 것처럼 우리 자신의 내부에서 경험합니다(갈 5:17): "육체의 소욕은 성령을 거스리고 성령의 소욕은 육체를 거스린다. 이 둘이 서로 대적함으로 너희의 원하는 것을 하지 못하게 하려 함이니라." 그러므로 우리는 하나님의 뜻과 동일한 우리의 뜻에 근거하여 어떤 것을 간구하는 것이 아닙니다. 그래서 "뜻이 하늘에서 이루어진 것같이 땅에서도 이루어지이다(마 6:10)"라고 덧붙여진 것입니다. 이것은 이러한 의미를 담고 있습니다: "주님! 당신의 뜻이 하늘에 있는 복된 영혼들에게서 이루어진 것같이, 우리 지상에 있는 신자들에게도 똑같이 이루어지게 하옵소서." 하늘에 계신 하나님의 가장 거룩한 뜻이 어느 누구에게서도 저항을 받지 않는다는 것을 의미하며, 또한 오직 하나님이 뜻하는 것, 즉 모든 사람들이 오직 하나님 안에서 거룩하고 행복하게 되는 것 그리고 오직 당신의 뜻 안에서만 평안에 이를 수 있다는 것을 의미합니다.

## 하나님이 뜻하시는 것을 소원하는 것이
## 행복의 가장 중요한 한 부분이다

의심의 여지없이, 하나님이 뜻하시는 것을 소원하는 것이 이 땅 위에서 가장 중요한 행복의 조건입니다. 하지만 이와 반대로 최악의 불행은 하나님이 뜻하시지 않는 것을 소원하는 것입니다. 이와 관련하여 성경에서 많은 실례를 제시할 수 있지만, 나는 여기에서 보편적으로 알려져 있는 한 내용을 살펴볼 것입니다: 어떤 사람이 심각한 병에 걸려서 사람이 도저히 감당하기 힘든 통증으로 고통을 받을 때, 지금 그가 겪고 있는 모든 현실을 하나님의 명령 위에서 그리고 하나님의 뜻과 함께 인내해야 한다는 것을 인식합니다. 왜냐하면 가장 좋으신 아버지이시며, 가장 선하시고 정의로운 하나님이 고통 받고 있는 사람에게 선한 것을 주시길 원하시고, 또한 그에게 이러한 심각한 위기를 그의 고유한 구원과 그의 고유한 명예를 위해서 부여하셨기 때문입니다. 고난 중에 있는 사람은 하나님의 뜻에 복종하는 것을 통하여 자신이 겪고 있는 고통의 심연에서 어떤 생동감을 느끼지 못할까요? 그리고 사람들에게 일반적으로 충격적이며 힘들게 보이는 것들이 자유롭고 스스로 선택한 헌신을 통하여 즐겁고 가볍게 느껴진 적은 없었습니까? 이와 반대로, 그렇게 심하지 않은 질병 때문에 침륜에 빠진 사람들도 있습니다. 이러한 사람들은 질병이 하나님의 선하신 뜻을 통하여 주어졌음을 인식하지 못하고, 더욱이 그들은 하나님께서 자신들의 질병에 대해 아무 것도 모르시며 또 자신들의 질병을 돌보지 않는다고 생각합니다. 그들은 질병의 원인을 모든 가능한 이유들로 소급시키면서 다양한 치료약들을 생각하고, 또한 그것들을 찾아 나섭니다. 그들은 놀라운 방식으로 질병을 치료하길 원하지만, 그러나 그들은 하나님의 뜻에 반하여 행하기 때문에 어떠한 치료와 위로도 경험하지 못합니다. 그러므로 이렇게 통제되지 않은 옳지 못한 사람들을 통하여, 익숙한 악을 배가시키는 사람들을 통하여 그리고 하나님의 뜻을 행하길 원치 않는 사람들을 통하여 무엇을 할 수 있겠습니까? 모든 행복의 기초는 우리 자신과 우리가 가지고 있는 모든 것을 하나님의 선하신 뜻에 맡기는 믿음의 순종입니다. 결국, 우리는 이러한 중요한 간구 안에서 아버지로부터 다시 태어난 중생과 새롭게 됨, 참된 순종, 끊기 있는 인내, 하나님과 모든 것들 안에서 항상 일치를 이루며 또 하나님께 순종하게 하는 성령이 제공되기를 요청하는 것입니다.

## "오늘날 우리에게 일용할 양식을 주옵시고"

주기도문의 네 번째 간구는 이렇습니다(마 6:11): "오늘날 우리에게 일용할 양식을 주옵시고." 하나님의 뜻은 우리가 주님의 양식을 통하여 먹지 못하고 강건하게 되지 않으면 우리를 통하여 실현될 수 없습니다. "양식"이라는 단어는 히브리어로 모든 종류의 식량과 인간의 존재를 보존하고 유지하는 것을 의미합니다. 이와 관련하여 우리는 다음과 같은 선지자의 외침을 읽을 수 있습니다(겔 4:16): "내가 예루살렘에서 의뢰하는 양식을 끊으리라." 사람은 두 가지 요소로 구성되어 있습니다. 즉, 영혼과 육체입니다. 영혼은 영적인 실체를 말하고, 육체는 흙과 다른 원소들로 구성된 실체를 말합니다. 그래서 사람은 영적이고, 육적인 양식, 즉 두 가지 상이한 양식을 통하여 유지되는 존재입니다. 영적인 생명이 유지되는 영적인 양식은 하나님의 입에서 나오는 하나님의 말씀입니다. 복음서에서 주님은 신명기 8장 3절을 인용하여 이렇게 말씀하셨습니다(마 4:4): "... 사람이 떡으로만 사는 것이 아니요 여호와의 입에서 나오는 모든 말씀으로 살리라." 하나님은 이러한 영원하며 또 육체가 되신 하나님의 말씀, 즉 하나님의 아들을 유일하게 신자들에게 제공하시기 때문에, 우리는 당연히 이 아들이 모든 믿는 사람들의 영혼의 양식이라고 인식합니다. 왜냐하면 하나님의 아들이 스스로 하늘로부터 온 양식이요, 이 양식을 먹는 자들은 죽지 않고 영원히 산다고 증거했기 때문입니다(요 6:58). 그리고 물질적인 재료들로 구성되어 있는 육체를 위한 양식은 지상적인 것이며 그리고 음식, 음료, 의복, 육체의 건강, 보호, 즉 인간적인 생활의 무탈함과 건강한 상태를 포함합니다.

### "일용할"

우리는 이 일용할 양식을 언급할 때, "우리에게"라는 표현을 상용합니다. 왜냐하면 일용할 양식은 하나님의 우연한 선물과 하나님의 우연한 선을 행하심으로 주어진 것이 아니라, 오히려 우리를 위해서 확정된 것이고, 우리의 생존에 속한 것이며 그리고 우리를 위해서 반드시 필요하기 때문입니다. 우리가 "매일" 혹은 "생존에 필수적인 것"이라고 표명함으로써, 우리는 일용한 양식을 가장 중요한 것이며 또 유일하게 우리의 생명을 유지하고 보존할 수 있는 것임을 알게 합니다. 그래서 일용한 양식은 많이 오랫동안 필요하며, 규모와 종류에 따라서 필요합니다. 내가 이미 언급한 것처럼, 이러한 사안은 우리에게 속하지 않고 하나님께 속한 것이며, 하나님이 친히 각 사람들에게 주실 공급의 규모를 결정하십니다.

**"주옵시고"**

그리고 다음의 표현을 주목해야 합니다(마 6:11): "오늘날 우리에게 주옵시고." 이 문장은 어떤 것을 요구할 수 있는 대상이 오직 하나님이심을 알려줍니다. 어떤 피조물에게도 어울리지 않습니다. 다윗은 이렇게 고백했습니다(시 104:27-8): "이것들이 다 주께서 때를 따라 식물 주시기를 바라나이다. 주께서 주신즉 저희가 취하며 주께서 손을 펴신즉 저희가 좋은 것으로 만족하리이다." 다른 시편에서도 비슷한 고백을 확인할 수 있습니다(시 145:15-6): "중생의 눈이 주를 앙망하오니 주는 때를 따라 저희에게 식물을 주시며 손을 펴사 모든 생물의 소원을 만족케 하시나이다."

**"우리에게"**

우리는 기도할 때 "나에게 주옵소서"라고 하지 않고, 오히려 "우리에게 주옵소서"라고 기도합니다. 이렇게 기도하는 이유는 우리로 하여금 언제나 형제에 대한 사랑과 연합을 잊지 않도록 하는데 있습니다. 주님은 우리가 우리 자신의 구원과 행복만 구하는 것을 원치 않으십니다. 오히려, 우리와 다른 이웃의 구원과 행복을 함께 구하는 것을 기뻐하십니다.

**"오늘날"**

"오늘날"이라는 단어는 우리에게 일정한 규모를 제시합니다. 즉, 우리는 이렇게 고백할 수 있습니다: "우리에게 매일 공급하시고, 매

순간 당신 홀로 가장 잘 아시는 대로 우리를 위해 충분하고 필요한 만큼 공급하여 주옵소서." 그밖에 "오늘날"은 우리를 향해서 끝도 없는 욕심으로 공허하게 소모하지 않고, 이미 받은 것을 무절제하게 허비하지 않으며 그리고 우리가 가진 풍요와 우리의 영혼이 멸절되지 않도록 경고하는 의미도 가지고 있습니다. 그러므로 현자의 고백을 읽는 것은 중요합니다(잠 30:7-9): "내가 두 가지 일을 주께 구하였사오니 나의 죽기 전에 주시옵소서. 곧 허탄과 거짓말을 내게서 멀리 하옵시며 나로 가난하게도 마옵시고 부하게도 마옵시고 오직 필요한 양식으로 내게 먹이시옵소서 혹 내가 배불러서 하나님을 모른다 여호와가 누구냐 할까 하오며 혹 내가 가난하여 도적질하고 내 하나님의 이름을 욕되게 할까 두려워함이니이다."

우리는 네 번째 간구와 함께 하나님 아버지의 돌보심을 알게 되고, 또한 우리를 기르시고, 지키시며 또 통치하시는 하나님의 섭리를 신뢰하게 되며 그리고 오직 하나님만이 우리를 구원하실 수 있다는 것을 확신할 수 있습니다. 만약 하나님이 자신의 축복을 우리에게 부어주시지 않는다면, 또한 하나님이 우리 생명의 유지와 보호를 위해 필요한 물질적인 것들과 힘을 부여하시지 않는다면 어떤 것들도 효과를 가질 수 없습니다. 우리는 하나님 말씀의 복된 선포를 위해서, 교회의 목자들을 위해서, 국가의 위정자들을 위해서 그리고 교회와 국가의 온전함을 위해 기도해야 합니다. 우리는 구원의 아버지께 영혼과 육체의 보존과 생존을 위해 반드시 있어야 할 것들을 풍성하게 채워주시기를 기도해야 합니다. 그러므로 어느 누구도 자녀들에게 주어지고, 개들에게 주어지지 않는 일용할 양식을 무가치하게 여기지 않아야 합니다. 이렇게 하기 위해서 우리는 기도를 게을리 하지 않으며 또 연약한 믿음으로 기도하지 않아야 합니다. 주님은 신자들의 염려를 미리 아시고 우리로 하여금 이렇게 기도하도록 하신 것입니다.

## "그리고 우리를 용서하여 주옵소서"

주기도문의 다섯 번째 간구입니다(마 6:12): "우리가 우리에게 죄지은 자를 사하여 준 것 같이 우리 죄를 사하여 주옵시고." 이 간구와 함께 우리는 우리 죄의 용서를 구합니다. 죄의 용서가 우리에게 보증되기 위해서, 우리는 가장 먼저 우리가 죄인이라는 사실을 인정해야 합니다. 만약 우리가 이 사실을 인정하지 않으면, 우리는 우리의 죄용서를 어떻게 요구할 수 있을까요? 모든 성도들에게 이 간구는 반드시 필요한데, 즉 이 간구를 통해서 우리는 죄인임을 인식할 수 있습니다. 왜냐하면 거듭났으며 또 거룩하게 된 성도들도 여전히 남아있는 죄 아래 머물러 있으며, 그래서 매일 나쁜 생각, 말 그리고 행동뿐만 아니라, 또한 빈번히 나쁜 행실을 표출하기 때문입니다. 우리가 짓는 죄들이 어떤 종류의 것들이든 우리는 가장 먼저 겸손하게 우리의 아버지이신 하나님께 고백하고, 그 다음에 하나님이 우리의 죄들을 용서해 주시기를 간구해야 합니다.

### 우리의 죄

우리는 우리의 죄를 하나님께서 우리에게 가르쳐주신 대로 "죄"라고 부릅니다. 우리가 갚아야 할 것으로서 형벌을 하나님께 빚으로 가지고 있기 때문입니다. 하나님이 예수 그리스도 안에서 우리의 형벌을 용서하시고, 하나님은 더 이상 우리가 스스로 자초한 형벌을 부과하지 않으시는데, 그 결과로 하나님은 우리가 그분에게 아무런 죄의 책임이 없는 것처럼 판단하십니다. 우리는 지금 세상적인 용서에 대해서도 잠깐 살펴볼 필요가 있습니다: 만약 어떤 사람이 자신을 향해 죄를 지은 사람을 용서했다면, 그에게 죄를 지은 사람을 감옥에 가두거나 형벌을 부과할 어떤 권리도 발생하지 않습니다. 결과적으로, 하나님이 우리의 죄를 용서하는 것은 우리의 죄가 용서되는 것뿐만 아니라, 또한 우리에게 어떤 형벌도 부과되지 않는다는 것을 의미합니다. 물론, 우리는 아버지께 우리의 공로를 제시하여 죄를 용서받는 것은 아닙니다. 우리는 다음과 같이 고백할 뿐입니다(마 6:12): "우리 죄를 사하여 주옵소서." '용서'라는 단어는 죄에 대해 어떤 전제도 없이 책임을 묻지 않는 것을 의미합니다. 하나님은 우리가 지불할 수 없는 것, 즉 이러한 엄중한 죄를 용서해주셨기 때문입니다. 우리는 복음서에서 이러한 기록을 읽을 수 있습니다(눅 7:42): "갚을 것이 없으므로 둘 다 탕감하여 주었느니라." 이와 비슷한 내용이 다른 복음서에서도 확인됩니다(마 18:27). 우리의 공로 혹은 변제 행위 때문이 아니라, 오직 그리스도의 뜻에 따른 신적인 선하심을 인하여 우리는 우리의 모든 죄가 용서될 수 있음을 믿고 간구하는 것입니다. 그리고 우리는 확실히 용서를 받았다는 사실을 의심하지 않는 것입니다. 왜냐하면 주님께서 이렇게 말씀하셨기 때문입니다(요 16:23): "너희가 무엇이든지 아버지께 구하는 것을 내 이름으로 주시리라." 기도하는 사람들은 그리스도 때문에 자신들의 믿음을 통하여 자신들의 죄가 용서될 것을 의심하지 않습니다. 그래서 우리는 사도신조를 통해서 이렇게 고백합니다: "나의 죄를 용서해 주실 것을 믿습니다."

## 우리가 우리에게 죄 지은 자를 용서해 준 것처럼

"우리가 우리에게 죄 지은 자를 용서해 준 것처럼"의 고백은 우리가 다른 사람의 죄를 용서해 주었기 때문에, 우리의 죄용서를 정당한 공로로 획득했다는 것을 의미하지 않습니다. 이러한 입장은 진정한 의미에서 죄용서가 아닙니다. 만약 어떤 사람에게 무엇이든 마음대로 처리할 수 있는 권리가 주어진다면, 그는 자신을 위해서 죄가 제거되도록 할 것입니다. 그리고 죄에 대해 변상할 수 있다면, 그는 죄용서를 받기보다는, 오히려 죄를 변상할 것입니다. 그러므로 우리는 이 간구의 본질적인 의미들을 생각해 봐야 합니다: 첫째로, 우리도 많은 사람들이 의심을 하는 죄용서에 관하여 염려를 많이 하기 때문에, 주님은 우리의 연약함을 위로하시길 원하십니다. 주님이 "우리가 우리에게 죄지은 사람"에 대한 죄용서를 말씀하신 것은, 마치 한 비유적인 표현처럼, 우리가 쉽게 이해할 수 있도록 하신 것입니다. 즉, 우리가 우리에게 상처를 준 다른 사람들을 용서해주거나 혹은 관대하게 봐주는 것처럼, 우리의 죄가 하나님으로부터 확실하게 용서 받았다는 것을 확인시켜줍니다. 둘째로, 이러한 죄용서를 통해서 주님은 우리에게 우리의 나태함을 일깨우셔서 이웃사랑에 대한 실천을 인식시키고 또 우리의 의무를 깨닫도록 경책하시는 것입니다. 이 때문에, 만약 아직도 심령 가운데 오래된 불화의 잔재가 남아있다면, 우리는 그 잔재를 내려놓고 또 우리의 심령으로부터 물리쳐야 합니다. 그리고 우리가 진정한 사랑을 할 수 있게 하나님이 우리의 심령을 감동하시도록 하나님께 직접적으로 간구해야 합니다. 실제로 우리는 오래된 불의들과 상처들을 노력을 기울여서 관대하게 내려놓을 수 있어야 합니다. 그리고 우리의 큰 죄를 우리의 최고의 선이신 하나님으로부터 용서받은 우리가 우리 형제들의 작은 잘못을 용서해주는 것이 정당합니다. 이러한 죄용서의 실천을 통해서 우리는, 복음서의 비유에 나온 것처럼, 주님으로부터 크신 긍휼과 은혜를 경험했음에도 불구하고, 자신의 형제의 사소하고 의미 없는 빚을 회수하는 과정에서 비정하고 잔인하게 행동했던 사람 같은 비극적인 운명에 처하지 않을 것입니다. 모두가 잘 아는 것처럼, 이 비유는 마태복음 18장 23-35절에 기록되어 있습니다.

## "우리를 시험에 들게 하지 마옵시고"

주기도문의 마지막 간구에 대해서 살펴보겠습니다(마 6:13): "우리를 시험에 들게 하지 마옵시고 다만 악에서 구하옵소서." 유혹들을 통하여 자극되고 또 죄의 다양한 종류를 야기하는 육체의 욕망이 물러가지 않는 한 죄는 결코 사라지지 않을 것입니다. 유혹은 다양한 종류가 있습니다: 먼저, 하나님이 우리를 유혹에 빠지게 하십니다. 그리고 우리로 하여금 하나님을 반항하도록 만드십니다. 즉, 우리를 시험하시는 것입니다. 한 실례로, 아브라함에게 그의 아들을 제물로 바치라고 하신 명령을 통해서 확인할 수 있습니다(창 22:1-19). 혹은, 하나님은 우리의 신앙을 연단하시고 또 우리 죄의 찌꺼기들을 시험의 불에 녹여서 우리로부터 빼내시기 위해서 하나님이 우리를 불행에 빠뜨리실 때 확인할 수 있습니다. 이러한 신적인 시험들은 신자의 구원이 그 목적입니다. 그러므로 우리는 아무 것도 고려하지 않고 무조건 시험에 들지 않도록 간구하지 않습니다. 분명히, 하늘로부터 임하는 시험은 유익하기 때문입니다. 이와 관련하여

야고보는 이렇게 말했습니다(약 1:12): "시험을 참는 자는 복이 있도다 이것에 옳다 인정하심을 받은 후에 ... 생명의 면류관을 받을 것임이니라." 그럼에도 불구하고 우리가 시험에 들지 않도록 간구하는 이유가 있습니다. 즉, 마귀도 우리를 시험하고, 세상에 의해서 우리가 시험을 받으며 그리고 우리의 육체를 통해서 우리는 시험을 받기 때문입니다. 우리를 둘러싸고 있는 온 사방의 환경이 유혹들로 가득 차 있습니다. 이 유혹들은 우리를 철저히 망하도록 하고, 죄의 구렁텅이에 빠지게 하며 그리고 몰락의 길에 이르도록 의도되어 있습니다. 이러한 시험이 발생하면, 우리는 유혹을 받을 뿐만 아니라, 또한 유혹에 빠지고 붙잡히게 됩니다. 그래서 우리는 다음과 같이 간구하는 것입니다: "하늘에 계신 아버지, 만일 당신이 우리를 구원에 이르게 하는 시험으로 연단하시고자 하시면 그렇게 하옵소서. 당신에게 기도하는 것은 우리를 보호하여 주셔서, 우리가 마귀적이고 사악한 유혹을 통하여 패배하지 않도록 하시며, 우리가 당신을 떠나지 않도록 하시며, 우리를 우리의 원수에게 내어주지 마시며 그리고 악행의 소용돌이 안에 빠져서 죄와 우리가 패망하는 일에 붙잡히거나 붙들리지 않도록 하옵소서."

### "다만 우리를 악에서 구하옵소서"

우리는 앞서 언급된 문장과 비교되는 다른 문장을 주목해야 합니다. 어떤 사람들은 이 문장을 일곱 번째 간구로 이해하기도 합니다(마 6:13): "다만 악에서 구하옵소서." "다만 악에서"는 "마귀로부터", 다른 곳에서는 "시험하는 자"로 이해됩니다. 이 간구는 우리가 마귀로부터 혹은 마귀가 우리에게 보내는 모든 악으로부터, 즉 추근

거림, 간계, 환멸, 전쟁, 기근, 포로, 흑사병과 악하고, 재앙을 일으키
며 또 해로운 모든 악으로부터 자유하게 되는 것을 말합니다. 우리
가 여기에서 언급한 내용은 하늘의 아버지가 가장 잘 알고 계십니
다. 우리는 이렇게 간구해야 합니다: "우리를 위해 축복을 가져오고
또 선한 것들은 우리에게 주시고, 당신이 재앙을 초래하고 또 악한
것들로 인정하는 것들은 우리에게 거두어 주소서."

"아멘"

요약적으로 짧게, 우리는 이 거룩한 기도를 종결하며 "아멘"에
대한 설명을 덧붙입니다. 아멘은 먼저 보편적인 확증과 환호를 의미
합니다(신 27:15-26; 느 8:6; 고전 14:16). 다음으로, 아멘은 우리의 내적
인 요구에 대한 확인을 나타냅니다. 이를 통하여 우리는 우리의 간
구가 심령으로부터 열망된 것임을 고백하는 것입니다. 끝으로, 아멘
은 우리 믿음의 확신을 표명하는 것입니다. 우리가 다음과 같이 언
급하는 것과 같습니다: "나는 이 기도가 하나님으로부터 응답될 것
으로 확실히 믿습니다." 즉, 아멘은 "일이 실현될 것이다"라는 의미
를 가지고 있습니다. 주님이 복음서에서 자주 말씀하셨습니다: "진
실로 진실로 너희에게 이르노니". 이 의미는 "참으로 나는 너희에게
확실한 진리를 말하고 있다"이며, 혹은 "나는 너희에게 의심치 않는
진리를 말했다"입니다. 그래서 신자들이 하나님께 자신들의 간구를
표명한 이후에, 그들은 평안한 심령과 즐거운 분위기 속에서 주님의
은혜를 기다리는 것입니다.

"나라와 권세와 영광이
아버지께 영원히 있사옵나이다"

"아멘" 앞에 다음과 같은 고백이 위치해 있습니다(마 6:13): "나라와 권세와 영광이 아버지께 영원히 있사옵나이다." 로테르담의 에라스무스는 이 문장은 라틴어 본문에서 발견할 수 없다는 것을 신약성경에 대한 가치를 제시하면서 밝혔습니다. 모든 헬라어 사본들에서 이 문장은 발견되고 있지만, 그러나 크리소스토무스와 그의 제자인 테오필락트(Theophylact) 외에는 다른 주석가들에 의해서 표명되지 않았습니다. 그래서 에라스무스의 견해에 따르면 이 문장은 주기도문의 말미에 덧붙여진 것으로 오래 되었으며 또 시편의 몇몇 군데에서 확인되는 표현과 동일합니다: "아버지와 아들에게 영광이 있을지어다." 그리고 에라스무스는 계속해서 밝혔습니다: "그러므로 주기도문의 한 훌륭한 부분이 삭제되었다고 해서 라우렌티우스 발라(Laurentius Valla)가 화를 내는 것은 아무런 유익이 없다. 오히려, 그가 이 거룩한 기도에 자신의 임의적인 추측을 덧붙이면서도 두려움을 가지지 않은 뻔뻔스러움이 책망을 받아야 한다. 왜냐하면 나는 신적인 가르침에 반하여 사람들에 의해서 산출되었다는 주장은 추측으로 간주하기 때문인데, 특별히 그리스도가 저자로서 묘사된 것이 사람들로부터 추가되었다는 주장을 신뢰할 수 없다." 이렇게 첨부된 내용과 관련하여 오직 에라스무스만 고민했던 것은 아닙니다. 많은 사람들이 신뢰를 표명했던 스페인에서 1514-17년에 출판된 '다중언어성경'(Codex Complutensis)도 이 문장이 주기도문에 속해 있지 않았지만, 그러나 몇몇 필사자나 인쇄업자가 실수로 삽입한 것으로 묘사하고 있습니다: "비록 복된 크리소스토무스가 자신의 마태복음 주석 안에서 수록된 20편 설교에서 이 문장을 해석하였을 때, 마치 이 문장이 본문에 속하여 있는 것처럼 표명했지만, 그러나 그는 자신이 살았던 당시에 주기도문에서 이 문장이 고백되지 않았다는 것을 거의 사실로 받아들이고 있었다. 왜냐하면 라틴어 저술가들에게서 혹은 가장 오래된 주석가들이나 설교자들에게서도 이 문장의 언급이 발견되지 않기 때문이다." 이러한 사실을 통해서 분명해진 점은, 주기도문의 각 문장들을 매우 신중하게 해설했던 거룩한 키프리안, 히에로니무스 그리고 어거스틴 같은 훌륭한 주석가들도 이 문장에 관하여 어떤 언급도 하지 않았다는 사실입니다.

지금까지 나는 주기도문에 관하여, 즉 하나님의 이름을 부르는 것에 관하여 설명했습니다. 이와 관련하여 인류 가운데 가장 지혜로웠던 솔로몬은 다음과 같이 고백하였습니다(잠 18:10): "여호와의 이름은 견고한 망대라 의인은 그리로 달려가서 안전함을 얻느니라." 이 문장은 다음과 같은 의미를 가지고 있습니다: 하나님은 화살이 미치지 못하는 안전하고 또 아주 높은 곳에 마련된 피난처와 같으며, 그분으로 인하여 우리가 구원을 얻는다는 것입니다.

## 감사

나는 기도에 관하여 앞서 언급된 표명들에 덧붙여서 기도의 다른 특징도 추가하여 설명하고 있습니다. 즉, 감사에 대한 것입니다. 비록 감사가 주님의 기도 안에서 파악되지 않지만, 그러나 감사도 이 참된 기도에 포함되어 있습니다. 나는 이 주제를 기도의 다른 내용들과 함께 설명하면 혼란을 줄 수 있기 때문에 독립적으로 설명하려는 것입니다. 우리가 성경의 다양한 본문에서 확인할 수 있듯이 하나님은 우리에게 진심으로 감사를 표명할 것을 요구하십니다. 얼마나 많은 찬양, 기쁨의 증언 그리고 감사를 다윗과 다른 선지자들에 의해서 기록된 글들과 시편에서 읽을 수 있습니까? 하나님은, 이미 언급된 것처럼, 감사를 표명하는 특별한 제사도 예비하셨습니다. 대표적으로 유월절의 식탁은 애굽의 포로생활로부터 해방된 것을 기념하는 감사가 아닙니까? 우리의 주님이신 예수 그리스도는 모든 활동에서 비유를 사용하셨는데, 특별히 그분은 자신의 죽음과 관련된 구속사역에 구약 시대의 모든 희생제사를 소급시키셨으며, 또한 교회에 성례를 주셨습니다. 이러한 관계가 어떻게 성립이 되었는지에 관하여 나는 적당한 자리에서 언급할 것입니다. 이 감사에 관하여 부분적으로는 이미 초기 설교들에서 설명했습니다.

우리가 방탕한 생활을 좋아하고 또 우리의 행복이 어디로부터 오는지 깊이 생각하지 않는다면, 우리의 영혼은 방황하게 될 것입니다. 어떤 사람들은 신앙의 비밀과 영적인 은혜에 관하여 절도 있고 정당하게 판단하지 않습니다. 하나님의 사역들에 관하여 합법적으로 생각하지 않고, 오히려 경멸하거나 발로 짓밟기도 하는데, 이러한 사람들은 돼지와 같습니다(마 7:6). 그들에게 기다려지는 것은 하나님의 무서운 심판뿐입니다.

### 우리는 하나님께만 감사해야 한다

감사의 제사를 우리는 오직 하나님께만 드릴 수 있습니다. 왜냐하면 비록 하나님이 사람들과 다른 피조물들의 도움을 섭리의 수단으로 사용하심에도 불구하고, 하나님만이 홀로 모든 만물을 지으시고 다스리시는 분이기 때문입니다. 왕이 매우 가치 있는 선물을 어떤 사람에게 보낼 때, 그것은 아무런 직책이 없는 사람에 의해서 전달되는 것이 아니라, 오히려 왕실의 고귀한 사람을 통해서 전달될 것입니다. 이때 그는 선물을 전달한 고귀한 신분의 사람에게 감사의 말을 하지 않고, 물론 선물을 전달한 사람의 수고에 대해서 공적으로 치하할지라도, 오히려 선물을 보낸 왕에게 할 것입니다. 왕이 그 신하에게 명령하지 않았다면, 그 신하는 아무 것도 할 수 없기 때문입니다. 그러므로 은혜에 대한 모든 공로는 하나님께만 돌려져야 합니다.

### 그리스도를 통하여
### 하나님께 감사해야 한다

하나님 아버지께 드리는 우리의 모든 간구들은 우리의 주님이신 예수 그리스도를 통하여 하나님께 기쁨이 됩니다. 하지만 만약 이러한 간구들이 예수 그리스도를 통하여 표명되지 않는다면 하나님께 기쁨이 될 수 없습니다. 여기에 율법의 의식과 관련하여 논의될 수 있는 번제단의 비밀이 속해 있습니다. 그래서 사도 바울은 에베소 교회에 보낸 서신에서 이렇게 말했습니다(엡 5:20): "범사에 우리 주 예수 그리스도의 이름으로 항상 아버지 하나님께 감사하라." 이와 동일한 의미에서 바울은 이렇게도 진술했습니다(히 13:15): "그를 통하여 항상 찬미의 제사를 하나님께 드리자. 이는 그 이름을 증거하는 입술의 열매니라."

## 하나님의 선하신 사역에 대하여
## 깨닫고 인식해야 한다

　우리가 하나님의 모든 선하신 사역에 대해 감사하고 또 하나님께 우리의 지속적인 감사를 표명하기 위해서, 우리는 하나님의 선하신 사역을 알아야 하고 또 우리 스스로 그것에 대해 깊이 생각하는 것이 필요합니다. 왜냐하면 만약 우리가 이 사역에 관하여 아직도 알지 못하거나 혹은 그것에 관하여 제대로 생각하지 않았다고 하면, 우리의 심령이 하나님의 사역에 관하여 감사를 표명할 때 뜨거워지지 않기 때문입니다. 그리고 하나님의 모든 선하신 사역에 관하여 언급한다는 것도 결코 쉽지 않은데, 그것은 참으로 다양하고 측량할 수 없기 때문입니다. 하나님의 사역은 개인적이거나 혹은 공적이며, 보편적이거나 혹은 특별하며, 영적이거나 혹은 육신적이며, 시간적인 제한이 있거나 혹은 매우 지속적이며, 교회적이거나 혹은 국가적이며, 유일무이하거나 혹은 비범하기도 합니다. 어느 누가 하나님의 사역에 대한 종류와 범위를 모두 헤아릴 수 있겠습니까? 하나님은 인간을 위하여 이 세상을 창조하셨으며, 보존하시며, 밝게 비추시며 그리고 풍요롭게 하십니다. 하나님은 자신을 섬기도록 수종드는 존재로서 천사들을 창조하셨습니다(히 1:7). 하나님은 우리에게 무한한 은사와 가능성이 부여되고 잠재되어 있는 육체와 영혼을 주셨으며, 또한 모든 다른 은혜로부터 튀어나오는 것은 하나님이 죄의 깊이 빠져있는 사람들을 자유케 하시고 또 마귀의 권세에서 해방시킨 구원입니다. 하나님의 아들이 우리를 하나님의 자녀가 누리는 자유의 영역으로 옮기셨기 때문입니다. 그분의 죽으심을 통하여 우리에게 생명이 주어졌으며, 그분이 흘리신 피를 통하여 우리가 정결케 되었으며, 하나님과 화해되었으며 그리고 그분의 영을 선물로 베푸셨는데, 즉 우리는 영원하고 참된 본향에 들어가기까지 이 낯선 세상에서 성령을 통해서 인도되고 또 보호됩니다. 참된 믿음 안에서 구원을 숙고한 사람은 하나님의 선하심을 찬양하고 경배할 것이며 또 어떤 놀라운 일로 인하여 실제로 감탄하게 될 것입니다. 즉, 인간보다도 더 비참하고 또 더 한탄스러운 존재는 없는 이 세상 속에서 전능하시고 선하신 하나님이 우리를 세심하게 보살핀다는 사실입니다.

### 경건한 사람들은 하나님께 어떻게 감사해야 하는가?

하나님이 베푸신 은혜와 비교하여, 경건한 사람들이 하나님께 드리는 감사는 너무도 사소한 것입니다. 이 세상에는 이러한 감사를 표현할 수 있는 적합한 단어가 없기 때문입니다. 다윗은 이렇게 표현했습니다(시 8:1): "여호와 우리 주여 주의 이름이 온 땅에 어찌 그리 아름다운지요 주의 영광을 하늘 위에 두셨나이다." 다윗은 다음과 같이 고백하기도 했습니다(삼하 7:18, 20): "주 여호와여 나는 누구입니까? 내 집은 무엇이관대 나로 이에 이르게 하셨나이까? 주 여호와는 종을 아시오니 다윗이 다시 주께 무슨 말씀을 하오리이까?" 다윗은 하나님을 찬양하고 또 감사하기 위해서 특별히 아름다운 형식으로 고백했습니다(시 103:1-3): "내 영혼아 여호와를 송축하라. 내 속에 있는 것들아 다 그 성호를 송축하라. 내 영혼아 여호와를 송축하며 그 모든 은택을 잊지 말지어다 저가 네 모든 죄악을 사하셨느니라." 여기에 무엇이 더 필요하겠습니까? 이렇게 볼 때, 주기도문은 기도가 많은 형식을 대신하여 하나님을 찬양하고 또 그분의 모든 선하신 사역들을 감사하기 위한 가장 완벽한 기도의 형식입니다. 짧은 서문과 모든 간구들은 우리와 다른 사람들에게 관대함을 드러내신 하나님의 위대한 사역들을 기억나게 하고 또 우리의 눈으로 명확히 보도록 이끕니다. 그리고 모든 다른 것들을 감사하는 것이 우리의 의무임을 생각한다면, 또한 말로 다 표현할 수 없는 긍휼로 우리를 대하시는 아버지이신 하나님이 우리 죄인들을 자신의 자녀로 받아들이셨으며, 이를 통하여 하나님이 우리를 거룩하게 하시고, 우리를 통치하시며 그리고 마침내 영원한 왕국으로 인도하신다는 사실을 인식할 수 있다면, 우리는 이러한 사실을 알게 하는 주기도문 외에 다른 기도들에 대해서는 침묵할 것입니다. 이 주기도문으로부터 우리가 주님을 찬양하고 또 주님께 감사해야 하는 근거들이 얼마나 많습니까! 주님의 기도를 아주 특별하게 작성된 문자로 이해하기보다는 경건하고 또 신실한 기도의 실천을 통해서 훨씬 더 잘 이해되어야 합니다.

### 감사는 제사와 같다

이러한 감사는 심령에서 우러나오는 참된 겸손으로부터 또 믿음으로부터 하나님께 드려지는 것입니다. 이러한 이유로 하나님은 우리의 감사를 높이 평가하시고 또 아주 기뻐하시는 제사로 받으시는 것입니다. 이러한 이해는 구약 성경에서 지나칠 정도로 자주 언급되었습니다(시 50:23): "감사로 제사를 드리는 자가 나를 영화롭게 하나니 그의 행위를 옳게 하는 자에게 내가 하나님의 구원을 보이리라." 이러한 고백도 찾을 수 있습니다(시 116:17): "내가 주께 감사제를 드리고 여호와의 이름을 부르리이다." 호세아도 외쳤습니다(호 14:2): "너는 말씀을 가지고 여호와께로 돌아와서 아뢰기를 모든 불의를 제거하시고 선한 바를 받으소서 우리가 수송아지를 대신하여 입술의 열매를 주께 드리리이다." 말라기 선지자도 이렇게 기록하고 있습니다(말 1:10-11): "만군의 여호와가 이르노라 너희가 내 제단 위에 헛되이 불사르지 못하게 하기 위하여 너희 중에 성전 문을 닫을 자가 있었으면 좋겠도다 내가 너희를 기뻐하지 아니하며 너희가 손으로 드리는 것을 받지도 아니하리라. 만군의 여호와가 이르노라 해 뜨는 곳에서부터 해 지는 곳까지의 이방 민족 중에서 내 이름이 크게 될 것이라 각처에서 내 이름을 위하여 분향하며 깨끗한 제물을 드리리니 이는 내 이름이 이방 민족 중에서 크게 될 것임이니라." 모든 구약 성경에 대한 주석가들 - 특별히 이레네우스와 터툴리안은 큰 이견 없이 이 순수한 제사를 성만찬으로 이해했습니다. 즉, 찬미와 감사로서, 순수한 마음, 순수한 양심 그리고 거짓이 없는 믿음으로부터 나오는 기도로서 드려지는 참된 제사를 성례로 이해한 것입니다. 초대 교회 안에서 초창기 교부들은 성만찬 혹은 그리스도의 신비가 넘치는 만찬을 다른 근거를 제시하지 않고 당연히 제사라고 묘사했습니다. 이 성례 안에서 하나님을 향한 찬미와 감사가 드려졌기 때문입니다. 그래서 바울은 그리스도께서 단번에 제물로 드려졌기 때문에 다시 제물로 드려질 수 없다고 밝힌 것입니다(히 9:11-28).

## 기도의 능력

찬미와 감사뿐만 아니라, 또한 어떤 것을 간구하는 수단인 기도는 찬미와 감사보다도 큰 관심과 큰 능력을 얻습니다. 나는 이미 우리의 기도가 효력이 있다고 언급했지만, 여기에서 다른 내용을 추가시키고 싶습니다. 모든 성도들은 기도의 놀라운 힘 때문에 기도에 대한 불타는 열정을 가지고 있었습니다. 홍수 당시 생존했던 고대의 인물들에서부터 그 이후에 살았던 인물들에 대해서는 언급을 보류할 것입니다: 아브라함은 언약을 받은 이후에 제단을 쌓고 기도했으며 그리고 거처를 옮길 때도 매번 하나님께 간구했음을 확인할 수 있습니다(창 12:8; 13:4; 21:33). 아비멜렉 왕이 기도했을 때 죽음으로부터 구원을 받았으며, 또한 진노하신 하나님이 그 집의 모든 태를 닫으셨던 징벌로부터 벗어났습니다(창 20:1-18). 야곱이 하나님께 간절히 기도했을 때, 하나님은 그의 기도를 들으시고 축복하셨습니다(창 28:10-22; 32:24-29; 35:1-15). 출애굽기에서 모세가 반복해서 기도했으며 또 하나님이 정당하게 애굽인들에게 쏟으신 재앙들로부터 피할 수 있었습니다(출 7:8-12:36). 모세가 기도했을 때 아말렉이 졌지만, 그러나 그가 기도하기를 중단하거나 느슨해지면 이스라엘이 졌습니다(출 17:8-16). 여호와의 불이 이스라엘 백성의 진영 끝을 삼켰을 때, 그 백성이 모세에게 부르짖어 모세가 여호와께 기도했을 때 갑자기 징벌하는 불이 사라졌습니다(민 11:1-3). 그 이후에도 이스라엘 백성이 여호와 앞에서 다시 불평했을 때 징벌이 예비되었지만, 그러나 모세가 하나님의 진노를 하나님의 마음에 합한 기도를 통하여 진정시켰습니다. 이때 여호와께서 모세에게 이렇게 말씀하셨습니다(민 14:20): "내가 네가 기도한 대로 사하노라." 하지만 또다시 모세와 아론에 대항하여 백성이 불평한 것 때문에 하나님의 징벌로 인하여 14,700명의 목숨을 잃었습니다. 아론은 모세의 지시를 따라서 백성을 위해 속죄하고 죽은 자들과 아직 살아 있는 자들 사이에 섰습니다. 즉, 죽음이 살아있는 사람들을 엄습하려고 했을 때 모세와 아론의 기도를 통해서 하나님의 은혜가 베풀어진 것입니다(민 16:41-50).

모세와 관련하여 이러한 비슷한 사건들은 셀 수 없을 정도로 많이 읽을 수 있습니다.

모세의 후계자인 여호수아는 자신의 기도를 통해서 해와 달의 길이를 원수들이 패배할 때까지 연장시켰습니다(수 10:6-14). 한나는 잉태하지 못하는 부끄러움 때문에 조용히 기도하였고, 그 이후에 잉태하여 많은 자녀들을 낳았습니다(삼상 1:13-20). 하나님을 경외하는 한나의 신실한 아들인 사무엘은 기도로 블레셋과 싸워 승리했고 그리고 그는 기도를 통해서 수확 시기에 우뢰와 비를 불러내었습니다(삼상 12:17-23). 이와 유사한 사건을 우리는 엘리아의 기사에서도 읽을 수 있습니다(고전 18:41-46). 요나는 고래의 뱃속에서 기도하였으며 온전한 몸으로 육지로 다시 나왔습니다(욘 1:17-2:10). 하나님을 경외하는 왕들인 여호사밧과 히스기야는 하나님을 신뢰하는 가운데 기도함으로 강력한 대적들을 무찌르고 승리했습니다(대하 20:1-30; 대하 32:1-23). 느헤미야는 하늘의 하나님께 기도하는 외에 어떤 것도 왕에게 요구하지 않았는데, 그가 받지 못한 것은 아무 것도 없었습니다(느 1:4-11). 용감한 여인 유딧은 기도를 통해서 이스라엘 백성의 파렴치한 원수이며 또 모든 사람들의 공포의 대상이었던 홀로페르네스를 이겼습니다(유딧 12:8-13:8). 다니엘은 모든 일들을 하나님께 기도하며 완수했습니다(단 2:17-23; 6:10-28; 9:3-27). 에스더도 하나님의 백성을 위해서 목숨을 건 일을 감당했는데, 즉 삼일 간의 금식과 끊임없는 기도를 통해서 그 일을 성공적으로 완수했습니다(에 14:1-19).

복되고 또 간절히 사모했던 우리 주님이신 그리스도의 탄생 때 사람들은 주님을 향한 찬양을 부르는 천사들의 노래를 들을 수 있었습니다. 주님도 급박한 위기의 순간에 기도로 피난처를 삼으셨습니다. 이때 천사들이 주님에게 힘을 더했습니다(눅 22:41-3). 사도들은 한 날의 제 삼시에 모든 신자들과 함께 기도하였고 곧바로 성령을 받았습니다(행 2:1-4). 사도들이 위험에 처하게 되었을 때, 교회는 겸손하게 도움을 간구하여 곧바로 도움을 받았습니다. 사도들은 솔직하고 담대하게 선포하기 시작했으며 또 백성들 앞에서 표적과 기사가 이루어지게 했습니다(행 4:23-31). 베드로는 견고한 감옥으로부터 천사를 통하여 구출되었습니다(행 12:3-11). 그리고 바울과 실라도 감옥에서 하나님께 기도하며 찬미했는데, 이때 지진이 발생하여 옥터가 움직였고, 이 사건을 통하여 간수가 하나님께 돌아온 사실을 읽지 못했습니까?(행 16:25-34).

나는 이러한 성경의 본문들을 셀 수 없이 제시할 수 있지만, 지금까지 언급한 내용들로도 충분히 신자들에게 기도의 필요성이 인식된 것으로 믿습니다. 신자들은 앞서 확인한 기도의 능력을 우리의 의무적인 직무로서 기도에 소급시키지 않고, 오히려 믿음에 근거하여 실천하는 기도에 소급시킵니다. 분명히, 기도의 능력은 근원적으로 언약의 백성에게 은혜를 베푸시는 하나님으로부터 허락된 것입니다. 이 때문에 우리는 오직 하나님께만 모든 영광을 돌려야 합니다. 우리의 기도가 하나님께 언제나 기쁨이 될 수 있도록, 하나님은 우리의 심령을 날마다 일깨울 것입니다. 아멘.